高职高专金融专业应用系列教材

个人理财实务

闫定军　主编

清华大学出版社
北　京

内容简介

本书以就业为导向,以提高学生的综合素质,培养学生的理财规划能力为宗旨,对全书的结构和内容进行一体化设计,全面而系统地介绍了个人理财的基本知识、基本技能与基本方法。共分为11个项目,包括个人理财基础、个人或家庭财务管理、现金规划、投资规划、消费规划、教育金规划、保险规划、税务筹划、退休养老规划、财产分配与传承规划和互联网理财。

本书可作为高职高专经管类专业个人理财课程教材,也可作为本科相关专业和职业培训教材。本书在编写过程中融入了作者多年的教学和实践经验,表述直观、简洁、形象生动,内容深入浅出,通俗易懂,因而,也不失为一本自学个人理财的重要工具书。

本书封面贴有清华大学出版社防伪标签,无标签者不得销售。

版权所有,侵权必究。举报: 010-62782989,beiqinquan@tup.tsinghua.edu.cn。

图书在版编目(CIP)数据

个人理财实务/闫定军主编. —北京:清华大学出版社,2020.6(2024.2重印)
高职高专金融专业应用系列教材
ISBN 978-7-302-54006-9

Ⅰ. ①个… Ⅱ. ①闫… Ⅲ. ①私人投资-高等职业教育-教材 Ⅳ. ①F830.59

中国版本图书馆 CIP 数据核字(2019)第 230333 号

责任编辑:左卫霞
封面设计:傅瑞学
责任校对:刘 静
责任印制:丛怀宇

出版发行:清华大学出版社
网　　址:https://www.tup.com.cn,https://www.wqxuetang.com
地　　址:北京清华大学学研大厦 A 座　　　邮　编:100084
社 总 机:010-83470000　　　　　　　　　邮　购:010-62786544
投稿与读者服务:010-62776969,c-service@tup.tsinghua.edu.cn
质量反馈:010-62772015,zhiliang@tup.tsinghua.edu.cn
课件下载:https://www.tup.com.cn,010-83470410

印 装 者:三河市君旺印务有限公司
经　　销:全国新华书店
开　　本:185mm×260mm　　　印　张:20.25　　　字　数:467 千字
版　　次:2020 年 6 月第 1 版　　　　　　　　　印　次:2024 年 2 月第 4 次印刷
定　　价:59.00元

产品编号:079879-02

前言

改革开放以来,我国经济发展取得了举世瞩目的巨大成就,经济持续高速增长,城乡居民收入大幅度提高,生活水平持续改善,家庭财富也随之持续快速增长。 统计显示,我国城乡居民人均可支配收入由1978年的344元,提高到2018年的28 228元,40年增长了82倍多。 截至2019年3月,我国城乡居民个人存款达到776 654.05亿元人民币,其中活期存款275 339.05亿元,定期存款501 315亿元,人均存款55 658.96多元。 据《中国家庭财富调查报告2019》显示,我国居民家庭人均财产快速增长,2016年比2015年增长17.25%,2017年比2016年增长14.9%,2018年比2017年增长7.49%。 2018年中国家庭人均财产20.89万元,其中城市家庭人均财产29.29万元,农村家庭人均财产8.77万元。 但财产结构不尽合理,一是房产在家庭财产中所占比重居高不下。 城市家庭房产净值占家庭财产的比重达到71.35%,农村家庭房产净值占家庭财产的比重达到52.28%。 二是金融资产结构单一,主要集中在现金和存款。 我国居民家庭金融资产中现金和存款所占比重高达88%。 在银行存款利率日益下降的大背景下,居民家庭金融资产的保值增值能力十分低下。 从标准普尔家庭配置四账户来看,比较理想的配置比例是短期消费支出占10%,意外、重疾保障支出占20%,投资理财支出占30%,保本升值支出占40%。 从我国居民家庭财富快速增长与财富管理和运用失效的巨大反差中不难看出,他们多么需要理财规划。

资料显示,到2018年年末,我国有就业人口77 586万人,其中城镇有就业人口43 419万人,但至年末全国参加城镇职工基本养老保险人数41 848万人,参加城乡居民基本养老保险人数52 392万人,只占全国就业人口的67.53%,尚有约1/3的就业人口没有参加基本养老保险,农村就更不用说了。 到2018年年末参加基本医疗保险人数为134 452万人,其中,参加职工基本医疗保险人数31 673万人,参加城乡居民基本医疗保险人数89 741万人。 参加失业保险人数19 643万人,参加工伤保险人数23 868万人,只占全部就业人口的25.32%和30.76%。 至2018年年末全国有农民工28 836万人,而参加工伤保险的农民工仅8 085万人,只占农民工的28.04%,有近72%的农民工没有参加工伤保险。 在我国,基本养老保险和基本医疗保险的保障水平与人们养老生活的实际需要和就医治病的实际需要相比仍然有很大的差距。有强制措施的基本养老保险和基本医疗保险都是这种状况，没有强制措施的商业保险等其他方面的状况就可想而知了。从这方面来看，中国家庭更需要理财规划为家庭生活保驾护航。

个人理财规划从20世纪90年代开始在我国兴起，众多金融机构纷纷推出个人理财业务。越来越多的人日益认识到理财规划对家庭的重要性，社会对理财规划的需要日益扩大，与此同时，对理财规划人才的需要也越来越多、要求越来越高，越来越多的高校开设了个人理财专业和课程，越来越多的人自学个人理财知识和技能，本书正是为了满足社会对个人理财教材的需要而编写的。

本书有以下几个方面的特点。

一是本书体系的逻辑结构上，从理财规划的实际需要出发，以提高学生的综合素质、培养学生的理财规划能力为宗旨，进行了一体化设计，每一部分都是紧紧围绕理财规划这个中心或这条主线来展开的，都是理财规划这个整体的有机组成部分。

二是内容的安排和表述上，力求直观、简洁，用易于理解和掌握的方式安排和表述，使之形象生动，深入浅出，通俗易懂。

三是十分注重实际理财规划操作能力的训练和培养。在多年的理财规划教学中，始终贯彻"理财规划从我做起、从现在做起"的理念。学习理财规划的过程就是理财规划的过程，理财规划的过程就是学习理财规划的过程。学生学习理财规划的过程同时也是为自己和家庭进行理财规划的过程，并在这个过程中不断锻炼和提高自己。因而，本书在每一个项目中都有大量的练习和实训项目，以不断提高理财规划能力。

四是本书是依据2018年全国人大常委会修改后的个人所得税法及其实施细则编写的税务筹划的内容。

五是2013年以来互联网理财、P2P网贷迅猛发展，成交金额急剧攀升，到2017年7月高峰时月成交额达到3 679.63亿元，年成交额由2013年的892.53亿元增加到2017年的38 952.35亿元，短短4年时间增长了43.64倍。2018年1月贷款余额达17 716.06亿元，2018年3月参与人数达93.82万人，2019年4月平台总数达到7 705家，累计成交额达101 304.54亿元，平均利率8.77%。互联网理财日益深入人心，成为人们重要的理财方式。本书不仅在投资工具中增加了互联网理财投资工具内容，而且对阿里巴巴余额宝、京东小金库、腾讯理财通等也进行了详细介绍，还将互联网理财单独作为一个项目进行详细介绍。这一点，在已出版的个人理财教材中是少有的。

本书在编写过程中参考和借鉴了国内外同类的书籍、文献和报刊资料，在此向所有这些作者表示衷心地感谢。

清华大学出版社职业教育分社的老师们为本书的出版付出了辛勤的劳动，借此机会，向老师们表示最诚挚的谢意。由于作者水平有限，书中不足之处在所难免，敬请广大读者批评指正，谢谢！

闫定军

2020年1月

CONTENTS 目 录

项目 1　个人理财基础 ·· 1

任务 1.1　个人理财的内容和流程 ·· 2
1.1.1　个人理财的概念和内容 ·· 2
1.1.2　个人理财的流程 ··· 5

任务 1.2　货币时间价值 ·· 13
1.2.1　货币时间价值的概念 ·· 13
1.2.2　货币时间价值产生的原因 ······································ 14
1.2.3　货币时间价值的形式 ·· 14
1.2.4　利率 ··· 15

任务 1.3　终值的计算 ·· 16
1.3.1　单利终值的计算 ·· 16
1.3.2　复利终值的计算 ·· 17

任务 1.4　现值的计算 ·· 18
1.4.1　单利现值的计算 ·· 18
1.4.2　复利现值的计算 ·· 18

任务 1.5　年金的计算 ·· 20
1.5.1　年金概述 ··· 20
1.5.2　普通年金的计算 ·· 20
1.5.3　期初年金的计算 ·· 23
1.5.4　递延年金的计算 ·· 24
1.5.5　永续年金的计算 ·· 26

任务 1.6　理财目标评价方法 ·· 27
1.6.1　目标现值法 ·· 27
1.6.2　目标并进法 ·· 27
1.6.3　目标顺序法 ·· 28
1.6.4　目标基准点法 ·· 29

实训项目 ·· 29
思考练习 ·· 30

项目 2　个人或家庭财务管理 ······ 36

任务 2.1　个人或家庭财务管理的特点及基本原则 ······ 37
- 2.1.1　个人或家庭财务管理的特点 ······ 37
- 2.1.2　个人或家庭财务管理的基本原则 ······ 38

任务 2.2　个人或家庭资产负债表的编制与分析 ······ 40
- 2.2.1　个人或家庭资产负债表的内容 ······ 40
- 2.2.2　个人或家庭资产负债表的编制 ······ 42
- 2.2.3　个人或家庭资产负债表的分析 ······ 43

任务 2.3　个人或家庭现金流量表的编制与分析 ······ 46
- 2.3.1　个人或家庭现金流量表的内容 ······ 46
- 2.3.2　个人或家庭现金流量表的编制 ······ 46
- 2.3.3　个人或家庭现金流量表的分析 ······ 49

任务 2.4　个人或家庭收支预算的编制与分析 ······ 51
- 2.4.1　个人或家庭财务状况分析与诊断 ······ 51
- 2.4.2　个人或家庭收支预算的编制 ······ 52

实训项目 ······ 55
思考练习 ······ 56

项目 3　现金规划 ······ 62

任务 3.1　现金规划需求分析 ······ 62
- 3.1.1　现金规划的目标 ······ 62
- 3.1.2　家庭现金资产统计及问题诊断 ······ 64

任务 3.2　现金规划方案的制订 ······ 66
- 3.2.1　现金规划的方法和流程 ······ 66
- 3.2.2　现金规划工具 ······ 67

实训项目 ······ 71
思考练习 ······ 72

项目 4　投资规划 ······ 77

任务 4.1　投资规划概述 ······ 77
- 4.1.1　投资和投资规划 ······ 77
- 4.1.2　投资规划程序 ······ 78

任务 4.2　投资规划工具 ······ 80
- 4.2.1　固定收益工具 ······ 82
- 4.2.2　股票 ······ 85
- 4.2.3　证券投资基金 ······ 89
- 4.2.4　金融信托产品 ······ 91

         4.2.5 外汇 ………………………………………………………… 92
         4.2.6 金融衍生产品 …………………………………………… 93
         4.2.7 互联网理财产品 …………………………………………… 94
    任务 4.3 资产配置与调整 …………………………………………… 96
         4.3.1 客户财务生命周期与风险特征分析 ……………………… 96
         4.3.2 资产配置 …………………………………………………… 99
         4.3.3 投资组合调整 ……………………………………………… 106
    实训项目 …………………………………………………………………… 109
    思考练习 …………………………………………………………………… 110

项目 5　消费规划 …………………………………………………………… 116
    任务 5.1 住房规划概述 ……………………………………………… 116
         5.1.1 住房规划的必要性 ………………………………………… 116
         5.1.2 不同阶段的住房选择 ……………………………………… 117
         5.1.3 住房的特性和种类 ………………………………………… 118
         5.1.4 个人住房规划流程 ………………………………………… 120
    任务 5.2 购房与租房决策 …………………………………………… 121
         5.2.1 购房与租房的优缺点比较 ………………………………… 121
         5.2.2 购房与租房的决策方法 …………………………………… 122
    任务 5.3 购房规划 …………………………………………………… 127
         5.3.1 现在购房 …………………………………………………… 127
         5.3.2 几年后购房 ………………………………………………… 128
         5.3.3 购房用于出租 ……………………………………………… 130
    任务 5.4 换房规划 …………………………………………………… 131
    任务 5.5 住房贷款规划 ……………………………………………… 132
         5.5.1 贷款方式 …………………………………………………… 132
         5.5.2 住房贷款偿还方式 ………………………………………… 134
         5.5.3 如何确定住房贷款期限 …………………………………… 136
    任务 5.6 购车规划 …………………………………………………… 137
         5.6.1 汽车消费贷款的概念和特点 ……………………………… 137
         5.6.2 汽车消费贷款方式 ………………………………………… 139
         5.6.3 汽车消费贷款还款方式选择 ……………………………… 140
    实训项目 …………………………………………………………………… 141
    思考练习 …………………………………………………………………… 141

项目 6　教育金规划 ………………………………………………………… 148
    任务 6.1 教育金规划的必要性 ……………………………………… 148
         6.1.1 什么是教育金规划 ………………………………………… 148

6.1.2 教育金规划的必要性 …………………………………………………… 149
　任务 6.2 教育金规划的步骤 …………………………………………………………… 150
　任务 6.3 教育金规划工具 ……………………………………………………………… 155
　　　6.3.1 定期储蓄 ………………………………………………………………… 155
　　　6.3.2 定息债券 ………………………………………………………………… 156
　　　6.3.3 人寿保险 ………………………………………………………………… 156
　　　6.3.4 证券投资基金 …………………………………………………………… 156
　　　6.3.5 蓝筹股和绩优股 ………………………………………………………… 157
　　　6.3.6 银行和信托理财产品 …………………………………………………… 157
　实训项目 …………………………………………………………………………………… 157
　思考练习 …………………………………………………………………………………… 157

项目 7 保险规划 ……………………………………………………………………………… 163

　任务 7.1 风险管理与保险 ……………………………………………………………… 164
　　　7.1.1 风险与风险管理 ………………………………………………………… 164
　　　7.1.2 保险 ……………………………………………………………………… 167
　任务 7.2 保险规划工具 ………………………………………………………………… 174
　　　7.2.1 人寿保险 ………………………………………………………………… 175
　　　7.2.2 年金保险 ………………………………………………………………… 175
　　　7.2.3 健康保险 ………………………………………………………………… 178
　　　7.2.4 意外伤害保险 …………………………………………………………… 181
　　　7.2.5 财产保险 ………………………………………………………………… 185
　任务 7.3 保险规划程序 ………………………………………………………………… 192
　　　7.3.1 制定保险计划的原则 …………………………………………………… 192
　　　7.3.2 保险规划的主要步骤 …………………………………………………… 193
　　　7.3.3 保险规划的风险 ………………………………………………………… 196
　实训项目 …………………………………………………………………………………… 197
　思考练习 …………………………………………………………………………………… 197

项目 8 税务筹划 ……………………………………………………………………………… 203

　任务 8.1 个人所得税 …………………………………………………………………… 203
　　　8.1.1 纳税人 …………………………………………………………………… 203
　　　8.1.2 应税所得 ………………………………………………………………… 204
　　　8.1.3 计税依据 ………………………………………………………………… 205
　　　8.1.4 税率 ……………………………………………………………………… 210
　　　8.1.5 宽免和扣除 ……………………………………………………………… 210
　　　8.1.6 应纳税额的计算 ………………………………………………………… 211
　任务 8.2 税务筹划的原则和方法 ……………………………………………………… 214

8.2.1 税务筹划的原则 …… 214
8.2.2 税务筹划的方法 …… 216

任务 8.3 税务筹划实务 …… 217
8.3.1 纳税人身份筹划 …… 217
8.3.2 从征税项目角度筹划 …… 219
8.3.3 从应税所得角度筹划 …… 220
8.3.4 税率筹划 …… 223
8.3.5 利用税收优惠政策 …… 224
8.3.6 合理安排预缴税款 …… 224
8.3.7 其他相关税种的筹划 …… 225

实训项目 …… 226
思考练习 …… 226

项目 9 退休养老规划 …… 232

任务 9.1 退休养老规划概述 …… 232
9.1.1 退休及退休养老规划的概念 …… 233
9.1.2 退休养老规划的必要性 …… 234
9.1.3 退休养老规划的影响因素 …… 234
9.1.4 退休养老规划的风险 …… 235
9.1.5 退休养老规划应遵循的重要原则 …… 236

任务 9.2 退休养老规划与养老保险 …… 237
9.2.1 养老保险体系概述 …… 237
9.2.2 养老保险制度的类型 …… 237
9.2.3 我国的养老保险制度 …… 239
9.2.4 企业年金 …… 243

任务 9.3 退休养老规划的内容和流程 …… 247
9.3.1 退休养老规划的内容 …… 247
9.3.2 退休养老规划的流程 …… 248

实训项目 …… 255
思考练习 …… 255

项目 10 财产分配与传承规划 …… 261

任务 10.1 财产分配与传承规划基础知识 …… 261
10.1.1 财产分配与传承规划的概念和作用 …… 261
10.1.2 家庭风险 …… 262

任务 10.2 财产分配规划 …… 264
10.2.1 客户婚姻状况 …… 265
10.2.2 夫妻债务 …… 265

10.2.3 抚养和赡养 266
　　10.2.4 家庭财产属性界定 267
　　10.2.5 财产分配的原则 270
　　10.2.6 财产分配工具 272
　任务 10.3 财产传承规划 278
　　10.3.1 遗产概述 278
　　10.3.2 遗产税制度 281
　　10.3.3 遗产规划 282
　实训项目 284
　思考练习 285

项目 11 互联网理财 290

　任务 11.1 互联网理财概述 290
　　11.1.1 互联网理财的产生和发展 290
　　11.1.2 互联网理财的特点 293
　任务 11.2 互联网理财产品 295
　　11.2.1 互联网理财产品的类型 295
　　11.2.2 互联网理财产品介绍 299
　任务 11.3 互联网理财技巧 301
　　11.3.1 互联网理财应遵循的原则 301
　　11.3.2 互联网理财流程和相关费用 302
　　11.3.3 互联网理财的风险防控 306
　实训项目 309
　思考练习 309

参考文献 314

项目 1

个人理财基础

学习目标

1. 熟悉理财规划的内容,掌握理财规划的流程。
2. 理解货币时间价值的概念、产生原因和表现形式。
3. 理解终值、现值和年金及其相互关系。
4. 掌握终值、现值和年金的计算与运用。
5. 掌握理财目标评价方法。

导入案例

有关调查显示,在美国,有理财规划的家庭,35%的家庭存有应急钱,而无理财规划的家庭,只有28%的家庭存有应急钱。有理财规划的家庭,49%的家庭有退休积蓄,而没有理财规划的家庭,拥有退休积蓄的只有12%。在有理财规划家庭中有37%的家庭有大项采买积蓄,无理财规划家庭中只有22%的家庭有大项采买积蓄。32%有理财规划的家庭存有子女教育积蓄,无理财规划家庭存有子女教育积蓄的比例只占17%。有理财规划家庭中有37%的家庭认为生活过得很安逸,无理财规划家庭中只有18%的家庭认为生活很安逸。有理财规划家庭中,28%的家庭存款或是投资超过100 000美元,而没有理财规划的家庭这一比例只有5%,两者差异很大。在低收入有理财规划的家庭,存款或投资超过100 000美元的家庭占6%,而没有理财规划的家庭该比例不到1%。即使是中上收入家庭,虽然收入可观,但有无理财规划,结果也大不一样。在中上收入有理财规划的家庭,存款或投资超过100 000美元的占29%,而没有理财规划的家庭这一比例仅为11%。在有理财规划家庭中,46%的家庭能将收入的10%或更多积攒下来,而没有理财规划的家庭这一比例只有14%。在家庭年收入为25 000~49 999美元的层面,有全面理财规划的家庭中46%的家庭每个月可以准时付清信用卡债务,而在无全面理财规划的家庭,只有26%的家庭每个月能准时付清信用卡债务。至于年收入25 000美元以下的家庭,这种差距则更加明显。有全面理财规划的家庭中41%的家庭每个月可以准时付清信用卡债务,而无全面理财规划的家庭,这一比例仅为16%。

从以上数据可以清楚地看出,在家庭财务状况和生活安逸程度等方面,有理财规划的家庭要远远优于没有理财规划的家庭,而有全面理财规划的家庭又要明显优于没有全面理财规划的家庭。由此可见,个人理财确实能够改善家庭财务状况,提高生活品质。

任务 1.1　个人理财的内容和流程

1.1.1　个人理财的概念和内容

个人理财作为一项金融服务业,在 20 世纪 30 年代产生于美国,20 世纪 70 年代得到大发展,成为一个稳定的金融服务行业。

1. 个人理财的概念

个人理财又称为理财规划、理财策划和个人财务策划等,是一种金融服务,是指由专业的理财人员分析客户的生活、财务状况,帮助客户制订出合理的理财方案,使客户更好地规避风险和获得利润。

2005 年中国银行业监督管理委员会颁布的《商业银行个人理财业务管理暂行办法》中称"个人理财业务,是指商业银行为个人客户提供的财务分析、财务规划、投资顾问、资产管理等专业化服务活动"。

商业银行个人理财业务按照管理运作方式不同,分为理财顾问服务和综合理财服务。

理财顾问服务是指商业银行向客户提供的财务分析与规划、投资建议、个人投资产品推介等专业化服务。

在理财顾问服务活动中,客户根据商业银行提供的理财顾问服务管理和运用资金,并承担由此产生的收益和风险。

综合理财服务是指商业银行在向客户提供理财顾问服务的基础上,接受客户的委托和授权,按照与客户事先约定的投资计划与方式进行投资和资产管理的业务活动。

在综合理财服务活动中,客户授权银行代表客户按照合同约定的投资方向和方式,进行投资和资产管理,投资收益与风险由客户或客户和银行按照约定方式承担。

美国理财师资格鉴定委员会称个人理财是"制定合理利用财务资源实现个人人生目标的程序"。而国际理财协会则将个人理财定义为"理财策划是理财师通过收集整理顾客的收入、资产、负债等数据,倾听顾客的希望、要求、目标等,在专家的协助下为顾客进行储蓄策划、投资策划、保险策划、税收策划、财产事业继承策划、经营策略等生活设计方案,并为顾客进行具体的实施提供合理的建议"。

改革开放以来,随着我国经济的快速增长,城乡居民收入稳步提高,家庭财产随之增加,对个人理财服务的需求日益增长。从 20 世纪 90 年代开始,我国部分金融机构逐步推出个人理财业务。目前,在我国开展个人理财业务的有商业银行、证券公司、保险公司、信托公司等银行和非银行金融机构。

国际上,一般将商业银行的个人理财业务理解为"由专业理财人员通过明确个人客户的财务目标,分析客户的生活及其财务现状,进而帮助客户制订出可以实现财务目标的方案或建议的一种综合金融服务"。由此看出,商业银行等金融机构提供的个人理财服务是具有不同层次的,有很强针对性的个性化的全方位的综合理财金融服务。

按照国际惯例,商业银行将个人理财市场细分为以下四种类型。

第一类:大众银行(mass banking),即低端个人理财业务市场,主要是为个人金融资产在10万美元以下的客户提供个人理财服务。

第二类:富裕的银行(affluent banking),即中端个人理财业务市场,主要是为个人金融资产在10万美元以上100万美元以下的客户提供个人理财服务。

第三类:私人银行(private banking),即高端个人理财业务市场,主要是由专职金融理财师或财产管理顾问为个人金融资产在100万美元以上的富有阶层,提供一对一的、量身定做的高度个性化的财产投资和管理服务。服务范围涉及资产管理、收藏、拍卖、信托、投资、纳税及遗产安排等诸多方面。

第四类:家庭办公室(family office),即顶端个人理财业务市场,主要是由具有很强专属性的业内顶级水平的财富管理团队专门为个人或家庭金融资产在1.5亿美元以上的极少数超级富豪提供全面的家族资产管理金融服务。家庭办公室个人理财业务有很好的连续性,与客户的业务合作关系比较固定,往往能延续几代人。

2. 个人理财的内容

个人理财规划是理财规划师针对客户的理财目标,通过分析客户的财务状况,帮助客户制订出合理的理财规划方案,实现生活目标的一个过程。其内容主要有个人或家庭财务管理、现金规划、投资规划、消费规划、教育金规划、税务筹划、保险规划、退休养老规划、财产分配与传承规划、互联网理财等。以下就这些方面进行简要介绍。

(1) 个人或家庭财务管理

个人或家庭财务管理既是理财规划最基础的工作,又是理财规划最基本的内容。个人或家庭财务管理主要是收集客户一定时期内收入和支出的项目及金额,并加以整理,在此基础上编制客户个人或家庭的现金流量表;收集客户一定时点资产和负债的项目及金额,并加以整理,在此基础上编制客户个人或家庭的资产负债表;通过分析客户的现金流量表和资产负债表,分析客户的财务状况,找出客户财务状况中存在的问题,并提出解决这些问题的意见和建议。

(2) 现金规划

现金规划是对家庭或者个人日常的、日复一日的现金及现金等价物进行管理的一项活动。通过现金规划确保客户有足够的现金或存款来支付计划内和计划外的各项费用,并且将消费支出控制在预算计划之内。

(3) 投资规划

投资规划主要是理财规划师帮助客户制订储蓄与投资计划,通过比较分析各种投资工具的收益风险特征,结合客户自己的投资目标、风险承受能力和风险偏好,建立合理有效的投资资产组合和核心资产配置,获得最佳的投资效果。

(4) 消费规划

消费规划包括住房规划和汽车消费规划。住房规划是理财规划师帮助客户进行租房与购房决策,现在买房、几年后买房以及换房的规划,帮助客户计划怎样通过储蓄和投资筹集购房所需的首付款和偿还贷款本息,作出贷款成数和年限以及贷款本息偿还方式的选择。

汽车消费规划就是协助客户确定购车需求、购车贷款方式、还款方式和还款期限等,实现计划消费和合理消费。

(5) 教育金规划

教育金规划是理财规划师帮助客户进行子女教育金筹集的规划。主要是通过分析了解客户对其子女的教育目标和目前的年龄,当前的教育费用,在考虑未来一定时期内通货膨胀因素的前提下,估算客户为其子女达成教育目标所需的费用,进而计算客户为达成既定的教育目标的教育金缺口,以及怎样通过储蓄和投资弥补教育金的缺口。

(6) 保险规划

保险规划是理财规划师帮助客户分析客户个人或家庭人身和财产可能遭遇的各种风险及其影响或危害,分析客户保险需求,帮助客户选择合适的保险品种期限及保险金额,选择合适的保险公司进行投保,以避免风险发生时给个人或家庭生活带来冲击,系统考虑如何管理风险,让个人及家庭尽可能获得最大的安全保障,从而提高客户的生活质量。

(7) 退休养老规划

退休养老规划是理财规划师帮助客户在退休后有一个自立、尊严、高品质的退休生活而作的财务规划。它通过分析了解客户当前的年龄、退休时间、退休后的生活水平以及预期余寿,估算退休后的支出或生活需求,并估算退休后的收入,进一步估算退休金缺口,制定退休养老规划,通过储蓄投资或保险筹集资金,抵御通货膨胀的影响,增加个人财富,以弥补退休金缺口,满足退休后漫长生活的支出需求,做到老有所养,老有所终,既减轻子女和社会的负担,又保证自己的生活品质。

(8) 税务筹划

税务筹划是理财规划师帮助客户在纳税行为发生之前,在不违反法律、法规的前提下,通过分析客户个人或家庭的生产经营或投资行业和收入状况,对涉税事项进行事先安排,以达到少缴税和递延纳税的目的。

(9) 财产分配与传承规划

财产分配与传承规划是理财规划师帮助客户分析了解我国遗产税制度的内容、遗产规划的各种有效工具,计算和评估客户的遗产价值,确定遗产规划目标,制订遗产计划,高效率地管理遗产,保证今后将遗产顺利地转移到受益人的手中。

(10) 互联网理财

互联网理财是指投资者通过互联网渠道获取理财产品、理财服务,从而获得相应的收益的一种理财方式。从本质上来讲,互联网理财是线下传统理财的一种延伸,将线下理财的各类产品或者理财服务通过互联网这一便捷的渠道推向大众。

个人理财的基本目的是实现人生目标中的经济目标,同时降低人们对于未来财务状况的焦虑。个人理财的核心是根据理财者的财务状况与风险偏好来实现客户的需求与目标。

俗话说,你不理财,财不理你。人们可以通过个人理财规划制定合适的理财目标,制订行之有效的理财计划,最大限度地利用有限的财务资源,兼顾当前消费和长远消费、消费与储蓄、消费与投资的关系,通过建立合理的投资组合和核心资产配置,取得最大的投资回报,获得最大的生活享受。

个人理财对一个人或家庭来讲,既是相伴终生的事业,也是关系个人或家庭终身幸福的事业,来不得半点疏忽和马虎,必须孜孜以求。

1.1.2 个人理财的流程

个人理财强调标准程序,这对于个人理财规划师在严格遵循职业道德和职业操守的基础上规范执业,保证服务质量,为客户提供切实可行的综合理财计划具有十分重要的意义。

个人理财的基本程序即个人理财业务流程,包括以下六个步骤:建立客户关系,收集客户数据及确定目标与期望,分析客户现行财务状况,整合个人理财策略并提出个人理财计划,执行个人理财计划,监控个人理财计划。

1. 建立客户关系

(1) 客户关系的建立

理财规划师为客户进行理财规划,要提供一个切合客户实际的高水平的理财规划,就必须充分掌握客户信息,全面了解客户的财务状况,详尽细致地分析客户的财务状况。因此,建立客户关系是理财规划师为客户进行理财规划的首要步骤。

建立客户关系有多种方式,通过与客户面谈、电话交谈、网络联系、通信联系等,都能与客户进行有效沟通,其中与客户面谈是最直接、最重要、最行之有效也是必不可少的与客户进行沟通的方式。基于此,下面主要就与客户面谈建立客户关系进行介绍。

俗话说,良好的开端是成功的一半。社会心理学研究证实,第一印象极其重要,具有首因效应,在总体印象形成上最初获得的信息比后来获得的信息影响更大,而且最初印象有着高度的稳定性,后继信息甚至不能使其发生根本的改变。最初印象对于后面获得的信息的解释有明显的定向作用,也就是说,人们总是以他们对某一个人的第一印象为背景框架,去理解他们后来获得的有关此人的信息。

在商务交往活动中,给刚认识的人第一印象是非常重要的,因为良好的第一印象会给对方带来好感,从而决定是否愿意深入接触。

人际交往的开端——第一印象,同样会决定一个人的交往"命运"。第一印象的好坏往往决定交往的成败。成语"先入为主"就是对第一印象所起作用的最好概括。要好好装扮自己,因为第一印象是没办法重来一次的。因而理财规划师在第一次与客户见面时应予以高度重视。

由于初次面谈极其重要,因而理财规划师应做好充分的准备。理财规划师在初次面谈之前,应就以下几个方面做好准备。

① 明确与客户面谈的目的,确定谈话的主要内容;

② 准备好所有关于自己及过去客户评价等背景资料;

③ 选择适当的面谈时间和地点；
④ 确认客户有无财务决定权，是否清楚自身的财务状况；
⑤ 告知客户需要提供的个人资料。

理财规划师应该通过初次面谈向客户解释个人理财规划的作用、目标和风险，初步了解和判断客户的财务目标、投资偏好、风险偏好和风险承受能力以及其他有关信息。

细节决定成败。一般来说，具有职业化形象的理财规划师容易获得客户的信任。客户都会将自己的理财规划交给具有丰富的专业经验和严格的职业操守的良好的职业化形象的理财规划师。

在不了解、不熟悉的情况下，特别是在初次见面的时候，客户主要是通过理财规划师的衣着、语言、行为和会面的地点等细节来据以判断理财规划师的专业素养。因此，理财规划师在与客户会面时要极其注重这些细节，根据客户的偏好来安排会面和谈话，展现自己良好的职业化形象，以提高客户的信任度和与客户合作的可能性和机会。

为了让客户切身感受到理财规划师是真正关心自己、站在自己的立场看待问题，而不是推销产品或收取佣金，在与客户会面的过程中，理财规划师应注意为客户提供一个温馨、轻松愉快的谈话氛围，倾听客户的想法，使客户有更多发表其意见的机会。

为了保证在适当的时间内获取所需要的信息，进入正式谈话环节后，理财规划师应及时将话题转到与个人理财规划有关的内容上。理财规划师可以通过问卷调查表和直接提问等方式来获得客户的有关信息。通过适当的有针对性的直接向客户提问既可以获得准确而全面的信息，还能增进与客户的感情，提高合作的概率。

通过初步交谈，在初步了解了客户的咨询目的、基本信息、投资偏好和财务目标并达成初步共识后，理财规划师就可以结束与客户的初次谈话了。

如果客户有意请理财规划师为其进行理财规划，理财规划师就可以让客户填写理财建议要求书，以及相关表格。

(2) 理财规划师应该向客户说明的信息

本着诚信的原则，在理财规划过程中，理财规划师有义务向客户介绍有关理财的基本知识和当前的经济背景，以便客户了解理财的作用和风险。理财规划师应该向客户披露的信息主要有：理财规划师的行业经验和资格、理财规划师团队的人员组成、理财规划服务的收费标准和计算方式、理财规划后续服务和评估等。

2. 收集客户数据，分析客户理财目标或期望

(1) 收集和整理客户信息资料

全面而准确的财务信息，是理财规划师了解和分析客户的财务状况，确定合理的财务目标，进而提出切实可行的理财方案所不可缺少的条件。理财规划师在收集信息的过程中应该使客户明白准确、可靠而完整的财务信息的重要性。

理财规划师需要掌握的信息主要是客户的个人信息和宏观经济信息。

个人信息是指与存在个体相关的，并且可用于识别特定个体的信息。例如，姓名、性别、年龄、生日、个人证件号码、标志或其他记号、图像或录音以及其他相关信息（包括某些单独使用时无法识别，但能方便地与其他数据进行对照参考，并由此识别特定个体的信息)。

个人信息的种类主要有以下几种。

① 基本事项：姓名、性别、年龄、住所、籍贯、国籍、生日、电话号码、照片等；

② 健康状况：保健医疗、健康状况、病历、伤残、身体、精神的特征；

③ 家庭生活：家庭状况、亲族关系、婚姻史等；

④ 社会生活：职业、职历、学业、学历、资格、赏罚、成绩、扶助、兴趣、嗜好等；

⑤ 资产收入：资产状况、收入状况、纳税状况、交易状况、银行卡等信息。

在理财规划中，客户的个人信息主要是指客户个人或其家庭基本情况以及收入支出、资产负债、投资等方面的信息，分为财务信息和非财务信息。

客户财务信息是指客户个人及其家庭收支状况、资产状况、投资状况与预测等方面的信息，客户财务信息是理财规划师为客户制订理财规划方案的基础和依据。客户非财务信息是指客户个人及其家庭除财务信息外其他与理财规划有关的信息，如客户的性别、年龄、投资偏好、风险承受能力等方面的信息。这些信息有助于理财规划师更全面、准确地掌握客户的情况，是制订理财规划方案不可缺少的。

获取客户个人信息的主要途径是数据调查表，通过填写数据调查表可以获得客户的大部分信息，其余信息则可以通过与客户交谈、测试问卷等方式得到。

宏观经济信息是指国家宏观经济环境方面的信息。

理财规划师提供的理财建议与客户所处的宏观经济环境有着密切的联系。一般来说，理财规划师需要掌握的宏观经济信息主要有以下方面。

① 宏观经济状况：就业状况、通货膨胀率、利率、景气指数、经济周期等；

② 宏观经济政策：国家的货币政策、财政政策等；

③ 金融市场：货币市场、资本市场、保险市场、外汇市场、黄金市场、金融监管等；

④ 制度安排及改革：住房、医疗、教育制度、社会保障制度、个人税收制度及其改革等。

(2) 协助客户制定理财目标

合理、可行的财务目标是理财规划的指路明灯。要进行理财规划，需要理财规划师全面、准确地掌握客户的具体目标和期望。因此，客户理财最关键的一步是确定客户财务目标。

理财规划师应通过多种方式和客户进行充分而有效的沟通，在此基础上，指导和帮助客户确定财务目标。理财规划师既要协助客户清楚地了解自己的需求和期望，同时又要以十分委婉的方式及时而明确地指出客户那些欠妥当的目标，从而帮助客户制定出具体的而且切实可行的目标。

客户的财务目标按实现时间的长短，可以划分为短期目标、中期目标和长期目标。短期目标是指那些需要客户每年制定和修改并在较短时期内(通常在 5 年以内)实现的目标，如日常消费、旅游、存款、购买汽车等。中期目标是指制定后必要时仍可调整，通常在 6~10 年内实现的目标，如购房、子女教育等。长期目标是指一经确定，就需要客户通过长时期(通常为 10 年以上)的计划和努力才能实现的目标。退休养老和遗产筹划就是最典型的长期目标。

当然,短期目标、中期目标和长期目标的划分是相对的,而且目标也是可变的,是你中有我,我中有你。随着时间的推移,长期目标将会逐渐转变为中期目标,并进而转变为短期目标。表1-1是客户不同人生阶段的理财目标。

表1-1 不同人生阶段的理财目标

人生阶段	短期目标	中长期目标
单身期	自身教育投资 建立备用金	购买住房
参加工作至结婚	购买汽车 旅游 储蓄	投资创业
家庭形成期	育儿计划 购买住房	子女教育投资
结婚至小孩出生	投资创业 购买保险	换房计划
家庭成长期	子女基础教育投资 投资计划	子女大学教育投资
小孩出生至上大学	购买保险 换房计划	退休养老
家庭成熟期	子女教育投资	退休养老
子女上大学时期	保险计划	
空巢期	退休养老规划	财产继承
子女独立至自己退休	保险计划	
养老期	固定收益投资	订立遗嘱
退休以后	医疗保健 财产继承	

为了使客户不同人生阶段的理财目标直观明了,理财规划师可以采用表格的方式来分析和制定客户的财务目标,如表1-2所示。客户的目标有时可能是含混不清或者模棱两可的,这就需要理财规划师充分与客户沟通,深入而准确地了解客户的期望和目标,在此基础上,对客户提出的目标加以细化并量化。一般情况下,客户的目标往往不只一个,而且目标不可能一次就完成。因此,理财规划师应将客户的所有目标按照轻重缓急进行排序,以便综合规划时统筹安排。

表1-2 客户目标一览表

目标类型	目标描述	优先程度	开始计划时间	希望实现时间	实现成本
短期目标	1. 2. 3. ⋮				
中期目标	1. 2. 3. ⋮				

续表

目标类型	目标描述	优先程度	开始计划时间	希望实现时间	实现成本
长期目标	1. 2. 3. …				

3. 分析和评价客户的财务状况

通过第二阶段的工作，理财规划师掌握了客户各方面的信息，了解了客户的理财目标和期望。但是只有对客户的财务状况有全面和深入的了解，并在此基础上全面而细致地分析客户的财务状况，理财规划师才能提出具体的切实可行的理财规划方案。分析客户的财务状况包括分析客户的资产负债表、现金流量表及财务比率。其中资产负债表的分析是分析客户目前已有的资产和负债情况。现金流量表的分析是分析客户在一定时期内的收支及其结余状况。财务比率分析则是在资产负债表和现金流量表的基础上，对相关数据或项目之间的比率关系进行分析，以比率的形式反映客户的现行财务状况。在财务分析基础上，理财规划师还要根据前面所掌握的相关信息、理财目标，对客户未来一定时期内的现金收支及其结余情况作出预测，并编制未来的现金流量表。

具体而详细的分析将在项目2中介绍。

4. 整合个人理财规划策略，编制理财规划建议书

（1）分析理财规划目标

通过分析客户的财务状况，理财规划师对客户的资产负债情况、收入支出以及结余情况有了深入细致的了解，对客户财务状况的层次也有了一个基本的把握和判断，因此，针对客户的财务目标，理财规划师就可以提出相应的理财规划策略来予以达成。

理财规划师在提出理财规划策略之前，首先要针对客户具体的规划和目标进行需求分析（见图1-1），如子女教育投资规划是规划子女未来教育资金的需求，保险规划要分析客户保险需求的缺口。

人生是多姿多彩的，客户的财务目标不只一个。但是客户所拥有的财务资源却是极其有限的，财务资源有限不可能所有的需求都能满足，因此，必须分析客户多个目标满足的程度和怎样满足。考察客户现有的投资和未来的储蓄资源是否能够满足一生的多个目标，可以运用目标现值法、目标并进法、目标顺序法、目标基准点法等测算理财目标供需额度，以此判断客户财务目标实现的最大可能性。具体内容参见本项目"任务1.6 理财目标评价方法"。

理财规划师在计算出达成各项理财目标的具体需求后，就可以着手拟订具体的理财计划。理财计划包括两大部分：一是理财建议，分析确定的理财目标及为了达成目标给出的具体建议；二是执行方案，即实现理财计划的具体措施，包括实现时间、具体实施步骤、所需的各项资金的来源以及资金运用的投资选择。

理财规划的结果必须与客户的能力相匹配，当客户理财目标的实现与现状存在较大

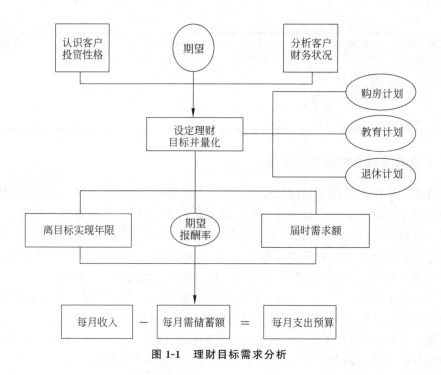

图 1-1 理财目标需求分析

差距时,需要调整方案。当各项理财目标可以同时实现,而客户财务资源仍有剩余时,可以通过降低储蓄率、调高目标金额、缩短目标实现年限以及调降投资报酬率等方法来调整理财方案。例如,增加消费额,降低储蓄额,买更大的房子,提前退休,选用更保守的投资方式,或制定遗产规划,将用不完的财产留给后代。可以采用分年赠与或投保终身寿险的方式,做遗产节税规划。当各项理财目标无法同时实现时,即达成理财目标的应有储蓄额远大于目前收入负担比率时,可采用以下方法进行调整。

① 延长目标实现年限,如将购房时间延后,延期退休等;

② 调降目标金额,如下调购房总价,下调退休后消费水平或以国内深造代替出国留学甚至降低受教育层次;

③ 在一定限度内增加储蓄额,提高投资报酬率;

④ 根据理财目标的轻重缓急,舍弃最不重要的理财目标,以确保重要目标的实现。

(2) 拟定理财规划报告书

将各种策略整合成一系列的理财建议之后,理财规划师应该拟定一份书面形式的个人理财规划报告书递交给客户。

理财规划报告书必须是合理的、切实可行的具体行动方案。理财规划师初次提出的综合理财建议不一定能令客户满意和接受。在此情况下,需要通过面谈的方式反复与客户进行沟通,交换意见,根据客户的意见进行修改,最后定稿,确保客户能理解和接受综合理财建议。

理财规划报告书是理财规划师为客户进行理财规划的最终产品,是进行理财规划的依据,是理财规划师专业水平和职业操守的集中体现,也是以后理财规划师协助客户进行理财规划的行动纲领和指针。因而,理财规划师在撰写理财规划报告书时,要周密设计,严格认真,一丝不苟,精益求精,来不得半点马虎。一份好的理财规划报告书应达到以下三个要求。

① 可读性强,通俗易懂,易于客户阅读和理解。客户是理财规划报告书的最终读者。而客户来自不同的行业,其职业、年龄、性别、文化程度、兴趣爱好等各方面情况千差万别,可以说更多的是来自非金融行业。因而,理财规划师要尽量用大众化的语言,通俗易懂、深入浅出、形象生动地来写作理财规划报告书,要像天天看的报纸一样易于阅读和理解。如果报告书到处充斥着晦涩难懂的专业术语,一般客户无法阅读和理解,理财规划方案也就难以付诸行动,理财规划报告书就会成为一纸空文。因此,理财规划报告书应语言通俗流畅、言简意赅、结构合理、层次分明、思路严谨清晰、图表简洁易懂,使客户易于阅读和理解。

② 满足客户理财要求和目标。常言道,顾客就是上帝。理财规划师是应客户的需要为其进行理财规划,因而,客户就是我们的上帝,就是我们的衣食父母。满足客户的需要是我们进行理财规划的出发点和归宿或最终目的。正因如此,理财规划报告书的最起码要求就是满足客户的理财要求和目标。反之,如果理财规划报告书满足不了客户的理财要求和目标,它就不是一份合格的理财规划报告书。

③ 切实可行。客户进行理财规划的目的就是希望通过理财规划方案的实施,实现自己理财规划的目标,进而不断提高生活品质,最终达到终生的财务安全、自主和自由。理财规划报告书应以客户需求为导向,理财方案应思路清晰具体、有操作性,易于监控和执行。

总之,理财规划方案应该周密、详尽、细致、有计划、有对策措施和具体的行动方案。各方案在时间上、资源上要互相衔接,浑然一体。要对理财规划方案在未来的实施过程中所可能出现的各种复杂问题和情况都尽可能设想到,并且针对今后所可能出现的每一个问题、每一种情况都有应对措施和行动方案,尽量做到天衣无缝,万无一失。

(3) 理财规划报告书的内容

理财规划报告书一般包括内容摘要、客户基本情况和财务目标介绍、客户财务状况分析与诊断、理财规划方案、定期监控计划表等内容。

① 内容摘要。内容摘要是报告书的浓缩,是对报告书的高度概括。简单扼要介绍理财规划报告书的主要内容,方便客户快速了解本报告书主要内容的文字性说明。一篇好的报告内容摘要往往能反映理财规划报告书的内涵和精神实质,是理财规划报告书的灵魂。客户通过阅读内容摘要可以窥一斑而知全貌,了解该内容是否适合自己的需要以及反映的问题。

内容摘要的撰写要求:抓住报告书内容实质,概括准确;实事求是,切忌吹嘘;文字精练,简洁明了,字数一般以 300 字左右为宜。

② 客户基本情况和财务目标介绍。系统而全面地介绍客户的基本信息、财务状况和理财目标。

③ 客户财务状况分析与诊断。分析客户的资产负债状况、收入支出状况以及财务比率,并通过分析对客户的财务状况进行诊断,作出诊断结论。

④ 理财规划方案。阐述针对客户的理财目标所制定的各种理财规划方案,主要有投资规划、住房规划、教育规划、保险规划、退休养老规划、税务筹划和遗产规划等。

⑤ 定期监控计划表。主要是理财方案执行情况定期报告表和较大变动后个人理财计划的调整。

5. 协助客户实施理财规划方案

为客户制作理财规划书,只是理财规划师提供服务的第一步。当一份理财规划书最终得到客户的认可后,随后就进入了执行过程。在执行过程中,理财规划师还要根据市场情况的变化和客户的需要,定期对理财规划进行评估和调整。理财规划师在协助客户执行理财计划时,应坚持及时性、准确性和有效性原则。

及时性原则就是要及时落实各项行动措施,防止因各种因素的变化影响计划实施的效果。准确性原则就是理财师应该协助客户,对理财规划书中指定的产品和数量进行准确的执行。如规划书中提到的购买保险产品的种类和保险额度、投资的基金产品的品种和金额,都需要准确地执行,不能随意更改。有效性原则就是计划的执行应达到理财规划书中所预先设定的目标。理财规划的执行是一个严谨、科学的过程,综合个人财务计划要真正得到顺利执行,在执行前一定要制订一个周密、详细、具体的实施计划。这个计划应该包括规划书中所能解决的各种需求,以及解决这些需求所做的具体安排,包括时间、地点、人员、资金来源、方法、步骤。最后,理财规划师还需要列出计划实施的时间表。

执行理财计划时,理财规划师应做到以下方面。

① 在理财计划执行过程中,经常积极主动地与客户进行沟通和交流,让客户亲自参与实施计划的制定和修改,以提高客户实施理财规划方案的热情和积极性。这样理财规划方案更容易得到认真有效的执行。

② 执行综合理财计划应得到客户的相应授权。

③ 做好个人理财计划的执行记录并妥善保管。

6. 监控理财规划执行进度,并定期修正理财方案

理财规划在一定程度上可以说是人的生涯规划,涉及的时间少则五六年,长则近30年。在这近1/4到1/3世纪的漫长时间里,各种情况千变万化,不确定性因素数不胜数,任何宏观或微观环境的变化都会对理财计划的执行效果造成影响。环境、条件变了,理财规划方案也应与时俱进,及时进行修改和调整,因此,理财规划师必须定期对理财计划的执行情况进行监控、检查,并就实施结果及时与客户沟通,必要时作出适当的调整和修改。

在理财计划订制和执行过程中,如果与客户产生争端,理财规划师应主动沟通,争取问题得到妥善解决。如果双方协商后仍无法解决,可以提交仲裁机构或交由法院裁决。一般来说,理财规划师在与客户发生纠纷时,要尽可能采用第一种方式解决争端,避免采用后两种解决方式。

 小贴士

人生最重要的理财是打理好自己的习惯

人生最重要的理财就是打理好自己的习惯。它分为三大习惯:健康的生活习惯、养

成理财思维的习惯和运用注意力的习惯。

1. 健康的生活习惯

健康就是财富,无论做任何事,都要有一个健康的身体作为基础。

2. 养成理财思维的习惯

理财就是通过理财的方式让工作赚来的钱在不同的岗位上为你工作。重要的还是自己的工作。一般认为要养成理财的习惯有5个:记账、开源、节流、投资、风控等。

3. 运用注意力的习惯

注意力是我们每个人都拥有,却往往被忽视的财富。注意力→时间→金钱。因为钱不是最重要的,它可以再生,时间也不是最重要的,因为它本质上不属于你,你只能试着与它做朋友。你的注意力才是你拥有的最重要、最宝贵的资源。所以人们应该运用自己的注意力,打理好人生中每个人都拥有的最宝贵的财富。把有限的注意力放在成长上、放在自己的真爱上、放在对整个社会有贡献、有价值的事情上。

任务 1.2　货币时间价值

在阐述货币时间价值之前,先思考一个问题。

问题:在不考虑通货膨胀的情况下,2017年的1万元是否等于2019年的1万元?哪个价值更大?为什么?

对这个问题的回答是,根据常识,我们都知道,2017年的1万元与2019年的1万元不相等,2017年的1万元价值更大,究竟为什么呢?原因就是下面要介绍的货币时间价值。

1.2.1　货币时间价值的概念

货币时间价值也称资金的时间价值,就是货币经历一定时间的投资和再投资所增加的价值。货币时间价值的量的规定性是没有风险和通货膨胀率为零的情况下社会平均的资金使用回报率。

时间价值是客观存在的经济范畴,任何企业的财务活动都是在特定的时空中进行的。时间价值原理,正确地揭示了不同时点上资金之间的换算关系,是财务决策的基本依据。为此,财务人员必须了解时间价值的概念和计算方法。

货币时间价值理论认为,目前拥有的货币比未来收到的同样金额的货币具有更大的价值,因为目前拥有的货币可以进行投资,在目前到未来这段时间里获得复利。即使没有通货膨胀的影响,只要存在投资机会,货币的现值就一定大于它的未来价值。

关于时间价值的概念,西方国家的传统说法是:即使在没有风险和通货膨胀的条件下,今天1元钱的价值也大于1年以后1元钱的价值。股东投资1元钱,就牺牲了当时使用或消费这1元钱的机会或权利,按牺牲时间计算的这种牺牲的代价或报酬,就叫时间价值。

货币的时间价值就是指当前所持有的一定量货币比未来获得的等量货币具有更高的价值。从经济学的角度而言,现在的一单位货币与未来的一单位货币的购买力之所以不同,是因为要节省现在的一单位货币不消费而改在未来消费,则在未来消费时必须有大于一单位的货币可供消费,作为弥补延迟消费的贴水。

通常情况下,货币时间价值相当于没有风险和通货膨胀情况下社会平均的利润率。在实务中,通常以一年期国债的利率作为参照。货币时间价值应用贯穿于企业财务管理的方方面面:在筹资管理中,货币时间价值让我们意识到资金的获取是需要付出代价的,这个代价就是资金成本。资金成本直接关系到企业的经济效益,是筹资决策需要考虑的首要问题;在项目投资决策中,项目投资的长期性决定了必须考虑货币时间价值,净现值法、内涵报酬率法等都是考虑货币时间价值的投资决策方法;在证券投资管理中,收益现值法是证券估价的主要方法,同样要求考虑货币时间价值。

货币时间价值是一种客观存在的事实,根据可靠性会计信息质量的要求,以货币计量企业资金运动全过程的会计实务充分考虑货币时间价值成为必然。

1.2.2 货币时间价值产生的原因

严格来说,货币是没有时间价值的,有时间价值的是资金。在不考虑通胀的情况下,1元钱的货币,你放在桌上1万年它还是1元钱,而今天1元钱的资金与明天1元钱的资金却是不同的。货币时间价值是货币在使用过程中,随着时间的变化发生的增值,也称资金的时间价值。在商品经济条件下,即使不存在通货膨胀,等量货币在不同时点上,其价值也是不相等的。应当说,今天的1元钱要比将来的1元钱具有更大的经济价值。

货币时间价值产生的原因主要有以下三个方面。

① 货币可以满足当前消费或用于投资而产生投资回报,因此货币占用具有机会成本;

② 通货膨胀可能造成货币贬值;

③ 投资可能遭受投资风险,需要得到风险补偿。

货币能够增值,首要的原因在于它是资本的一种形式,可以作为资本投放到企业的生产经营过程中,经过一定时间的资本循环后会产生新的价值。由于货币直接或间接地参与了社会资本周转,从而获得了价值增值。所以,货币时间价值的实质就是货币周转使用后的增值额。

1.2.3 货币时间价值的形式

不同时间的资金价值不同。在进行价值大小对比时,必须将不同时间的资金折算为同一时点的价值才能进行大小比较。

货币时间价值可用绝对数形式和相对数形式表示。

1. 绝对数形式

货币时间价值的绝对数形式即时间价值额,是资金在生产经营过程中带来的真实增值额,即一定数额的资金与时间价值率的乘积,也就是货币在经过一段时间后的增值额,具体表现为存款的利息、债券的利息和股票的股息等。

2. 相对数形式

货币时间价值的相对数形式即时间价值率,是指没有风险和没有通货膨胀条件下的社会平均资金利润率;即不同时间段货币的增值幅度,具体表现为存款利率、投资回报率等。

例如,某企业在 2018 年年初投资 20 000 000 元用于购买国债,2019 年年底收回 22 000 000 元,则该投资项目 2 年内货币时间价值,从绝对数形式来看为:22 000 000 元－20 000 000 元＝2 000 000 元;从相对数形式来看为:2 000 000 元÷20 000 000 元×100％＝10％。

1.2.4 利率

从货币时间价值的表现形式来看,利率是计算货币时间价值的重要形式。利率 (interest rate)是指在借贷期内所获得的利息额与借贷本金的比率。它是衡量利息大小的尺度。其计算公式为

$$利率＝利息÷本金$$

利率的形式主要有以下几种。

1. 单利和复利

按计息方式不同,利率可分为单利和复利。

(1) 单利

在计算利息时,不论借贷期限的长短,仅按本金计算利息,所产生的利息不再计息。

利息计算公式:

$$I = Pin$$

本利和计算公式:

$$S = P(1+in) = P + Pin$$

式中,I 为利息;P 为本金;S 为本利和;i 为利率;n 为期限。

(2) 复利

复利是指在每经过一个计息期后,都要将所生利息加入本金,以计算下期的利息。这样,在每一个计息期,上一个计息期的利息都将成为生息的本金,即以利生利,也就是俗称的"利滚利"。

复利本利和计算公式:

$$S = P(1+i)^n$$

利息计算公式:

$$I = S - P$$

2. 名义利率与实际利率

名义利率又称为货币利率,是以货币为标准计算出来的利率。通常情况下,借贷合同和有价证券上载明的利率就是名义利率。实际利率是名义利率剔除物价变动因素后的

利率。

$$实际利率 = 名义利率 - 通货膨胀率$$

例如，2018 年我国银行一年期存款利率为 1.75%，同期通货膨胀率为 2.1%。由此可知，2018 年我国银行一年期存款的名义利率为 1.75%，实际利率为 1.75% − 2.1% = −0.35%。

在实际生活和经营决策中，实际利率更为重要，因为它反映了资金真实的价值与报酬。

3. 年利率、月利率与日利率

按计算利息的时间长短，可以将利率分为年利率、月利率与日利率。

(1) 年利率：以年为时间单位计算利息的利率，通常用百分数表示，如 5%。

年利率与月利率、日利率之间的换算关系：

$$年利率 = 月利率 \times 12 = 日利率 \times 360$$

(2) 月利率：以月为时间单位计算利息的利率，通常用千分数表示，如 4‰。

月利率与年利率、日利率之间的换算关系：

$$月利率 = 年利率 \div 12 = 日利率 \times 30$$

(3) 日利率：以日为时间单位计算利息的利率，通常用万分数表示，如 2‱。

日利率与年利率、月利率之间的换算关系：

$$日利率 = 月利率 \div 30 = 年利率 \div 360$$

任务 1.3　终值的计算

终值(future value)又称为将来值或本利和，是指现在一定量的资金在未来某一时点上的价值，或者说是用复利计息方法计算的一定金额的初始投资在未来某一时点的本利和，通常记作 F。通俗地讲是指现在存入一笔钱，按照一定的利率计算方式，未来能得到多少钱。

终值大小与初始投资、期限和利率同方向变化。

终值按计算利息的方式不同，可以划分为单利终值和复利终值。

1.3.1　单利终值的计算

单利终值就是用单利计息方法计算的一定金额的初始投资在未来某一时点的本利和。单利终值的计算公式：

$$F = P(1 + in)$$

式中，F 为终值；P 为现值；i 为年利率；n 为计息期数或年数。

【例 1-1】　张先生现在存入银行 100 000 元，存期 5 年，以备 5 年后小孩上大学之用。5 年期存款利率为 2.75%。问张先生现在存入银行的 100 000 元，5 年后是多少？

【解析】　已知 $P = 100\,000$ 元，$i = 2.75\%$，$n = 5$，求 F 的值。

$$F = P(1 + in) = 100\,000 \times (1 + 2.75\% \times 5) = 113\,750(元)$$

1.3.2 复利终值的计算

复利终值是用复利计息方法计算的一定金额的初始投资在未来某一时点的本利和。或者说一定量的货币,按复利计算的若干期后的本利总和。

复利终值按一年内计算利息的次数,又可以划分为普通复利终值和周期性复利终值。

1. 普通复利终值

普通复利终值是用复利计息方法,但一年内只计算一次利息的一定金额的初始投资在未来某一时点的本利和。普通复利终值的计算公式:

$$F = P(1+i)^n$$

【例1-2】 如果投资收益率为3.25%,每年计息一次,某客户存入200 000元,存期4年,问4年后该客户能得到多少?

【解析】 已知$P=200\,000$元,$i=3.25\%$,$n=4$,求F的值。

$$F = P(1+i)^n = 200\,000 \times (1+3.25\%)^4 = 227\,295.19(元)$$

2. 周期性复利终值

在复利终值计算中,可以按年计算复利,也可以按半年、按季度、按月、按周和按日等不同的周期计算复利,当计息周期小于一年或一年计息次数在二次(包括两次)以上时,即为周期性复利。这样计算出来的复利终值就是周期性复利终值。周期性复利终值的计算公式:

$$F = P\left(1+\frac{i}{m}\right)^{mn}$$

式中,i为市场利率;m为1年中计算复利的次数;n为年数。

【例1-3】 如果某投资者现在投入100 000元,年利率为6%,每半年计息一次,问5年后该投资者可以得到多少?

【解析】 已知$P=100\,000$元,$i=6\%$,$n=5$,$m=2$,求F的值。

$$F = P\left(1+\frac{i}{m}\right)^{mn} = 100\,000 \times \left(1+\frac{6\%}{2}\right)^{2\times 5} = 134\,391.64(元)$$

3. 实际年利率

实际年利率(effective annual interest rate)又称为有效年利率,是指能带给投资者相同回报的年收益率。在按照给定的计息期利率和每年复利次数计算利息时,能够产生相同结果的每年复利一次的年利率被称为有效年利率,或者称为等价年利率。

【例1-4】 依例1-3,如果每年只计息一次,要使投资者得到与年利率为6%,每半年计息一次相同的回报,则年利率应为多少?

【解析】 已知$P=100\,000$元,$F=134\,391.64$元,$n=5$,求i的值。

由$F=P(1+i)^n$,得$i=\sqrt[n]{\dfrac{F}{P}}-1$。

$$i = \sqrt[5]{\frac{134\ 391.64}{100\ 000}} - 1 = 6.09\%$$

由以上计算结果可知,如果年利率为6.09%,一年只计息一次,也能获得与年利率6%,一年计息2次相同的回报。

这样,本来的年利率一般就叫名义年利率,例如例1-4中的年利率6%。由于一年计息两次以上,这样就造成一个结果,即实际的年利率,不再是6%,而是要比6%高一些,那么这个比名义年利率高一些的实际的年利率,即例1-4中的6.09%,就叫作实际年利率或有效年利率。名义年利率与实际年利率不是名义利率和实际利率。它们之间有着以下关系:如果一年只计息一次,名义年利率就是有效年利率或实际年利率,两者相等。如果一年计息两次以上,有效年利率或实际年利率就会高于名义年利率。有效年利率的计算公式:

$$有效年利率(EAR) = \left(1 + \frac{i}{m}\right)^m - 1$$

式中,EAR 为有效年利率;i 为名义年利率;m 为一年内计息的次数。

【例1-5】 如果年利率为6%,每半年计息1次,问有效年利率是多少?

【解析】 已知 $i=6\%, m=2$,求 EAR 的值。

$$EAR = \left(1 + \frac{i}{m}\right)^m - 1 = \left(1 + \frac{6\%}{2}\right)^2 - 1 = 6.09\%$$

任务 1.4 现值的计算

现值是指将来的一笔收付款折算为现在的价值。也就是一笔资金按规定的折现率,折算成现在或指定起始日期的数值。

现值具有可加性。一组现金流总的现值即等于单笔资金的现值之总和。

现值与终值一样,也可以划分为单利现值和复利现值。

1.4.1 单利现值的计算

在单利计息的情况下,将未来的一笔收付款折算成现在或指定起始日所得到的价值,就是单利现值。单利现值的计算公式:

$$P = \frac{F}{1+in}$$

【例1-6】 张先生打算投入一笔钱,以备5年后小孩上大学之用。如果上大学的费用需80 000元,年利率为5%(单利),问张先生应投入多少钱才够小孩上大学的费用?

【解析】 已知 $F=80\ 000$ 元,$i=5\%, n=5$,求 P 的值。

$$P = \frac{F}{1+in} = \frac{80\ 000}{1+5\% \times 5} = 64\ 000(元)$$

1.4.2 复利现值的计算

由于复利有普通复利和周期性复利之分,与复利终值一样,复利现值也有普通复利现值和周期性复利现值。

1. 普通复利现值

普通复利现值是指在普通复利计息的情况下,将未来的一笔收付款折算成现在或指定起始日所得到的价值。普通复利现值的计算公式:

$$P = \frac{F}{(1+i)^n}$$

【例1-7】 某客户计划现在存入一笔钱准备4年后买车,估计4年后买一辆车需用300 000元,如果年利率为5%,每年计息一次,问客户需存入多少钱才够4年后买车之用?

【解析】 已知$F=300\ 000$元,$i=5\%$,$n=4$,求P的值。

$$P = \frac{F}{(1+i)^n} = \frac{300\ 000}{(1+5\%)^4} = 246\ 810.74(元)$$

2. 周期性复利现值

周期性复利现值是指在周期性复利计息的情况下,将未来的一笔收付款折算成现在或指定起始日所得到的价值。周期性复利现值的计算公式:

$$P = \frac{F}{\left(1+\frac{i}{m}\right)^{mn}}$$

【例1-8】 某投资者计划现在存入一笔钱准备8年后买房,估计8年后买一套商品房需用1 000 000元,如果名义年利率为8%,每季计息一次,问投资者需存入多少钱才够8年后买房之用?

【解析】 已知$F=1\ 000\ 000$元,$i=8\%$,$n=8$,$m=4$,求P的值。

$$P = \frac{F}{\left(1+\frac{i}{m}\right)^{mn}} = \frac{1\ 000\ 000}{\left(1+\frac{8\%}{4}\right)^{8\times 4}} = 530\ 633.19(元)$$

3. 终值与现值的关系

终值与现值是与复利、单利相关联的概念,终值与现值互为倒数关系,现值是终值的逆运算。终值、现值与利率和期限的关系可概括如下。

(1)终值一定时,现值与利率和期限成反比。终值一定时,期限越长,贴现率或利率越高,现值越小;反之,期限越短,贴现率或利率越低,现值越大。

(2)现值一定时,终值与利率和期限成正比。现值一定时,期限越长,贴现率或利率越高,终值越大;反之,期限越短,贴现率或利率越低,终值越小。

任务 1.5 年金的计算

1.5.1 年金概述

【例 1-9】 王先生 30 岁,投保了人寿保险,每年交保费 20 000 元,连续交 20 年。在他 55 岁开始每年领取养老金 25 000 元,直至去世。

【例 1-10】 陈太太办理了住房按揭贷款,每月还款 4 000 元,连续 20 年。

1. 年金的概念

年金是定期或不定期的时间内一系列的现金流入或流出。或者说年金就是一定时期内每次等额收付的系列款项。简而言之,年金是指等额、定期的系列收支。

在年金这一问题中,有年金额、年金期间和年金时期三个概念要搞清楚。年金额是指每次发生收支的金额。年金期间是指相邻两次年金额的间隔时间,年金时期是指整个年金收支的持续期,一般有若干个期间。

年金在理财中有广泛运用。最常见的是以年和月为时间间隔进行收支。分期付款赊购、分期偿还贷款、发放养老金、支付租金和提取折旧等都是年金的具体表现形式。

在例 1-9 中,王先生每年交保费 20 000 元,55 岁后每年领取养老金 25 000 元,都是年金。而在例 1-10 中,陈太太每月还款 4 000 元也是年金。

2. 年金的分类

年金按其每次收付款项发生的时点不同,可以分为普通年金、即付年金、递延年金、永续年金等类型。

(1)普通年金。普通年金是指从第一期起,在一定时期内每期期末等额收付的系列款项,又称为后付年金、期末年金。

(2)即付年金。即付年金是指从第一期起,在一定时期内每期期初等额收付的系列款项,又称先付年金、期初年金、预付年金。即付年金与普通年金的区别仅在于付款时间的不同。期初付款的是即付年金,期末付款的是普通年金。

(3)递延年金。递延年金是指第一次收付款发生时间与第一期无关,而是隔若干期后才开始发生的系列等额收付款项。它是普通年金的特殊形式。

(4)永续年金。永续年金是指无限期等额收付的特种年金。它是普通年金的特殊形式,即期限趋于无穷的普通年金。

1.5.2 普通年金的计算

年金的计算可分为年金终值的计算和年金现值的计算。不同类型的年金,年金的计算也不同。

1. 普通年金终值的计算

普通年金又称为后付年金或期末年金,是指各期期末收付的年金。偿债基金就是普通年金的一种表现形式,它是为使年金终值达到既定金额,每年应支付的年金数额。

普通年金终值是指一定时期内,每期期末等额收入或支出的年金的本利和。也就是将每一期的金额按复利换算到最后一期期末的终值,然后加总,就是该年金终值。

例如,假设每年末存款 1 元,年利率为 10%,经过 5 年,年金终值的计算如图 1-2 所示。

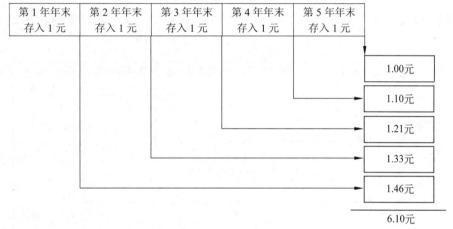

图 1-2 普通年金终值的计算

各年或各期期末年金的终值如表 1-3 所示。

表 1-3 各年或各期普通年金终值

第 1 年年末到期末	第 2 年年末到期末	…	第 ($n-1$) 年年末到期末	第 n 年年末到期末
$A(1+i)^{n-1}$	$A(1+i)^{n-2}$	…	$A(1+i)$	A

期末年金终值 = 各年期末年金终值总和
$$= A(1+i)^{n-1} + A(1+i)^{n-2} + \cdots + A(1+i) + A$$

计算可得期末年金终值公式:

$$期末年金终值(F) = A\frac{(1+i)^n - 1}{i}$$

式中,$\frac{(1+i)^n - 1}{i}$ 为期末年金终值系数。

由以上公式,可以推导出已知终值,求期末年金的公式:

$$A = F\frac{i}{(1+i)^n - 1}$$

【例 1-11】 高先生的小孩正在上初一。现在夫妇俩打算为 6 年后小孩上大学准备教育金。在利率为 2.2% 的情况下,如果高先生每年末存入 20 000 元,试问 6 年后高先生能为小孩上大学准备多少钱。

【解析】 已知期末年金,求期末年金终值。即 $A=20\,000$ 元,$i=2.2\%$,$n=6$,求 F 的值。

期末年金终值 $F=A\dfrac{(1+i)^n-1}{i}=20\,000\times\dfrac{(1+2.2\%)^6-1}{2.2\%}=126\,796.82(元)$

2. 普通年金现值的计算

普通年金现值通常为每年投资收益的现值总和,它是一定时间内每期期末收付款项的复利现值之和。

例如,假设每年末存款 1 元,年利率为 10%,经过 5 年,年金现值的计算如图 1-3 所示。

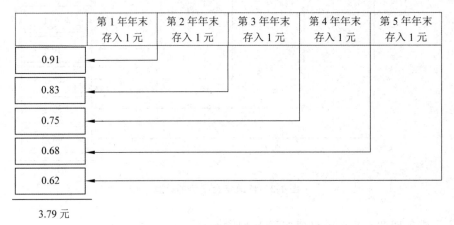

图 1-3 普通年金现值的计算

各年或各期期末年金的现值如表 1-4 所示。

表 1-4 各年或各期普通年金现值

第 1 年年末到期初	第 2 年年末到期初	…	第 $(n-1)$ 年年末到期初	第 n 年年末到期初
$A/(1+i)$	$A/(1+i)^2$	…	$A/(1+i)^{n-1}$	$A/(1+i)^n$

期末年金现值=各年期末年金现值总和
$$=A/(1+i)+A/(1+i)^2+\cdots+A/(1+i)^n$$

计算可得期末年金现值计算公式:

$$期末年金现值\ P=A\frac{(1+i)^n-1}{i(1+i)^n}$$

式中,$\dfrac{(1+i)^n-1}{i(1+i)^n}$ 为期末年金现值系数。

由以上公式,可以推导出已知现值,求期末年金的公式:

$$A=P\frac{i(1+i)^n}{(1+i)^n-1}$$

【例 1-12】 高先生的小孩正在上初一。现在夫妇俩打算为 6 年后小孩上大学准备教育金。在利率为 2.2% 的前提下，高先生每年末存入 20 000 元，问这笔钱的现值是多少？

【解析】 已知期末年金求期末年金现值。即 $A = 20\,000$ 元，$i = 2.2\%$，$n = 6$，求 P 的值。

$$P = A\frac{(1+i)^n - 1}{i(1+i)^n} = 20\,000 \times \frac{(1+2.2\%)^6 - 1}{2.2\% \times (1+2.2\%)^6} = 111\,332.80(元)$$

1.5.3 期初年金的计算

期初年金又称为先付年金、预付年金，是指在每期期初支付的年金。

1. 期初年金终值的计算

期初年金的终值就是各年或各期期初年金终值的总和。各年或各期期初年金的终值如表 1-5 所示。

表 1-5 各年或各期期初年金终值

第 1 年年初到期末	第 2 年年初到期末	…	第 (n−1) 年年初到期末	第 n 年年初到期末
$A(1+i)^n$	$A(1+i)^{n-1}$	…	$A(1+i)^2$	$A(1+i)$

期初年金终值 = 各年期初年金终值总和
$$= A(1+i)^n + A(1+i)^{n-1} + \cdots + A(1+i)^2 + A(1+i)$$

计算可得期初年金终值公式：

$$F = A\frac{(1+i)[(1+i)^n - 1]}{i}$$

式中，$\dfrac{(1+i)[(1+i)^n - 1]}{i}$ 为期初年金本利和系数。

由以上公式，也可以推导出已知终值，求期初年金的公式：

$$A = F\frac{i}{(1+i)[(1+i)^n - 1]}$$

【例 1-13】 某人从 2014 年到 2019 年，每年初在银行存款 10 000 元，在年利率 3.5% 的情况下，该人在 2019 年年末能从银行取到多少钱？

【解析】 已知期初年金求期初年金终值，即 $A = 10\,000$ 元，$i = 3.5\%$，$n = 6$，求 F 的值。

$$F = A\frac{(1+i)[(1+i)^n - 1]}{i} = 10\,000 \times \frac{(1+3.5\%)[(1+3.5\%)^6 - 1]}{3.5\%}$$
$$= 67\,794.08(元)$$

2. 期初年金现值的计算

期初年金现值就是各年或各期期初年金现值的总和。各年或各期期初年金的现值如

表 1-6 所示。

表 1-6　各年或各期期初年金现值

第 1 年年初到期初	第 2 年年初到期初	...	第 $(n-1)$ 年年初到期初	第 n 年年初到期初
A	$\dfrac{A}{1+i}$	...	$\dfrac{A}{(1+i)^{n-2}}$	$\dfrac{A}{(1+i)^{n-1}}$

期初年金现值＝各年期初年金现值总和

$$= A + \frac{A}{1+i} + \cdots + \frac{A}{(1+i)^{n-2}} + \frac{A}{(1+i)^{n-1}}$$

计算可得期初年金现值计算公式：

$$P = A \frac{(1+i)^n - 1}{i(1+i)^{n-1}}$$

式中，$\dfrac{(1+i)^n - 1}{i(1+i)^{n-1}}$ 为期初年金现值系数。

由以上公式，也可以推导出已知现值，求期初年金的公式：

$$A = P \frac{i(1+i)^{n-1}}{(1+i)^n - 1}$$

【例 1-14】 某人从 2014 年到 2019 年，每年初在银行存款 10 000 元，在年利率 3.5% 的情况下，该人所存款项的现值是多少？

【解析】 已知期初年金求期初年金现值，即 $A = 10\,000$ 元，$i = 3.5\%$，$n = 6$，求 P 的值。

$$P = A \frac{(1+i)^n - 1}{i(1+i)^{n-1}} = 10\,000 \times \frac{(1+3.5\%)^6 - 1}{3.5\% \times (1+3.5\%)^{6-1}} = 55\,150.47(\text{元})$$

1.5.4　递延年金的计算

递延年金是指第一次年金发生在 m 年（或期）以后的 n 次年金。递延年金按发生时间可分为期末递延年金和期初递延年金。

在 m 年（或期）后的每年末发生的等额年金为期末递延年金，在 m 年（或期）后的每年初发生的等额年金为期初递延年金。

1. 递延年金终值的计算

递延年金终值的计算可分为期初递延年金终值的计算和期末递延年金终值的计算。由于递延年金是第一次年金发生在 m 年（或期）以后的 n 次年金，也就是在前面的第一个时间段 m 年或期内没有发生年金流，有年金流的是发生在第二个时间段里，而且年金流的次数是 n 次，这与期初年金和期末年金的情况正好相同，因而递延年金终值的计算与期初年金终值的计算和期末年金终值的计算相同。具体来说，期末递延年金终值的计算与期末年金终值的计算相同。同理，期初年金终值的计算公式就是期初递延年金终值的计算公式。因前面已介绍，在此不再赘述。

2. 递延年金现值的计算

递延年金现值计算的原理与递延年金终值相同,但具体计算公式略有不同。有以下两种计算方法。

(1) 假定递延年金两个时间段里都有年金流,并计算其年金的现值,然后计算第一时间段 m 期年金的现值,再用整个时间段年金的现值减去第一时间段 m 期年金的现值。其计算公式如下。

期初递延年金现值:

$$P = A \frac{(1+i)^{m+n}-1}{i(1+i)^{m+n-1}} - A \frac{(1+i)^m - 1}{i(1+i)^{m-1}}$$

同理,期末递延年金现值:

$$P = A \frac{(1+i)^{m+n}-1}{i(1+i)^{m+n}} - A \frac{(1+i)^m - 1}{i(1+i)^m}$$

(2) 先计算第二段时间 n 期内的年金现值,但是由于这样计算的现值只折现到第二段时间的期初,而所需要的现值是折现到第一段时间的期初,因而必须将折现到第二段时间的期初的现值当作终值,然后再将其折现到第一段时间的期初,也就是折现两次。其计算公式如下。

期初递延年金现值:

$$P = A \frac{(1+i)^n - 1}{i(1+i)^{n-1}(1+i)^m}$$

将公式进一步简化可得:

$$P = A \frac{(1+i)^n - 1}{i(1+i)^{m+n-1}}$$

由以上公式,也可以推导出已知现值,求期初递延年金的公式:

$$A = P \frac{i(1+i)^{m+n-1}}{(1+i)^n - 1}$$

期末递延年金现值:

$$P = A \frac{(1+i)^n - 1}{i(1+i)^n(1+i)^m}$$

将公式简化可得:

$$P = A \frac{(1+i)^n - 1}{i(1+i)^{m+n}}$$

由以上公式,也可以推导出已知现值,求期末递延年金的公式:

$$A = P \frac{i(1+i)^{m+n}}{(1+i)^n - 1}$$

【例1-15】 马先生从银行贷款 1 200 000 元购买住房,贷款合同要求从贷款第 4 个月底等额偿还贷款,贷款期限 10 年,如果贷款利率为 4.9%,试计算每月应还款多少?

【解析】 这是一个期末递延年金的案例,已知现值求期末递延年金,即 $P = 1\,200\,000$ 元, $i = \frac{4.9\%}{12} = 0.408\,3\%$, $n = 120 - 3 = 117$, $m = 3$,求 A 的值。

$$A = P\frac{i(1+i)^{m+n}}{(1+i)^n - 1} = 1\,200\,000 \times \frac{0.408\,3\% \times (1+0.408\,3\%)^{3+117}}{(1+0.408\,3\%)^{117} - 1} = 13\,080.22(元)$$

1.5.5 永续年金的计算

永续年金是指年金的期数永久持续时,无限期定额支付的年金,如存本取息。由于永续年金的期数是永久持续的,或者说是无限期的,因而,永续年金的终值是发散的,没有终值。永续年金的现值,即每期年金数额除以贴现率。计算公式:

$$P = \frac{A}{i}$$

由以上公式,可以推导出已知永续年金现值,求年金的公式:

$$A = Pi$$

【例1-16】 2008年5月5日李嘉诚基金会拨款1 000 000元设立"汕头大学杰出新生奖学金",在投资回报率为9%的情况下,该奖学金管委会每年可拿出多少钱来奖励杰出新生?

【解析】 已知现值求永续年金,即$P = 1\,000\,000$元,$i = 9\%$,求A的值。

$$A = P \times i = 1\,000\,000 \times 9\% = 90\,000(元)$$

小贴士

理财达人给理财新手的理财建议

第一步,先从预算与记账入手。预算的目的是让自己的家庭有目标、有方向,使开支更有计划性;而记账则可以清晰地反映家庭的收支情况,有利于做预算。通过记账和预算便会清楚地了解家庭的财务情况是否健康,是否需要适当控制。

第二步,选用一些利于家庭理财的工具,比如开通网银,选择两到三家银行的信用卡。开通网银一方面可以节省家庭的生活成本,比如省去缴纳水电气的时间成本、选择性价比高的网络购物,更省时省钱。更为以后的炒股、基金定投、炒黄金等理财工具的选择节约理财成本;开办信用卡可以增加家庭的现金流,因为它有五十几天的免息期,这样便可以让更多现金用于投资或是其他领域。同时最关键的一点是可以积累个人信用,为以后的贷款买房提供便利。

第三步,选择适合家庭成员的保险。保险对于一个家庭的财务规划相当重要,要重视它的保障功能,不要太在意是否有投资功能。

第四步,寻找适合自己家庭的理财工具。当坚持了一段时间的预算与记账,也为自己的家庭备好厚厚的保险安全垫后,就需要根据自己的预期收益率与风险承受度选择一些适合自己的投资工具,比如基金、股票、纸黄金等。

第五步,用银行的钱,理自己的财。巧用贷款政策,买房置业。当资金积累到一定程度时,就要多了解贷款买房的相关知识。利用好一些贷款政策与还款方式,会达到事半功倍的效果。

任务 1.6　理财目标评价方法

1.6.1　目标现值法

目标现值法的具体做法是,以现在的时间作为基准点,将所有的理财目标都折算为现值,然后进行加总,得出总目标需求现值;同理,将所有的财务资源都折算为现值,然后将这些现值加总,得出总资源供给现值。最后比较总资源供给现值和总目标需求现值的大小。如果总资源供给现值大于或等于总目标需求现值,则说明理财目标能够顺利实现。反之,如果总目标需求现值大于总资源供给现值,则意味着目标需求大于资源供给,理财目标难以全部按时实现。

【例 1-17】　周先生打算5年内准备购房资金总额 1 500 000 元,10 年内准备子女教育金 200 000 元、15 年内准备退休金 2 600 000 元,他的投资报酬率约8%,现有资产 700 000 元,他应有多少年储蓄?如果他的年收入有 260 000 元,年支出 80 000 元,理财目标的供需缺口是多少?

【解析】　购房资金现值=1 500 000×(P/F,8%,5)=1 020 894.3(元)
子女教育金现值=200 000×(P/F,8%,10)=92 639.77(元)
退休金现值=2 600 000×(P/F,8%,15)=819 620.45(元)
15 年支出现值=80 000×(P/A,8%,15)=684 761.36(元)
15 年收入现值=260 000×(P/A,8%,15)=2 225 474.43(元)
总需求现值=1 020 894.3+92 639.77+819 620.45+684 761.36=2 617 915.88(元)
总供给现值=2 225 474.43+700 000=2 925 474.43(元)
总供给现值＞总需求现值
由于总供给现值大于总需求现值,客户所有理财目标都能实现。

1.6.2　目标并进法

在财务目标的重要性和紧迫性都相同,实在无法取舍的情况下,可以运用目标并进法进行计算,即用各目标还原现值后占目标总额的比率来分配现有投资及未来的储蓄资源。

目标并进法是将所有目标的现值加总,然后将所有的资金供给现值加总,然后根据各理财目标现值占所有理财目标总需求现值的比率来分配现有资源,不足的部分由以后的储蓄额进行补充。简单地说,理财目标并进法就是当有几个理财目标(如购房、子女教育、退休养老)时,同时为所有理财目标投入资源。因同时为各理财目标配置储蓄,因此早期所需储蓄偏高。目标并进法是一种最保守又能兼顾所有理财目标的方式。

【例 1-18】　依例 1-17,周先生打算5年内准备购房资金总价 1 500 000 元,10 年内准备子女教育金 200 000 元、15 年内准备退休金 2 600 000 元,他的投资报酬率约8%,现有资产 700 000 元,他应有多少年储蓄?如果他的年收入只有 200 000 元,年支出 80 000 元,理财目标的供需缺口是多少?

【解析】 若想以目标并进法完成目标,各阶段需储蓄金额计算如下。

购房资金现值=1 500 000×(P/F,8%,5)=1 020 894.3(元)

子女教育金现值=200 000×(P/F,8%,10)=92 639.77(元)

退休金现值=2 600 000×(P/F,8%,15)=819 620.45(元)

理财目标总需求=1 020 894.3+92 639.77+819 620.45=1 933 154.52(元)

购房现值/理财目标总需求=1 020 894.3÷1 933 154.52×100%=52.81%

教育金现值/理财目标总需求=92 639.77÷1 933 154.52×100%=4.79%

退休金现值/理财目标总需求=819 620.45÷1 933 154.52×100%=42.40%

700 000元资产的分配如下。

购房资金=700 000×52.81%=369 670(元)

子女教育金=700 000×4.79%=33 530(元)

退休资金=700 000×42.40%=296 800(元)

客户未来储蓄分配如下。

购房资金=(1 020 894.3−369 670)×(A/P,8%,5)=163 109.97(元)

子女教育金=(92 639.77−33 530)×(A/P,8%,10)=8 809.19(元)

退休金=(819 620.45−296 800)×(A/P,8%,15)=60 987.14(元)

所以,客户所有目标同时进行,则

前5年每年需储蓄:163 109.97+8 809.19+60 987.14=232 906.3(元);

6~10年每年需储蓄:8 809.19+60 987.14=69 796.33(元);

11~15年每年需储蓄:60 987.14元。

从以上计算结果可以看出,前5年每年需储蓄232 906.3元,6~10年每年需储蓄69 796.33元,11~15年每年需要的储蓄额仅为60 987.14元。前5年的储蓄压力太大,而后面10年又过于轻松,负担不均。因此,在这种情况下,可以采用目标顺序法来达成财务目标,即先实现最紧迫的理财目标,然后再来策划时间较长的其他目标。

1.6.3 目标顺序法

对于重要性虽然相同,而实现时间不同的目标,如果前期压力过大,可以采用目标顺序法,即先实现最紧迫的理财目标,再考虑策划时间较长的其他目标。

目标顺序法是顺次将各目标进行资金需求与资金供给的折现值进行比较判断,先完成目标一,再完成目标二等,每个目标都要判断一次。目标顺序法的好处是每一个阶段理财目标清晰。

【例1-19】 仍以例1-17为例,如果周先生采用目标顺序法完成理财目标,各阶段需要储蓄多少万元?

【解析】 前5年准备购房资金,每年需储蓄:

(1 020 894.3−700 000)×(A/P,8%,5)=63 962.79(元)

6~10年准备子女教育金,每年需储蓄:

200 000×(A/F,8%,5)=34 093.33(元)

11~15年准备退休金,每年需储蓄:

$$2\ 600\ 000 \times (A/F, 8\%, 5) = 443\ 213.3(元)$$

1.6.4 目标基准点法

当只有一个理财目标需要规划时,可以运用目标基准点法进行计算。目标基准点法是理财规划师处理客户单个理财目标时常用的规划方法。

目标基准点法就是先将理财目标实现或开始实现的时点作为基准点。基准点之前通过累积资产来实现理财目标,是用现值或年金来求复利终值或年金终值。基准点之后,可以看作先借贷一笔资金来实现理财目标,以后分期偿还,是用终值或年金来求复利现值或年金现值。目标基准点法的关键是找出目标基准点,目标基准点往往是该目标开始持续支付现金流量的时间点。一般来说,购房规划的基准点是购房当年,子女教育金规划的基准点是子女18岁上大学当年,退休养老规划的基准点是客户退休当年。

【例1-20】 依例1-17,周先生打算5年内准备购房资金总价1 500 000元,他的投资报酬率约8%,现有资产700 000元,他应有多少年储蓄?如果他的年收入200 000元,年支出80 000元,理财目标的供需缺口是多少?

【解析】 现有资产700 000元5年后的终值:
$$700\ 000元 \times (F/P, 8\%, 5) = 1\ 028\ 510(元)$$

每年需储蓄:
$$(1500\ 000 - 1\ 028\ 510) \times (A/F, 8\%, 5) = 80\ 373.49(元)$$

从计算结果可以看出,周先生要在5年内准备购房资金1 500 000元,除了现有资产700 000元以外,今后5年每年需储蓄80 373.49元。他的年收入200 000元,年支出80 000元,结余120 000元,每年储蓄80 373.49元绰绰有余。因而,周先生理财目标的供需没有缺口。

实 训 项 目

1. 模拟理财规划流程,为自己家庭或亲戚朋友撰写一份理财规划报告书。

2. 某投资者投入一笔年收益率为8%,每半年计息一次的投资300 000元,问10年后该投资者可得到多少钱?

3. 张先生计划5年后购买一套总价2 000 000元的商品房,首付4成,假如张先生的投资报酬率为9%,为了筹措购房所需的首付款,试计算下列情况下张先生应有的投资额。

(1) 现在一次投入应有的投资额?

(2) 每年末定期定额投入应有的投资额?

(3) 每年初定期定额投入应有的投资额?

如果贷款利率为4.9%,张先生选择20年贷款期限,每月等额本息还款法,试计算张先生购房后每月还款额。

思 考 练 习

一、单项选择题

1. 没有终值的年金是（ ）。
   A. 递延年金　　B. 期末年金　　C. 期初年金　　D. 永续年金
2. 手机月租费属于（ ）。
   A. 普通年金　　B. 预付年金　　C. 递延年金　　D. 永续年金
3. 商品房按揭贷款的月供一般属于（ ）。
   A. 期末年金　　B. 先付年金　　C. 递延年金　　D. 永续年金
4. 某投资者想购买一处房产，卖主提出的付款方案为从第 6 年开始，每年年底支付 20 万元，连续支付 12 次，共支付 240 万元。在这一案例中，m 和 n 分别为（ ）。
   A. 6,6　　B. 5,6　　C. 6,12　　D. 5,12
5. 货币经历一定时间的投资和再投资所增加的价值为（ ）。
   A. 货币的机会成本　　　　　　B. 货币的边际成本
   C. 货币的边际利润　　　　　　D. 货币的时间价值
※6. 以下关于年金的说法，错误的是（ ）。[1]
   A. 在每期期初发生的等额支付称为预付年金
   B. 在每期期末发生的等额支付称为普通年金
   C. 递延年金是普通年金的特殊形式
   D. 如果递延年金的第一次收付款的时间是第 9 年年初，那么递延期数应该是 8
7. 理财规划的最终目标是（ ）。
   A. 个人收入最大化　　　　　　B. 财务安全
   C. 财务自由　　　　　　　　　D. 财务独立
8. 我们说达到了财务安全，是指当总支出（ ）时。
   A. 小于总收入　　　　　　　　B. 大于投资收入
   C. 小于投资收入　　　　　　　D. 大于投资收入但小于总收入
9. 青年家庭理财规划的核心内容是（ ）。
   A. 无法确定　　B. 防守型　　C. 攻守兼备型　　D. 进攻型
※10. 对待中华民族传统文化，正确的立场是（ ）。
   A. 古为今用　　B. 拿来主义　　C. 全盘肯定　　D. 彻底抛弃
※11. 在人的生命周期过程中，通常比较适合用高成长性和高投资性的投资工具的时期是（ ）。
   A. 退休养老期　　　　　　　　B. 中年稳健期
   C. 青年成长期　　　　　　　　D. 少年成长期

---

[1] 带※号的试题均为往年理财规划师或助理理财规划师考试真题。

※12. 个人和家庭进行财务规划的关键期是在个人生命周期的(　　)。
　　A. 建立期　　　　B. 维持期　　　　C. 稳定期　　　　D. 高原期
※13. 以下选项中不属于个人理财规划内容的是(　　)。
　　A. 教育投资规划　B. 健康规划　　　C. 退休规划　　　D. 居住规划
※14. 当一年内有两次复利计息,其实际利率与名义利率之间的关系为(　　)。
　　A. 实际利率等于名义利率　　　　　B. 两者无显著关系
　　C. 实际利率大于名义利率　　　　　D. 实际利率小于名义利率
※15. 某商贸有限责任公司于2015年年初向银行存入50万元资金,年复利率为4%,以半年计算复利,则2020年年初该公司可从银行得到的本利和为(　　)万元。(答案取近似数值)
　　A. 58.03　　　　B. 51.24　　　　C. 60.95　　　　D. 56.34
※16. 决定货币在未来增值程度的关键因素是(　　)。
　　A. 时间　　　　　B. 收益率　　　　C. 通货膨胀率　　D. 利率
※17. 在面对客户时,不属于成功的沟通应该能做到的是(　　)。
　　A. 角色互换　　　B. 勇于表现　　　C. 鼓励发言　　　D. 仔细倾听
※18. 张先生希望设立一个账户进行投资,预期收益率为8%,为了保证以后每年年末可以从账户中支取5万元,连续支取10年,则现在至少应投入(　　)元。
　　A. 335 504.07　　B. 380 757.28　　C. 500 000.00　　D. 578 923.15
※19. 王先生投资某项目,初始投入10 000元,年利率为10%,期限为1年,每季度付息一次,按复利计算,则其1年后的本息和为(　　)元。
　　A. 11 000　　　　B. 11 038　　　　C. 11 214　　　　D. 14 614
※20. 若名义年利率为8%,按季度计算复利,则有效年利率为(　　)。
　　A. 8%　　　　　B. 8.04%　　　　C. 8.14%　　　　D. 8.24%

二、多项选择题

1. 理财目标评价方法有(　　)。
　　A. 目标基准点法　　　　　　　　　B. 目标现值法
　　C. 目标顺序法　　　　　　　　　　D. 目标并进法
2. 以下属于年金收付形式的有(　　)。
　　A. 分期偿还贷款　　　　　　　　　B. 支付房租
　　C. 提取折旧　　　　　　　　　　　D. 购买股票分批建仓
3. 理财规划的主要内容有(　　)。
　　A. 投资规划　　　B. 退休规划　　　C. 土地规划　　　D. 住房规划
4. 年金可以分为(　　)。
　　A. 普通年金　　　B. 递延年金　　　C. 期初年金　　　D. 永续年金
5. 终值可以有(　　)。
　　A. 单利终值　　　　　　　　　　　B. 复利终值
　　C. 年金终值　　　　　　　　　　　D. 周期性复利终值

※6. 货币时间价值中计算终值所必须考虑的因素有( )。
    A. 本金   B. 年利率   C. 年数   D. 到期债务
    E. 股票价格

※7. 理财顾问服务是指商业银行向客户提供的( )等专业化服务。
    A. 财务分析与规划   B. 私人银行
    C. 投资建议   D. 个人投资产品推介
    E. 理财计划

※8. 一个合理的理财目标应具备的特点包括( )。
    A. 可调整性   B. 可实现性
    C. 可量化性   D. 协调性和层次性
    E. 可规划性

※9. 与客户维护关系需要做到( )。
    A. 尊敬客户   B. 替客户着想   C. 不为难客户   D. 信守原则
    E. 给客户送现金

※10. 一般而言,会引起个人理财策略中储蓄配置减少的情况有( )。
    A. 预期未来温和的通货膨胀   B. 预期经济处于景气周期
    C. 失业率下降   D. 国际收支持续出现顺差
    E. 预期未来利率下降

※11. 处于不同阶段的家庭理财重点不同,下列说法不正确的是( )。
    A. 家庭形成期资产不多但流动性需求大,应以存款为主
    B. 家庭成长期的信贷运用多以房屋、汽车贷款为主
    C. 家庭成熟期的信贷安排以购置房产为主
    D. 家庭衰老期的核心资产配置应以股票为主
    E. 家庭维持期财务投资以中高风险的组合投资为主要手段

※12. 理财资金的投资管理风险主要包括( )。
    A. 宏观经济政策风险   B. 投资管理人的投资管理风险
    C. 投资管理人的机构规模风险   D. 交易对手方风险
    E. 法律风险

※13. 根据工作的侧重点不同,个人理财业务从业人员可以区分为( )。
    A. 个人理财业务从业人员   B. 理财经理
    C. 综合理财服务从业人员   D. 关系经理
    E. 资深理财经理

※14. 在客户信息收集的方法中,属于初级信息收集方法的有( )。
    A. 建立数据库,平时多注意收集和积累
    B. 和客户交谈
    C. 采用数据调查表
    D. 收集政府部门公布的信息
    E. 收集金融机构公布的信息

※15. 个人理财规划的执行需要具备一定的专业知识,并遵守一定纪律,因此在个人理财规划执行过程中,客户需要接受专业人员的建议和帮助,这些专业人员包括(   )。

　　A. 房产中介　　　B. 投资顾问　　　C. 理财师　　　D. 律师
　　E. 会计师

※16. 家庭的生命周期包括(   )。

　　A. 家庭衰老期　　B. 家庭准备期　　C. 家庭成熟期　　D. 家庭形成期
　　E. 家庭成长期

※17. 商业银行理财产品销售人员除应当具备理财产品销售资格以及相关法律法规、金融、财务等专业的知识和技能外,还应当满足的要求有(   )。

　　A. 具备监管部门要求的行业资格
　　B. 具备相应的学历水平和工作经验
　　C. 对理财业务相关法律法规和监管规定等有充分了解和认识
　　D. 掌握所宣传销售的理财产品或向客户提供咨询顾问意见所涉及理财产品的特性,对有关理财产品市场有所认识和理解
　　E. 遵守监管部门和商业银行制定的理财业务人员职业道德标准或守则

※18. 商业银行在提供个人理财顾问服务和综合理财服务过程中主要面临(   )等风险。

　　A. 法律风险　　　B. 道德风险　　　C. 操作风险　　　D. 声誉风险
　　E. 技术风险

※19. 小李每月缴纳房贷,其现金流模式符合普通年金,下列关于普通年金的说法,正确的有(   )。

　　A. 每期金额相等　　　　　　　　B. 时间间隔相同
　　C. 期间可以有间断　　　　　　　D. 既有现金流入,又有现金流出
　　E. 发生时间可以是期初,也可以是期末

※20. 下列关于复利计息和有效年利率的说法中,错误的有(   )。

　　A. 1年内对金融资产计 m 次复利,t 年后,得到的价值是 $FV=PV/[1+(r/m)]^{mt}$
　　B. 1年内对金融资产计 m 次复利,t 年后,得到的价值是 $FV=PV\times[1+(r/m)]^{mt}$
　　C. 有效年利率的计算公式为 $EAR=[1+(r/m)]^m-1$
　　D. 有效年利率的计算公式为 $EAR=[E1+(r/m)]^m-1$
　　E. 随着复利次数的增加,同一个名义年利率算出的有效年利率也会不断增加,但增加的速度会越来越慢

※21. 下列关于年金系数的表述,正确的有(   )。

　　A. 期初普通年金现值系数一定大于期末普通年金现值系数
　　B. 普通年金现值系数和复利现值系数互为倒数
　　C. 普通年金终值系数和复利终值系数互为倒数
　　D. 普通年金终值系数和普通年金现值系数互为倒数
　　E. 复利终值系数和复利现值系数互为倒数

※22. 关于普通年金现金流的特征,下列表述正确的有( )。
   A. 每期的现金流入与流出的金额必然固定且出入方向一致
   B. 普通年金现金流一般都具备等额的特征
   C. 保证在计算期内各期现金流量不能中断
   D. 每期年金按相同的百分比增长
   E. 普通年金现金流一般都具备连续的特征

※23. 将 5 000 元现金存为银行定期存款,期限为 4 年,年利率为 6%。下列表述正确的有( )。(答案取近似数值)
   A. 若每季度付息一次,则 4 年后的本息和是 6 345 元
   B. 在连续复利的情况下,计算其有效年利率是 5.87%
   C. 以复利计算,4 年后的本利和是 6 312 元
   D. 以单利计算,4 年后的本利和是 6 200 元
   E. 若每半年付息一次,则 4 年后的本息和是 6 334 元

三、判断题

1. 期末递延年金终值的计算与普通年金终值的计算相同。 ( )
2. 现值一定时,终值与利率和期限成正比。 ( )
3. 一般情况下,年金必然小于现值。 ( )
4. 个人理财最早产生于 20 世纪 30 年代的英国。 ( )
5. 目标现值法是理财规划师处理客户单个理财目标时常用的规划方法。 ( )
※6. 年金是指一定时期内每年相等金额的收付款项。 ( )
※7. 货币的时间价值是指未来获得的一定量货币比当前持有的等量货币具有更高的价值。 ( )
※8. 按照银监会对个人理财业务的定义,商业银行为销售储蓄存款产品、信贷产品等进行的产品介绍和宣传不属于理财顾问服务。 ( )
※9. 期初年金与期末年金并无实质性的差别,二者仅在于收付款时间的不同。 ( )
※10. 单利的计算始终以最初的本金为计算收益的基数,而复利则以本金和利息为基数计息,从而产生利上加利、息上添息的收益倍增效应。 ( )
※11. 在整个理财规划过程中,最实质性的一个环节是理财方案的制订。 ( )
※12. 复利的计算是将上期末的本利和作为下一期的本金,在计算时每一期本金的数额是相同的。 ( )
※13. 客户理财需求同家庭生命周期息息相关,理财师只需根据客户家庭生命周期的不同阶段,将产品或产品组合的流动性、收益性与安全性同客户需求相匹配即可。 ( )
※14. 个人理财主要考虑的是资产的增值,因此,个人理财就是如何进行投资。 ( )
※15. 理财规划是技术含量很高的行业,服务态度并不会直接影响理财服务水平。 ( )

四、简答题

1. 简述理财规划的内容。
2. 简述理财规划的流程。
3. 简述终值、现值与年金之间的相互关系。
4. 简述理财目标评价方法。

五、计算题

1. 某人有 150 000 元,拟投入报酬率为 5% 的投资,4 年后能得到多少钱?
2. 某投资者现在存入一笔年利率为 2.75%,存期 5 年的存款 200 000 元,问到期后该投资者能得到多少钱?
3. 如果名义年利率为 8%,每季计息 1 次,则有效年利率为多少?
4. 某投资者存入一笔年利率为 5%,每季计息一次的存款 150 000 元,问 4 年后该投资者可得到多少钱?
5. 小明计划 10 年后拥有一辆奔驰轿车。假设车价为 500 000 元,小明的投资报酬率 10% 维持不变。问:
   (1) 小明现在一次性投入多少才能在 10 年后购买一辆奔驰轿车?
   (2) 小明每年末定期定额应投入多少才能在 10 年后购买一辆奔驰轿车?
6. 某人将其所拥有的房屋出租,每年年初收到租金 60 000 元,共出租 5 年,若其投资报酬率为 6%,问 5 年后这笔租金价值多少?
7. 有一项投资,从第 4 年起每年初投入 100 000 元,共投资 10 期,投资报酬率为 9%。试计算这项投资的终值和现值。
8. "李光潜奖学金"每年有 50 名学生获得者,每人 5 000 新币津贴、3 000 新币的笔记本电脑购买补助费、500 新币购书费;在年投资回报率为 7% 的情况下,需要多少钱才能设立这一奖学金?

项目 2

个人或家庭财务管理

学习目标

1. 了解个人财务管理的特点和基本原则。
2. 熟悉个人资产负债表和现金流量表的内容与结构。
3. 能编制个人资产负债表和现金流量表。
4. 能分析和诊断客户财务状况。
5. 能编制家庭收支预算。

导入案例

马先生今年37岁,某公司中层管理人员,月薪11 000元,年终奖金约60 000元。妻子35岁,某公立中学语文教师,月薪7 000元,年终奖金约20 000元。有一个儿子,现年七岁,上小学一年级。家住湖南省长沙市岳麓区。夫妻双方均有医疗保险和养老保险,还购买了重大疾病保险和意外伤害保险。

截至2019年12月31日,家庭资产负债情况如下:商品房两套,其中一套自住,购买价500 000元,目前市场价1 000 000元;一套用于出租,购买价250 000元,目前市场价600 000元。两年前购买的小轿车一辆,购买价150 000元,目前市场价120 000元。家具家用电器共计50 000元,个人衣物金银珠宝首饰等40 000元。手头现金500元,银行活期存款2 000元,购买的银行理财产品20 000元,购买股票30 000元,目前市值28 000元。互联网理财产品1 000元。商品房按揭贷款余额420 000元,汽车贷款余额70 000元。

2019年马先生家庭全年收支情况如下。

收入:工资及奖金296 000元,银行存款及理财产品利息1 000元,互联网理财产品投资收入150元。房屋租金收入30 000元。

支出:购买衣物支出12 000元,伙食费支出40 000元,偿还房贷和车贷50 000元,物业管理费支出2 400元,购买车险支出3 000元,车辆维护保养3 200元,加油支出12 000元,儿子教育支出10 000元,通信费支出2 000元,购买个人及家庭日常用品支出20 000元,文化娱乐及旅游支出30 000元,孝敬双方父母20 000元,购买福利彩票和体育彩票1 000元。

试编制马先生家庭的资产负债表和现金流量表,并对马先生家庭的财务状况进行分析和诊断。

任务 2.1　个人或家庭财务管理的特点及基本原则

2.1.1　个人或家庭财务管理的特点

个人或家庭财务管理,非常类似于企业的财务管理、会计工作,个人理财规划就是借用企业会计和财务管理领域已经发展比较完善的方法和技术对个人或家庭的财务进行计划与管理。简单地说,家庭财务管理就是套用企业会计与财务管理的原理和方法对个人或家庭的资产、负债、收入、支出、消费及投资等财务活动进行计划和管理。那么,家庭财务报表的编制与分析,是金融理财中非常重要的基本技能。学习理财,首先要学会阅读简单的财务报表。资产负债表能帮助你了解你有多少财可理,有多少债还没有还;收支表能帮助你做好收支管理,记录每天、每月的收支,钱从哪里来,又到哪里去了,定期检查你是否有不必要的开支,等等。但是,企业是从事生产、流通、服务等经济活动,以生产或服务满足社会需要,实行自主经营、独立核算、依法设立的一种营利性的经济组织。企业是以营利为目的的,追求企业利润最大化。而家庭可以说是社会的细胞,它是由婚姻、血缘和领养关系所构成的最基本的社会组织形式或者由以上这些所组成的社会生活的基本单位。它的活动尽管有经济活动,但不全是经济活动,它不是以营利为目的的,它是个体的人生存和发展的一个载体或依托。由于企业和家庭有这些不同,因而,个人/家庭财务管理与企业财务管理相比,有以下区别。

1. 目的不同,信息不必公开

制作个人或家庭财务报表的目的是更好地进行家庭财务管理,这些信息一般情况下都不需要对外公开;而企业财务管理的目标是更好地进行企业财务管理,企业财务信息要对外公开。

2. 记账方式不同

家庭财务管理一般采用收付实现制记账,有现金流入流出时才记账;而企业财务管理采用权责发生制记账。

3. 会计严格程度不同

由于家庭记不记账,记得好不好,只会对家庭理财产生一些影响,不会影响他人的利益,而且家庭经济实力有限,不可能也没必要在记账上花费过多的人力、物力和财力。因而,家庭财务管理无须严格的会计制度,不受准则和制度约束。但是企业会计核算是否全面、准确、完整直接影响到企业的成本利润,影响到多方面的利益关系,所以必须遵循严格的会计制度,采用统一的会计科目和会计分录进行记账核算,以维护各方面的利益。

4. 不要求计提资产减值准备

为了审慎地计量企业资产,保证企业财务资料的真实性,会计的审慎性原则要求企业在进行会计核算和财务管理过程中,对各个资产项目计提减值准备。如对库存商品、原材料计提存货跌价准备,对企业拥有的房屋、建筑物、机器设备计提固定资产减值准备,对应收账款与其他应收款计提坏账准备,对长期投资计提长期投资减值准备等。而对家庭财务管理来说,家庭资产基本上都是消费性资产,目的是更好地满足家庭成员的消费需要,资产种类少、价值小,一般情况下,不计提资产减值准备,不会对家庭生活甚至理财产生什么不利影响。而计提资产减值准备,不仅不会为家庭生活和理财带来多大好处,反而增添不少麻烦,空耗人力、物力和财力,得不偿失。因而,在家庭财务管理中没有必要计提资产减值准备。

5. 不必计列折旧

企业的生产经营活动是周而复始进行的,生产经营过程中消耗的各种物资要得到补偿,生产经营活动才能继续进行,因而,对固定资产的损耗要通过计提折旧进行补偿。而家庭的资产基本上是消费性资产,用完了重新购买,没必要计列折旧。即使是投资性资产,既没有必要,也不可能计列折旧。

6. 不进行收入支出的资本化

由于企业是以营利为目的的,因而,企业的生产经营活动从价值方面来看都表现为资本或资金的运动,企业的供产销在价值上就表现为资本的循环和周转。企业的收入和支出都是资本的运动,是资本运动的表现形式,因而,要进行收入支出的资本化。而家庭是以婚姻、血缘和领养关系等所组成的社会生活的基本单位,是作为个体的人生存和发展的依托或平台,不是经济组织,更不是以营利为目的。家庭的收入支出不是资本的表现和运动形式,是以满足生活需要而进行的。即使有时人们把花在子女身上的教育费用叫作教育投资,也与一般含义上的投资是不同的。教育投资的目的不是营利,而是有着多重目的,最根本的是为了子女将来生活得更好,有一个更好的人生。姑且不论投入多少,收回多少,赚了多少,要算的话,父母投入的时间、精力、心血那种可怜天下父母心的拳拳之心也是无法用金钱来衡量的,所以既没有必要,也算不清。因而,在家庭财务管理中,不进行收入支出的资本化。即使教育投资也视为生活开支,不计增加的人力资本,购买住房支出不摊销到未来。

2.1.2 个人或家庭财务管理的基本原则

企业财务管理有它必须遵循的原则,家庭财务管理也有一定的原则,主要有以下几个原则。

1. 借贷相等原则

有借必有贷,借贷必相等,是会计核算的基本原则。个人/家庭会计的会计科目大致可设置为资产、负债、净资产、收入和支出。会计分录的左边是借方,右边是贷方。资产和支出的增加记在借方,负债、净资产和收入的增加记在贷方。如发工资奖金直接存入银行,一方面是资产——银行存款增加,记入借方,另一方面是收入增加,记入贷方。又如,用银行存款购买汽车,则一方面是资产——自用资产汽车增加,记入借方;另一方面是资产银行存款减少,记入贷方。借贷双方反映的内容如表2-1所示。

表2-1 借贷双方反映的内容

会 计 科 目	借　　方	贷　　方
资产	增加	减少
负债	减少	增加
净资产	减少	增加
收入	减少	增加
支出	增加	减少

2. 收付实现制原则

收付实现制又称现金制,是以收入带来的现金"收到"时间和由费用导致的现金"付出"时间为准,来确认收入和费用的一种会计核算基础。即有现金流入和流出时才记账,没有现金流入和流出时就不记账。为简便起见,家庭收支流量大多采用收付实现制进行记账,区别于企业的权责发生制。

3. 成本价值与市场价值双度量原则

在家庭财务管理中,存在着大量的非现金资产的记账问题。非现金资产的成本价值以购入时所支付的现金额来计算。而在每个记账基准日计算资产价值时则以结算时点资产的市场价格计算。

4. 流量与存量相对应原则

在家庭财务管理中,家庭资产负债表反映的是某一时点家庭资产和负债的静止量,因而,资产负债表中的各个项目是存量的概念。而家庭现金流量表反映的是一定时期内收入和支出的数量金额,因而,家庭现金流量表中的各个项目都是流量的概念。

资产和负债是存量的概念,显示的是某个结算时点资产和负债的状况。结算时点就是结算基准日,资产和负债通常以月末、季末或年末作为结算基准日。

收入和支出是流量的概念,显示的是一定时期内收入和支出的变动情况。资产负债表以月末、季末和年末作为基准日,与此相对应,收入和支出流量的计算也就以一个月、一个季度和一年为时间单位进行计算。

流量和存量密切相关,流量来自存量,又归于存量。存量是流量变化的结果,流量决定存量,存量的结构决定流量的结构。存量和流量之间的关系可用公式表示:

期初存量＋本期流入量－本期流出量＝期末存量

小贴士

12 存单法

12存单法,即每月将一笔存款以定期一年的方式存入银行中,坚持整整12个月,从次

年第一个月开始每个月都会获得定期收入的一种储蓄、投资策略。如每月收入 5 000 元左右,便可考虑每月存入 500 元,当连续存足 1 年以后,手中便会有 12 张存单,金额共有 6 000 元。这时第一张存单开始到期,然后把本金及利息加上第二期所存的 500 元,再存成 1 年定期存款。如此手中便由 12 张存单循环,年年、月月循环往复,一旦急需用钱,便可将当月到期的存单兑现,即使此张存单不够,还可将未到期的存单作为质押物办理质押贷款,既减少了利息损失,又可解燃眉之急,可谓两全其美。

当然,如果你有更好耐性,可以尝试 24 存单法或 36 存单法,原理与 12 存单法是完全相同的。

另外,在设定 12 存单法的同时,每张存单最好都设定到期自动续存,这样就可以免去多跑银行之苦了。12 存单法存钱方式既能像活期一样灵活,又能得到定期利息,日积月累,会攒下一笔不小的存款,特别适合刚参加工作的年轻人和风险承受能力弱的中老年人。投资者也可以选择半年或者三个月作为定期的期限,这样更灵活,还可以享受到加息带来的利息增加。

任务 2.2　个人或家庭资产负债表的编制与分析

2.2.1　个人或家庭资产负债表的内容

个人或家庭资产负债表反映某一时点上的个人资产总额与结构、个人负债总额与结构,是分析个人财务状况的必需资料。个人或家庭资产负债表的内容如表 2-2 所示。

1. 个人或家庭资产

俗话说,麻雀虽小,五脏俱全。为了满足家庭衣食住行各方面的需要,家庭的资产可谓五花八门,种类繁多,无法一一详细列出。从有利于家庭财务管理的角度,将其归纳为自用性资产、流动性资产和投资性资产三大类。

(1) 自用性资产。家庭的自用性资产是家庭日常生活中衣食住行经常要用到的资产,大多以实物形式存在,包括房屋、汽车、家具、家电、衣物、珠宝首饰以及各种装饰品等。这些资产的主要功能是满足家庭当前日常生活需要,是实现家庭生活目标的基础和前提。这些资产不仅不会给家庭带来收入,而且它们的使用还会不断消耗家庭的资源。如房屋要维修,汽车要加油,买保险等,家用电器的使用要耗电等。另外,家庭的自用性资产也不容易变现,贬值快。另一方面,对家庭来说,自用性资产的数量和质量又在一定程度上直接影响到家庭生活的质量和品质。但是总的来说,理财规划与自用性资产没有直接的对应关系,因而,不是理财规划考察的主要内容。

(2) 流动性资产。流动性资产主要用于满足家庭日常生活开支需要,主要包括现金和活期存款。现金的占用不能带来收入,活期存款由于利率极低,所能带来的利息收入几乎可以忽略不计。因而过多流动性资产既不能满足家庭日常生活需要,又不能给家庭带来收入。理财规划时应将其控制在合理的范围内。

表 2-2　个人或家庭资产负债表　　　　　　　　　　单位：元

序号	资 产 科 目	金额	序号	负 债 科 目	金额
	自用性资产			流动负债	
1	自用住宅		1	信用卡透支	
2	家具、家电等家居用品		2	应付电话费	
3	汽车		3	应付水电气费	
4	衣物		4	应付租金	
5	运动器材		5	应付保费	
6	其他自用资产		6	应付所得税	
7	珠宝		7	当月应付长期贷款	
8	度假房产或别墅		8	其他流动负债	
9	有价值的收藏品			流动负债小计	
10	其他奢侈资产			长期负债	
	自用性资产小计		9	房屋按揭贷款	
	流动性资产			9.1 商业性住房贷款	
11	现金			9.2 住房公积金贷款	
12	活期存款			9.3 商用房贷款	
	流动性资产小计		10	汽车贷款	
	投资性资产		11	装修、家具、家居用品贷款	
13	定期存款		12	大额耐用消费品贷款	
14	其他短期投资		13	医疗消费贷款	
15	债券		14	旅游贷款	
16	股票		15	其他长期消费信贷	
17	基金		16	投资贷款	
18	信托和理财产品		17	教育贷款	
19	金融衍生产品			17.1 国家助学贷款	
20	管理性/商业性投资			17.2 商业性助学贷款	
21	不动产投资（如投资性房产）		18	租赁费用	
22	贵金属/宝石		19	其他长期负债	
23	储蓄型保险及投资连结保险现金价值			长期负债小计	
24	养老金/寿险保单现金价值				
25	其他金融资产				
	投资性资产小计				
	资产总计			负债总计	
				净资产	

(3) 投资性资产。投资性资产是指家庭用于投资的能够给家庭带来收入的资产。就家庭而言,投资性资产主要是金融资产,主要包括银行定期存款、股票、债券、基金、信托和理财产品、储蓄性保险产品、黄金、外汇、投资性房产等。这部分资产是家庭资产中最重要的部分,是个人理财规划中最重要的项目之一,也是实现家庭理财目标的重要资金来源。理财规划师在为客户进行理财规划时应特别重视和关注客户资产中的投资性资产。

2. 个人或家庭负债

家庭负债是指家庭成员欠非家庭成员的所有债务。相对于家庭资产来说,家庭负债的项目是有限的,大致可以归纳为流动负债和长期负债两大类。

(1) 流动负债。流动负债是指一个月以内到期的负债,也包括当月要偿还的长期负债。主要有信用卡透支、应付租金、税金、保险金,应付水电气费、电话费等。

(2) 长期负债。长期负债是指一个月以后到期或多年内每月都要支付的负债。典型的如商品房按揭贷款、消费贷款、汽车贷款、教育贷款等。从一般情况来看,长期负债的数额大,期限长。

3. 个人或家庭净资产

家庭净资产是家庭资产减去家庭负债后的余额或净值。家庭净资产的增减变化与家庭生命周期密切相关,一般来说,家庭净资产在子女参加工作到客户本人退休前达到最高,之前是一个不断累积的过程,之后是一个不断减少的过程。

2.2.2 个人或家庭资产负债表的编制

(1) 现金。计算现金余额时,应准确清点手头现金数额,如果以家庭为单位记账,则应将全部家庭成员的手头现金加总后的金额填入现金项目金额栏中。

(2) 银行存款。如果有多个不同的账户,则应将不同账户的余额加总后的金额填入银行存款项目金额栏中。

(3) 其他资产。资产中的投资资产、汽车等,流动资产中的银行存款等一般按照市场价值确定当期价值。个人自用资产中的房屋的成本由商品房购销合同上的总价款与购房时支付的各项税费之和加总确定,其市场价值以面积(平方米)乘以每平方米市价确定。普通电器、家具等耐用消费品的市场价值以旧货市场上同等商品的收购价确定。自用汽车的市场价值以二手车市场上同等车的市场价格确定。

(4) 负债项目。负债项目按照所欠金额的当前价值来计价。小额信贷、车贷和房贷余额按最近缴款通知单上所载的余额减去本期的本金还款额计算。

(5) 信用卡透支。信用卡透支余额可根据信用卡缴款通知单和缴款收据共同确认,用公式表示为

信用卡透支余额 = 上月未还余额 + 本月应缴款额 − 本月实际缴款额

(6) 保单现金价值。对于投保的意外险、产险和医疗等费用性质的险种,不出险不会得到赔偿,保单现金价值不高,不必列入资产项目中。但对于投保的子女教育储蓄年金、终身寿险、养老保险、退休年金,特别是投资型保险,只要投保在两年以上,就有现金价值,

一般以保单周年为准,列出满两年后每年的现金价值。如果按月编制资产负债表,在缴保费当月调高保单现金价值即可,无须每月调整。

(7) 净资产。资产减负债是净资产。

表 2-3 以列表的方式说明主要资产负债项目的金额计算方法。

表 2-3 主要资产负债项目的金额计算

资 产		负 债	
项 目	金 额	项 目	金 额
现金	月底盘点余额	信用卡透支	签单/对账单累加
存款	月底存单存折余额	小额信贷	月底本金余额
债券	持有张数×月底市价(或按面额计)	房贷、车贷	账单月底本金余额
股票	持有股数×月底股价	民间借贷	借据所载金额
基金	持有份数×月底净值	应付费用	通知单金额或原约定金额
保险资产	保单份数×对应的现金价值		
房地产	买价/最近估价		
汽车	同类二手车行情		

2.2.3 个人或家庭资产负债表的分析

1. 负债比率分析

对于个人或家庭来说,负债比率越高,财务负担就越重,如果个人或家庭收入时高时低,那么在收入较低时,就有可能出现无法还本付息的风险。所以,在举债时要从最坏处着想,避免盲目举债和过度举债。负债比率主要分析以下几个比率。

(1) 负债比率

$$总资产负债比率 = 总负债 \div 总资产$$

总资产负债比率是综合反映客户债务负担状况和还债能力的指标。该比率越大,表明客户债务负担越重,还债能力越小;反之,则表明客户债务负担越轻,还债能力越大。

这一比率的取值范围为 0~1,如果大于 1,说明客户出现负资产,资不抵债,该客户从理论上已经破产。一般来说,比较稳妥的做法是将这一比率控制在 0.5 以下,这样可以避免因资产流动性不足而发生财务危机。

由于

$$总资产 TA = 流动性资产 CA + 自用性资产 UA + 投资性资产 IA$$
$$总负债 TL = 消费负债 CL + 自用资产负债 UL + 投资负债 IL$$

所以,可以将总资产负债比率分解为以下公式,即

$$总资产负债比率 = 自用资产贷款成数(UL \div UA) \times 自用资产权数(UA \div TA)$$
$$+ 融资比率(IL \div IA) \times 投资性资产权数(IA \div TA)$$
$$+ 借贷消费占流动性资产比率(CL \div CA)$$
$$\times 流动性资产权数(CA \div TA)$$

(2) 自用资产贷款成数

$$自用资产贷款成数 = 自用资产贷款额 \div 自用资产市值$$

一般来说，对于个人或家庭而言，自用资产中的大项或者说在自用资产中占比重最大的是自用住房，其次是汽车。自用资产贷款主要是以住房和汽车为抵押物申请的贷款。

(3) 自用资产权数

$$自用资产权数 = 自用资产 \div 总资产$$

这一比率表明自用资产在总资产中所占的比率。自用资产的根本用途是为家庭或个人生活消费提供使用价值，满足个人或家庭生活消费需要，是纯消费性质，不会带来价值增值。因而，这一比率过高，一方面表明该客户收入水平或财务状况处于较低层次，另一方面表明该客户资产的增值能力不强。

(4) 融资比率

$$融资比率 = 投资负债 \div 投资资产市值$$

投资负债是运用财务杠杆，期望投资报酬率高于利率的情况下，加速资产增值的负债。一般来说，投资负债期限较短，通常采取整笔借整笔还的方式，在借款期内，负债额固定，生息资产的增加是投资净资产增加的主要原因。

(5) 投资性资产权数

$$投资性资产权数 = 投资性资产 \div 总资产$$

在全部总资产中，流动性资产中的活期存款和货币市场基金、投资性资产都能够增值，但由于活期存款和货币市场基金的增值能力极低，几乎可以忽略不计，所以，投资性资产是增值能力最强的资产。因而，一般而言，投资性资产在总资产中所占的比重越大，说明该客户资产的增值能力越强，资产增值越快。反之，如果投资性资产在总资产中所占的比率越小，则该客户资产的增值能力越小，资产增值越慢。客户应尽量提高投资性资产在总资产中占的比重。

(6) 借贷消费占流动性资产比率

$$借贷消费占流动性资产比率 = 消费借贷额 \div 流动性资产$$

借贷消费额是指已刷卡尚未缴款的金额、购买耐用消费品分期付款未还余额和小额消费性信用贷款余额。在当今发工资直接发到卡上存入银行，刷信用卡消费，在宽限期内，可以将自己的钱存入银行带来利息，而由银行提供信用贷款消费满足日常生活需要，的确可以带来一些蝇头小利，但是在当今低利率甚至零利率时代，已经微乎其微，甚至可以忽略不计。但是另一方面，由于信用卡刷卡消费，不必携带现金，十分方便，在一定时期内，没有钱也可以消费，所以，信用卡消费既满足了人们的消费需要，也在一定程度上助长了过度消费和盲目消费，从而加重了人们的债务负担。所以，从理财的角度来讲，应尽量避免借贷消费，同时最好把当月刷卡消费额控制在流动性资产的50%以下。

(7) 流动性资产权数

$$流动性资产权数 = 流动性资产 \div 总资产$$

流动性资产权数反映的是流动性资产占总资产的比重。我们知道，流动性资产中的现金是不能增值的资产,所以流动性资产中现金所占的比重越大,闲置资产就越多,浪费就越大,资产的增值能力就越低。另一方面,流动性资产中的其他部分其增值能力也极低,所以,这一比率越大,浪费越大,资产的增值能力就越低,增值速度越慢。因而,应尽量降低这一比率,把流动性资产控制在满足交易性需求和预防性需求的范围内即可,最多不超过相当于6个月日常支出额。

2. 基于客户资产负债状况的理财诊断

净资产不能为负,为负表示个人资产小于负债。净资产在年收入3倍以上,客户财务状况良好。净资产低于年收入的一半,需要节省开支,增加收入。净资产在年收入3倍和一半之间,如果客户年轻,财务状况尚可;如果年老,要增加净资产。

对于个人或家庭来说,资产负债的总状况分为以下几种:一是资产少于负债;二是资产略高于负债;三是资产远高于负债。理财规划师应根据客户资产负债的不同状况有针对性地有所侧重地进行理财规划。

对于负债高于资产的客户来说,最为迫切的是尽快实现资产负债的平衡,因而,其理财的重点是尽快获得足以减少负债的净收入。

对于资产略高于负债的客户来说,净资产是终其一生的需要,但也不会有多少遗产可言,对遗产规划的需求不大,其理财规划的重点应为预测未来生涯阶段资产负债状况可能发生的变化,制定应对措施,以避免晚年负债高于资产,加重子女的负担。同时工作期间的储蓄累积是客户净资产的主要来源。对一般家庭而言,在工作期间应尽量多储蓄累积净资产,使其达到晚年生活所需要的数额,以保证自己晚年有一个自立、尊严和较高品质的生活。

对于资产远高于负债有剩余净资产且超过遗产免税额的客户而言,终其一生,衣食无忧,因而,理财规划的重点不是创造财富,而是怎么样保有既有的财富不受损,也就是保值,追求低风险、低收益和节税,而不是追求高风险、高收益的投资。

3. 偿付比例

$$偿付比例 = 净资产 \div 总资产$$

偿付比例是衡量个人或家庭还债能力高低的重要指标。从理论上来看,偿付比例的取值范围在0~1。一般来说,这一比例高于0.5较好。如果客户偿付比例太低,则意味着客户靠举债度日,一旦经济不景气,客户的资产遭受损失,造成资不抵债,债务到期无法偿还,发生债务危机。但是,该比例过高也不一定是好事,它意味着客户可以利用的信用额度没有很好地加以利用。

4. 投资性资产比例

$$投资性资产比例 = 投资性资产 \div 净资产$$

这一比例是衡量个人或家庭资产成长性、资产增值能力大小的指标。对有一定投资经验的客户一般建议保持在50%以上。

任务 2.3 个人或家庭现金流量表的编制与分析

2.3.1 个人或家庭现金流量表的内容

个人或家庭现金流量表是反映个人或家庭一定时期内现金流入流出情况的财务报表，集中反映了个人或家庭收入和支出的总额和结构，是理财规划师为客户进行理财极其重要的财务资料。个人或家庭现金流量表分为收入项目和支出项目。

1. 收入项目

收入项目主要有应税收入、免税收入和收入总计。

（1）应税收入是按照我国个人所得税法规定应该缴纳个人所得税的收入，主要有工薪所得，利息、股息和红利所得，劳务报酬所得，稿酬所得，财产转让所得，财产租赁所得，个人经营所得，承包、承租经营所得和特许权使用费所得以及偶然所得等。一般来说，这一部分的收入是个人或家庭最基本的收入来源，它直接决定了一般家庭收入的多少。

（2）免税收入是指按我国个人所得税法规定可以免缴个人所得税的收入。主要有国债、国家金融债利息收入，保险赔款，政府特殊津贴、补贴、福利费、抚恤金和救济金等。这些收入并不是所有个人或家庭都有的，大多数个人或家庭这些收入都很少甚至完全没有。

（3）收入总计是将个人或家庭应税收入和免税收入加总所得到的家庭收入总额。

2. 支出项目

支出项目主要有消费支出、理财支出和其他支出、支出总计、盈余/赤字。

（1）消费支出主要是指客户个人或家庭为满足日常生活需要而发生的消费支出，主要包括用于衣、食、住、行、教育、文化娱乐、医疗、交际等方面的消费支出。这些支出是客户家庭最基本、最主要的、有些是必不可少的消费支出。

（2）理财支出主要是客户家庭的债务利息支出和保险支出。

（3）其他支出主要是客户家庭发生的税收支出、捐赠支出和其他偶然性支出等。

（4）支出总计就是将以上消费支出、理财支出和其他支出加总所得到的支出总额。

（5）盈余/赤字是用收入总额减去支出总额后所得到的差额，如果收入总额大于支出总额，则为盈余；反之，则为赤字。个人或家庭现金流量表的详细内容见表2-4。

2.3.2 个人或家庭现金流量表的编制

1. 工薪收入

从个人工资薪金中直接扣缴拨入个人基本养老账户和个人住房公积金账户的款项，是一种限定用途的强迫储蓄，因此，应该列入储蓄的运用项目，而不应列入支出项目。

表 2-4　个人或家庭现金流量表　　　　　　　　　　　单位：元

序号	收入项目	金额	序号	支出项目	金额
	应税收入			消费支出	
1	工薪所得		1	消费支出——食	
	1.1 工资（包括固定的津贴/补贴）			1.1 日常伙食支出	
	1.2 奖金、年终加薪、劳动分红			1.2 在外用餐费	
	1.3 退休金		2	消费支出——衣	
	1.4 其他工薪所得			2.1 制装与衣饰	
2	利息、股息、红利所得			2.2 洗衣	
	2.1 确定性的利息收入			2.3 理发、美容、化妆品	
	2.2 股息、红利所得		3	消费支出——住	
3	劳务报酬所得			3.1 房租	
4	稿酬所得			3.2 水电气	
5	财产转让所得			3.3 日用品	
	5.1 房地产转让所得		4	消费支出——行	
	5.2 有价证券转让所得			4.1 油费	
	5.3 其他资产转让所得			4.2 出租车、公交车费	
6	财产租赁所得			4.3 停车费、养路费	
	6.1 不动产租赁收入			4.4 车辆维护费	
	6.2 动产租赁收入		5	消费支出——教育	
7	个人经营所得			5.1 学杂费	
8	承包、承租经营所得			5.2 保姆、家教、补习费	
9	特许权使用费所得		6	消费支出——文化娱乐	
10	偶然所得			6.1 书报杂志费	
	应税收入小计			6.2 视听娱乐费	
	免税收入			6.3 旅游费	
11	国债、国家金融债利息		7	消费支出——医疗	
12	保险赔款			7.1 门诊体检费	
13	政府特殊津贴、补贴			7.2 药品、医疗器材费	
14	福利费、抚恤金、救济金			7.3 住院费	
	免税收入小计		8	消费支出——交际	
				8.1 电话费	
				8.2 礼金支出	
				8.3 转移支出	
				消费支出小计	
				理财支出	

续表

序号	收入项目	金额	序号	支出项目	金额
			9	债务利息支出	
				9.1 房贷每月利息支出	
				9.2 车贷每月利息支出	
				9.3 信用卡利息支出	
				9.4 其他个人消费信贷还本付息额	
				9.5 投资性贷款利息支出	
			10	保险支出	
				10.1 产险与责任险保费支出	
				10.2 寿险保费支出	
				10.3 健康险保费支出	
				10.4 社会保险及企业补充保险支出	
				理财支出小计	
				其他支出	
			11	税收支出	
			12	捐赠支出	
			13	其他偶然性支出	
				其他支出小计	
	收入总计			支出总计	
				盈余/赤字	

2. 资本利得

已实现的资本利得或损失是收入科目,未实现的资本利得是使期末资产和净资产同时增加的调整科目,不全显示在现金流量表中。

3. 保险费支出

保险费中的家庭财产险、车险等都属于非储蓄性质的费用科目。基本医疗保险、失能险、意外险、健康险等以保障为主的保险,其保费属费用性质,应列入支出科目。终身寿险、养老险、教育年金、退休年金中有保单现金价值的部分属储蓄性质,应列入资产科目。

4. 房贷本息

期房预付款应列入资产科目,而不应列入支出科目;每月商品房按揭贷款的月供应将本金和利息分开,利息是费用支出,应将其列入支出科目,而本金是负债,应将其列入负债科目。

2.3.3 个人或家庭现金流量表的分析

1. 支出比例

$$支出比例 = 总支出\ TE / 总收入\ Y$$
$$= (消费支出\ C + 理财支出\ F) \div 总收入\ Y$$
$$= 消费率 + 财务负担率$$

式中，

$$消费率 = 消费支出\ C \div 总收入\ Y$$
$$财务负担率 = 理财支出\ F \div 总收入\ Y$$

消费率和财务负担率分别表示总收入中用于消费支出和理财支出的比重。消费支出是指衣、食、住、行、医疗等各项消费性支出。消费率则是反映消费性支出占总收入比率的指标。在收入一定的情况下，这个比率越高消费越多，储蓄越少，未来收入的增长就越慢。所以应提倡合理消费、理性消费，以增加储蓄、增加投资。

财务负担率反映的是利息支出、保障型寿险和产险等的保费支出占总收入的比率。这一比率控制在30%以下为宜，其中保障型保费支出占总收入的比率应控制在10%以下，利息支出占总收入的比率应控制在20%以下较为合理。

2. 消费支出比例

$$消费支出比例 = 消费性支出 \div 收入$$

消费支出比例是衡量当事人富裕程度指标。该比例越低，说明客户收入越高，越富裕，满足其消费需要只需要动用其收入的很小一部分即可，其余大部分可以结余下来；反之，如果该比例越高，说明客户收入越低，越贫穷，其要动用大部分甚至全部收入才能满足日常消费需要，少有或没有结余。消费性支出可用固定支出近似代替。

3. 自由储蓄额

$$总储蓄额 = 总收入 - (消费支出 + 理财支出)$$
$$自由储蓄额 = 总储蓄额 - 已经安排的本金还款或投资$$

已经安排的本金还款或投资主要包括当月拨入个人住房公积金账户和个人基本养老账户的金额、房贷应定期摊还的本金额、应缴储蓄型保费额、应缴基金定投金额等。

自由储蓄额是纯储蓄，是可以自由决定如何使用的储蓄，是一般意义上的储蓄。自由储蓄额可以用于实现一些短期目标，为减轻贷款利息负担，可以将其用于提前还贷。为了使资产快速增值，可以将其用于增加投资。

用自由储蓄额除以总收入可以得到自由储蓄率，公式为

$$自由储蓄率 = 自由储蓄额 \div 总收入$$

一般情况下，可以将自由储蓄率的目标定为10%。也就是说，将总收入的1/10拿出来，作为自由储蓄额，且通常情况下，我们可以把一些计划外的收入或者说额外的收入都作为自由储蓄额加以使用或投资。

4. 收支平衡点的收入

收支平衡点的收入＝固定支出负担÷工作收入净结余比率

固定支出负担是指每月固定的无法削减的支出。主要包括每月固定生活费用支出、房贷本息支出。工作收入净结余是指工作收入减去所得税扣缴额、三险一金的缴费额和为了工作所必须支付的费用（如交通费、伙食费等）后的余额，是能用于家庭支出安排的收入。

进行收支平衡点分析，其根本目的在于计算出个人或家庭当前和退休后所要希望享受的那种生活需要多少收入才能实现，属于量出为入的性质。如果未来收入能够达到这一水平，所希望的生活目标就能实现；反之，如果未来收入根本无法达到这一水平，所希望的生活目标就不能实现，也就只能退而求其次，或者提高工作收入净结余比率，或者降低固定费用支出。

5. 负债收入比例

负债收入比例＝到期债务本息和÷收入

负债收入比例是衡量和反映客户财务状况的重要指标。如果客户的收入和债务支出都较为稳定，可以以年为单位来计算负债收入比例；相反，如果客户的收入和债务支出数额变化不定，为了准确衡量和反映客户的财务状况，则应以月为单位计算负债收入比例。

有观点认为，个人的负债收入比例处于 0.4 时，财务状况良好；高于 0.4 时，会对客户的借贷融资带来负面影响。也有人认为，要保持财务的流动性，负债收入比例维持在 0.36 左右较为合适。

6. 流动性比例

流动性比例＝流动性资产÷每月支出

流动性比例是反映客户资产数额与每月支出比例的指标。一般来说，客户的流动性资产至少应能满足其家庭 3 个月开支的需要。这样看来，这一比例应大于 3 较为适宜。但是由于流动性资产主要是以现金、活期存款和 3 个月以内的短期债券等形式的资产存在的，这些资产尽管安全性和流动性都比较好，但是收益率极低，所以，这一比例过高，也意味着资产的浪费，应控制在合理的限度内，不应太高。

小贴士

阶梯存款法

阶梯存款法是一种与 12 存单法类似的存款方法，这种方法比较适合与 12 存单法配合使用，尤其适合年终奖金（或其他单项大笔收入）。具体操作方法：假如你今年年终奖金一下子发了 5 万元，可以把这 5 万元均分为 5 份，各按 1、2、3、4、5 年定期存这 5 份存款。当一年过后，把到期的一年定期存单续存并改为 5 年定期，第二年过后，则把到期的两年定期存单续存并改为 5 年定期，以此类推，5 年后你的 5 张存单就都变成 5 年期的定期存单,致使每年都会有一张存单到期,这种储蓄方式既方便适用,又可以享受5年定期的高利息,是一种非常适合于一大笔现金的存款方式。假如把一年一度的"阶梯存款法"与每月进行的"12存单法"相结合,那就是"绝配"了!

任务2.4 个人或家庭收支预算的编制与分析

2.4.1 个人或家庭财务状况分析与诊断

1. 资产增长率

资产增长率＝总储蓄÷期初总资产＝(生活储蓄＋理财储蓄)÷期初总资产

2. 理财成就率

理财成就率＝目前的净资产÷(目前的年储蓄额×已工作年数)

理财成就率是反映客户工作伊始、取得收入以来理财成绩的指标。该比率的标准值为1,高于1,说明理财成绩较好,越高越好;低于1,则说明理财成绩欠佳。

3. 致富公式

要尽快致富,最根本的途径就是最大限度地提高净资产的增长速度,也就是提高净资产增长率。

净资产增长率＝净储蓄/净资产

即

$$g = \frac{(1+sw)rf - il}{e}$$

式中,g 为净资产增长率;s 为生活储蓄率;w 为工薪收入与理财收入比率;r 为投资报酬率;f 为投资性资产占总资产的比率;i 为负债平均率;l 为资产负债率;e 为净资产占总资产的比率。

从以上公式可以看出,影响净资产增长率的因素有七个,综合起来看,提高净资产增长率的有效途径:一是提高生活储蓄率。生活储蓄率的提高,可以使资产增加,最终使净资产增加,从而提高净资产增长率。二是提高生息资产比重。生息资产是能够带来收入的资产,这一比率的提高,意味着在总资产一定的情况下,能够带来收入的资产增加,收入也就随之增加,净资产也就能够以更快的速度增长。三是提高投资报酬率。投资报酬率的提高可以使同样的资产获得更高的报酬,使资产以更快的速度增长。

4. 财务自由度

财务自由就是当你不工作时,也不必为金钱发愁,因为你有其他渠道的现金收入。当工作不再是获得金钱的唯一手段时,你便自由了,因而你也获得了快乐的基础。可以有足够的金钱、时间去做自己真正想做的事情,例如,旅游、摄影、写书或者参与公益事业。财务自由度就是反映客户财务自由水平的指标。

财务自由度＝(目前的净资产×投资报酬率)÷目前的年支出

如果以 f 表示财务自由度，n 表示总工作年数，r 表示投资收益率，c 表示年支出额，y 表示年收入，则上式表示为

$$f = s \times n \times \frac{r}{c}$$

由于

$$C = Y - S$$

可得

$$\frac{S}{Y} = \frac{f}{1 + n \times r}$$

由此可知，如果想在退休时财务自由度达到1，那么，应有储蓄率为

$$\frac{S}{Y} = \frac{f}{1 + n \times r}$$

2.4.2 个人或家庭收支预算的编制

家庭资产负债表和家庭现金流量表从静态和动态方面反映了个人或家庭一定时点和一定时期的财务状况。通过编制这两个财务报表我们能够据以知道家庭的资产负债、收入和支出究竟是一个什么样的状况，也可以从中知道家庭财务中存在的问题。但是以上这两个表毕竟只是被动地反映家庭的财务状况和问题，针对所存在的问题，应采取何种对策措施加以改进和完善，编制家庭资产负债表和现金流量表则无能为力，而要依靠编制家庭收支预算和执行才能得以解决。一般地说，家庭收支预算包括年度收支总预算和月度收支预算。按照"量入为出"的原则，制定年度收支总预算首先要明确家庭在未来一年要进行多少储蓄和储备，这样一方面达到家庭资产按计划增长的目的，同时还要防备未来的各种不时之需，例如来自医疗方面的开支。

做任何工作都应该有计划，避免盲目性，使工作循序渐进，有条不紊地有序进行。编制家庭收支预算计划也可以使所有家庭成员明确消费目的，避免非理性消费和盲目消费，做到理性消费、合理消费，开源节流，以有限的收入和支出最大限度地满足个人和家庭的生活消费需要。

编制家庭收支预算主要做好以下三个方面的工作：首先是设定个人或家庭的财务目标；其次是对个人或家庭的收入和支出进行初步测算；最后根据初步测算的结果与财务目标的差异进行预算调整。

1. 设定财务目标

家庭财务目标也就是我们通常所说的理财规划目标，理财规划目标按时间的长短可以分为短期目标、中期目标和长期目标三个互相联系、相互影响的层次。短期目标主要是家庭日常消费开支和储蓄等，中期目标主要有投资、旅游等，长期目标主要有筹集子女教育金、筹集购房资金、积累退休养老金等。长期目标是中短期目标的方向，它为中短期目标提供了行动指针，而长期目标的实现要靠中短期目标的实现才能实现。所以，长期目标

的实现取决于中短期目标的实现,中短期目标是长期目标的分解和具体化或者说进一步细化,本身就是长期目标的有机组成部分,而中短期目标的实现也为长期目标的实现提供了坚实的基础和保证。

设定财务目标需要明确而详细地分段分类计算实现各项长期目标所需要的资金总额,在考虑货币时间价值的情况下分解到各年,并以此储蓄额作为各年的最低储蓄额标准加以执行。

2. 初步测算家庭的收入和支出

家庭年度储蓄目标的实现,需要最大限度地增加收入,合理节约开支,并将结余部分用来投资进行增值。但是这样做的前提条件是不能冲击目前的正常生活,要二者兼顾,解决的办法或途径就是保留足够的紧急备用金。紧急备用金应该是低风险、高流动性、低收益甚至无收益的现金或准现金或等同于现金的金融资产。

(1) 紧急备用金的测算

紧急备用金主要是用来满足收入突然中断或支出突然暴增时的应急需要以免家庭陷入财务困境。造成收入中断的情况可能有以下几种:一是下岗失业,即使可以领到失业救济金,但与工作时的收入相比差距甚大,还是会造成家庭收入急剧减少,近似于收入中断。二是因身心疾病或意外伤害造成暂时丧失工作能力,不能工作。这种情况比普通失业下岗情况更为严重,因为不仅自己本人不能工作,没有工作收入,而且还要治病花费大笔金钱,可能还要家人照顾陪护,影响家人的工作和收入。

失业后重新就业需要一段时间,时间的长短主要取决于两个方面的因素:一是失业者失业时的整个宏观经济的景气状况。经济繁荣时,要找到一份与原工作收入相当的工作,大约只需要 3 个月的时间就可以了;反之,如果处于整个宏观经济运行的衰退和萧条阶段,要找到一份与原工作收入相当的工作,则可能需要半年至一年的时间,甚至更长。因而,应对下岗失业的紧急备用金至少应该相当于平时 3 个月的固定支出。为保险起见,应该预留相当于 6 个月固定支出的紧急备用金。二是失业者自身的适应能力。如果失业者适应能力强,就业面广,找工作所需要的时间就短;反之,如果失业者适应能力弱,就业面窄,特别是结构性失业者,其原有的劳动技能不能适应新的工作需要,如果需要充电培训学习或掌握新的劳动技能,所需要的时间就更长。

为预防身心疾病或意外伤害暂时丧失工作能力造成的收入中断,可以通过购买残疾收入保险来消除。但是残疾收入保险有 3 个月的免责期,即 3 个月内得不到保险赔偿。因此,即使购买了残疾收入保险,失业者起码也要预备相当于 3 个月固定支出的紧急备用金,没有购买这一保险的失业者则需要预备更多的紧急备用金。

综合以上两种情况分析,为防患于未然,应该预留相当于 1 年固定支出的紧急备用金。

除了家庭收入突然中断需要预留紧急备用金以外,支出突然暴增也需要预留紧急备用金。

家庭支出突然暴增可能的情况主要有以下几个方面:一是客户本人或家人患大病或

重病,需要大笔医疗开支;二是因为地震、水灾、台风等自然灾害或火灾被盗等各种原因造成家庭财产受损,需要大笔费用重新购置。当时的收入无法满足这些大笔费用的需要,因而也需要建立紧急备用金来满足这种不时之需。应对这种需要的紧急备用金究竟应为多少合适,情况千差万别,既要视损失情况,又要看客户的家庭收入和条件。损失小的或者家庭条件好的,收入比较高的,没有紧急备用金也能应付;损失大的严重的,家庭条件差的,收入比较低或者比较困难的,预留紧急备用金也不够用。所以只能根据一般情况来确定紧急备用金的数量。根据目前我国的实际情况,中等收入家庭以 5 000~10 000 元较为合适。

(2) 紧急备用金的筹集

筹集紧急备用金目前现实中可行的途径主要有两种,一是流动性高的活期存款、短期定期存款、货币市场基金、可以上市交易的短期债券;二是备用贷款额度。

现实中究竟选择何种途径要进行综合分析。如果选用第一种途径,方便快捷,使用成本小,但是为此占用的资金要付出一定的机会成本。如果选用第二种途径,要申请,需要一定的时间,来钱慢,遇到十万火急的情况难解燃眉之急,而且要支付一定的利息费用。基于此,比较理想的选择是将两种途径结合起来使用,即一部分以活期存款、短期定期存款等形式存在,一部分以备用贷款的方式来筹集,以策万全。

(3) 收入的初步测算

收入的测算实际上是对客户家庭未来收入及其增长情况进行预测。一方面,不同的家庭收入来源有所不同;另一方面,同一家庭不同的家庭成员收入来源也有所不同。不同来源的收入其测算的方式和难度有所不同。

国家机关和事业单位工作人员工作和收入都比较稳定,可以根据上年收入情况和往年收入增长情况确定。

大企业工薪阶层工作人员每月的工资收入比较稳定,但是年终奖金则视企业生产经营情况和经济效益而定。这方面可以根据历年增长情况和企业的生产经营计划及薪酬计划确定。

至于收入由底薪加提成构成的公司业务人员和个体经营者、自由职业者以及企业主的收入情况则千差万别,总的来说这些人的收入与整个宏观经济的大环境和行业景气状况关系密切,年度间差异很大,只能根据历史和当年情况预测其增减变化。

(4) 支出的初步测算

支出的测算就是对客户个人或家庭未来一定时期内的支出情况进行预测。比较而言,支出的测算比收入的测算要容易一些。

支出预算可以根据往年支出情况进行确定。在当前发工资、缴费都是通过银行转账结算、消费乘车等都可以刷卡的情况下,都会有月结清单。因而,支出预算可以具体落实到每个月。在进行月度支出预算时,首先确定基本支出,即满足个人或家庭日常基本生活需要的支出。

从另一方面看,支出可以分为可控支出和不可控支出。可控支出是有一定弹性的,是个人或家庭可以加以控制的,即可以控制其支出的多少,也就是可以通过节约减少这方面的支出。不可控支出则是依据过去的约定或合同必须支付的费用,这些费用少支付或不支付,会造成违约或违法的不良后果,个人或家庭无法加以控制即不能控制其支出金额。如商品房按揭贷款的月供、车辆的交强险保费支出、房租和物业管理费支出、子女上学的学费以及缴纳所得税等。客户在进行支出预算时,应首先保证不可控支出的支付需要,而将支出预算的重点放在可控支出上,在这方面做文章,来控制或节约支出。

可控支出的规模取决于总收入与包括备用金、应有储蓄和不可控支出之间的差额。

3. 预算控制与差异分析

目前来看,商品房按揭贷款行会为借款人开立一个专门账户,信用卡的刷卡消费发卡行每月都有月结清单,客户只需保存好月结清单,并定期汇总即可。平时消费能刷信用卡的尽量刷信用卡,不能刷信用卡的刷银行卡。另外,平时手头少保留现金,少用现金消费。客户可以将扣缴水电费、煤气费、物业管理费、有线电视费、网络费等的日常费用都集中在一个账户上扣缴。另外再在银行开立一个定期定额投资账户,定期从工资账户转入资金,实行强制储蓄。这样,根据这几个账户和信用卡月结清单就可以对每月的支出情况掌握得比较清楚,并加以控制。

即便如此,实际支出情况也难以与支出预算完全一致,进行差异分析就是必不可少的工作。

在进行差异分析时,应主要从以下几个方面着手。

(1) 先对照分析实际支出总额与计划支出总额之间的差异,然后分析各具体项目的差异。如果总额差异不大,具体项目有高有低,在持续两三个月后,对于带有连续性的项目,应依据实际支出对预算进行调整。

(2) 先对照分析差异大的项目,然后分析差异小的项目。对于差异大的项目,要分析产生的原因,究竟是偶然因素造成的还是必然因素造成的,特别是对于这种差异今后会成为常态的项目,则应根据实际支出对预算进行调整修正。

(3) 要把年度差异和月度差异结合起来分析。有些项目的支出具有季节性和周期性的特点,在某些月份是正差,有些月份是负差,全年综合起来是平的,有些差异越来越大,有些差异越来越小,对于所有这些都要进行综合分析和长期跟踪分析。

(4) 不断改进。初期编制预算,由于经验和数据等原因,计划与实际差异较大,这时要不断对预算工作进行总结提高,并及时改进。随着时间的推移,预算的质量会不断提高。

(5) 增加收入是根本途径。收入的提高会使一切消弭于无形,所以增加收入是解决差异问题的根本途径。

实 训 项 目

1. 为自己家庭或亲戚朋友编制资产负债表和现金流量表。
2. 为自己家庭或亲戚朋友编制家庭收支预算。

思 考 练 习

一、单项选择题

1. 在个人资产负债中属于投资资产的是( )。
   A. 银行活期存款　　　　　　　　B. 基金
   C. 家庭炒股用电脑　　　　　　　D. 住房

2. 个人或家庭财务管理实行的是( )。
   A. 收付实现制原则　　　　　　　B. 权责发生制原则
   C. 收付实现制和权责发生制相结合　D. 以上都不是

3. 在个人资产负债表中属于流动资产的是( )。
   A. 衣物及日常生活用品　　　　　B. 理财产品
   C. 现金　　　　　　　　　　　　D. 短期债券

4. 张先生 2005 年年底买了一辆小轿车,车价 200 000 元,目前市价 80 000 元,则现在张先生记账时,应计( )。
   A. 120 000 元　　B. 80 000 元　　C. 200 000 元　　D. 以上都对

5. ( )是个人财务规划中最重要的项目之一,是实现家庭财务目标的重要来源。
   A. 个人使用资产　B. 自用资产　　C. 投资性资产　　D. 流动性资产

※6. 总资产、总负债和净值三者之间的关系是( )。
   A. 总资产+净值=总负债　　　　　B. 总资产+总负债=净值
   C. 总资产-总负债=净值　　　　　D. 以上都不正确

※7. 以下公式中错误的是( )。
   A. 资产-负债=净资产
   B. 以市价计算的期初期末净资产差异=储蓄额+未实现资本利得或损失+资产评估增值(-资产评估减值)
   C. 普通年金终值=每期固定金额×[(1+利率)^{期限}-1]/利率
   D. 复利现值=终值×(1+利率)^{期限}

※8. 个人理财中,收入可概括分为( )。
   A. 现金收入与非现金收入　　　　B. 工作收入与理财收入
   C. 正职收入与兼职收入　　　　　D. 薪资收入与红利收入

9. 李先生和李太太一家的资产负债表中资产总额是 1 000 000 元,其中现金 20 000 元,开放式货币市场基金 30 000 元,银行活期存款 10 000 元,股票 200 000 元,汽车 100 000 元,债券 100 000 元,家具 50 000 元,住宅 490 000 元。则李先生家的流动资产合计为( )元。
   A. 360 000　　B. 30 000　　C. 60 000　　D. 260 000

※10. 以下不属于所有者权益项目的是( )。
   A. 未分配利润　B. 资本公积　　C. 盈余公积　　D. 递延资产

※11. 属于反映个人/家庭在某一时点上的财务状况的报表是(　　)。
　　A. 资产负债表　　B. 损益表　　C. 现金流量表　　D. 利润表

※12. 用于不时之需和意外损失的家庭意外支出储备金,通常是家庭净资产的(　　)。
　　A. 1%~3%　　B. 3%~5%　　C. 5%~10%　　D. 10%~30%

※13. 银行从业人员提供理财顾问服务时,应掌握个人财务报表的分析,下列对个人财务报表的理解错误的一项是(　　)。
　　A. 需要掌握的个人财务报表包括个人资产负债表和现金流量表
　　B. 个人资产负债表不能反映资产和负债的结构
　　C. 当负债高于所有者权益时,个人有出现财务危机的风险
　　D. 个人现金流量表可以作为衡量个人是否合理使用其收入的工具

※14. 用现金偿还债务与用现金购买股票反映在资产负债表上的相同点是(　　)。
　　A. 净资产不变　　　　　　　B. 资产不变
　　C. 流动资产不变　　　　　　D. 资产负债不变

※15. 下列各项资产中,流动性最好的资产是(　　)。
　　A. 活期存款　　B. 债券基金　　C. 黄金基金　　D. 信托产品

※16. 关于家庭资产负债表的表述,正确的是(　　)。
　　A. 可以显示一段时间的家庭收支状况
　　B. 可以显示一段时间的家庭资产与负债状况
　　C. 可以显示一个时点的家庭资产与负债状况
　　D. 可以显示一个时点的家庭现金流量状况

※17. 以下不属于个人/家庭资产项目的是(　　)。
　　A. 收藏品　　　　　　　　　B. 接受别人的礼品
　　C. 按揭房产　　　　　　　　D. 租借的房屋

※18. 个人资产负债表中的资产价值是按(　　)计算的。
　　A. 购置价　　　　　　　　　B. 当前市场价格
　　C. 平均购置价和当前市场价格　D. 视情况而定

※19. 在制定理财规划时,理财师通常需要对家庭的资产负债情况进行分析,下列选项中属于流动负债的是(　　)。
　　A. 汽车贷款　　B. 教育贷款　　C. 住房抵押贷款　　D. 信用卡贷款

※20. 以下有关个人/家庭资产负债的论述错误的是(　　)。
　　A. 折旧性资产的价值一般随着其使用年限的增加而降低
　　B. 净资产金额很大,可能意味着客户的部分资产并未得到充分利用
　　C. 对于那些债务关系已经形成,但客户尚未收到正式的付账通知的,不应计入负债项目中
　　D. 理想的净资产持有量应根据客户的实际情况而定

※21. 客户王某的流动性资产为8万元,总资产为55万元,总负债为29万元,其偿付比率为(　　)。
　　A. 0.53　　B. 0.47　　C. 0.28　　D. 0.15

二、多项选择题

1. 以下属于家庭财务管理特点的是(　　)。
   A. 信息不必公开　　　　　　　　B. 不要求计提资产减值准备
   C. 不受会计制度准则约束　　　　D. 无须编制资产负债表和现金流量表

2. 家庭财务管理必须遵循的原则有(　　)。
   A. 有借必有贷,借贷必相等　　　B. 收付实现制
   C. 符合国际惯例　　　　　　　　D. 成本价值与市场价值双度量

3. 家庭现金流量表的主要项目是(　　)。
   A. 支出项目　　　B. 收入项目　　　C. 资产项目　　　D. 盈余/赤字

4. 在家庭财务比率分析中,常用的财务比率有(　　)。
   A. 负债收入比率　　　　　　　　B. 资产负债比率
   C. 支出比率　　　　　　　　　　D. 储蓄比率

5. 在家庭财务分析中,用于综合分析理财状况的财务比率有(　　)。
   A. 资产增长率　　B. 财务自由度　　C. 净资产增长率　　D. 投资报酬率

※6. 在现金消费和债务管理中,家庭紧急预备金的储存形式包括(　　)。
   A. 购买股票　　　B. 活期存款　　　C. 短期定期存款
   D. 货币市场基金　　E. 利用贷款额度

※7. 综合家庭财务现状分析,主要是根据信息整理情况,提供家庭财务现状的综合分析,主要包括(　　)。
   A. 资产结构、资产配置和投资现状分析
   B. 收支储蓄现状分析
   C. 家庭流动性现状分析
   D. 家庭财务保障现状分析
   E. 信用和债务管理现状分析

※8. 根据对客户家庭信息整理情况,提供客户家庭财务现状的综合分析,应包括(　　)。
   A. 资产结构、资产配置和投资现状分析
   B. 信用和债务管理现状分析
   C. 家庭财务保障现状分析
   D. 家庭投资收益现状分析和理财规划分析
   E. 收支储蓄现状分析

※9. 下列项目属于现金流量表内容的有(　　)。
   A. 有线电视费　　　B. 每月餐费　　　C. 工资收入
   D. 财险保单现金价值　　E. 支付贷款

10. 关于财务自由以下说法正确的是(　　)。
    A. 个人是否有发展的潜力
    B. 是否有稳定、充足的收入

C. 家庭有足够的收入可以保证基本需求和更高层次的生活质量,并且这种收入不是通过领取薪水的工作获得的

D. 指个人或家庭的收入主要来源于主动投资而不是被动工作

11. 家庭消费模式有三种类型,主要是(　　)。

　　A. 收支相抵　　　B. 支大于收　　　C. 收大于支　　　D. 收支无关

12. 以下关于信用卡信贷的特点说法正确的是(　　)。

　　A. 记账功能

　　B. 信用卡可以"先消费,后还款"

　　C. 可以透支一定的消费金额,享受一定的免息还款期

　　D. 持卡人根据自己的资金状况,可以在免息还款期内一次还款,也可以分期还款

13. 客户在消费信用卡时应该注意的问题有(　　)。

　　A. 免年费,并非年年免

　　B. 信用卡存钱无利息

　　C. 超额透支不能享受免息还款待遇

　　D. 信用卡提现并不享受免息期待遇

14. 以下关于信用卡说法正确的是(　　)。

　　A. 可在申请信用卡的银行同时申请一张储蓄卡,同时与银行签订一个还款协议,在免息期的最后一天,由银行自动从储蓄卡中扣款

　　B. 客户需要担保和保证金

　　C. 客户只要通过银行审核,无须担保和保证金

　　D. 信用卡透支提现,不分本地异地,一律要收手续费

15. 信用卡免息还款期一般由三个因素决定,它们是(　　)。

　　A. 银行指定还款日期　　　　　　B. 客户实际还款日期

　　C. 客户刷卡消费日期　　　　　　D. 银行对账单日期

16. 以下关于信用卡消费信贷的说法正确的是(　　)。

　　A. 快速、清洁

　　B. 信贷金额较小,但是发展势头良好

　　C. 是以贷记卡为载体开展的消费信贷

　　D. 是消费信贷的三种主要形式之一

17. 个人及家庭财务与企业财务的区别在于(　　)。

　　A. 企业资产负债表与利润表中所必需的对应关系在个人及家庭财务报表中显得不是那么重要

　　B. 个人及家庭的财务报表严格要求对固定资产计提折旧

　　C. 制作个人及家庭财务报表的主要目标是为了家庭财务管理,这些信息大部分情况下不需要对外公开

　　D. 对于个人及家庭的财务报表没有计提减值准备的严格要求

18. 运用信用卡理财可从(　　)方面着手。

　　A. 支出管理　　　　　　　　　　B. 建立信用

  C. 支出记录与分析   D. 资金调度

19. 理财规划师在将客户的流动资产在现金规划的一般工具中配置之后,应将各种融资方式向客户做一下介绍,其中应注意比较各种融资方式之间的区别有( )。

  A. 额度   B. 便捷程度   C. 融资期限   D. 费用

20. 下列关于现金流量表的说法正确的是( )。

  A. 通过现金流量表编制,可以为理财规划师进行进一步的财务现状分析与理财目标设计提供基础资料

  B. 现金流量表也可以反映个人或家庭的每月收入状况

  C. 现金流量表不可以反映个人或家庭每月的基本支出情况

  D. 编制现金流量表需要符合的原则有：真实可靠原则,充分反映原则和明晰性原则

三、判断题

1. 在家庭财务管理中,对房屋、汽车等自用资产也应计提折旧。( )
2. 进行家庭财务管理无须记账。( )
3. 在个人资产负债表中,负债项目按照所欠金额的当前价值来计价。( )
4. 在个人资产负债表中,资产中的投资资产、汽车等、流动资产中的银行存款等一般按照市场价值确定当期价值。( )
5. 在家庭财务管理中,紧急备用金主要是用来满足收入突然中断或支出突然暴增时的应急需要。( )
※6. 一般而言,家庭紧急预备金的储存形式最好是流动性高的资产与贷款额度的搭配。( )
※7. 一个家庭紧急预备金的合适金额是相当于1~2个月的家庭日常开支金额。( )
8. 如果个人及家庭的自用住宅价值增加,只需要在资产负债表中直接计入已经增加的价值额,而不用把它列入净资产。( )
9. 个人资产占负债的比例越高,资产结构就越合理。( )
10. 现金流量分析可以对偿债和支付能力作出评价。( )
11. 理财规划师可以根据客户的资产状况、收入状况和消费状况,按照会计的基本方法,为客户建立资产负债表和现金流量表,并以这些报表为基础进行分析和判断。( )
12. 在财务分析方法中,比率分析法是最简便但揭示能力最强的评价方法。( )
13. 负债是指过去的交易、事项形成的现时义务,所以或有负债不应该确认为负债。( )
14. 负债都有确切的受款人和偿付日期,或者受款人和偿付日期能够合理地估计确定。( )
15. 高风险一定能获得高收益。( )
16. 严格地说,风险与不确定性是有区别的,但在实务中二者不做区分,将不确定性视同风险加以计量。( )

17. 个人及家庭的财务报表也严格要求计提资产减值准备。（   ）

18. 个人及家庭的财务报表严格要求对固定资产计提折旧。（   ）

19. 会计期间的划分和确定产生本期和非本期的区分，进而产生了权责发生制和收付实现制这两种会计记账的基础。（   ）

20. 个人及家庭财务报表的信息也要对外公开。（   ）

四、计算题

1. 某客户现年50岁，投资报酬率为10%，想在60岁退休时实现财务自由，其应有的储蓄率为多少？

2. 某客户现有净资产100万元，投资报酬率为8%，家庭年支出额为19.5万元。试计算该客户的财务自由度。

五、简答题

1. 简述家庭财务管理应该遵循的原则。
2. 简述个人或家庭资产负债表的结构和内容。
3. 简述个人或家庭现金流量表的结构和内容。
4. 怎样分析和诊断家庭财务状况？
5. 怎样编制家庭收支预算表？

项目 3

现 金 规 划

学习目标

1. 了解现金规划的概念和作用。
2. 熟悉现金规划流程。
3. 掌握现金规划方法。
4. 学会根据实际情况确定现金储备金额。
5. 掌握现金规划的一般工具和特殊工具。
6. 能够根据具体需要正确选择现金规划工具。
7. 能够独立完成现金规划的编制。

导入案例

朱先生今年 45 岁,某公司工程师;妻子 43 岁,是某公司职员,儿子今年 17 岁,上高中三年级。朱先生父母均已退休,在老家居住,有医保和社保,父亲今年 69 岁,母亲 67 岁,身体健朗。岳父是医生,岳母是老师,都已经退休,有医疗保险和退休金。

朱先生年收入 28 万元,年底有 6 万~7 万元的奖金,妻子年收入 20 万元,年底奖金 4 万元,家庭月日常生活支出 9 000 元,儿子教育费用 4 000 元/月,每年衣物及礼金支出 30 000 元,支付朱先生父母生活费 20 000 元/年,旅游费用 40 000 元/年,汽车使用费(包括保险)20 000 元/年,健身支出 15 000 元/年,家政保姆支出 8 万元/年,交际娱乐支出 10 000 元/年。

如果你是朱先生的理财规划师,请为朱先生做现金规划。

任务 3.1 现金规划需求分析

3.1.1 现金规划的目标

1. 现金规划的概念和作用

现金规划是为了满足个人或家庭短期的或日常的消费需求,而对日常的现金及现金等价物所进行的管理和安排。简言之,现金规划就是对个人或家庭日常的现金及现金等价物进行管理。现金等价物是指流动性比较强的活期储蓄、各类银行存款和货币市场基金等金融资产。

现金规划的目的在于确保个人或家庭有足够的资金用来支付日常生活中计划内和计划外的各种费用,并且将消费支出总额控制在预算计划之内。

现金规划既能够使个人或家庭所拥有的资产保持一定的流动性,满足支付日常生活费用的需要,又能够使这部分流动性较强的资产不至于完全闲置而获得一定的收益。

现金规划主要是就短期内现金流的以下问题进行决策:怎样确保拥有足够的资金用于计划内和计划外的开支?怎样运用和分配剩余资金或现金流入?怎样在现金流入不足的情况下取得现金?怎样在短期内同时实现足够的流动性和适当的报酬率?

上述问题解决之后,现金规划应起到如下作用:①在个人财务规划中,现金规划有助于所拥有的资金既能满足家庭的日常消费需要又能满足储蓄的需要;②可以用手头现金来满足计划内的需求,而通过各种类型的储蓄或短期工具来满足计划外的或者将来的需求;③满足日常消费的现金需要——交易动机;④满足计划外消费的现金需要——谨慎动机(预防性动机);⑤抓住消费和投资时机——投资动机。

2. 现金规划考虑的基本因素

(1) 交易动机

交易动机是指家庭由于收入与支出在时间上的差异性,而必须持有一部分现金及现金等价物的动机。即由于收入和支出的时间不一致,为了进行日常交易而产生的持有货币的愿望。凯恩斯在其1936年出版的《就业、利息和货币通论》中,提出了自己的货币需求理论。凯恩斯认为经济体之所以需要货币,是因为存在"流动性偏好"这一普遍心理倾向,即愿意持有具有完全流动性的货币而不是其他缺乏流动性的资产,以应付日常的、临时的或投机的需要,从而产生货币需求。

(2) 谨慎动机或预防动机

谨慎动机或预防动机是为了预防意外支出而持有一部分现金及现金等价物的动机。如个人为应对可能发生的失业、疾病等意外事件而需要提前预留一定数量的现金及现金等价物。如果说现金及现金等价物的交易需求产生于家庭收入与支出的时间差异性,那么家庭未来收入和支出的不确定性则是现金及现金等价物的预防动机产生的原因。

预防动机一般采用储备紧急备用金的做法,其重要性体现在:①我们每个人都会碰到意外收入突然减少,甚至中断,若没有一笔紧急备用金可以动用,则会陷入财务困境。如因为失业或失能(因为意外身心遭受伤害导致无法工作,在保险术语上称为失能)导致收入中断,则会面临生活费用、买车或买房的月供款,房租等债务压力,或者因为紧急医疗或者意外灾害而导致的超支费用,这都需要一笔紧急预备金来应付这些突发状况。②假如有突发事件发生,需要大量资金,我们已把资金都投入收益较高的投资上,没有建立紧急准备金,就会导致我们不得不将投资变现,如果这样投资会损失掉大量的收益。因此,紧急备用金能够很好地防止这类损失的发生,保证自己的投资按预期计划正常进行。

(3) 持有现金及现金等价物的机会成本

通常来说,金融资产的流动性与收益率呈反方向变化,高流动性意味着收益率较低。现金具有最高的流动性,因此现金必将伴随着一定的机会成本。现金的机会成本在金融资产里一般被看作进行活期储蓄的所得。由于机会成本的存在,持有收益率较低的现金及现金等价物也就意味着丧失了持有收益率较高的投资品种的机会,因此要在资本的流动性和收益之间进行权衡。

3. 流动性比率

流动性是指资产能够以一个合理的价格顺利变现的能力,它是一种所投资的时间尺度(卖出它所需多长时间)和价格尺度(与公平市场价格相比的折扣)之间的关系。流动性比率是最常用的财务指标,它用于测量偿还短期债务的能力。一般来说,流动性比率越高,偿还短期债务的能力越强。其计算公式为

$$流动性比率 = 流动性资产 \div 每月支出$$

资产的流动性与收益性通常成反比,即流动性较强的资产,收益性较低,而收益性较强的资产,其流动性往往欠佳。现金与现金等价物是流动性最强的资产。对于那些工作不够稳定、收入不确定的客户来说,资产的流动性显得尤为重要,因此理财规划师应建议其流动性比率保持在较高的水平上。理财规划师在确定现金及现金等价物的额度时,可以将该额度确定在个人或家庭月均支出的3～6倍。

3.1.2 家庭现金资产统计及问题诊断

1. 现金资产统计

在为客户进行现金规划之前,需要对客户家庭的现金资产进行统计和分析。统计方法可以依据项目2家庭财务管理的知识,进行家庭财务报表的编制和分析以及财务诊断。

【例3-1】 2018年11月30日李先生一家持有人民币现金5 000元,人民币存款账户余额4万元,外币存款2万美元,购入汇率6.805 6,2018年11月底收盘汇率6.598 1。拥有自用房产成本60万元,当前市价120万元,房贷余额20万元。投资用房产:成本40万元,当前市价90万元,房贷余额15万元。汽车购买价16万元,已使用5年,当前市价7.8万元。证券投资方面:持有建设银行2 000股,成本价6.55元,当前市价6.65元。中信证券1 000股,成本15.05元,当前市价16.87元,格力电器1 500股,成本价36.45元,当前市价36.85元,开放式基金40 000单位,成本价1.2元,当前市价1.25元。定期寿险保额30万元,现金价值0,终身寿险保额50万元,现金价值5万元,养老寿险保额40万元,现金价值10万元,投资型保单趸交保费20万元,账户价值24万元。借给亲友(债权)4万元,信用卡账单1.5万元。请统计李先生的现金资产。

依据项目2家庭财务报表编制的知识,编制李先生的家庭资产负债表,如表3-1所示。

表 3-1　家庭资产负债表　　　　　　　　　　　　单位：元

序号	资产项目	金　额	序号	负债项目	金　额
1	现金	5 000	1	信用卡负债	15 000
2	活期存款	40 000	2	流动负债合计	15 000
3	流动性资产合计	45 000	3	投资用房贷	150 000
4	外币存款	131 962	4	自用房贷	200 000
5	股票	85 445	5	长期负债合计	350 000
6	基金	50 000	6		
7	债权	40 000	7		
8	投资用房产	900 000	8		
9	终身寿险	50 000	9		
10	养老寿险	100 000	10		
11	投资型保单	240 000	11		
12	投资性资产合计	1 597 407	12		
13	自用汽车	78 000	13		
14	自用房屋	1 200 000	14		
15	自用性资产合计	1 278 000	15		
16	总资产	2 920 407	16	总负债	365 000
17			17	净资产	255 5407

2.问题诊断

编制资产负债表之后,可以依据财务指标进行分析。在家庭现金规划中常用于分析家庭财务状况的指标主要有负债收入比率、盈余比率、流动性比率、保费收入比率等。

(1) 负债收入比率

$$负债收入比率 = 家庭债务支出/当月收入$$

负债收入比率一般是按月来计算,测量每个月的财务风险。这个指标不应超过40%,这是一个警戒线。比如,一个家庭当月收入是9 000元,当月债务支出是6 000元,这个家庭这个月的负债收入比率为66.67%,超过了40%的警戒线。如果负债收入比率低于40%,说明家庭负债在偿付能力之内;如果超过了40%,说明家庭负债比率过高,超过了承担能力,建议逐渐减少。特别是在国家贷款利率上调时,高负债收入比率会增加债务负担。财务健康的诊断要随时进行。亚洲国家的人都不喜欢负债,有债务是特别大的压力,是非常痛苦的感觉,而且债务的影响在金融波动中也是非常重要的,所以没有债务应该是非常好的状态。但是,一定程度上的举债,可以帮助我们在有限的资金状况下扩张资本,获得更丰厚的利润。但是,举债会增加投资风险,所以最适合的负债收入比率应低于40%。

(2) 盈余比率

$$盈余比率 = (当月收入 - 当月支出)/当月收入$$

这个指标反映了控制家庭开支和能够增加净资产的能力。比如一个家庭年收入19万元的国家机关公务员,买房买车以后,已所剩无几,比率相当低了,所以他的家庭财务是不健康的,虽然不愁衣食,但是他的可投资资本的数量变得非常小,除非持续地工作,否则未来获得财务自由的机会相对较小。当月收入减去当月支出如果为负数,说明家庭收支入不敷出,属于严重的不健康状态。

(3) 紧急预备金

$$紧急预备金 = 流动资产/月总支出$$

一般是要满足3~6个月的月支出。应对失业或紧急事故的备用金,如投保了医疗险或产险,或有备用贷款信用额度,则紧急预备金可降低,如待业时间长可提高。

(4) 保费收入比

$$保费收入比 = 保费/税后工作收入$$

与工作收入的绝对值有关,只有社保不足以应付寿险与产险的需求,一般以工作收入的10%为合理商业保险。

 小贴士

如何聪明地存钱

(1) 尽量养成不刷信用卡而改用现金的习惯,可以通过电子表格记录自己的每笔支出。如此一来,你就能清晰了解自己买了什么,以及哪些是可以削减的,从而实现存钱的目的。

(2) 在做其他消费支出或者投资的事情之前,先要想办法给自己留点固定的资金。绝大多数专家建议,将收入的10%存入银行或其他退休账户,可以避免需要钱的时候无钱可用。

(3) 不要成天为生活的日常开销去节省,而是更多地想想如何在一年内赚到大钱。比如说从实际出发,设定高存款目标,以及先投资自己等。

(4) 在能力范围之内,尽量通过做主业之外的其他兼职工作来谋求更多的收入,只有这样,你才能更好地通过存一份工作的收入,消费另一份工作的工资来实现存钱最大化的目的。

(5) 对于实现自己收入增值的方法还有就是投资理财,但毕竟个人的能力有限,所以情况允许的情况下,不妨将自己的闲余资金交给专业的理财机构打理或者采取自动化手段理财。

任务3.2 现金规划方案的制订

3.2.1 现金规划的方法和流程

1. 现金规划的方法

现金规划的基本思路:分析客户现金需求,编制现金流量表,制订现金规划方案,选择适当的现金管理工具。具体方法如下。

(1) 建立财务比率衡量指标。通常情况下,流动性比率保持在3~6倍,目的是使拥有的资产保持一定的流动性,既满足个人和家庭支付日常家庭费用的需要,又能使流动性

较强的资产保持一定的收益性。现金及现金等价物的配置比例：现金占1/3，活期储蓄及货币市场基金占2/3。例如，某先生家庭税后月收入9 000元，则现金规划部分在27 000~54 000元。在做现金规划时，对于收入和工作都稳定的家庭，一般以月收入的一倍作为储蓄，月收入的两倍投资货币市场基金，这样安排既兼顾了流动性又能够获得一定的收益，是比较合适的搭配方案。

(2) 根据收入来源进行现金规划。不同类型客户收入来源不同。客户类型可以分为受雇者(内勤上班族)、自营＋受雇(外勤创收族)、一般自营者(小本开店族)、专业自营者(医生律师等)、小企业雇主、大企业雇主和下岗及其他再就业者。

内勤上班族的收入特点是收入稳定，但额外收入较少。其现金规划主要策略有严格控制现金流量、开源节流、不能超负荷购置资产和负债、定额定期储蓄以积累投资资产、加强理财投资。

外勤创收族的收入特点是以佣金为主，受环境影响很大。其现金规划主要策略是拟定不同收入状况之下的收支模式，增加防御能力；组合投资；理财规划时注意生涯规划顺序；每月储蓄额度为(当月收入－基本收入)×边际储蓄率。

小本开店族的收入特点取决于经营状况，其现金规划主要策略有科学选择投资项目、进行科学的收入财务规划、考虑环境因素。

自由职业者(医生、律师)的收入特点是收入较高，但不一定稳定。其现金规划主要策略是维持高收入的同时积极理财，居安思危。小企业雇主的收入特点取决于经营状况，主要策略是善于选择账户、灵活运用金融汇款方式、充分利用财务杠杆、有效防范风险。大企业雇主的收入特点是收入丰厚，主要策略是由专业理财顾问进行理财规划、节税规划和遗产规划为重点规划内容、以信托方式理财。下岗及其他面临再就业族的收入特点是享受国家最基本生活保障，主要策略是制订合理的家庭消费计划、尽可能降低消费、提升人力资本，创造再就业机会。

2. 现金规划的流程

(1) 收集客户与现金规划有关的信息，包括客户的现金、活期存款、定期存款、家庭每月各项支出等。

(2) 编制资产负债表，对家庭资产和负债进行分类整理，对家庭资产和负债的价值进行评估，然后编制家庭资产负债表。

(3) 编制家庭收支表(现金流量表)，分析家庭收支项目，对家庭收支表或现金流量表各项指标进行计算，然后编制家庭收支表。

(4) 状态分析和诊断，先对家庭资产负债表和家庭收支表进行分析，然后基于家庭财务报表进行财务比率分析与诊断。

(5) 计算家庭每月支出。

(6) 选择现金规划工具，将每月支出的3~6倍的额度在现金规划工具里面进行配置。

3.2.2 现金规划工具

预留现金应考虑的因素有风险偏好程度、持有现金的机会成本、现金收入的来源和稳定性、现金支出渠道和稳定性、非现金资产的流动性。现金规划策略是持有较多现金,保持高流动性,持有少量现金,必要时变现其他资产。

现金规划采用的一般工具有现金、储蓄、货币市场基金和信用卡等。

1. 现金

与其他工具相比,现金有两个突出特点:一是现金在所有的现金规划工具中流动性最强。在国际货币基金组织对货币层次的划分中,现金属于第一层次。二是持有现金的收益率低。在通常情况下,由于通货膨胀的存在,持有现金不仅没有收益,反而会贬值。人们之所以会持有现金,就是为了追求现金流动性,但客观上却损失了一定收益。

2. 储蓄

储蓄种类繁多,例如活期储蓄、定活两便储蓄、整存整取定期储蓄、零存整取定期储蓄、存本取息储蓄、个人通知存款、定额定期储蓄等。储蓄流动性较强,但收益率较低,在一般情况下低于CPI(居民消费物价指数)。

(1) 活期储蓄,一元起存,多存不限,储蓄机构发给存折,凭折存取,开户后可随时存取,每年6月30日结息一次,全部支取时,按销户日挂牌公告的活期储蓄利率计息。但是,自2005年9月21日起,个人活期存款按季结息,按结息日挂牌活期利率计息,每季末月的20日为结息日。未到结息日清户时,按清户日挂牌公告的活期利率计息到清户前一日止。

(2) 定活两便,一般50元起存。存期不满三个月,按活期计息,存期三个月以上不满半年,按三个月定期存款利率打六折计息;存期半年以上,不满一年的,按半年定期存款利率打六折计息;一年以上无论存期多长,均按一年期存款利率打六折计息。

(3) 整存整取定期储蓄,一般50元起存,多存不限,存期分三个月、半年、九个月、一年、二年、三年和五年,到期凭存单支取本息。存期越长,利率越高。储户还可以根据本人意愿办理定期存款到期约定或自动转存业务。

(4) 零存整取定期储蓄,每月固定存额,一般5元起存,存期分一年、三年、五年,存款金额由储户自定,每月存入一次,中途如有漏存,应在次月补存,未补存者,到期支取时按实存金额和实际存期计息。

(5) 存本取息储蓄,一次存入本金,金额起点一般为1 000元,可记名。预留印鉴或密码,可挂失。存期分为一年、三年、五年。开户时由银行发给储户存折,约定每一个月、三个月或半年领取一次。取款时储户凭存折到原开户行填写取款凭证后领取本金。如到期日未领取,以后可随时领取。整存领取不得部分提前支取。

(6) 个人通知存款是指存款人在存入款项时不约定存期,支取时需提前通知金融机构,约定支取日期和金额方能支取存款的一种储蓄方式。根据储户提前通知时间的长短,分为1天通知存款与7天通知存款两个档次。个人通知存款的最低起存金额为5万元,最低支取金额为5万元,存款人需一次性存入,可以一次或分次支取。

(7) 定额定期储蓄,存款金额固定、存期固定的一种定期储蓄业务,简称"双定"。这种储蓄事先在存单上印有存款金额,通常有10元、20元、50元、100元、500元、1 000元等。随着社会经济的发展,存单面额有不断加大的趋势。该储蓄由于事先印好面额,因此存取手续较为简便,有利于提高工作效率,方便储户。定额定期储蓄存期为一年,到期凭存单支取本息,可以过期支取,也可以提前支取。一次取清,不办理部分支取。利率和计算方法与整存整取定期储蓄相同。存单上不记名、不预留印鉴也不受理挂失,可以在同一市县辖区内各邮政储蓄机构通存通取。

3. 货币市场基金

货币市场基金是指仅投资于货币市场工具的基金,功能类似于银行活期存款,但收益高于银行存款,且风险低。货币基金为个人提供了一种能够与银行中短期存款相替代、相对安全、收益稳定的投资方式,能够为投资者带来一定的收益,又有很好的流动性。货币基金没有认购费、申购费和赎回费,只有年费,成本较低。收入免征利息税。

买卖基金时间技巧

通常基金在当天下午三点之前买入算作当天买入,当天三点之后买入到第二天三点之前买入算作第二天买入。基金价格一天中 9:30 开始到下午 3:00 之间价格是实时变动的,购入基金的价格以自己买入的那天(下午 3:00 前才算当天)下午 3:00 的价格为准。同样,如果当天下午 3:00 前卖出,算作当天卖出,第二天钱会到账,如果 3:00 后卖出,则算第二天卖出,后天才到账。

卖出基金与买入基金一样,也是以当天下午三点为准。无论买入还是卖出,基金在周末即周六和周日及法定节假日是不可以买入卖出的,即无法操作,且当天也不开盘。这里就要注意,如果周五卖出基金,周六会到账,而如果周六卖出,则下周一到账,如果十一黄金周开始时卖出,黄金周结束才会到账,所以要合理安排基金买入卖出时间。

4. 信用卡

信用卡是银行或其他财务机构签发给那些资信状况良好的人士,用于到指定的商家购物和消费,或在指定银行机构存取现金的特制卡片,是一种特殊的信用凭证。随着信用卡业务的发展,信用卡的种类不断增多,概括起来,一般有广义信用卡和狭义信用卡之分。从广义上说,凡是能够为持卡人提供信用证明、消费信贷或持卡人可凭卡购物、消费或享受特定服务的特制卡片均可称为信用卡。广义上的信用卡包括贷记卡、准贷记卡、借记卡等;从狭义上说,信用卡主要是指由金融机构或商业机构发行的贷记卡,即无须预先存款就可贷款消费的信用卡。狭义的信用卡实质是一种消费贷款,它提供一个有明确信用额度的循环信贷账户,借款人可以支取部分或全部额度。偿还借款时也可以全额还款或部分还款,一旦已经使用余额得到偿还,则该信用额度又重新恢复使用。信用卡在扮演支付工具的同时,也发挥了最基本的账务记录功能。再加上预借现金、循环信用等功能,更使信用卡超越了支付工具的单纯角色,具备了理财功能。

5. 凭证式国债质押贷款

目前凭证式国债质押贷款额度起点一般为 5 000 元,每笔贷款不超过质押品面额的

90%。凭证式国债质押贷款的贷款期限原则上不超过一年,并且贷款期限不得超过质押国债的到期日;若用不同期限的多张凭证式国债作质押,以距离到期日最近者确定贷款期限。凭证式国债质押贷款利率,按照同期同档次法定贷款利率(含浮动)和有关规定执行。贷款期限不足 6 个月的,按 6 个月的法定贷款利率确定,期限在 6 个月以上 1 年以内的,按 1 年的法定贷款利率确定。另外,银行也会根据客户的不同情况对贷款利率有所调整,贷款利率的下限是基准利率的 0.9 倍,上限不设。借款人提前还贷,贷款利息按合同利率和实际借款天数计算,另外并按合同规定收取补偿金。凭证式国债质押贷款实行利随本清。凭证式国债质押贷款逾期 1 个月以内的(含 1 个月),自逾期之日起,按法定罚息率向借款人计收罚息。

贷款利率按照中国人民银行规定的同期贷款利率计算,贷款期限不足 6 个月的,按 6 个月的法定贷款利率确定,6 个月的利率为 4.35%;期限在 6 个月以上 1 年以内的,按 1 年的法定贷款利率确定,一年的利率为 4.35%。优质客户可以下浮 10%。目前各家商业银行都推出了存单质押贷款业务,且手续简便。借款人只需向开户行提交本人名下的定期存款(存单、银行卡账户均可)及身份证,就可提出贷款申请。经银行审查后,双方签订定期存单抵押贷款合同,借款人将存单交银行保管或由银行冻结相关存款账户,便可获得贷款。有的银行,如中国工商银行存单质押贷款的起点金额为 1 000 元,最高限额不超过 10 万元,且不超过存单面额的 80%;如交通银行要求最高为质押物面额的 90%。银行借款人如果手续齐备,当天就可以签订合同拿到贷款,不需要任何的手续费。存单质押贷款一般适合于短期、临时的资金需求。

目前,商业银行提供的贷款种类各异,除了上述列举的几种外,还有诸如个人临时贷款、个人房产装修贷款、个人旅游贷款、个人商铺贷款、个人小型设备贷款和个人外汇宝项下存款质押贷款等种类,这里就不详述。理财规划师可以根据个人情况增加对这些种类的了解。

6. 保单质押贷款

所谓保单质押贷款,是保单所有者以保单作为质押物,按照保单现金价值的一定比例获得短期资金的一种融资方式。目前,我国存在两种情况:一是投保人把保单直接质押给保险公司,直接从保险公司取得贷款。如果借款人到期不能履行债务,当贷款本息达到退保金额时,保险公司终止其保险合同效力。二是投保人将保单质押给银行,由银行支付贷款于借款人,当借款人不能到期履行债务时,银行可依据合同凭保单要求保险公司偿还贷款本息。然而,并不是所有的保单都可以质押的,质押保单本身必须具有现金价值。人身保险合同可分为两类:一类是医疗保险和意外伤害保险合同,此类合同属于损失补偿性合同,与财产保险合同一样,不能作为质押物;另一类是具有储蓄功能的养老保险、投资分红型保险及年金保险等人寿保险合同,此类合同只要投保人缴纳保费超过 1 年,人寿保险单就具有了一定的现金价值,保单持有人可以随时要求保险公司返还部分现金价值,这类保单可以作为质押物。

此外,保单质押贷款的期限和贷款额度有限制。保单质押贷款的期限较短,一般不超过 6 个月。最高贷款余额不超过保单现金价值的一定比例,各个保险公司对这个比例有不同的规定,一般在 70% 左右;银行则要求相对宽松,贷款额度可达到保单价值的 90%。

期满后贷款一定要及时归还,一旦借款本息超过保单现金价值,保单将永久失效。目前保单贷款的利率参考法定贷款的利率,同时,保险公司和银行根据自身的情况,具体确定自己的贷款利率。

7. 典当融资

根据 2005 年 2 月 9 日颁布的《典当管理办法》,典当是指"当户将其动产、财产权利作为当物质押或者将其房地产作为当物抵押给典当行,交付一定比例费用,取得当金,并在约定期限内支付当金利息、偿还当金、赎回当物的行为"。

办理出当与赎当,当户均应当出具本人的有效身份证件。当户为单位的,经办人员应当出具单位证明和经办人的有效身份证件;委托典当中,被委托人应当出具典当委托书、本人和委托人的有效身份证件。出当时,当户应当如实向典当行提供当物的来源及相关证明材料。赎当时,当户应当出示当票。所谓当票,是指典当行与当户之间的借贷契约,是典当行向当户支付当金的付款凭证。

当物的估价金额及当金数额应当由双方协商确定。房地产的当金数额经协商不能达成一致的,双方可以委托有资质的房地产价格评估机构进行评估,估价金额可以作为确定当金数额的参考。典当期限由双方约定,最长不得超过 6 个月。

典当当金利率,按中国人民银行公布的银行机构 6 个月期法定贷款利率及典当期限折算后执行。典当当金利息不得预扣。除此之外,典当过程中还需缴纳各种综合费用,典当综合费用包括各种服务及管理费用。动产质押典当的月综合费率不得超过当金的 42‰。房地产抵押典当的月综合费率不得超过当金的 27‰。财产权利质押典当的月综合费率不得超过当金的 24‰。当期不足 5 日的,按 5 日收取有关费用。

典当期内或典当期限届满后 5 日内,经双方同意可以续当,续当一次的期限最长为 6 个月。续当期自典当期限或者前一次续当期限届满日起算。续当时,当户应当结清前期利息和当期费用。典当期限或者续当期限届满后,当户应当在 5 日内赎当或者续当。逾期不赎当也不续当的,为绝当。当户于典当期限或者续当期限届满至绝当前赎当的,除须偿还当金本息、综合费用外,还应当根据中国人民银行规定的银行等金融机构逾期贷款罚息水平、典当行制定的费用标准和逾期天数,补交当金利息和有关费用。

建议:用货币市场基金代替活期账户。把包括现金流动的资金,都可以放在货币市场基金里面。货币市场基金是一种非常简单、低风险而且没有申购和赎回费用的可供临时现金周转的账户。它的收益优势比活期高很多,至少是三倍左右;缺点是收益具有波动性。合理使用信用卡。适当使用信用卡,利用信贷额度保持现金流转,这是费率最低的。只要在免息还款期之内全额还上,就不会产生任何费用。使用信用卡需要注意,信用卡提现是从提现当天就开始计算利息,没有任何免息期。所以除非万不得已,尽可能不要使用信用卡提现。

实 训 项 目

刘先生今年 42 岁,年收入 170 000 元,年终奖金 30 000 元。妻子王女士今年 38 岁,年收入 120 000 元,年终奖金 20 000 元,另有银行存款 50 000 元,购买理财产品 30 000 元,手头现金 20 000 元。有两个小孩,一个上初中,一个上小学,每年需教育费用 30 000 元。刘先生 6 年前按揭买了一套住房,现在每年需还款 70 000 元。刘先生家庭每年基本生活开支约需 120 000 元。给双方父母各 10 000 元作为赡养费。每年购买衣物等开支约 50 000 元,娱乐旅游等支出 30 000 多元。刘先生感觉自己家庭收入还可以,但就是一年下来存不了几个钱。希望通过理财使这种状况得以改善。请为刘先生家庭做一个现金规划。

思考练习

一、单项选择题

※1. 下列属于弹性支出的是( )。
　　A. 水电费　　　　B. 房屋分期付款　　C. 房屋维修　　　D. 交通费

※2. 现金管理是对现金和流动资产的日常管理,下列关于现金管理的目的,说法错误的是( )。
　　A. 满足应急资金的需求　　　　　B. 满足未来消费的需求
　　C. 保障家庭生活的安全、稳定　　D. 满足财富积累的需求

※3. 制定个人理财目标的基本原则之一是将( )作为必须实现的理财目标。
　　A. 个人风险管理　　　　　　　　B. 长期投资目标
　　C. 预留现金储备　　　　　　　　D. 短期投资目标

※4. 下列选项中,不属于大额可转让定期存单的特点是( )。
　　A. 不记名　　　　　　　　　　　B. 金额较大
　　C. 利率既有固定的,也有浮动的　　D. 可以提前支取

※5. 何女士缺乏稳定的收入,她每月的收入为 3 000 元,作为理财规划师,你建议她持有( )元左右流动资产。
　　A. 3 000　　　B. 6 000　　　C. 9 000　　　D. 12 000

※6. 下列不属于现金等价物的是( )。
　　A. 活期储蓄　　B. 货币市场基金　　C. 各类银行存款　　D. 股票

※7. 下列不属于对金融资产流动性要求的是( )。
　　A. 交易动机　　B. 谨慎动机　　C. 预防动机　　D. 个人偏好

※8. 下列关于信用卡说法正确的是( )。
　　A. 信用卡有广义信用卡和狭义信用卡之分
　　B. 广义上的信用卡有贷记卡、准贷记卡、借记卡
　　C. 银行会给信用卡中预存一部分资金用于消费者消费
　　D. 从狭义上说,信用卡主要是指金融机构或商业机构发行贷记卡。即无须预先存款就可以贷款消费的信用卡

※9. ( )是为了预防意外支出而持有一部分现金及现金等价物的动机。
　　A. 交易动机　　B. 投机动机　　C. 投资动机　　D. 谨慎动机

※10. 信用卡可以临时调高信用额度，但一般在（　　）天内有效。
    A. 15　　　　　　B. 30　　　　　　C. 50　　　　　　D. 60

※11. 整存零取是一种事先约定存期，整数金额一次存入，分期平均支取利息的定期储蓄，它的起存金额为人民币（　　）元。
    A. 1 000　　　　B. 3 000　　　　C. 5 000　　　　D. 50 000

※12. 信用卡预借现金不仅没有免息期，还要承担每笔预借现金金额的（　　）计算的手续费。
    A. 0.05%　　　　B. 1%　　　　　C. 3%　　　　　D. 5%

※13. 货币市场基金是重要的现金规划工具之一，根据相关规定，货币市场基金不得投资于（　　）。
    A. 1年以内的银行定期存款、大额存单
    B. 期限在1年以内的中央银行票据
    C. 可转换债券
    D. 剩余期限在397天以内的债券

14. 下列不属于现金规划需要考虑因素的是（　　）。
    A. 对金融资产流动性的要求　　　　B. 个人风险偏好程度
    C. 持有现金的机会成本　　　　　　D. 持有现金等价物的机会成本

15. 下列属于理财规划中现金等价物的是（　　）。
    A. 股票及权证　　B. 公司债券　　C. 信托理财产品　　D. 货币市场基金

16. 金融资产的流动性与收益性呈（　　）变化。
    A. 反方向　　　　B. 同方向　　　C. 不相关　　　　D. 不确定

17. 现金是现金规划的重要工具。与其他的现金规划工具相比，下列不属于现金特点的是（　　）。
    A. 现金在所有的现金规划工具中流动性最强
    B. 持有现金的收益率高
    C. 现金的收益率低
    D. 现金的风险性低

18. 一般来说，个人或家庭之间进行现金规划的动机不包括（　　）。
    A. 交易动机　　　B. 谨慎动机　　C. 预防动机　　　D. 投机动机

19. 流动性比率是现金规划中的重要指标，其计算公式是（　　）。
    A. 流动性比率＝流动性资产/每月支出
    B. 流动性比率＝净资产/每月支出
    C. 流动性比率＝流动性资产/税后收入
    D. 流动性比率＝投资资产/税后收入

20. 理财规划师建议进行家庭财产规划时，流动性比率应保持在（　　）左右。
    A. 1　　　　　　B. 2　　　　　　C. 3　　　　　　D. 4

二、多项选择题

※1. 影响货币市场基金收益的主要因素包括（　　）。
　　A. 政治因素　　　　　　B. 利率因素　　　　　　C. 规模因素
　　D. 收益率趋同趋势　　　E. 经营因素

※2. （　　）的保单可以用来质押取得贷款，获取短期资金。
　　A. 医疗保险合同　　　　B. 财产保险合同　　　　C. 意外伤害保险合同
　　D. 养老保险　　　　　　E. 年金保险

※3. 现金等价物通常指流动性比较强的活期存款、各类银行存款和货币市场基金等金融资产。下列关于各类银行存款描述正确的是（　　）。
　　A. 个人活期存款按季结息，按结息日挂牌活期利率计息
　　B. 存期超过2年的定活两便储蓄一律按2年整存整取利率6折计息
　　C. 整存零取最低起存额为5 000元
　　D. 人民币通知存款开户起存金额为5万元，每次支取额度不限
　　E. 个人支票储蓄存款尤其适合个体工商户

4. 现金规划是个人或家庭理财规划中的一个重要内容。现金规划需要考虑的因素有（　　）。
　　A. 对金融资产流动性的要求　　　　B. 个人或家庭的投资偏好
　　C. 个人或家庭的风险偏好程度　　　D. 持有现金及现金等价物的机会成本

5. 运用信用卡理财可从下列（　　）方面着手。
　　A. 支出记录与分析　　　　　　　　B. 支出管理
　　C. 资金调度　　　　　　　　　　　D. 建立信用

6. 下列关于资产的流动性与收益性的说法正确的是（　　）。
　　A. 资产的流动性与收益性通常成正比
　　B. 资产的流动性与收益性通常成反比
　　C. 资产流动性是指资产在保持价值不受损失的前提下变现的能力
　　D. 对于工作稳定、收入有保障的客户来说，资产的流动性并非其首先要考虑的因素，可以保持较低的资产流动性比率，而将更多的流动性资产用于扩大投资，从而取得更高的收益

7. 现金是现金规划的重要工具。与其他的现金规划工具，现金有两个突出的特点是（　　）。
　　A. 现金在所有的现金规划工具中流动性最强
　　B. 持有现金的收益率高
　　C. 现金的收益率低
　　D. 现金在所有的现金规划工具中安全性最强

8. 下列不能反映个人或家庭一定期间的收入支出情况的是（　　）。
　　A. 现金流量表　　　　　　　　　　B. 资产负债表
　　C. 利润表　　　　　　　　　　　　D. 支出表

9. 下列属于现金等价物的是( )。
   A. 活期存款 B. 货币市场基金
   C. 股票 D. 各类银行存款
10. 个人或家庭之所以进行现金规划是出于以下( )动机。
    A. 交易动机 B. 投机动机
    C. 预防动机 D. 谨慎动机
11. 反映货币市场基金收益率高低的指标有( )。
    A. 每股收益率 B. 每万份基金单位收益
    C. 到期收益率 D. 7日年化收益率
12. 货币市场基金应当投资于以下( )。
    A. 期限在1年以内(含1年)的债券回购
    B. 1年以上的中央银行票据
    C. 剩余期限为300天的债券
    D. 股票
13. 下列关于房产典当的说法正确的是( )。
    A. 一般两证齐全的房产的放贷额度在50%以下
    B. 承典人必须提供有第二住所的证明
    C. 个人进行房产典当时,房产所有人都要到场签字
    D. 签约时进行房产抵押登记的共有人均要到场签字
14. 下列关于个人通知存款的说法正确的是( )。
    A. 存款人在存入款项时不约定存期,支取时需提前通知金融机构
    B. 存款人可分次存入,分次支取
    C. 个人通知存款一般5 000元起存
    D. 根据储户提前通知时间的长短,分为1天通知存款与7天通知存款两个档次
15. 理财规划师在为客户制订现金规划方案时,建议客户选择的现金规划工具中不包括( )。
    A. 股票 B. 可转换债券
    C. 货币市场基金 D. 公司债券
16. 以下有关现金规划的描述正确的是( )。
    A. 现金规划对个人财务管理来说是非常必要的
    B. 做好现金规划是整个投资理财规划的基础
    C. 现金是否科学合理将影响其他规划能否实现
    D. 现金规划是满足个人或家庭短期需求而进行的管理日常的现金及现金等价物和短期融资的活动
17. 现金规划中,对金融资产流动性的要求源于( )。
    A. 储蓄动机 B. 预防动机 C. 投资动机 D. 交易动机
18. 以下经济目标中,( )属于期望目标。
    A. 购房 B. 买车
    C. 日常饮食消费 D. 储备教育投资

19. 下列关于紧急备用金的说法错误的是( )。
    A. 一般家庭应以 3～6 个月的生活费为基准,准备紧急备用金
    B. 紧急备用金可用来应付因失业与失能而造成收入中断时的生活支出
    C. 紧急备用金一般以活期或者短期存款的形式储备
    D. 紧急备用金可以投资于股票或者房地产

20. 根据支出特点,现金流出包括固定支出和变动支出。固定支出是指无法减少的支出,如( )。
    A. 保险费   B. 医药费   C. 房租   D. 生活费

三、判断题

※1. 家庭收支平衡规划的目的是在不影响客户家庭生活品质和兼顾客户中、长期理财目标财务安排的基础上的收支平衡管理。( )

※2. 信用卡可以在信用额度内免息透支,准贷记卡和借记卡透支要支付利息。( )

3. 现金等价物一般包括储蓄账户、支票账户、货币市场账户、其他短期投资工具等。( )

4. 个人或家庭持有现金主要是为了满足日常开支、预防突发事件和投机性需要。( )

5. 对于金融资产来说,通常流动性和回报率是呈反方向变化的。( )

6. 通常情况下,流动性比例应保持在 5 左右。( )

7. 以存款建立紧急备用金的机会成本是,因为保持资金的流动性而可能无法达到长期投资的平均报酬率。( )

8. 对于收支平衡的控制,可以通过"开源"和"节流"两条途径实现。( )

9. 个人或家庭的现金流量,是指某一时点个人或家庭现金流入和流出的数量。( )

10. 一般情况下资产负债率应将其控制在 0.5 以下。( )

11. 一般认为净资产投资比率保持在 0.5 以上为好,但对于年轻人来说,这一比例通常较低,应保持在 0.2 左右。( )

12. 家庭支出分为生活支出与理财支出,其中,生活支出包括衣食住行、娱乐医疗及保费支出。( )

13. 所谓利滚利存储法又称驴打滚存储法,即存本取息储蓄和零存整取储蓄有机结合的一种储蓄法。( )

14. 根据储户提前通知时间的长短,个人通知存款分为 1 天通知存款与 5 天通知存款两个档次。( )

15. 货币基金没有年费、申购费和赎回费,只有认购费,总成本较低。( )

四、简答题

1. 人们持有现金有哪些动机?
2. 进行现金规划应考虑哪些因素?
3. 什么是紧急备用金?为什么要建立紧急备用金?

项目 4

投 资 规 划

学习目标

1. 熟悉投资规划程序。
2. 掌握衡量投资收益与风险的方法。
3. 熟悉各类投资规划工具的风险收益特征。
4. 能分析客户生命周期和风险特征。
5. 熟悉资产配置过程,掌握资产配置方法。
6. 掌握资产调整策略。

导入案例

　　朱先生今年33岁,博士毕业,在陕西省西安市某事业单位工作,年薪150 000元,妻子张女士30岁,自己开了一家淘宝店,年收入130 000元,加上其他收入20 000元,家庭年收入约300 000元。目前尚无小孩,无房无车,租房居住。每月支付房租2 500元,一年总计支付房租30 000元。家庭一年其他支出总计为60 000元。预计今后每年均可储蓄210 000元,现有银行存款90 000元。朱先生夫妻俩打算在三年内买房,现正筹集买房所需的首付款。夫妻俩计划将现有银行存款和今后每年的储蓄用于投资以筹集购房所需的首付款,但苦于缺乏投资理财知识和经验,特向理财规划师咨询。请为朱先生家庭做一个三年投资规划。

任务 4.1　投资规划概述

4.1.1　投资和投资规划

1. 投资

　　投资是指货币转化为资本的过程,是投资者当期投入一定数额的资金而期望在未来获得回报,所得回报应该能补偿:投资资金被占用的时间、预期的通货膨胀率和未来收益的不确定性。投资可分为实物投资、资本投资和证券投资。前者是以货币投入企业,通过生产经营活动取得一定利润。后者是以货币购买企业发行的股票和公司债券,间接参与企业的利润分配。

在财务方面,投资意味着购买证券或其他金融资产。投资的类型包括房地产、证券、黄金、外币、债券或邮票。股市里的投资是由证券投资者来执行。

本项目所讲的投资主要是个人或家庭在个人理财中以房地产、有价证券、黄金和外汇以及金融衍生产品为投资对象的间接投资,尤以证券投资为核心。

证券投资是指投资者(法人或自然人)购买股票、债券、基金等有价证券以及有价证券的衍生品,以获取红利、利息及资本利得的投资行为和投资过程,是间接投资的重要形式。

2. 投资规划

投资规划是根据客户的投资理财目标、可投资资源和风险承受能力,为客户制订合理的资产配置方案,构建投资组合来帮助客户实现理财目标的过程。

4.1.2 投资规划程序

投资规划是一个动态的、时间上不断持续的过程。一次完整的投资规划包含以下步骤。

第一步:制定投资策略。确定委托人有多少可投资的财富,并确定投资目标。

第二步:进行投资工具分析。仔细检查已鉴别过的各种投资,以识别出价格扭曲的情况。

第三步:构建投资组合。确定投资的工具,以及可投资财富在各种投资工具组合中的分配比例。

第四步:调整投资组合。确定现行投资组合中将卖出哪些投资工具,以及购入哪些投资工具来代替它们。

第五步:评价投资组合的绩效。根据风险和收益率确定投资组合的实际行为,并与标准投资组合的行为作比较。具体见图 4-1。

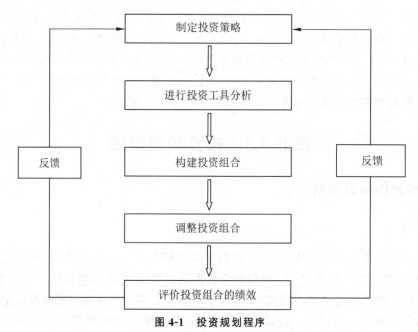

图 4-1 投资规划程序

1. 制定投资策略

投资策略是我们基于对市场规律和人性的认识与理解，利用这种认识、根据投资目标制定的、指导我们投资的规则体系和行动计划方案。

理财规划师在帮助客户制定投资策略时，首先应解决几个方面的问题，一是客户或投资者的财务状况，即客户或投资者究竟有多少资金或财富可用于投资。在此基础上分析客户财务生命周期和个人风险特征，确定客户适合采取什么类型的投资策略，然后加以取舍，或制定具体的投资策略。二是帮助客户制定投资目标，包括短期目标、中期目标和长期目标。目标的高低主要取决于客户个人财务生命周期和风险特征。应具体、明确、切合实际，是一个定量化的通过努力可以实现的投资目标。

2. 进行投资工具分析

投资策略制定以后，就要对各种投资工具进行分析，主要分析各种投资工具的收益性、流动性、风险性、投资限额，比较适合进行哪一类投资等。经过综合比较权衡，选择与客户各方面特征最适合的投资工具进行投资。

3. 构建投资组合

在投资工具分析的基础上，根据客户的可供投资的资金量、投资目标和投资策略，构建一个最适合投资者的投资组合。在投资组合中，既应明确每一类投资工具在总投资额中所占的比例，也应明确每一具体投资工具在其所属大类中所占的比例。例如，在总投资中有股票、债券和基金三个大类，在基金中有成长型基金、收入型基金、平衡型基金和指数型基金。在投资组合中，既要明确股票、债券和基金分别在总投资额中所占的比例，比如股票占30%、债券占35%、基金占35%，也要明确在股票、债券和基金内部每一投资对象在其所属大类中所占的比例，比如在股票内部有中兴通讯、贵州茅台、五粮液、洋河大曲四只股票，中兴通讯占10%、贵州茅台占40%、五粮液占35%、洋河大曲占15%。

4. 调整投资组合

由于市场情况千变万化，投资者的风险特征和财务生命周期也是不断变化的，因而投资组合的建立不可能一劳永逸，而必须根据发展变化的情况进行适时的调整。调整的过程就是将一些不适合的投资工具调出投资组合，将一些新的好的投资工具调入投资组合。实际上是买入一些投资工具，卖出一些投资工具，构建一个新的投资组合。有时可能是微调，有时可能是大的调整，总之是使投资组合不断适应发展变化的形势。

5. 评价投资组合的绩效

定期评价投资的表现，其依据不仅是投资的回报率，还有投资者所承受的风险。投资业绩的评估主要从两方面考虑：①选择的能力，即由于所选择的投资品给投资者带来多大贡献；②对把握市场时机的能力进行考核。

通过对投资组合绩效的评价，看投资是否达到预期的投资目标，并分析存在的问题，找出产生问题的原因,以便采取相应的对策解决存在的问题。

 小贴士

72法则

金融学上有所谓72法则、71法则、70法则和69.3法则,用作估计使投资倍增或减半所需的时间,反映的是复利的结果。

要计算投资翻倍所需时间时,用所应用的法则的相应数字,除以预期增长率即可。例如,假设最初投资金额为10 000元,复利年利率9%,利用"72法则",用72除以9(增长率),得8,即约需8年时间,投资金额滚存至20 000元即翻倍,而准确需时为8.043 2年。

要估计货币的购买力减半所需时间,只需用所应用的法则相应的数字,除以通胀率即可。若通胀率为3.5%,应用"70法则",每单位货币的购买力减半的时间约为20年(70÷3.5)。

人们还可以运用这个公式以一推十。例如,如果年投资报酬率为5%,经过14.4年(72÷5)本金才能翻倍;如果年投资报酬率为12%,则只需要6年(72÷12)左右。因此,如果现在你手中有100万元,投资于年投资报酬率为15%的投资工具,经过约4.8年,你的100万元就会变成200万元。虽然利用72法则不像查表计算那么精确,但也八九不离十,因此当你手中没有复利表时,运用72法则进行计算,简单实用。

任务4.2 投资规划工具

投资规划工具是投资的最终对象,无论怎样的投资规划,最终都要落实到具体的投资工具上。因而,投资工具的选择是投资理财最后的落脚点和核心。投资工具的选择就像我们买鞋和买衣服一样,买得好,合身合脚,会使我们面目一新、健步如飞;买得不好,不合脚不合身,不仅浪费金钱,还磨脚、影响形象。投资工具选择得好,会让我们赚钱,选择得不好,不仅不会赚钱,还会亏本。

在现代金融条件下,投资工具种类繁多、纷繁复杂,可以归纳为如表4-1所示的几种类型。

表4-1 主要投资工具一览表

类 型	投 资 工 具	特 点
短期投资工具	短期存款、国库券、货币市场基金、CD存单、银行承兑票据、商业承兑票据	风险低、流动性强、通常用于满足紧急需要、日常开支周转和一定当期收益
固定收益	中长期存款、政府债券、金融债券、公司债券、可转换债券	风险适中,流动性较强,通常用于满足当期收入和资金积累需要
股权类	普通股、优先股、存托凭证等	风险高、流动性较强、用于资金积累、资本增值需要
基金类	开放式基金、封闭式基金、指数基金、在交易所交易的基金(ETF和LOF)	专家理财、集合投资、分散风险、流动性较强、风险适中、适用于获取平均收益的投资者

续表

类 型	投资工具	特 点
衍生工具	期权、期货、远期互换、掉期等	风险高、个人参与度相对较低
实物及其他	房地产和房地产投资信托（REITs）、黄金、资产证券化产品、艺术品、古董等	具有行业和专业特征

各种投资工具的风险与收益情况如图4-2所示。

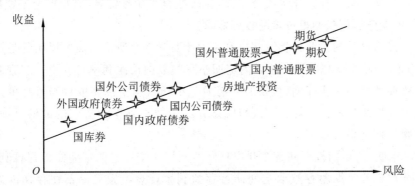

图4-2　各种投资工具的风险与收益情况

资料来源：凯斯·布朗,弗兰克·瑞利.投资分析与投资组合管理[M].李秉祥,译.5版.沈阳：辽宁教育出版社,1999.

在国外，投资专家也常把各种投资工具的风险高低和报酬优劣做排列区分，提醒投资人注意，再配合自己的需求及偏好，决定投资组合。图4-3是常见的金字塔形区分法。

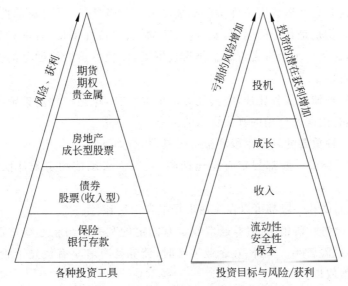

图4-3　投资工具的金字塔形区分法

4.2.1 固定收益工具

1. 银行存款

银行存款是我们最熟悉、最常用的理财工具,也可以说银行存款是理财规划的起点。银行存款具有风险低、流动性相对较高但收益较低的特点,不仅能满足投资者保值与高度流动性的需求,而且能满足投资者交易、预防与投机动机的需求。但是,在通货膨胀时期,经常出现负利率。银行存款作为投资工具,比较适合小额投资者、重视资金安全性的保守型投资者、可能急需用钱的投资者的投资需求。

目前人民币存款的主要种类及相应利率水平如表4-2所示。需要说明的是:

(1) 定活两便存储利率按一年以内定期整存整取同档次利率打6折。当存款天数达到或超过整存整取的相应存期(最长的存期为一年)时,利率按支取日当日挂牌定期整存整取存款利率档次打6折计算,不分段计息,存款天数不到整存整取的最低存期时,按支取当日挂牌活期利率计算利息。

(2) 一年期、三年期教育储蓄按开户日同期同档次整存整取定期储蓄存款利率计息;六年期按开户日五年期整存整取定期储蓄存款利率计息。教育储蓄在存期内遇利率调整,仍按开户日利率计息。

2. 债券

(1) 债券及其特征

债券是政府、金融机构、工商企业等直接向社会借债筹措资金时,向投资者发行,承诺按一定利率支付利息并按约定条件偿还本金的债权债务凭证,具有流动性强、收益稳定、风险小的特点。特别是其中的国债,安全性、流动性、收益性俱佳,且享有免税待遇,具有金边债券之称,深受广大投资者青睐。作为投资工具,债券适合稳健型的投资者,尤其是中老年人投资者。

债券作为一种债权债务凭证,与其他有价证券一样,也是一种虚拟资本,而非真实资本,它是经济运行中实际运用的真实资本的证书。

债券作为一种重要的融资手段和金融工具,具有如下特征。

① 偿还性。债券一般都规定有偿还期限,发行人必须按约定条件偿还本金并支付利息。

② 流通性。债券一般都可以在流通市场上自由转让。

③ 安全性。与股票相比,债券通常规定有固定的利率。与企业绩效没有直接联系,收益比较稳定,风险较小。此外,在企业破产时,债券持有者享有优先于股票持有者对企业剩余资产的索取权。

④ 收益性。债券的收益性主要表现在两个方面:一是投资债券可以给投资者定期或不定期地带来利息收入;二是投资者可以利用债券价格的变动,买卖债券赚取差价。

表 4-2　人民币存款种类　　　　　　　　　　　日期：2015/10/24

存款	分类		特　点	年利率/%	备　注
活期储蓄	—		随时存取,1元起存,多存不限,流动性强,灵活方便,但收益较低	0.30	适用于个人小额的随存随取的生活零用结余存款
定期存款	整存整取	3个月	约定存期,整笔存入、储蓄机构开具存单作为凭证,到期一次性支取本息; 一般50元起存,多存不限; 利率较高,可以为储户带来较高的利息收入	1.35	适用于居民手中长期不用的结余款项的存储
		半年		1.55	
		一年		1.75	
		二年		2.25	
		三年		2.75	
		五年		2.75	
	零存整取	一年	每月固定存额,集零成整,约定存款期限,到期一次支取本息; 一般5元起存,多存不限; 可集零成整,具有计划性、约束性、积累性的功能	1.35	适用于每月有固定收入的民众生活结余款项存储
		三年		1.55	
		五年		1.55	
	整存零取	一年	一次性存入较大的金额,分期陆续平均支取本金,到期支取利息; 一般1 000元起存; 计划性强,客户可以获得较活期储蓄高的利息收入	1.35	
		三年		1.55	
		五年		1.55	
	存本取息	一年	一次性存入较大的金额,分次支取利息,到期支取本金; 一般5 000元起存; 可以获得较活期储蓄高的利息收入	1.35	
		三年		1.55	
		五年		1.55	
	定活两便	—	一次性存入人民币本金,不约定存期,支取时一次性支付全部本金和利息; 一般50元起存; 方便灵活,收益较高;手续简便,利率合理	按一年以内定期整存整取同档次利率打6折	存款期限不受限制,适合存款期限不确定的储户
	教育储蓄	一年	对象为在校小学四年级以上学生,为接受非义务教育积蓄资金,分次存入,到期一次支取本息的服务; 50元起存,每户本金最高限额为2万元; 利息收入享受免税待遇、积少成多	1.35	能积零成整,满足中低收入家庭小额存储,积蓄资金,解决子女非义务教育支出的需要
		三年		2.75	
		六年		2.75	
通知存款	一天		存款时不必约定存期,支取时需提前通知银行,约定支取存款日期和金额方能支取; 一般最低起存金额5万元,最低支取金额为5万元	0.55	适用于大额、存取较频繁的存款
	七天			1.10	

(2) 债券的种类

根据不同的划分标准,债券有如图 4-4 所示品种。

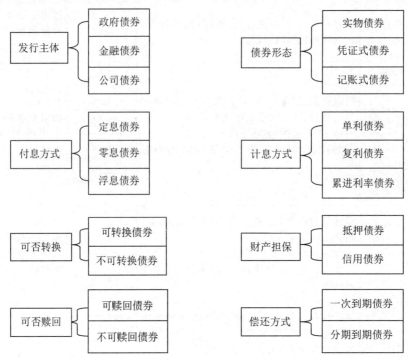

图 4-4 债券的种类

(3) 债券的收益

投资债券有两方面的收益:一是利息收入;二是买卖的差价。衡量债券收益水平的指标是债券收益率。

$$票面收益率 = 票面利息 \div 债券面额$$

$$本期收益率 = 债券年利息 \div 债券买入价$$

持有期收益率:

$$持有期收益率 = \frac{卖出价格 - 买入价格 + 持有期间的利息}{买入价格 \times 持有年限} \times 100\%$$

$$债券市场价格 = \sum_{t=1}^{n} \frac{第 t 期债券利息}{(1 + 到期收益率)^t} + \frac{债券面额}{(1 + 到期收益率)^n}$$

式中,n 为债券距离到期日的剩余期数。

(4) 债券投资的风险

债券的市场价格以及实际收益率受许多因素影响,这些因素的变化,都有可能使投资者的实际收益发生变化,从而给债券投资带来各种风险。债券投资者的投资风险主要由以下几种风险构成。

① 利率风险。利率风险是指利率的变动导致债券价格与收益率发生变动的风险。债券是一种法定的契约,大多数债券的票面利率是固定不变的(浮动利率债券与保值债券

例外),当市场利率上升时,债券价格下跌,使债券持有者的资本遭受损失。因此,投资者购买的债券离到期日越长,则利率变动的可能性越大,其利率风险也相对越大。

② 购买力风险。购买力是指单位货币可以购买的商品和劳务的数量。在通货膨胀的情况下,货币的购买力是持续下降的。债券是一种金融资产,因为债券发行机构承诺在到期时付给债券持有人的是金钱,而非其他有形资产。换句话说,债券发行者在协议中承诺付给债券持有人的利息或本金的偿还,都是事先议定的固定金额,此金额不会因通货膨胀而有所增加。由于通货膨胀的发生,债券持有人从投资债券中所收到的金钱的实际购买力越来越低,甚至有可能低于原来投资金额的购买力。通货膨胀剥夺了债券持有者的收益,而债券的发行者则从中大获其利。

③ 信用风险。信用风险主要表现在企业债券的投资中,企业由于各种原因,存在着不能完全履行其责任的风险。企业发行债券以后,其营运成绩、财务状况都直接反映在债券的市场价格上。一旦企业走向衰退之路,第一个大众反应是股价下跌,接着,企业债券持有人担心企业在亏损状态下无法在债券到期时履行契约,按规定支付本息,债券持有者便开始卖出其持有的公司债券,债券市场价格也逐渐下跌。

④ 收回风险。一些债券在发行时规定了发行者可提前收回债券的条款,这就有可能发生债券在一个不利于债权人的时刻被债务人收回的风险。当市场利率一旦低于债券利率时,收回债券对发行公司有利,这种状况使债券持有人面临着不对称风险,即在债券价格下降时承担了利率升高的所有风险,但在利率降低、债券价格升高时,却不能得到价格升高的好处。

⑤ 突发事件风险。这是由于突发事件使发行债券的机构还本付息的能力发生了重大的事先没有预料的风险。这些突发事件包括突发的自然灾害和意外的事故等。例如,一场重大的事故会极大地损害有关公司还本付息的能力。

⑥ 税收风险。税收风险表现为两种具体的形式:一是投资免税的政府债券的投资者面临着利息收入税率下调的风险,税率越高,免税的价值就越大,如果税率下调,免税的实际价值就会相应减少,债券的价格就会下降。二是投资于免税债券的投资者面临着所购买的债券被有关税收征管当局取消免税优惠的风险。

⑦ 政策风险。政策风险是指由于政策变化导致债券价格发生波动而产生的风险。

4.2.2 股票

股票是股份有限公司签发的证明股东投资入股的凭证,股票的基本功能是证明股东持有的股份,股票实质上代表了股东对股份公司的所有权。股票持有者作为股份公司的股东,享有独立的股东权。股东权是一种综合权利,包括出席股东大会、投票表决、分配股息红利等,从而区别于物权证券和债权证券。

1. 股票的种类

股票的种类见表 4-3。

2. 股票的收益

股票投资的收益有三个方面:股息、资本损益和资本增值收益。股息是股票持有人定期从股份公司分得的盈利。股息是由公司在过去盈利或当年盈利中拨出一部分或全部分发给股票持有人的收益。最常见的股息是股份公司以货币形式发放给股东的股息,即股份公司以派发现金的形式进行利润分配,简称派现。资本损益也称资本利得,即股票买入价与卖出价之间的差额。资本增值收益是指上市公司在使用资本公积转增资本时送股,即公积金转增股本。

表 4-3 股票的种类

划 分 标 准	股票种类
股东享有的权利	普通股票
	优先股票
是否记载股东姓名	记名股票
	不记名股票
是否标明票面金额	有面额股票
	无面额股票
是否允许上市交易	流通股票
	非流通股票
业绩好坏	绩优股票
	垃圾股票

衡量股票收益水平的指标有股利收益率和持有期收益率。

(1) 股利收益率

股利收益率又称为本期收益率,是指股份公司以现金派发的股利与本期股票价格(或投资者的买入价)的比率。其计算公式为

$$股利收益率 = \frac{年现金股利}{本期股票价格} \times 100\%$$

本期股票价格是指证券市场上的该股票的当日收盘价,年现金股利是指上一年每一股股票获得的股利,本期收益率表明以现行价格购买股票的预期收益。

(2) 持有期收益率

持有期收益率是指投资者买入股票持有一定时期后又卖出该股票,在投资者持有该股票期间的收益率。

如果投资者持有股票时间不超过一年,不用考虑资金时间价值,其持有期收益率可按如下公式计算:

$$持有期收益率 = \frac{期末价格 - 期初价格 + 本期股利}{期初价格} \times 100\%$$

如果投资者持有股票时间超过一年,需要考虑资金时间价值,其持有期收益率可按如下公式计算:

$$P = \sum_{t=1}^{n} \frac{D_t}{(1+i)^t} + \frac{F}{(1+i)^n}$$

式中,P 为股票的购买价格;F 为股票的出售价格;D 为各年获得的股利;n 为投资期限;

i 为股票持有期收益率。

3. 股票的内在价值

股票内在价值即理论价格,就是以一定的市场利率计算出来的未来收入的现值。股票的内在价值决定股票的市场价格,尽管市场价格不完全等于其内在价值,但总是以内在价值为中心而上下波动。当股票价格高于其内在价值时,表明股票价值被高估,股票价格中存在水分或泡沫,此时股票没有投资价值;反之,如果股票价格低于其内在价值,则表明股票价值被低估,此时股票具有投资价值。这里的关键是需要知道股票的内在价值究竟是多少。因而,股票内在价值的计算是上市公司基本面分析的重要利器,通过计算得出股票理论价格与市场价格的差异,从而指导投资者的具体投资行为。股票内在价值的计算方法主要分为两大类:一类是相对估值法,主要采用乘数方法,较为简便,如 PE 估值法,PB 估值法,PEC 估值法,EV/EBITDA 估值法。另一类是绝对估值法,主要采用折现方法,较为复杂,如现金流量折现方法、期权定价方法等。

(1) 现金流贴现模型

现金流贴现模型是运用收入的资本化定价方法来决定普通股票内在价值的方法。按照收入的资本化定价方法,任何资产的内在价值都是由该项资产未来现金流的贴现值所决定的。也就是说,一种资产的内在价值等于预期现金流的贴现值。对股票而言,股票的当前价值就等于无限期股息的现值。现金流贴现模型的计算公式为

$$V = \sum_{t=1}^{\infty} \frac{D_t}{(1+k)^t}$$

式中,V 为股票的内在价值;D 为 t 时期的股息;k 为必要收益率;即投资者要求的股票收益率。

(2) 零增长模型

零增长模型假定未来股息的增长率为零,即以后各年支付的股息都与上年支付的股息相等,因此,零增长模型公式为

$$V = \sum_{t=1}^{\infty} \frac{D_t}{(1+k)^t} = \frac{D_0}{k}$$

(3) 固定增长模型

假定公司的股息预计在很长的一段时间内以一个固定的比例增长,即在预测的期限内,每一期的股息都将在上一期股息的基础上,稳定增长,这种假设下的模型被称为固定增长模型,又被称为戈登增长模型。其计算公式为

$$V = \sum_{t=1}^{\infty} \frac{D_t(1+g)^t}{(1+k)^t} = \frac{D_0(1+g)}{k-g} = \frac{D_1}{k-g}$$

(4) 可变增长模型

在实际经济生活中,股息的增长率是变化不定的。假定在时间 L 以前股息以一个 g_1 的不变增长速度增长,在时间 L 后,股息以另一个不变增长速度 g_2 增长。在这一假定下,可以建立二元可变增长模型。

$$V = \sum_{t=1}^{L} D_0 \frac{(1+g_1)^t}{(1+k)^t} + \sum_{t=L+1}^{\infty} D_L \frac{(1+g_2)^{t-L}}{(1+k)^t}$$

$$= \sum_{t=1}^{L} D_0 \frac{(1+g_1)^t}{(1+k)^t} + \frac{1}{(1+k)^L} \times \sum_{t=L+1}^{\infty} D_L \frac{(1+g_2)^{t-L}}{(1+k)^{t-L}}$$

$$= \sum_{t=1}^{L} D_0 \frac{(1+g_1)^t}{(1+k)^t} + \frac{1}{(1+k)^L} \times \frac{D_{L+1}}{k-g_2}$$

式中，$D_{L+1}=D_0(1+g_1)^t \times (1+g_2)$。

4. 股票投资分析

股票投资分析的方法，按照前提假设与引用资料的不同，可分为两种不同类型：股票投资基本分析和技术分析。基本分析是通过对影响股票市场供求关系的基本因素的分析预测股票价格的走势，这些因素包括宏观因素、行业因素和企业因素。基本分析方法可以确定股票的真正价值，判断股市走势，帮助投资者研判股市大势，精选个股，着眼于长期分析，但不能提供股票买卖的点位。技术分析则是直接对股票市场上过去及现在的市场行为进行分析，通过研究由历史数据形成的图形形态和技术指标（数学模型），推测股票在短期内价格的变动趋势，把握具体购买的时机。

技术分析法在预测原有趋势结束和新趋势开始方面优于基本分析法，但在预测较长期趋势方面不如基本分析。基本分析和技术分析二者是相辅相成的，在进行股票投资分析时，投资者应将两种方法结合起来加以运用。股票投资分析详见表4-4。

表4-4 股票投资分析的基本架构

基本分析	宏观经济分析	宏观经济周期
		宏观经济政策
	行业分析	行业生命周期
		行业竞争程度
		行业对经济周期的敏感度
	公司分析	公司基本素质
		公司财务状况
技术分析	线型分析	K线、均线和趋势线等
	图形分析	反转形态和整理形态等
	指标分析	MACD、KDJ和RSI等指标

 小贴士

投资思维

没有投资的思维，就不可能有投资的考量、投资的行为，你的发现就只是发现。甚至可以刻薄地说，你发现了一个事实，却从来没有发现价值——因为你心中从来就没有投资这回事儿，你所发现的，似乎只是生活的一种场景，和投资是完全画不上等号的。

投资是从投资思维开始的。投资思维对投资具有绝对的源头性的决定作用——长江与黄河的发源地原本相距并不遥远，但最终的流向却有着天南地北的差别，追根溯源，其实就是源头上的几块石头的事儿。源头上细微的差别,能够造成天差地别的结果。正因为此,有志于投身股市、立志成功的朋友一定要谨记这一点:千万要学会培养和锻炼自己的投资思维。

4.2.3 证券投资基金

1. 基金品种

证券投资基金是指以信托、契约或公司的形式,通过发行基金单位,集中投资者的资金,由基金托管人托管,并由专门管理者管理和运用资金,以资产保值增值为目的,按照投资组合的原理,投资于股票、债券等金融工具,投资者最终按投资比例分享其收益并承担风险的一种投资工具。

基金作为一种利益共享、风险共担的投资工具,具有集合投资、专家理财、分散风险的特点。基金的品种繁多,基金公司推出的新产品也层出不穷,因此,投资者投资基金的选择余地非常大。基金的种类见表4-5。

表4-5 基金分类

分类标准	类型		定义
组织形态	公司型基金		依公司法成立股份公司,通过发行基金股份筹集资金,然后交给某一选定的基金管理公司进行投资,投资者凭其持有的股份依法分享投资收益
	契约型基金		基金发起人代表投资者依据其与基金管理人、基金托管人订立的基金契约发行基金单位而组建的投资基金
变现方式	封闭式基金		事先确定发行总额,在封闭期内基金单位总数不变,发行结束后可上市交易,投资者可通过证券商买卖基金单位
	开放式基金	开放式	基金单位总数可随时增减,投资者可按基金的报价在基金管理人指定的营业场所进行申购或赎回的基金
		LOF	上市型开放式基金。在该基金发行时,投资者可以通过银行和证券交易所同时进行申购,当基金发行结束后,投资人既可以选择在银行进行申购、赎回,也可以在交易所买卖该基金
		ETFs	交易所交易基金是指可以在交易所上市交易的基金,其代表一揽子股票的投资组合
投资目标	成长型基金		以资本长期增值为投资目标,主要投资于资信好、长期盈余或有发展前景的公司的股票,此类基金长期成长潜力大,但风险较高
	平衡型基金		具有多重投资目标,包括确保投资者的投资本金、支付当期收入和资本与收入的长期成长等。资产分布上,一般25%~50%用于优先股及债券,以确保本金的安全性及获得稳定的当期收入,其余资本则用于普通股票投资,以寻求资本增值
	收入型基金		以追求当期高收入为投资目标,投资对象主要是优先股、绩优股、债券、可转让大额定期存单等收入比较稳定的有价证券

续表

分类标准	类型	定　义
投资对象	货币市场基金	以银行存款、短期债券(含中央银行票据)、回购协议和商业票据等安全性极高的货币市场工具为投资对象。风险低,收益相对较低,但较为稳定,流动性较好
	股票基金	以股票(包括优先股和普通股)为投资对象,投资目标以追求资本成长为主,投资收益高,风险大,风险主要来自所投资股票的价格波动,流动性一般
	债券基金	以债券投资为主。一般情况下定期派息,回报率较稳定,适合长期投资。风险较低,收益较低,流动性一般
	指数基金	基金投资组合的构造方式为追随某个证券指数,当指数样本变化时,基金组合也将随之进行调整。收益始终保持市场平均水平,适合稳健型投资者
	其他基金	期货基金、期权基金、认股权证基金等。风险大,收益较高

2. 基金业绩评价

基金业绩评价是对基金经理投资能力的衡量。其目的是对基金的业绩进行客观的评价,为投资者选择基金提供参考。表 4-6 为相关的基金收益指标。

表 4-6　基金收益指标

指　标	公　式	说　明
基金单位净资产 NAV	NAV＝基金净资产/发行在外的基金单位数 基金净资产＝基金总资产－各种费用及负债	在某一时点每一基金单位(或基金股份)所具有的市场价值,是基金经营业绩的指标器,也是基金单位买卖价格的计算依据
基金投资收益率	$\dfrac{期末\,NAV-期初\,NAV+基金的收益分配}{期初\,NAV}$	直接反映了收益与投入的比例关系
基金回报率	$\dfrac{期末基金持有量\times期末\,NAV-期初基金持有量\times期初\,NAV}{期初基金持有量\times期初\,NAV}$	将基金单位净资产与基金单位数量综合考虑后来考察基金回报状况的指标

中信证券研究咨询部、中国银河证券基金研究中心和晨星公司是我国目前较具权威性的三家基金评价机构。投资者在进行基金投资时可以将以上三家基金评级机构发布的评级结果作为投资决策的参考。

3. 基金风险

基金虽然是一种比较稳妥的投资方式,但任何投资都有风险,投资于基金也不例外。购买基金既不能保证一定盈利,更不保证最低收益。因此,投资者要承担一定的风险,这些风险主要有以下几种。

(1) 证券市场风险。基金主要投资于股票和证券,股票和证券价格下跌,就会对基金收益造成不利影响。证券市场价格下跌风险属于不可分散的系统性风险。

(2) 基金管理人风险。基金管理人是指凭借专门的知识与经验,运用所管理基金的资产,根据法律法规及基金章程或基金契约的规定,按照科学的投资组合原理进行投资决策,谋求所管理的基金资产不断增值,并使基金持有人获得尽可能多的收益的机构。其水平的高低,内部控制是否有效,人员道德品质如何,都会直接影响基金的业绩水平。

(3) 机构运作风险。基金运作各当事人的运行系统出现问题所导致的系统风险,以及各当事人不能履行义务所导致的经营风险。

(4) 流动性风险。投资者在出售封闭式基金时可能面临折价风险所导致的损失,以及在申购或赎回开放式基金时所面临的申购、赎回价格未知的风险。

4.2.4 金融信托产品

1. 信托产品的主要品种

信托是建立在信用或信誉基础上的委托与受托关系,信托通常是拥有资金或财产的单位、个人,为了更好地运用和管理这些资金或财产,获得较好的经济利益,委托信托部门代理运用、管理和处理这些资金或财产。金融信托投资则是指拥有财产(包括资金、动产、不动产、有价证券及债权)的单位和个人,通过签订合同将其财产委托于信托机构,由信托机构根据委托人要求全权代为管理或处理有关经济事务的信用行为,主要内容是受托人运用资金、买卖证券、发行或回收债券和股票以及进行财产管理等。信托产品的种类见表 4-7。

表 4-7 信托产品的种类

分类标准	品种	定义
信托标的物	资金信托	信托标的物呈货币资金形态
	动产信托	信托标的物为动产实物,如工业设备、车辆、船只等
	不动产信托	以土地、房产等地上定着物为标的物而设定的信托
	财产权信托	以财产权为信托标的物的信托。按照财产权的类别不同,又可划分为股权信托、表决权信托等
	知识产权信托	专利权信托、著作权信托等
信托资金的管理方式	单一资金信托	信托机构接受单个委托人委托,依据委托人确定的管理方式(指定用途)或由信托机构代为确定的管理方式(非指定用途)管理和运用货币资金的行为
	集合资金信托	信托机构接受两个或两个以上委托人委托,依据委托人确定的管理方式(指定用途)或由信托机构代为确定的管理方式(非指定用途)管理和运用货币资金的行为

续表

分类标准	品 种	定 义
信托财产的具体运用	贷款类信托	信托机构接受委托人的委托,将委托人存入的资金,按其(或信托计划中)指定的用途、期限、利率与金额等发放贷款,并负责到期收回贷款本息的一项信托行为
	证券投资类信托	委托人将其持有的有价证券委托给信托机构管理、运用的信托行为
	股权投资信托	委托人将资金或财产委托给信托机构,信托机构以受益人的利益最大化为原则,按委托人的意愿以自己的名义对项目公司进行的股权投资
	权益投资信托	信托机构将信托资金投资于能够带来收益的各类权益的资金信托品种,这些权益包括基础设施收费权、公共交通营运权等
	不动产类信托	信托机构将信托资金投资不动产,包括基础设施和房地产等

2. 信托产品的收益与风险特征

目前,信托产品范围涵盖贷款信托、证券投资信托、外汇信托等。不同的信托产品有不同的收益预期,但从收益与风险的整体水平来看,信托产品既没有很高的收益,也没有很高的风险。

根据公开数据统计,2018年1—6月全国新发行的信托项目,平均每个信托规模2.2亿元,平均期限1年零9个月,投资人平均单笔300万元以上,信托产品年收益率平均7.6%,平均每半年支付1次信托收益。信托理财产品的预期年收益率通常高于同期商业银行人民币理财产品和其他固定收益类投资产品。

不同的信托产品风险程度有所不同,为了控制风险,不少信托投资公司还请来了大企业集团或者银行进行担保。信托产品面临着以下几种风险。

(1) 经营风险或操作风险:是指信托公司在业务扩张过程中,由于制度不健全、决策失误、管理不力、控制不当,甚至人为欺诈等所造成的风险。

(2) 市场风险:是指由于利率、汇率变动以及有价证券的价格波动而引发的信托资产损失。

(3) 信用风险:信托当事人不愿意或不能完成合同责任时的风险。

(4) 流动性风险:信托资产不能按约定的价格交易变为现金,按约如期返还给委托人或受益人而造成的风险。

(5) 政策性风险:国家法规、政策变化给信托投资公司的经营管理带来的风险。

4.2.5 外汇

外汇是指外国货币,包括钞票、铸币等;外币有价证券,包括政府公债、国库券、公司债券、股票等;外币支付凭证,包括票据(本票、支票等)、银行存款凭证等;其他外汇资金。随着我国各商业银行纷纷推出个人外汇买卖业务,外汇已成为个人理财的一种重要投资工具。目前,可供个人投资的外汇产品主要有以下几种,如表 4-8 所示。

表 4-8 外汇产品的主要种类

产 品	定 义
个人外汇买卖业务 (个人实盘外汇买卖、外汇宝)	银行参照国际外汇市场行情,提供即时交易牌价,个人客户在银行规定的交易时间内,通过银行柜台服务人员或电子金融服务方式,将其所持有的一种外币兑换成另一种外币
个人外汇期权买卖	期权买方支付一笔期权费给卖方,从而获得一项可于到期日按预先确定的汇率,用一定数量的一种货币买入另一种货币(或者卖出一种货币)的权利。到期时,期权的买方根据市场情况来决定是否执行这项权利
个人外汇远期交易	客户与银行签约,预先约定交易币种、金额、汇率、未来交割日、追加担保金方式和交割方式,到约定交割日再按合约规定进行交割清算的外汇交易方式

个人外汇投资专业性强,收益高,风险大,只适合少数对外汇市场和各种外汇交易相当熟悉的投资者。特别是外汇远期交易、外汇期货交易和外汇期权交易,具有"四两拨千斤"的财务杠杆效应,如果判断准确,以小博大赚得多;如果判断失误,赔得也多。外汇交易属于典型的高风险、高收益投资品种,个人投资者在外汇投资时应慎之又慎。

4.2.6 金融衍生产品

金融衍生产品通常是指从原生资产派生出来的金融工具。金融衍生产品的共同特征是保证金交易,即只要支付一定比例的保证金就可以进行全额交易,不需实际上的本金转移。合约的了结一般也采用现金差价结算的方式进行,只有在到期日以实物交割方式履行合约才需要买方交足款项。因此,金融衍生产品交易具有杠杆效应,保证金越低,杠杆效应越大,风险也就越大。

金融创新活动接连不断地推出新的衍生产品,国际上金融衍生产品种类繁多,个人理财中常用的金融衍生产品详见表 4-9。

表 4-9 金融衍生产品

产品种类	定 义	子 类 型
远期	合约双方同意在未来的一定日期按一定价格交换金融资产的合约	远期股票合约、远期利率合约、远期外汇合约
期货	买卖双方在未来某个约定的日期以签约时约定的价格交换某一数量的某种物品的标准协议	货币期货、利率期货、股指期货
期权	能在未来特定时间以特定价格买进或卖出一定数量的特定资产的权利	现货期权、期货期权

除此以外,房地产、黄金、艺术品、古董、纪念币及邮票等也可作为理财投资工具。只是这些产品流动性比较差,专业性较强,进入门槛相对较高,普通投资者很难把握好。主要投资工具综合比较见表 4-10。

表 4-10　主要投资工具综合比较一览表

投资渠道	期货投资	股票投资	房地产投资	储蓄存款	国债投资	外汇投资	黄金投资
投资对象	商品	股票	房产	存款	国债	外汇	贵金属
投入资金	成交额的10%	成交额的100%	庞大（住房）较小（商业地产）	100%	成交额的100%	高杠杆比	8%
投资周期	T+0	T+1	长期（住房）中短期（商业地产）	1~8年	国债期限	反复进出	T+0
投资费用	少	较少	较高	较少	一般	一般	少
套现能力	及时套现	隔天套现	不易	期满后	需贴现	随时套现	随时套现
获利机会	涨跌皆可	上涨获利	上涨获利	固定	稳定	风险较高	涨跌皆可
投资收益	高	较高	高	最低	较低	较高	高
投资风险	较大	较大	期限短、风险低	最小	较小	较大	一般
风险控制	灵活可控	难控制	可控	无	无	灵活可控	灵活可控
投资机会	多	较多	一般	固定	固定	较多	多

4.2.7　互联网理财产品

随着互联网技术的发展，传统的金融业开始和互联网"联姻"，互联网金融如雨后春笋般迅猛发展，互联网理财也应运而生。互联网理财与传统理财相比具有门槛低、信息传播广泛而快速、提供全天候服务、操作便利、效率高和收益高等优势。下面简单介绍几种主要的互联网理财产品。

1. 余额宝等产品

余额宝是阿里巴巴旗下蚂蚁金服公司 2013 年 6 月推出的余额增值服务和活期资金管理服务产品。余额宝的推出开创了我国互联网理财的新纪元，成为普惠金融最典型的代表。余额宝的出现，一方面满足了居民日益增长的资产配置需求，对现有的投资产品是很好的补充，不仅提高了理财收益，降低了理财门槛，更唤醒了数以千万从来没接触过理财的人的理财意识，同时激活了金融行业的技术与创新，并有力地推进了利率市场化的进程。

余额宝的定位是短期的灵活理财，对接的是天弘基金旗下的余额宝货币基金，天弘基金是余额宝的基金管理人。用户将钱转入余额宝即购买了由天弘基金提供的天弘余额宝货币市场基金，即可获得收益。余额宝的资金还能用于网购支付、线下支付和理财，操作简单、门槛低、零手续费且随取随用，已经成为移动互联网时代主要的现金管理和理财工具。

在余额宝巨大成功的示范效应带动下，其他金融机构也纷纷推出类似的理财产品，一时间形成了移动互联网"宝宝"类理财产品万箭齐发的壮观场面。目前"宝宝"类理财产品有基金公司、银行、第三方支付平台和代销机构推出的"中银活期宝""招行朝朝盈""理财通""百度百赚"等众多理财产品。尽管目前竞争加剧,收益有所下降,但仍然高于银行存款利息,仍不失为最重要的现金管理和短期理财工具。

余额宝操作便捷,用户登录支付宝即可实现轻松理财。

2. 理财通

理财通是2014年1月腾讯财付通与多家金融机构合作推出的,为用户提供多样化理财服务的平台。在理财通平台,金融机构作为金融产品的提供方,负责金融产品的结构设计和资产运作,为用户提供账户开立、账户登记、产品买入、收益分配、产品取出、份额查询等服务,同时严格按照相关法律法规,以诚实信用、谨慎勤勉的原则管理和运用资产,保障用户的合法权益。

理财通与多家基金公司合作,给用户更多元的选择。现有的合作基金有华安生态优先混合、汇添富消费行业、易方达消费行业股票,以及招商招利、民生加银景气行业、银华富裕主题混合、华宝中证100指数、易方达上证50指数A等。

腾讯理财通还首次全面升级基金定投服务,上线基金定投专区。凭借操作便捷、产品丰富、可定时定额自动买入、灵活急速赎回等优势,腾讯理财通基金定投为用户提供懒人式理财服务,用户所有定投计划统一通过基金定投管理,可以实现更好的计划管理。

腾讯理财通方便快捷,用户登录微信钱包即可实现轻松理财。

3. 京东小金库

"小金库"是2014年3月京东金融基于京东账户体系的承载体——网银钱包推出的京东互联网理财产品,目的在于整合京东用户的购物付款、资金管理、消费信贷和投资理财需求。"小金库"首先服务于京东1亿多的用户,并紧紧围绕京东自身的业务展开。

京东小金库用户把资金转入"小金库"之后,就可以购买货币基金产品,同时"小金库"里的资金也随时可以在京东商城购物。

2014年8月11日,京东金融推出小金库企业版,该项业务首先向京东商城POP商户开放,解决短期闲置资金高效利用的问题。和小金库个人版一样,小金库企业版对接的也是鹏华增值宝、嘉实活钱包两款货币基金。起购门槛为0.1元,无购买上限,赎回支持T+1日到账,无限额限制。

作为京东账户体系的承载体,"小金库"的上线,是京东在支付环节的整合。京东用户的购物付款、资金管理、消费信贷、投资理财都将整合在"小金库"里,从电商到金融,京东个人账户体系由此形成了完整闭环。

京东小金库操作起来也很方便,用户只需登录京东账户,就可以轻松理财。

4. P2P 和众筹

P2P和众筹在"项目11 互联网理财"中有专门介绍,此处不再赘述。

任务 4.3　资产配置与调整

4.3.1　客户财务生命周期与风险特征分析

1. 客户财务生命周期

生命周期是指生物体从出生、成长、成熟、衰退到死亡的全部过程,人的生命也是一个从出生、成长、成熟、衰退到死亡的过程。与此相适应,个人或家庭的财务状况也有一个类似于从出生、成长、成熟、衰退到死亡的过程,在理财中通常称为财务生命周期。事实上,在人的生命周期的各个阶段,财务状况方面也存在着巨大的差异。在不同的人生阶段,人们的生活重心、收入水平、投资需求、风险承受能力等都会呈现出截然不同的特征,也有着不一样的财务需求,理财规划的内容和重点也不一样。

尽管每个人及家庭情况千差万别,但多数都会呈现为单身期、家庭形成期、家庭成长期、家庭成熟期、空巢期和养老期六个财务阶段,如表 4-11 所示。

表 4-11　人生不同财务阶段的理财需求

人生阶段	家庭财务特点	理财需求
单身期 (参加工作至结婚)	社会经验不足、易冲动,经济收入低、开销大	加强职业培训、提高收入水平
家庭形成期 (结婚至小孩出生)	家庭收入、消费双增长。家庭风险承受能力达到最大	储蓄购房首付款,增加定期存款、基金等方面的投资
家庭成长期 (小孩出生至上大学)	收入进一步提高,保健、医疗、教育等为主要开支。往往是家庭负担最重的时期,负债率最高,财务能力最差	偿还房贷,储备教育金,建立多元化投资组合
家庭成熟期 (子女上大学时期)	收入增加,费用支出主要体现在医疗、子女教育上	准备退休金,进行多元化投资活动
空巢期 (子女独立至自己退休)	负担最轻、储蓄能力最强	重点准备退休金,降低投资组合风险
养老期 (退休之后)	安度晚年,收入逐渐减少,支出越来越大,特别是医疗保健支出急剧增加,在总支出中所占比重日益提高	以安全性好的固定收益投资为主

以上只是常见的普通家庭生命周期的划分,而单亲家庭和无子女家庭以及大家庭生命周期的划分有所不同,但也是大同小异。

2. 客户的风险属性

1) 客户的风险属性

机会与风险并存,高风险往往意味着高收益,而低风险则只能获取相对稳定的平均收益。激进的投资者宁可承担较高风险而追逐超额利润,稳健的投资者则在控制风险的情况下进行保值增值。判断客户的风险属性是投资规划的前提和基础。

客户风险属性包括两个方面:一是风险承受能力,反映客户的各种客观条件可以承担多大的风险,它与个人财富、教育程度、年龄、性别、婚姻状况和职业等客观因素密切相关。二是风险承受态度,反映客户面对风险时的主观态度。客户风险承受意愿越高,表明客户愿意为了提高投资回报而承担更大的风险。一般来说,在投资理财活动中,人们面对风险的态度有五种:冒险型、积极型、稳健型、保守型和消极型,见表4-12。

表4-12 不同风险类型的投资者

类型	理财倾向	风险承受能力	收益期望
冒险型	注重资产的快速增值,如赌徒般追求高回报,可接受高风险	高	高回报
积极型	积极积累财富,愿意承担较高风险,乐于接受新推出的金融商品	中高	中高回报
稳健型	稳定地积累财富,承担适度风险,追求稳定回报	中	中等回报
保守型	稳定是首要考虑因素,追求低风险,能容忍低回报	低	较低回报
消极型	重视安定性,保证本金安全和资产的流动性是最根本的投资目标	极低	低回报

2) 客户风险属性的评估

客户风险属性是个人风险管理和投资规划必须考察和分析的重要因素。理财规划师应在理财规划前对客户的风险属性从定性和定量两方面进行全面而客观的评估。评估客户风险属性的方法很多,下面从投资目标、投资偏好、风险选择、风险态度等方面介绍一些常见的评估方法。

(1) 客户投资目标。理财规划师首先应帮助客户明确自己的投资目标。例如,可以询问客户对本金安全性、抵御通货膨胀、资金流动性、资产增值、当前收益率和避税等方面的相对重视程度。客户的选择在一定程度上反映了客户的风险属性。如果客户最关心本金的安全性或流动性,则该客户很可能是风险厌恶者;如果客户的主要目标是资产增值,则该客户很可能是风险追求者。当然,我们不能仅仅根据投资目标来判断客户的风险属性,许多期望避税的人实际上是风险厌恶者;有些客户的投资目标可能与其风险属性自相矛盾,他们并不知道或者忽略了投资目标与风险属性是不兼容的。在一定程度上,客户的风险属性是评估其投资目标合理性的重要依据。

如果客户的风险态度与其风险承受能力自相矛盾,理财规划师应尽可能引导客户适当调整个人投资目标,使之与其风险属性更加契合。

(2) 投资偏好。客户对投资产品的偏好是判断客户风险属性的主要依据。理财规划师可以向客户展示各种按照风险程度做了排序的投资产品供其选择。例如,如果你意外获得一笔巨额资金,在以下投资产品中,你将如何分配:银行定期存款____%、储蓄性保险产品____%、企业债券____%、证券投资基金____%、不动产投资____%、股票____%等,各项之和等于100%。可供投资的资金可以是实际的也可以是虚拟的。一般来说,人们对于虚拟资金的使用会比实际资金的使用更为大胆。理财规划师还可以让客户将可供投资的产品从最喜欢到最不喜欢进行排序,或者给每一产品进行评级(如低、中、高),不同级别代表客户对风险的偏好程度。

客户对不同投资产品的风险和预期收益越熟悉,调查结果就越准确;反之,就越模糊。如果客户缺乏最基础的知识和信息,理财规划师应向客户做些说明和介绍。

(3)过去的投资经验。经验是从多次实践中得到的知识或技能。

美国的亨利·福特说:"任何人只要做一点有用的事,总会有一点报酬。这种报酬是经验,这是世界上最有价值的东西,也是人家抢不去的东西。"

英国的培根也说:"求知可以改进人性,而经验又可以改进知识本身……学问虽然指引方向,但往往流于浅泛,必须依靠经验才能扎下根基。"

从以上名人名言可以看出,过去的经验对我们做人做事都是一个极其重要的参考,甚至可以说,经验本身就是解决问题的方法、途径或手段。尽管过去的投资绩效并不意味着未来的投资成功,但经验表明,用过去的行为表现预测未来不失为一种简单有效的方法。通过收集客户生活中的实际信息来评估其风险属性也是一种简单有效的方法。以下一些生活方式特点可以用来评估客户对待经济风险的态度。

① 客户当前投资组合的构成。理财规划师可以从客户当前投资组合的构成中了解和分析该投资组合的风险大小,从银行存款、国债、保险、基金、股票等所占比重中,从客户是否购买年金,年金是固定年金还是变额年金中,从客户对当前投资组合的满意程度中,从如果对投资组合进行调整,是偏向稳健还是冒险的调整中,都可以分析和判断客户的风险属性。

② 负债比例。如果负债比例较高,表明客户具有追求风险的倾向;如果负债比例较低,表明客户可能是一个风险厌恶者。

③ 工作任期和变动频率。自主跳槽的意愿也是判断客户风险属性的重要指标。如果客户在过去10年或15年中变换工作超过三次,则意味着该客户很可能是风险追求型的。是否在找到新工作之前就辞去原有工作或在中年阶段跳槽,也是分析和判断客户风险属性非常重要的信息。

④ 收入变化情况。一般来说,风险追求者的年薪可能波动很大,并且不一定呈上升趋势。另外,客户是否曾经下岗,失业持续时间的长短,在失业期间,该客户是接受了每一个工作机会,还是一直等到自己满意的工作为止,重新就业后,该客户的薪水是多少等信息,从中都可以分析和判断客户风险属性。

⑤ 住房抵押贷款类型。在办理住房抵押贷款时,是选择浮动利率抵押贷款还是固定利率抵押贷款,也是分析和判断客户风险属性的重要依据。如果客户选择固定利率抵押贷款,且该项抵押贷款在清偿之前锁定在保证利率水平,则表明客户具有厌恶风险的倾向。反之,如果客户选择浮动利率抵押贷款,则反映客户存在追求风险的倾向。

⑥ 人寿保险金额与年薪的比例。两者之间的比例越大,表明客户对风险的厌恶程度越高。

(4)风险态度的自我评估。可以通过提示或明确客户对待风险的态度来判断其风险属性。既可以运用定性方法和定量方法,也可以采用多种多样的方式向客户提问。首先,可以询问客户整体性的问题。比如,你认为自己是风险追求者还是风险厌恶者?如果完全的风险追求者打10分,完全的风险厌恶者打1分,你给自己打几分?其次,可以询问客户对决策作出的反应。比如,作出风险投资决策后是否坐立不安?是否将风险视为机遇而非危险？投资决策是否经过深思熟虑？从风险投资中获得 20 000 元与从稳健投资中获得 20 000 元,哪种情况下更高兴？是否经常担心失去已有的财富？是否愿意借款进行金融投资或项目投资？是否认为不冒险就不可能获得成功？

需要注意的是,用风险态度自我评估法来评估客户的风险属性有一定的局限性。因为,不少人认为风险厌恶者是无能、懦弱的表现,而风险追求者是勇敢、能干、有活力的表现,从而很有可能夸大自己的风险承受力。另外,人们倾向于将自己最好的一面展示给他人,而隐瞒自己不好的方面,往往可能夸大被人们崇尚的特征。

(5) 概率与收益权衡。这是评估客户风险属性的定量方法,至少需要考虑损失概率、收益概率、损失金额和收益金额四个因素中的一个。主要有确定/不确定性偏好法、最低成功概率法、最低收益法。

① 确定/不确定性偏好法。一个最常用而简单的方法是向客户展示两项选择：一是确定的收益；二是可能的收益。例如,让客户在"A. 1 000 元的确定收益"和"B. 50%的概率获得 2 000 元"中二选一。一般情况下,风险厌恶者多选 A,风险追求者多选 B。

② 最低成功概率法。这种方法通常设计一个两项选择题,一个选项是无风险收益(如 3 000 元),另一个选项是有风险的,但潜在的收益较高(如 5 000 元),同时列出五个成功概率,即 10%、30%、50%、70%、90%。问被调查者在多大的成功概率下,认为两个选项是完全等同的。被调查者所选的成功概率越低,说明其风险倾向越高。

③ 最低收益法。这一方法是要求客户就可能的收益而不是收益概率作出选择。比如,某项投资机会,两个可能的结果：一是有 50%的可能损失个人 1/3 的净资产；二是有 50%的可能获得一笔收益。你愿意承担此项风险的最低收益是多少？需要注意的是,运用这一方法评估客户风险属性时,应结合客户的个人净资产水平。

理财规划师可以借鉴以上评估方法,结合实际情况设计合适的风险属性调查表,以便客观而准确地评估客户的风险属性。

4.3.2 资产配置

1. 资产配置过程及其影响因素

(1) 资产配置过程

资产配置是指投资者根据自身的风险属性和资产的风险收益特征,确定各类资产的投资比例,从而达到降低投资风险和增加投资收益的目的。资产配置是投资规划最关键的环节。资产配置的实质是一种风险管理策略,即以系统化分散投资的方式来降低风险,在可忍受的风险范围内追求收益最大化。

普通投资者都认为投资的关键是选对股票并正确把握买卖时机,然而事实并非如此。研究资料显示,投资获利的决定性因素恰恰是合理的资产分配。资产分配做好了,就为长期投资组合良好的绩效表现奠定了一个坚实的基础。或者说,做好了资产分配,则为长期投资组合获得良好回报提供了一个可靠保证。美国著名金融分析师布理森(Brinson)等人通过详细分析美国 82 家拥有多元化资产的大型养老基金 1977—1987 年的投资组合样本后,发现 91.5%的投资收益差异来自资产配置决策。

从专业投资者的视角来看,资产配置包括图 4-5 所示基本步骤。

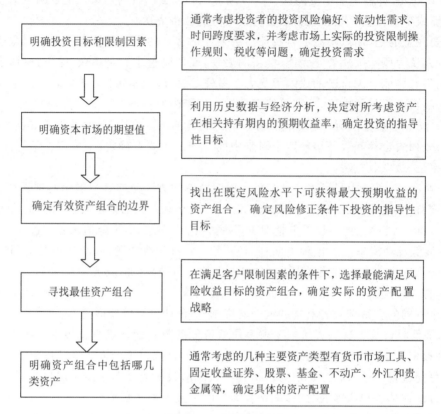

图 4-5　资产配置流程

对普通投资者来说,资产配置的过程可以简单一些,但依然可以根据个人财富水平、投资目标、风险偏好、税收等因素来决定纳入投资组合的资产类别及其比重,并在随后的投资期内根据各类资产的价格变动情况,及时对资产配置组合权重进行动态调整。

(2) 影响资产配置的因素

影响资产配置的因素有很多,归纳起来主要有以下五个方面。

① 影响投资者风险承受能力和收益需求的各项因素,包括投资者的年龄或投资周期,资产负债状况、财务变动状况与趋势、财富净值、风险偏好等因素。

② 影响各类资产的风险收益状况以及相关关系的资本市场环境因素,包括国际经济形势、国内经济状况与发展动向、通货膨胀、利率变化、经济周期波动、监管等。

③ 资产的流动性特征与投资者的流动性要求相匹配的问题。

④ 投资期限。投资者在有不同到期日的资产(如债券等)之间进行选择时,需要考虑投资期限的安排。

⑤ 税收考虑。税收结果对投资决策意义重大,因为一般都是以税后收益的多少来评价一个投资策略的业绩。

2. 核心资产配置方法

核心资产配置是投资规划中最为关键的一环，它不仅直接决定了客户最终的投资收益与风险，而且还决定着能否实现既定的理财目标。个人核心资产配置的方法归纳起来如图4-6所示。

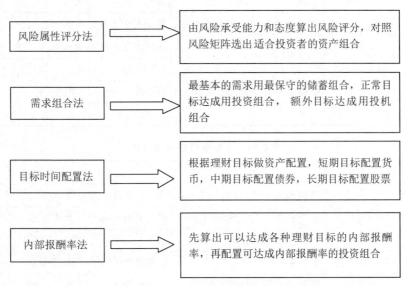

图4-6　核心资产配置的主要方法

（1）风险属性评分法

首先，要根据评分表分别测评客户客观的风险承受能力以及主观的风险承受态度。其次，根据测评出对应的分值，比照风险矩阵，选出合适的资产配置。

风险属性分析测试主要包括两个方面，一是从客观上测试客户的风险承受能力，二是从主观上测试客户的风险承受态度，也就是测试客户个人或家庭风险损失的心理承受能力。因而，风险属性的分析必须将客户个人或家庭客观上的风险承受能力和主观上的风险承受态度两者有机结合起来。如果客户个人或家庭心理承受能力小，即使家庭有能力承受风险，一项超出其心理承受能力的投资或投资损失也可能给客户个人或家庭带来沉重的心理负担，甚至心理上的严重伤害。同样，如果客户没有承担风险的经济实力，即使对风险损失的心理承受能力较强，也会给个人或家庭带来困惑和麻烦，甚至造成严重经济损失。这样的投资规划与投资理财的宗旨相悖，是一个失败的规划。

风险承受能力评分表见表4-13，风险承受态度评分表见表4-14，风险矩阵下的资产配置见表4-15。

（2）理财目标时间配置法

理财目标是指客户家庭的财产或资金在未来某时间需达到的数额。简单地说，就是想在将来某时间赚到或存多少钱的指标或目标。不仅不同的客户理财目标千差万别，而且同一个客户其理财目标也有短期目标、中期目标和长期目标之分。一般来说，短期目标如控制日常开支、进行储蓄和购买消费品等，中期目标有养育子女和筹集子女教育金、购买住房等,长期目标则有积累养老金等。

表 4-13 风险承受能力评分表

年龄	10 分	8 分	6 分	4 分	2 分	客户得分
	总分 50 分,25 岁以下者 50 分,每多一岁少 1 分,75 岁以上者 0 分					
就业状况	公职人员	上班族	佣金收入者	自营事业者	失业	
家庭负担	未婚	双薪无子女	双薪有子女	单薪有子女	单薪养三代	
置产状况	投资不动产	有房无房贷	房贷小于 50%	房贷大于 50%	无自宅	
投资经验	10 年以上	6~10 年	2~5 年	1 年以内	无	
投资知识	有专业证照	财经系毕业	自修有心得	懂一些	一片空白	
总分						

表 4-14 风险承受态度评分表

忍受亏损	10 分	8 分	6 分	4 分	2 分	客户得分
	不能容忍任何损失 0 分,每增加 1% 加 2 分,可容忍 >25% 得 50 分					
投资目标	赚短期差价	长期利得	年现金收益	抗通货膨胀保值	保本保息	
获利动机	25% 以上	20%~25%	15%~20%	10%~15%	5%~10%	
认赔程度	默认停损点	事后停损	部分认赔	持有待回升	加码摊平	
赔钱心理	学习经验	照常过日子	影响情绪	影响情绪大	难以成眠	
最重要特性	获利性	收益兼成长	收益性	流动性	安全性	
避险工具	无	期货	股票	外汇	不动产	
总分						

表 4-15 风险矩阵下的资产配置

风险矩阵	风险能力	低能力	中低能力	中能力	中高能力	高能力
风险态度	工具	0~19 分	20~39 分	40~59 分	60~79 分	80~100 分
低态度 0~19 分	货币	70	50	40	20	0
	债券	20	40	40	50	50
	股票	10	10	20	30	50
	预期报酬率	3.40	4.00	4.80	5.90	7.50
	标准差	4.20	5.50	8.20	11.70	17.50
中低态度 20~39 分	货币	50	40	20	0	0
	债券	40	40	50	50	40
	股票	10	20	30	50	60
	预期报酬率	4.00	4.80	5.90	7.50	8.00
	标准差	5.50	8.20	11.70	17.50	20.00

续表

风险矩阵	风险能力	低能力	中低能力	中能力	中高能力	高能力
中态度 40～59分	货币	40	20	0	0	0
	债券	40	50	50	40	30
	股票	20	30	50	60	70
	预期报酬率	4.80	5.90	7.50	8.00	8.50
	标准差	8.20	11.70	17.50	20.00	22.40
中高态度 60～79分	货币	20	0	0	0	0
	债券	30	50	40	30	20
	股票	50	50	60	70	80
	预期报酬率	5.90	7.50	8.00	8.50	9.00
	标准差	11.70	17.50	20.00	22.40	24.90
高态度 80～100分	货币	0	0	0	0	0
	债券	50	40	30	20	10
	股票	50	60	70	80	90
	预期报酬率	7.50	8.00	8.50	9.00	9.50
	标准差	17.50	20.00	22.40	24.90	27.50

理财目标时间配置法是指根据理财目标作资产配置,短期目标配置货币,中期目标配置债券,长期目标配置股票。具体而言,可按表4-16中不同目标类型进行资产配置。

表4-16 理财目标配置法

目标类型	期限	配置资产
紧急预备金(三个月的支出额)	现在	活期存款
短期目标	两年内	定期存款
中期目标	五年内	短期债券
中长期目标	6～20年	平衡型基金
长期目标	20年以上	股票
购房目标	—	不动产证券化工具
子女教育目标	—	教育年金
退休目标	—	退休年金

【例4-1】 经理财规划师测算,某客户的理财目标如表4-17所示,财务状况如表4-18所示。

表 4-17　理财目标

理财目标	时间	所需终值/元
购车	2 年后	150 000
购房	5 年后	1 200 000
教育金	15 年后	200 000
退休金	20 年后	2 000 000

表 4-18　财务状况　　　　　　　　　　　　　　　　单位：元

财务项目	金额	财务项目	金额
年收入	200 000	资产	600 000
年支出	80 000	负债	0
年储蓄	120 000	净资产	600 000

【解析】　按理财目标时间配置法，不同的理财目标配置如表 4-19 所示。

表 4-19　不同理财目标配置

目标	时间/年	金额/元	实质报酬率/%	工具	现值/元	占资产比重/%	占储蓄比重/%
紧急预备金	现在	20 000	0	活期存款	20 000	3.33	
购车	2 年后	150 000	3.25	定期存款	140 705	23.45	
购房	5 年后	1 200 000	5	短期债券或不动产证券化工具	首付 360 000 282 069	47.01	
					贷款 840 000 73 235		61.03
子女教育金	15 年后	200 000	7	平衡基金	72 489	12.08	
退休金	20 年后	2 000 000	9	股票	84 780	14.13	
					272 082		24.84
其他				个股操作	16 959		14.13
合计						100	100

① 紧急预备金。紧急预备金应为 3 个月的支出，故应为 800 000/12×3＝20 000(元)，占资产比重为 20 000/600 000×100％＝3.33％。

② 购车。购车款 2 年后的终值为 150 000 元，按定期存款 3.5％的报酬率计算，其现值 PV＝150 000×(P/F,3.25％,2)＝140 705(元)，占资产比重为 140 705/600 000×100％＝23.45％。

③ 购房。购房款 5 年后的终值为 1 200 000 元，首付 30％，即 1 200 000×30％＝360 000(元)。按短期债券或不动产证券化工具 5％实质报酬率计算，其现值 PV＝

$360\ 000\times(P/F,5\%,5)=282\ 069$(元),占资产比重为 $282\ 069/600\ 000\times100\%=47.01\%$。

房贷为70%,即 $1\ 200\ 000\times70\%=840\ 000$(元),假设贷款利率为6%,期限20年,则根据年金计算公式计算,年缴本息和 $A=840\ 000\times(A/F,6\%,20)=73\ 235$(元),占储蓄的比重为 $73\ 235/120\ 000\times100\%=61.03\%$。

④ 子女教育金。子女教育金15年后的终值为 $200\ 000$ 元,按平衡基金7%的报酬率计算,其现值 $PV=200\ 000\times(P/F,7\%,15)=72\ 489$(元),占资产比重为 $72\ 489/600\ 000\times100\%=12.08\%$。

⑤ 退休金。退休金20年后的终值为 $2\ 000\ 000$ 元,按股票9%的报酬率计算,其现值 $PV=2\ 000\ 000\times(P/F,9\%,20)=356\ 862$(元)。但资产现值扣除上述理财目标金额后只剩下14.13%,即 $84\ 780$ 元。故退休金现值 $356\ 862$ 元中只有 $84\ 780(600\ 000\times14.13\%)$元来源于现有资产,并用作股票投资,其余 $272\ 082(356\ 862-84\ 780)$ 元只能从每年的储蓄额中筹集。根据年金计算公式,每年要定期定额投资股票 $A=272\ 082\times(A/P,9\%,20)=29\ 806$(元),占储蓄的 $24.84\%(29\ 806/120\ 000\times100\%)$。

⑥ 其他。每年的储蓄额中还剩余14.13%,即 $16\ 959$ 元可用作其他投资,如股票投资等。

(3) 内部报酬率法

内部报酬率(internal rate of return,IRR)是指一个使该项目预期现金流入量的现值刚好等于其预期现金流出量现值之折现率。用公式表示为

$$\frac{CF_0}{(1+IRR)^0}+\frac{CF_1}{(1+IRR)^1}+\frac{CF_2}{(1+IRR)^2}+\cdots+\frac{CF_n}{(1+IRR)^n}=\sum_{t=0}^{n}\frac{CF_t}{(1+IRR)^t}=0$$

式中,CF_t 为第 t 期的净现金流量;IRR 为内部报酬率。

【例4-2】 有一项投资期初投入 $80\ 000\ 000$ 元,第一年亏损 $7\ 000\ 000$ 元,第二年亏损 $3\ 000\ 000$ 元,第三年回收 $18\ 000\ 000$ 元,第四年回收 $45\ 000\ 000$ 元,第五年回收 $72\ 000\ 000$ 元,试计算此项投资的内部报酬率是多少?

【解析】 $\frac{-8\ 000}{(1+IRR)^0}+\frac{-700}{(1+IRR)^1}+\frac{-300}{(1+IRR)^2}+\frac{1\ 800}{(1+IRR)^3}+\frac{4\ 500}{(1+IRR)^4}+\frac{7\ 200}{(1+IRR)^5}=0$

利用Excel表的函数计算,得到 $IRR=10.04\%$。

资产配置的内部报酬率法是先计算出可以达成各种理财目标的内部报酬率,再配置可达成内部报酬率的投资组合。具体操作步骤如下。

第一步:用Excel表编制生涯仿真表。所谓生涯仿真表,是指根据客户个人或家庭财务生命周期的理财活动,按年估算每个理财目标的现金流量,并制作成相应的表格。

第二步:由期初现金流量与评估期间各期现金流量计算出可达成理财目标的内部报酬率(见图4-7)。

第三步:根据投资工具的投资报酬率及客户的风险属性,判断该IRR的合理性,并作相应的调整,选择投资组合。

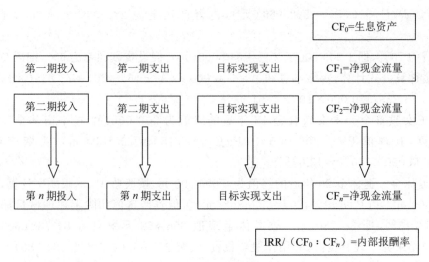

图 4-7 内部报酬率法

如果现有投资工具的投资能达到此 IRR,并且也与客户的风险属性符合,则客户的所有理财目标都能达成,可根据 IRR 选择投资组合。

若内部报酬率高于 15%,实现的可能性低,就应调整生涯规划,延长目标达成年限、调降目标或提高储蓄额。有以下三种方案可供选择。

① 推迟退休。推迟退休方案的优点是原定生活品质不会改变,不会对生活造成影响;缺点是推迟退休,不能尽早享受人生。

② 调整理财目标。根据理财目标的优先次序,推迟、改变或取消某些理财目标。如缩小购房面积、卖车或取消旅游计划等。调整理财目标的优点不仅可以优化家庭资产结构,实现家庭财务收支平衡,而且不需要推迟退休,可以维持正常生活水平终老,实现所有理财目标。缺点是影响客户的某些生活享受。

③ 降低退休后的生活水平。如将生活水平维持在原生活水平的 80%,减少退休后购置衣物或车辆开支等。

4.3.3 投资组合调整

由于市场情况瞬息万变,客户个人和家庭情况也是不断发展变化的,因而,投资组合具有一定的时效性。投资组合的建立并不是一劳永逸的,而要与时俱进。当各种情况的变化对投资组合产生实质性影响,原有的投资组合难以满足客户的需要时,就必须对原来的投资组合进行调整以使其适应发展变化了的新情况。投资组合调整就是作出买卖证券的选择,卖出原有投资组合中不再需要的证券或资产,买入需要的证券或资产。投资组合的调整策略主要有以下几种。

1. 买入并持有策略

买入并持有策略是指在确定合理的资产配置比例,建立了某个投资组合后,在 3～5 年的持有期内不改变资产配置状态,保持原有投资组合不变。买入并持有策略是消极型长期再平衡方式,适用于资本市场环境和投资者的偏好变化不大,或者改变资产配置的成本大于收益的情况。

2. 固定投资组合策略

固定投资组合策略又称恒定比例策略,是指保持投资组合中各类资产的固定比例。固定投资组合策略是假定资产的收益情况和投资者偏好没有大的改变,因而最优投资组合的配置比例不变。当资产价格发生变化时,需要通过定期的再平衡和交易来维持这种组合。在股票市场价格频繁震荡、波动的情况下,固定投资组合策略优于买入并持有策略。一般来说,风险承受能力较强的投资者适合采用固定投资组合策略。

下面举例说明固定投资组合策略,见表 4-20。

表 4-20 固定投资组合策略

情 况	股票/元	债券/元	股票市值比率/%	调 整 操 作
初始值	1 500 000	500 000	75	
股价下跌 10%	1 350 000	500 000	72.97	(1 350 000＋500 000)×75%－13 500 000＝37 500(元),卖出 37 500 元债券,买入 37 500 元股票
调整后	1 387 500	462 500	75	
股价上涨 10%	1 650 000	500 000	76.74	1 650 000－(1 650 000＋500 000)×75%＝37 500(元),卖出 37 500 元股票,买入 37 500 元债券
调整后	1 612 500	537 500	75	

以下是固定投资组合策略图形演示,见图 4-8。

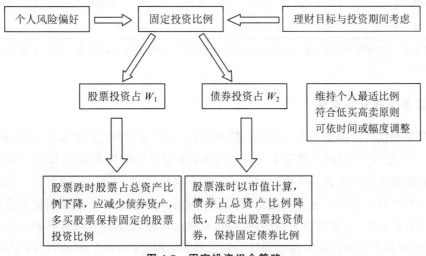

图 4-8 固定投资组合策略

3. 投资组合保险策略

投资组合保险策略是将一部分资金投资于无风险资产,从而在保证资产组合的最低价值的前提下,将其余资金投资于风险资产,并随着市场的变化及时调整风险资产和无风险资产的比例,同时不放弃资产升值潜力的一种动态调整策略。当投资组合价值因风险资产收益率的提高而上升时,风险资产的投资比例也随之提高;反之则下降。

著名的恒定比例投资组合保险(CPPI)就是投资组合保险的一种简化形式。恒定比例投资组合保险是按以下公式动态配置高风险、高收益的主动性资产与低风险、低收益的保留性资产之间的比例,并在股票上涨时将其买进,在股票下跌时将其卖出。

$$E = m(V - F)$$

式中,E 为应投资于主动性资产的部分;m 为乘数(事先确定的大于1的常数);V 为资产总值;F 为风险控制线(所需保障的底线);$(V-F)$ 为资产总值下跌时的保护层。

【例 4-3】 假设期初投资金额 $V=1\,200\,000$ 元,$F=1\,100\,000$ 元,$m=6$,股票初始头寸:$6\times(1\,200\,000-1\,100\,000)/1\,200\,000\times100\%=50\%$,试确定股票涨跌10%时的操作策略。如果股市上涨10%,则 $V=1\,260\,000$ 元,$V-F=1\,260\,000-1\,100\,000=160\,000$(元),$E=6\times160\,000=960\,000$(元),股票头寸应为76.19%,故应买入股票 $300\,000$ 元;相反,如果股市下跌10%,则 $V=1\,140\,000$ 元,$V-F=1\,140\,000-1\,100\,000=40\,000$ 元,$E=6\times40\,000=240\,000$(元),股票头寸应为21.05%,故应卖出股票 $300\,000$ 元。

上述三种策略的比较详见表4-21。

表 4-21 资产配置策略特征比较

策　　略	市场变动时行动方向	支付模式	有利的市场环境	要求的流动程度
买入并持有策略	不行动	直线	牛市	小
固定投资组合策略	下降购买,上升出售	凹性	易变,波动性大	适度
投资组合保险策略	下降出售,上升购买	凸性	强趋势	高

资料来源:小詹姆斯·L.法雷尔,沃尔特·J.雷哈特.投资组合管理:理论及应用[M].齐寅峰,等译.北京:机械工业出版社,2000.

4. 定期定额投资策略

定期定额投资策略是指投资者在一定期限内,以固定时间(通常为1个月)固定金额(例如5 000元)投资于同一投资工具。它的最大好处是平均投资成本,降低选时风险。

定期定额投资基金就是基金投资者在一定期限内,以固定时间(通常为1月)固定金额申购一种开放式基金。它是定期定额投资策略的典型例子。采取定期定额投资策略,由于买入时点分散,每期投资金额相同,当投资对象价格较低时可以买到的单位数就多;反之,当投资对象价格较高时能买到的单位数就少,正好契合逢低多买,逢高少买的稳健投资原则。此种投资策略下,长期下来,成本被摊平,风险被分散。同时,还易与理财规划长期资金配合操作,强迫储蓄,易于养成理财习惯。缺点是投资期长,所需资金大,回报并不理想(见表4-22)。

表4-22 定期定额投资策略

定期投资金额/元	多头市场(股价上涨时)		空头市场(股价下跌时)	
	单位价格/元	所购单位数	单位价格/元	所购单位数
5 000	5	1 000	5	1 000
5 000	6	833	4	1 250
5 000	7	714	3	1 667
5 000	8	625	2	2 500
5 000	10	500	1	5 000
合计 25 000		3 672		11 417
平均成本	6.81		2.19	

5. 战术性资产配置策略

战术性资产配置策略是根据资本市场环境及经济条件对资产配置状态进行动态调整,从而增加投资组合价值的积极战略。大多数战术性资产配置一般具有如下共同特征。

(1) 一般是一个建立在一些分析工具基础上的客观、量化过程。这些分析工具包括回归分析或优化决策等。

(2) 资产配置主要受某种资产类别预期收益率的客观测试驱使,因此,属于以价值为导向的过程。可能的驱动因素包括在现金收益、长期债券的到期收益率基础上计算股票的预期收益,或按照股票市场股息贴现模型评估股票收益变化等。

(3) 资产配置规则能够客观地测试出哪一类资产已经失去高于市场的注意力,并引导投资者进入不受人关注的资产类别。

(4) 资产配置一般遵循回归均衡的原则,这是战术性资产配置中的主要利润机制。

实 训 项 目

李先生今年52岁,年收入200 000元,妻子张女士,50岁,年收入170 000元,夫妻俩都有医保和社保,有房有车,小孩已参加工作,双方父母都已退休,有退休金,不用李先生夫妻负担。李先生夫妻俩现有现金及银行存款1 500 000元,退休前每年可储蓄250 000元。李先生夫妻俩打算将这些钱投资生利,以充实退休后的养老准备金。李先生夫妻俩属于积极型投资者。试为李先生夫妻俩做一个投资规划。

思考练习

一、单项选择题

1. 理财规划师在投资规划过程中必须始终坚持的一个原则是（　　）。
   A. 收益最大化　　　B. 以小博大　　　C. 财务安全　　　D. 高流动性
2. 股票是投资规划的重要工具，下列关于股票的说法不正确的是（　　）。
   A. 股票是一种有价证券　　　　　　B. 股票是一种法律凭证
   C. 股票是所有权证书　　　　　　　D. 股票是一种真实资本
3. 下列行为与良好的投资习惯所不容的是（　　）。
   A. 降低交易成本　　　　　　　　　B. 避免高频率地买卖
   C. 追涨杀跌　　　　　　　　　　　D. 避免情绪化的交易
4. 以下属于实物资产投资项目的是（　　）。
   A. 股票　　　　B. 债券　　　　C. 基金　　　　D. 黄金
5. 一般来说，风险承受能力较强的投资者适合采用（　　）。
   A. 买入并持有策略　　　　　　　　B. 固定投资组合策略
   C. 投资组合保险策略　　　　　　　D. 定期定额投资策略
※6. 某投资组合含有60%股票，20%债券，20%活期存款。这一组合最适合哪个年龄层次？（　　）。
   A. 青年时期　　B. 中年时期　　C. 退休以后　　D. 均适用
※7. 反映股票投资收益的指标主要有（　　）。
   A. 每股净收益　B. 股息发放率　C. 市盈率　　　D. 股利支付率
   E. 资产收益率
※8. 下列不属于货币市场特点的是（　　）。
   A. 流动性强　　　　　　　　　　　B. 风险小
   C. 偿还期短　　　　　　　　　　　D. 筹集的资金大多用于固定资产投资
※9. 下列关于证券投资基金的特点说法不正确的是（　　）。
   A. 证券投资基金具有组合投资、费用低的优点
   B. 流动性强
   C. 证券投资基金是一种直接的证券投资方式
   D. 与直接购买股票相比，投资者与上市公司没有任何直接关系
※10. 以下投资工具中，不属于固定收益投资工具的是（　　）。
    A. 银行存款　　B. 普通股　　　C. 公司债券　　D. 优先股
※11. 当投资者同时持有几种风险各不相同的证券时，其所承担的风险有可能被分散，使投资者承受的总风险小于分别投资于这些证券所承担的风险。这种因分散投资而使总风险下降的效果称为（　　）。
    A. 规模效应　　B. 资产组合效应　C. 相关效应　　D. 示范效应

※12. 一般而言,各类基金的收益特征由高到低的排序依次是(　　)。
　　A. 混合型基金、股票型基金、债券型基金、货币市场型基金
　　B. 债券型基金、股票型基金、货币市场型基金、混合型基金
　　C. 股票型基金、混合型基金、债券型基金、货币市场型基金
　　D. 货币市场型基金、股票型基金、混合型基金、债券型基金

※13. 按照风险从小到大排序,下列排序正确的是(　　)。
　　A. 储蓄存款、国库券、普通股、公司债券
　　B. 国库券、优先股、公司债券、商业票据
　　C. 国库券、储蓄存款、商业票据、普通股
　　D. 储蓄存款、优先股、商业票据、公司债券

※14. 下列不属于债券型理财产品的主要投资对象的是(　　)。
　　A. 国债　　　　B. 金融债　　　　C. 中央银行票据　　　D. 企业债

※15. 一般而言,各类基金的风险特征由高到低的排序依次是(　　)。
　　A. 股票型基金→债券型基金→混合型基金→货币市场型基金
　　B. 股票型基金→混合型基金→债券型基金→货币市场型基金
　　C. 混合型基金→股票型基金→债券型基金→货币市场型基金
　　D. 混合型基金→股票型基金→货币市场型基金→债券型基金

※16. 关于债券的流动性,下面判断错误的是(　　)。
　　A. 债券的流动性好于股票
　　B. 国债的流动性好于公司债券
　　C. 短期国债的流动性好于长期国债
　　D. 债券的流动性弱于货币基金

※17. 货币型理财产品是投资于货币市场的银行理财产品,主要投资于信用级别较高、流动性较好的金融工具,下列不符合要求的是(　　)。
　　A. 国债　　　　　　　　　　　B. 长期股权投资
　　C. 中央银行票据　　　　　　　D. 金融债

※18. 关于债券,以下说法正确的是(　　)。
　　A. 一般来说,企业债券的收益率低于政府债券
　　B. 附息债券的息票利率是固定的,所以不存在利率风险
　　C. 市场利率下降时,短期债券的持有人若进行再投资,将无法获得原有的较高息
　　　　票率,这就是债券的利率风险
　　D. 可以用发行者的信用等级来衡量债券的信用风险,债券的信用等级越高,债券
　　　　的发行价格就越高

※19. 当预期未来有通货膨胀时,个人和家庭应回避(　　),以对自己的资产进行保值。
　　A. 股票　　　　　　　　　　　B. 浮动利率资产
　　C. 固定利率债券　　　　　　　D. 外汇

※20. 买入债券后持有一段时间,又在债券到期前将其出售而得到的收益率为(　　)。

A. 直接收益率 B. 到期收益率
C. 持有期收益率 D. 赎回收益率

※21. 国库券、定期存款和大额可转让存单的流动性由强到弱的正确排序是（   ）。
A. 大额可转让存单＞国库券＞定期存款
B. 国库券＞大额可转让存单＞定期存款
C. 定期存款＞国库券＞大额可转让存单
D. 国库券＞定期存款＞大额可转让存单

※22. 投资者预期某股票价格将上升，于是预先买入该股票，如果股票价格上升，便可以将先前买入的卖出获利。这种交易方式称为（   ）。
A. 现货交易　　B. 期权交易　　C. 空头交易　　D. 多头交易

23. 经济处于收缩阶段时，个人和家庭在资产配置中应考虑更多投资于（   ）。
A. 储蓄产品　　B. 股票　　C. 基金　　D. 房地产

二、多项选择题

1. 以下属于投资组合调整策略的是（   ）。
A. 固定投资组合策略 B. 定期定额投资策略
C. 投资组合保险策略 D. 分批卖出策略

2. 核心资产配置是投资规划中最为关键的一环，以下属于个人核心资产配置方法的是（   ）。
A. 内部报酬率法 B. 理财目标时间配置法
C. 目标并进法 D. 风险属性评分法

3. 在投资理财活动中，人们面对风险的态度有（   ）。
A. 冒险型　　B. 保守型　　C. 消极型　　D. 积极型

4. 长期来看，定期定额投资策略的优点是（   ）。
A. 可以降低成本 B. 投资金额小
C. 可以分散风险 D. 易于养成理财习惯

5. 在投资规划中，评估客户风险属性的定量方法有（   ）。
A. 确定/不确定性偏好法 B. 最低成功概率法
C. 最低收益法 D. 回归分析法

※6. 预期未来经济增长比较快，处于景气周期，则应采取的个人理财策略有（   ）。
A. 增加银行储蓄 B. 减少国库券的配置
C. 增加在股票市场的投资 D. 适当减少房地产市场上的投资
E. 适当增加基金的购买

※7. 下列关于股票风险的说法，正确的有（   ）。
A. 通过投资组合可以分散个股风险
B. 一般来说，周期性明显的行业风险相对较小
C. 一般来说，固定成本高的行业风险相对较大
D. 一般来说，价格成本弹性小的行业风险较小

E. 一般来说,业绩好并且可以持续增长的公司风险较小

※8. 货币型理财产品是投资于货币市场的银行理财产品,它主要投资于(　　)。
　　A. 国债　　　　B. 金融债　　　　C. 中央银行票据　　D. 债券回购
　　E. 高信用级别的企业债

※9. 按照交易方式,金融衍生工具可以分为(　　)。
　　A. 远期　　　　B. 期货　　　　　C. 信托　　　　　　D. 期权
　　E. 互换

※10. 银行开展的黄金业务种类包括(　　)。
　　A. 金币　　　　B. 黄金股票　　　C. 纸黄金　　　　　D. 实物黄金
　　E. 黄金基金

※11. 普通股股东按其所持有股份比例享有的基本权利包括(　　)。
　　A. 公司决策参与权　　　　　　　B. 利润分配权
　　C. 优先求偿权　　　　　　　　　D. 优先认股权
　　E. 剩余资产分配权

※12. 现有一投资项目,从 2013 年至 2015 年每年年初投入资金 300 万元,从 2016 年至 2025 年每年年末流入资金 100 万元。如果贴现率为 8%,则下列说法中,正确的有(　　)。
　　A. 2015 年年末各年流出资金的终值之和为 1 053 万元
　　B. 2016 年年初各年流入资金的现值之和为 671 万元
　　C. 该投资项目的投资收益比较好
　　D. 该投资项目的净现值为 382 万元
　　E. 2016 年年初各年流入资金的现值之和为 14 487 万元

※13. 下列选项中,属于债券特征的有(　　)。
　　A. 偿还性　　　B. 保值性　　　　C. 安全性　　　　　D. 收益性
　　E. 流动性

※14. 按投资主体的不同,股票可分为(　　)。
　　A. 社会公众股　B. 国家股　　　　C. 限售股　　　　　D. 法人股
　　E. 流通股

※15. 下列属于我国主要资本市场的有(　　)。
　　A. 商业票据市场　　　　　　　　B. 同业拆借市场
　　C. 证券投资基金市场　　　　　　D. 股票市场
　　E. 债券市场

※16. 一般而言,风险偏好属于保守型的客户往往会选择(　　)等产品。
　　A. 投资连结险　　　　　　　　　B. 保本型理财产品
　　C. 存款　　　　　　　　　　　　D. 货币型基金
　　E. 股票型基金

※17. 净现值(NPV)是指所有现金流(包括正现金流和负现金流在内)的现值之和,下列说法正确的有(　　)。

A. 净现值为正值,说明投资是亏损的
B. 不能够以净现值判断投资是否能够获利
C. 净现值为负值,说明投资是亏损的
D. 净现值为负值,说明投资能够获利
E. 净现值为正值,说明投资能够获利

※18. 直接决定了债券的投资价值的因素有(　　)。
A. 发行利率　　B. 付息频率　　C. 发行期限　　D. 发行价格
E. 有无担保

※19. 下列属于金融衍生工具的有(　　)。
A. 股票价格指数期货　　　　　B. 银行承兑汇票
C. 短期政府债券　　　　　　　D. 货币互换
E. 开放式基金

※20. 在债券发行需要确定的要素中,最为重要的条件有(　　)。
A. 发行金额　　B. 发行期限　　C. 发行利率　　D. 发行价格
E. 发行费用

三、判断题

1. 战术性资产配置策略是根据资本市场环境及经济条件对资产配置状态进行动态调整,从而增加投资组合流动性的积极战略。(　　)
2. 著名的恒定比例投资组合保险就是投资组合保险的一种简化形式。恒定比例投资组合保险是按 $E=m(V-F)$ 公式动态配置高风险、高收益的主动性资产与低风险、低收益的保留性资产之间的比例,并在股票上涨时将其卖出,在股票下跌时将其买进。
(　　)
3. 客户风险承受能力越高,表明客户愿意为了提高投资回报而承担更大的风险。
(　　)
4. 在理财规划中,客户风险属性不包括客户风险承受态度。(　　)
5. 空巢期是客户财务生命周期中负担最轻、储蓄能力最强的时期。(　　)
※6. 收入型基金比较适合于风险承受能力强,追求高投资回报的投资者。(　　)
※7. 获得资本利得是目前我国绝大部分个人股票投资者的主要目的。(　　)
※8. 商品证券是证明持有人有商品使用权或所有权的凭证,取得了这种证券就等于取得了这种商品的所有权,持有人对这种证券所代表的商品所有权受法律保护。(　　)
※9. 如果物价水平是处在变动之中的状态,则名义利率能够反映理财产品的真实收益水平。(　　)
※10. 强式有效市场假设理论认为基本面分析不起作用,不能为投资者带来超额利润。
(　　)
※11. 不动产是指不可移动的有形财产,如土地及房屋、在建工程、林木等地上附着物。
(　　)
※12. 国债的信誉度非常高,其收益率一般被看作是无风险收益率,是金融市场利率体

系中的基准利率之一。（   ）
※13. 债券到期时间越长，利率风险越小。（   ）
※14. 一般来说，债券价格与到期收益率成反比。（   ）
※15. 资本市场通过间接融资方式可以筹集巨额的长期资金。（   ）
※16. 根据基金募集方式的不同，基金分为公司型基金和契约型基金。（   ）

四、简答题

1. 简述投资规划的流程。
2. 投资组合调整策略有哪些？
3. 个人核心资产配置的方法有哪些？
4. 怎样评估客户风险属性？
5. 简述资产配置过程和影响资产配置的因素。

项目 5

消费规划

学习目标

1. 了解生命不同阶段的住房需求。
2. 了解住房的特性和种类。
3. 熟悉住房规划流程。
4. 掌握购房与租房决策的方法。
5. 掌握购房和换房规划的方法。
6. 掌握住房贷款规划的方法。
7. 熟悉汽车贷款方式和还款方式。

导入案例

唐先生今年30岁，家住江苏省无锡市，现为某电子公司工程师，目前年收入为120 000元，他的妻子今年28岁，某公司文员，年收入60 000元。目前租房居住，每年租金支出28 000元。唐先生夫妻俩迫切想拥有自己的住房，打算四年后买房，计划在家庭年收入中每年节余80 000元用于购房。目前净资产150 000元，打算将净资产的80%也用于购房，投资报酬率为6%。唐先生计划首付三成，其余申请公积金贷款和按揭贷款，选择20年贷款期限。请为唐先生做四年后买房的住房规划。

任务5.1 住房规划概述

5.1.1 住房规划的必要性

安居乐业自古以来就是人们生活的理想目标，是人生基本的生活需求。住的消费开支大，使用时间或消费时间长。住房规划的重要性不言而喻。

(1) 可以起到强制储蓄的作用。买房前要累积首付，买房后要付月供。

(2) 可以帮助人们尽早实现购房梦。早规划、早储蓄、早投资，可以更快、更早地筹集到购房资金。

(3) 可以帮助客户选择最佳的贷款计划。在购房中，首付多少，贷款多少，贷款期限的长短，还贷方式的选择，都是影响深远的事情。首付多，贷款少，首付的压力大，以后还款的压力小，利息负担轻。反之，首付少，贷款多，则首付的压力小，但是以后还款的压力大,利息负担重。贷款期限长,月供的压力小,但是利息负担重;反之,月供的压力大,利息负担轻。诸如此类问题,通过住房规划,会得到综合通盘考虑和分析,找出最佳的方案使客户在首付、月供和利息负担三者之间获得平衡。

5.1.2 不同阶段的住房选择

处在人生的不同阶段,对住房的需求不一样。通常生命周期根据年龄和家庭状况,可分为发育期、自立期、活动期、安定期、自由期和看护期六个阶段。这六个阶段具有不同的特点,由于其生活要求的不同,对居住的需求也有差异。据国外的研究,在生命周期的不同阶段,会多次选择或更换居住地。在西方发达国家,旧城或距市中心较近地段的档次多样的公寓,其特点是交通便捷且居民能享受中心区的繁华,因此一些年轻人或已婚尚未有子女的中年人会到这里居住。而老年人多与其子女分居,为了生活方便,也愿回迁到城市中心区域。由于郊区的环境质量比市中心好,收入中等以上有子女的家庭大多迁往郊区居住。对处于有子女阶段的家庭在选择住宅和居住环境外,首先还是注重有利于孩子成长的环境。处于不再抚育子女阶段的家庭,他们所需要的居住空间和公共设施与有子女的家庭有很大不同,他们更看好周边商业和医疗设施配套完善的居住小区。大多数老年人仍愿意住低层独院住宅,出于打扫房间不便和公共设施方便上的考虑,往往要重新选择中心地段的集合式住宅。对于多数老年人而言,他们都愿意有自己的住地,且又要在离子女不远的地方。老年人在退休后,其以前来往的朋友与邻居在生活中的重要性增加了,对居住空间的使用要求也产生了很大的变化。

按家庭生命周期理论,一个家庭从单身阶段开始到退休养老阶段,每个阶段都有其特定的购房需求。而不同阶段的不同购房需求产生了不同的房产定位。根据家庭生命周期理论,初步将购房需求分为以下几个阶段。

1. 单身期

单身期从大学毕业参加工作走上社会到结婚。单身阶段流动性比较大,喜欢运动,朋友很多,同学之间来往密切;收入水平较低,用于交际和吃饭、旅游、教育等方面的支出较多,住房购买力低;单身公寓可能是一种过渡阶段的需求。

2. 家庭形成期

家庭形成期从结婚到子女出生。家庭形成期的年轻人经济负担相对较轻,对赚钱信心十足,有勇气借贷购房,也有足够的还款能力。这一人群崇尚"花明天的钱,圆今日梦"的住房消费理念,易受各种媒体广告影响,是住房消费市场上最具潜力的买家。新婚期的年轻人不仅是为满足居住这一单一的需求,在结构、装修布置等方面,还要求能充分体现其性格特点和兴趣爱好。他们既要求居室具有良好的私密性,也要求有体面的公共空间以满足广泛社交需要。

由于此阶段的年轻人经济能力尚不稳定,家庭结构较简单,对住房面积的要求也不高,小户型更适合他们的需求,也能满足他们的需要。但也有考虑到未来孩子问题,一步到位买多居室婚房。

3. 家庭成长期

家庭成长期是指夫妻开始养育小孩,家庭支出的大部分都用于养育子女,生活负担有所增加。不过由于夫妻双方工作趋于稳定,家庭消费能力仍会逐年提高。也有由于工作的因素,选择让父母照看孩子,三代同堂的现象也会出现。此阶段的家庭注重房屋的实用性、合理性。同时经济负担的加重,加上住房的商品化,使他们对房屋更加挑剔。两室或三室,中低价位,多层住宅可谓首选。

在区位地段的选择上,本阶段购房的重视因素包括学区、交通便利、购物方便等。为孩子选取一个具有良好文化氛围,有益于子女健康成长的居住环境是每一个进入成长期家庭考虑的因素。因此,地处大学文教区或是居住区内有着完备的幼儿园、中小学的地产项目,就备受青睐。

4. 空巢期

空巢期是子女独立生活到自己退休。家庭成员的减少,使夫妇的负担减轻,在个人消费方面会适当提高档次,家庭消费中心从子女会移回自身。本阶段经济能力较成熟,但没有购房的需求,相反较大的居住空间带来孤单寂寞的心理影响。因此这阶段可能是购房欲望最不强烈的阶段,温馨的小型居室会让不少中老年人感到满足。

由于老年人生理和心理的特点,对住房设计和室外活动空间提出了专门的要求。要求考虑健康老人的家庭保健和行动不便的老人的家庭护理,应配备老年人用卫生间和家庭轮椅等特殊服务设施,旨在为老年人提供方便、安心的居住空间。同时注重持续深入的服务和社区文化创造,包括许多服务配套项目,并且在设施、设备规划设计、安装方面都要结合老年人的特点。

5. 养老期

本阶段子女已另组小家庭,自身消费量减少,集中于生活必需品的消费以及需要医疗产品。太大的房子可能太过于空荡,为了能和熟识的老朋友或亲人住得较近,从而产生购房需求或房屋置换需求。此时期购房要求主要是幽雅的居住环境,小区绿化好,最好是有山有水,具有便利的生活条件,而且离医院和亲友近。

5.1.3 住房的特性和种类

1. 房地产的特性

(1) 不可移动和分割性

房地产最重要的一个特性是其位置的固定性或不可移动性。每一宗土地都有其固定的位置,不可移动,这一特性使土地利用形态受到位置的严格限制。建筑物由于固定于土地上,所以也是不可移动的。因此,位置对房地产投资具有重要意义。投资者在进行一项房地产投资时,必须重视对房地产的宏观区位和具体位置的调查研究,房地产所处的区位必须对开发商、物业投资者和使用者都具有吸引力。

另一方面,房地产又具有不可分割性。一栋房子中的一间房或一套房与本栋房的其他房间和套间是不可分割的,必须始终作为一个整体存在。如果强行将某间房或某套房分割出去,整栋楼都会受损甚至垮塌,而且分割出去的房间或套间也不再是房间或套间,已经不再是房子。

(2) 长期使用性

土地的利用价值永不会消失,这种特性称为不可毁灭性或恒久性。土地的这种特性,可为其占有者带来永续不断的收益。建筑物一经建成,其耐用年限通常可达数十年甚至上百年。因此,作为一种商品,房地产具有长期使用性或具有较高的耐用性。

(3) 附加收益性和整体增值性

房地产本身并不能产生收入,房地产的收益是在使用过程中产生的。房地产投资者可在合法前提下调整房地产的使用功能,使之既适合房地产特征,又能增加房地产投资的收益。

同时,由于土地总是有限的,特别是适于建造住房的土地更是有限的,而且随着经济社会和城市的发展,适于建造住房的土地会越来越少。城市的发展会由市中心向边缘郊区不断扩展,特别是随着交通、通信的发展,空间距离越来越小,原来的偏僻地会变成繁华的闹市区。因而,房地产从长期来看具有整体增值性。

(4) 异质性

市场上不可能有两宗完全相同的房地产。一宗土地由于受区位和周围环境的影响不可能与另一宗土地完全相同;尽管两处的建筑物一模一样,但由于其坐落的位置不同,周围环境也不相同,这两宗房地产实质上也是不相同的。

(5) 资本和消费品的二重性

房地产不仅是人类最基本的生产要素,也是最基本的生活资料。在市场经济中,房地产是一种商品,又是人们最重视、最珍惜、最具体的财产。房地产既是一种消费品,也是一项有价资产。

(6) 易受政策影响性

在任何国家或地区,对房地产的使用、支配都会受到某些限制。

(7) 相互影响性和深受周围环境影响性

一宗房地产与其周围房地产相互影响。房地产的价格不仅与其本身的用途等有直接的关系,而且往往还取决于周围其他房地产的状况。

2. 房地产的种类

在我国,目前房地产主要有以下几种类型。

(1) 商品房

商品房只是特指经政府有关部门批准,由房地产开发经营公司开发的,建成后用于市场出售出租的房屋,包括住宅、商业用房以及其他建筑物,而自建、参建、委托建造,又或自用的住宅或其他建筑物不属于商品房范围。商品房能办不动产证可以自定价格出售。

(2) 安居房

安居房是指为实施国家"安居工程"而建造的住房。它是由国家安排的专项贷款和地方自筹资金共建的面向广大中低收入家庭,特别是对人均居住面积在4平方米以下的特困户提供的销售价格低于成本价、由政府补贴的非营利性住房。

（3）经济适用房

经济适用房是指政府提供政策优惠，限定套型面积和销售价格，按照合理标准建设，面向城市低收入住房困难家庭供应，具有保障性质的政策性住房。它是由政府组织房地产开发企业或者集资建房单位建造，以微利价向城镇低收入家庭出售的住房。经济适用房相对于商品房具有经济性、保障性、实用性三个显著特征。

（4）公共租赁住房

公共租赁住房简称公租房，是指由国家提供政策支持、限定建设标准和租金水平，面向符合规定条件的城镇中等偏下收入住房困难家庭、新进就业无房职工和在城镇稳定就业的外来务工人员出租的保障性住房。公共租赁住房不是归个人所有，而是由政府或公共机构所有，用低于市场价或者承租者承受得起的价格，向新就业职工出租，包括刚毕业的大学生、退休老人、残疾人及从外地迁移到本城市工作的群体。

（5）共有产权住房

共有产权住房是指地方政府让渡部分土地出让收益，以较低的价格配售给符合条件的保障对象家庭；保障对象家庭与地方政府签订合同，约定双方的产权份额及保障房将来上市交易的条件，以及所得价款的分配份额，房屋产权可由政府和市民按一定比例持有。与以往的经济适用房、限价房不同，共有产权住房是一种有限产权住房，政府和购买者共同分享土地和房屋的增值收益，也共同承担土地和房屋贬值带来的风险。从制度设计上看，有限产权与完全产权的住房相比，有限产权住房使投资获利的空间大为减少，而申购价格基本与市场价格同步，更是大大压缩了投机牟利的空间。

5.1.4 个人住房规划流程

人们对住房的需求可以通过购房和租房得到满足。那么，理财规划师就要帮助客户进行购房和租房决策。购房规划又可分为现在购房、以后购房和换房等规划。住房规划流程见图5-1。

大学生省钱窍门

第一，省钱先过心理关。

要想清楚，自己省钱的理由或者出发点是什么。为了减轻父母负担？为了能存零花钱？改变自己的消费方式？不想大手大脚花钱，觉得这样子不好？问问自己，你能做到吗？

第二，如果省钱，制订好省钱目标与计划。

要怎么省？省多少出来？根据自己的实际情况算一下。要是不知道，就把自己的消费情况列出来，计算自己每天或者每个月的消费金额是多少，仔细想想哪些消费是必要的，哪些消费是可以省的，给自己列好计划。

第三，扭转观念，选适合自己的买。

一个人的消费观定下来后，有点难改。但是省钱的欲望强烈，也是可以改的。如果经

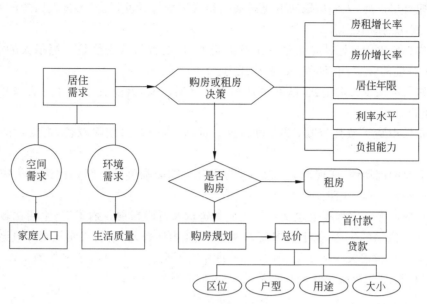

图 5-1　住房规划流程

常下馆子并且点很多菜、喝奶茶、网购、买零食,就应该认真想想是不是必需的,是不是可以改变。千万不要盲目消费,从众消费。不用选最贵的,就选适合自己的,这个适合是看你对这个商品的用途,另外自己内心的价位是多少,用不着跟别人攀比。

第四,坚定内心。

一开始3天,还是可以坚持住的,但是要坚持到实现自己的省钱目标就有点难了。这时候要坚定自己的内心,就像长跑一样,要有耐力毅力,才会有希望。

第五,多交一些跟自己趣味相同的朋友。

有时候一个人的消费观是受别人影响的,所以你交朋友的时候也要慎重,那些贪图名牌、爱慕虚荣、攀比的朋友就要学会远离了,不能因为别人影响自己省钱的决心。当然别人有钱买得起,或者多买是别人的事情,自己内心是要强大,抵制住诱惑就好。

任务 5.2　购房与租房决策

5.2.1　购房与租房的优缺点比较

在进行购房与租房决策时,首先要比较购房和租房的优缺点,在此基础上进行决策。

1. 购房的优缺点

(1) 购房的优点

① 拥有自己的房产,而且可以根据自己的个性和意愿进行设计、装修和布置,以满足个性化的居住需求,不用频繁搬家,生活较为稳定。

② 能保值增值,是抵御通货膨胀最有效的工具之一。

③ 拥有房产后,人们可以将其抵押而获得房屋抵押贷款,从而增强人们的信用能力。

(2) 购房的缺点

① 购买成本大。即使是申请住房按揭贷款,但是首付款仍然是一笔很大的金额,可能会挤占其他的开支,给家庭生活造成压力。

② 如果申请了按揭贷款,以后每月都需要定期还款,给以后的家庭生活和开支带来压力和负担。

③ 如果申请了按揭贷款,要支付利息。贷款数额越大,期限越长,要支付的利息就越多。

④ 房屋的流动性、变现能力比较差,购房者可能面临价格下跌和因遭遇火灾、水灾、地震和台风而受损的风险。

⑤ 购房后在一定程度上也削弱了人们的进取和冒险精神。购了房,生活比较稳定舒适,不想再过漂泊的生活,加上房屋流动性、变现能力比较差,它的买卖既要经过诸多烦琐的手续,又要支付很大一笔交易费用,从而使人们不会轻易卖掉房子去外地工作。所以,住房在一定程度上又像一根无形的绳索,把人们束缚在一个地方。

2. 租房的优缺点

(1) 租房的优点

① 比较灵活。如果对所租房子无论大小、结构、位置、环境等各方面有一点不满意,就可以换租一个更好的房子居住,对于想开阔自己的视野,换一个工作、换一个环境,都因没有住房的羁绊而比较容易做到。

② 成本较低。租房的成本较低,一方面不需要一下子拿出大笔钱来付首期而造成资金占用,另一方面也没有因买房支付大笔交易成本和装修款,不会有因贷款而带来的沉重的利息负担。目前,大量出租房都带家私和家电,租房也不需要另行购置而节省大笔开支。

③ 不必承担房屋价格下跌的风险。

(2) 租房的缺点

① 没有自己的房产,不能按照自己的个性和意愿进行设计装修和布置,总有不如意之感,因而有将就甚至凑合着住一段时间的意味。

② 租金可能会上涨,因而要承担租金的不确定性和上涨的风险。

③ 可能会经常搬家,生活不稳定,给人以漂泊而没有一个家的感觉。

5.2.2 购房与租房的决策方法

在比较了购房与租房的优缺点后,到底是购房还是租房,可以用年成本法和净现值法进行具体决策。

1. 年成本法

年成本法就是先分别计算租房与购房的年成本,然后进行比较,选择年成本较低者。

购房年成本=首付款×存款利率+贷款余额×贷款利率+年维修及税费

租房年成本＝年租金＋房屋押金×存款利率

【例 5-1】 高先生的小孩今年出生,急需住房。他看上了一套 80 平方米的房产,总价 800 000 元,首付 300 000 元,贷款 500 000 元,贷款利率 4.9％。高先生还可以租房,房租每月 3 000 元,另外要交 3 个月的押金。假设高先生的投资报酬率为 6％,高先生是应该买房还是租房?

【解析】 购房的年成本：

$$500\ 000 \times 4.9\% + 300\ 000 \times 6\% = 42\ 500(元)$$

租房的年成本：

$$3\ 000 \times 12 + 3\ 000 \times 3 \times 6\% = 36\ 540(元)$$

租房的年成本＜买房的年成本,应该选择租房。

单纯从计算结果来看,买房的年成本大于租房的年成本,应该选择租房。但是,究竟是购房还是租房,除了比较购房与租房的年成本以外,还应综合分析判断房租是否会调整、房价上涨压力、未来利率走势等因素。

2. 净现值法

净现值法就是先分别计算租房的净现值与买房的净现值,然后比较。净现值较大者为最佳方案。

净现值的计算公式为

$$\text{NPV} = \sum_{t=0}^{n} \frac{\text{CF}_t}{(1+i)^t}$$

式中,NPV 为净现值;t 为年份数;CF_t 为各年的净现金流;i 为折现率。

【例 5-2】 李先生最近看上了一套位于郑州某小区的房子,该房可租可买。如果租,房租每月 4 000 元,租期 4 年,押金 12 000 元,预计房租每年调涨 100 元。如果买,购买总价 1 700 000 元。李先生可以支付 700 000 元的首付款,另外 1 000 000 元拟向某商业银行申请住房按揭贷款,贷款期限 15 年,贷款利率 4.9％,选择等额本息还款法偿还贷款本息。另外,购买该房的税费及装修费共需 150 000 元。李先生估计居住 4 年后仍能按原价出售。试运用净现值法计算分析张先生应该租房还是买房(注:李先生年平均投资回报率为 5％)。

【解析】 先分别计算租房的净现值与买房的净现值,然后比较租房的净现值和买房的净现值,选择净现值较大者进行决策。

租房的净现值＝租房现金流入的现值－租房现金流出的现值

买房的净现值＝买房现金流入的现值－买房现金流出的现值

租房的净现值－买房的净现值

如果大于 0,意味着租房更合算,应选择租房;反之,如果小于 0,意味着买房更合算,应选择买房。

第一步,计算租房现金流入的现值。

首先分析在四年时间里,租房有没有现金流入,有哪些现金流入。

在本案例中,租房的现金流入只有一项,那就是租约到期后收回所交押金 12 000 元。

其次计算租房现金流入的现值。

已知 $F=12\,000$ 元，$n=4$，$i=5\%$，求 P 的值。

根据复利现值公式：

$$P=\frac{F}{(1+i)^n}$$

将以上数据代入公式，则

$$P=\frac{12\,000}{(1+5\%)^4}=9\,872.43(元)$$

租房现金流入的现值为 9 872.43 元。

第二步，计算租房现金流出的现值。

同理，首先分析在以后四年时间里，租房有没有现金流出，有哪些现金流出。

在本案例中，不难看出，租房的现金流出有两项，一是租房时所交的 12 000 元押金，二是每月的房租支出。但是，由于预计房租每年调涨 100 元，所以，在以后的四年时间里，每年的房租是不一样的。第一年每月房租 4 000 元，第二年每月房租 4 100 元，第三年每月房租 4 200 元，第四年每月房租 4 300 元。因而计算租房现金流出的现值，必须分别计算每一年房租支出的现值，然后将四年房租支出的现值加总，得到租房现金流出的现值。

租房时所交的 12 000 元押金的现值就是 12 000 元。

第一年租房现金流出的现值：

每月所交房租即为年金，因而计算租房现金流出的现值，就是计算每月所交房租的现值，也就是求年金的现值。每月房租都是月初支付的，所以房租即是期初年金。因而本题计算租房现金流出的现值，就是计算房租即期初年金的现值。时间以月为单位，利率即本题中张先生的投资报酬率也必须以月为单位，也就是将年利率换算为月利率。

已知 $A=4\,000$ 元，$n=12$，$i=5\%\div12=0.416\,7\%$，求 P_1 的值。

根据期初年金现值的计算公式：

$$P_1=A\frac{(1+i)^n-1}{i(1+i)^{n-1}}=4\,000\times\frac{(1+0.416\,7\%)^{12}-1}{0.416\,7\%\times(1+0.416\,7\%)^{12-1}}$$
$$=46\,915.82(元)$$

由此可知，第一年租房现金流出的现值为 46 915.82 元。

第二年租房现金流出的现值：

计算第二年租房现金流出的现值的原理与方法与第一年大致相同，第二年每月房租 4 100 元，时间也是以月为单位，为 12 个月，利率也应换算为月利率，即为 0.416 7%。应注意的是，要计算的房租现值是第一年年初的现值，在单独计算第二年房租的现值时，第一年没有现金流出，因而第二年的房租属于递延年金，由于房租是期初支付的，属于期初年金，因而属于期初递延年金，递延期为一年，但是以月为单位，即 $m=12$。所以计算第二年租房现金流出的现值也就是计算期初递延年金的现值。

已知 $A=4\,100$，$n=12$，$i=0.416\,7\%$，$m=12$，求 P_2 的值。

根据期初递延年金现值的计算公式：

$$P_2=A\frac{(1+i)^n-1}{i(1+i)^{n-1}(1+i)^m}$$

$$= 4\,100 \times \frac{(1+0.416\,7\%)^{12}-1}{0.416\,7\% \times (1+0.416\,7\%)^{12-1}(1+0.416\,7\%)^{12}}$$
$$= 45\,748.15(元)$$

由此可知,第二年租房现金流出的现值为 45 748.15 元。

第三年租房现金流出的现值:

计算第三年租房现金流出的现值的原理与方法与第二年完全相同,不同的是第三年每月房租 4 200 元,递延期增加了一年即 12 个月,变成了 24 个月,即 $m=24$。所以计算第三年租房现金流出的现值也就是计算期初递延年金的现值。

已知 $A=4\,200,n=12,i=0.416\,7\%,m=24$,求 P_3 的值。

根据期初递延年金现值的计算公式:

$$P_3 = A\frac{(1+i)^n-1}{i(1+i)^{n-1}(1+i)^m}$$
$$= 4\,200 \times \frac{(1+0.416\,7\%)^{12}-1}{0.416\,7\% \times (1+0.416\,7\%)^{12-1}(1+0.416\,7\%)^{24}}$$
$$= 44\,583.01(元)$$

由此可知,第三年租房现金流出的现值为 44 583.01 元。

第四年租房现金流出的现值:

计算第四年租房现金流出的现值的原理与方法与第二年完全相同,不同的是第四年每月房租 4 300 元,递延期增加了两年即 24 个月,变成了 36 个月,即 $m=36$。所以计算第四年租房现金流出的现值也就是计算期初递延年金的现值。

已知 $A=4\,300,n=12,i=0.416\,7\%,m=36$,求 P_4 的值。

根据期初递延年金现值的计算公式:

$$P_4 = A\frac{(1+i)^n-1}{i(1+i)^{n-1}(1+i)^m}$$
$$= 4\,300 \times \frac{(1+0.416\,7\%)^{12}-1}{0.416\,7\% \times (1+0.416\,7\%)^{12-1}(1+0.416\,7\%)^{36}}$$
$$= 43\,422.91(元)$$

由此可知,第四年租房现金流出的现值为 43 422.91 元。

租房现金流出的现值:

$$P = P_1 + P_2 + P_3 + P_4 + 12\,000$$
$$= 46\,915.82 + 45\,748.15 + 44\,583.01 + 43\,422.91 + 12\,000$$
$$= 192\,669.89(元)$$

用租房现金流入的现值减现金流出的现值,得租房的净现值。

$$租房的净现值 = 租房现金流入的现值 - 租房现金流出的现值$$
$$= 9\,872.43 - 192\,669.89$$
$$= -182\,797.46(元)$$

计算购房现金流入的现值:

首先分析购房在以后四年里,有没有现金流入,有哪些现金流入。

经过分析,发现本案例中,在以后四年里,购房的现金流入也只有一项,即四年后原价出售该房屋所形成的现金流入 1 700 000 元。但是还要用来偿还贷款余额,剩下的才是现金流入。然后计算其现值。

首先计算四年后的贷款余额,要计算贷款余额,必须先计算李先生每月的还款额。

计算李先生每月还款额:

已知,$P=1\,000\,000$ 元,$i=4.9\% \div 12=4.083‰$,$n=15 \times 12=180$,求 A 的值。

$$A = P\frac{i(1+i)^n}{(1+i)^n - 1} = 1\,000\,000 \times \frac{4.083‰ \times (1+4.083‰)^{180}}{(1+4.083‰)^{180} - 1}$$
$$= 7\,855.87(元)$$

计算李先生四年后的贷款余额:

已知,$A=7\,855.87$ 元,$i=4.9\% \div 12=4.083‰$,$n=180-48=132$,求 P 的值。

根据贷款余额计算公式:

$$P = A\frac{(1+i)^n - 1}{i(1+i)^n} = 7\,855.87 \times \frac{(1+4.083‰)^{132} - 1}{4.083‰ \times (1+4.083‰)^{132}}$$
$$= 800\,385.65(元)$$

$$1\,700\,000 - 800\,385.65 = 899\,614.35(元)$$

李先生四年后出卖房子得到 1 700 000 元,偿还剩余贷款 800 385.65 元后,还剩 899 614.35 元。这 899 614.35 元是四年后流入的,因而对现在来讲是终值,要求的是它现在的现值,即 P。

已知 $F=899\,614.35$ 元,$n=4$,$i=5\%$,求 P 的值。

根据复利现值的计算公式:

$$P = \frac{F}{(1+i)^n} = \frac{899\,614.35}{(1+5\%)^4} = 740\,118.76(元)$$

计算购房现金流出的现值:

首先我们要分析购房有没有现金流出,有哪些现金流出。分析得知,购房的现金流出主要有以下三项:一是购房所支付的 700 000 元首付款;二是购房支付的税费及装修款 150 000 元;三是因贷款每月偿还贷款本息。

下面逐项计算购房现金流出的现值。

第一项,购房所支付的 700 000 元首付款的现值。

由于购房所支付的 700 000 元首付款是购房时支付的,即现在支付的,所以,它的现值就是它自己,即 700 000 元。因而,$P_1=700\,000$ 元。

第二项,购房所支付的税费及装修款 150 000 元的现值。

与购房所支付的首付款一样,税费及装修款也是购房时支付的,即现在支付的,因而,它的现值也是它自己,即 150 000 元。因而,$P_2=150\,000$ 元。

第三项,因贷款每月偿还贷款本息的现值。

由前面的计算得知,李先生每月应偿还的贷款本息,即月供为 7 855.87 元,然后计算每月偿还贷款本息的现值,即月供的现值。

已知,$A=7\,855.87$ 元,$i=5\% \div 12=0.416\,7\%$,$n=4 \times 12=48$,求 P 的值。

根据期末年金现值的公式:

$$P = A\frac{(1+i)^n - 1}{i(1+i)^n} = 7\ 855.87 \times \frac{(1+0.416\ 7\%)^{48} - 1}{0.416\ 7\% \times (1+0.416\ 7\%)^{48}}$$
$$= 341\ 136.56(元)$$

则购房现金流出的现值：
$$P = 700\ 000 + 150\ 000 + 341\ 136.56 = 1\ 191\ 136.56(元)$$

计算购房的净现值：
$$P = 购房现金流入的现值 - 购房现金流出的现值$$
$$= 740\ 118.76 - 1\ 191\ 136.56 = -451\ 017.8(元)$$

比较租房与购房的净现值,取其大者。

由以上计算可知,租房的净现值为 $-182\ 797.46$ 元,购房的净现值为 $-451\ 017.8$ 元,购房的净现值小于租房的净现值。因而,运用净现值法进行购房与租房决策,选择租房。

任务5.3　购　房　规　划

在购房与租房决策中如果选择购房,就需要制定购房的基本规划。购房规划有现在买房、以后买房以及换房等几种不同的情况,下面分别就不同的购房规划进行介绍。

5.3.1　现在购房

1. 可购买房屋总价

现在购房规划最根本的工作是计算客户的购房能力究竟有多大,也就是计算客户所能负担得起的房屋总价。那么,客户所能够负担得起的房屋的总价怎么计算？按照目前的通行做法,把购房总价分解为两个部分,即购房首付款和购房贷款。也就是说,客户如果购房,那么,现在有多少钱拿出来付首期,根据目前和今后的收入水平每年或每月可以从收入中拿出多少钱偿还贷款。这一点,直接决定了客户可以贷多少款来购房或者说客户的贷款能力。在所能够负担得起的房屋总价计算出来后,进行区位和单价的选择。区位越好,单价越高,所能购买的房屋面积就越小；区位越差,单价越低,所能购买的房屋面积越大。因而,应在区位、单价和面积三者之间进行综合分析,在三者之间取得最佳平衡的前提下,根据目前最迫切的需要进行决策。

可购买房屋总价 = 可用于购房的资产总额 + 可负担的购房贷款总额

其中可负担的购房贷款总额在贷款利率一定的情况下,取决于客户以后每年或每月可用于偿还贷款的储蓄额的多少和贷款期限的长短。贷款期限越长,贷款总额就越大；反之,贷款总额就越小。但是贷款期限最长为30年。

可负担的购房贷款总额就是期末年金现值,其计算公式就是已知期末年金求现值的公式,即

$$P = A\frac{(1+i)^n - 1}{i(1+i)^n}$$

式中,P 为可负担的购房贷款总额；A 为每年或每月可用于偿还贷款的储蓄额；n 为贷款

年限；i 为房贷利率。

【例 5-3】 朱先生目前年收入为 200 000 元,在年收入中打算以 50% 负担每年的贷款额。目前净资产 750 000 元,在净资产中打算以 80% 负担购房首付款。朱先生现在想买房,选择 20 年贷款期限,贷款利率为 4.9%。问朱先生可以买得起多大价值的房屋?

【解析】 可购买房屋总价＝可负担的购房首付款＋可负担的购房贷款总额

可负担的购房首付款＝目前净资产×负担比例＝750 000×80%＝600 000(元)

可负担的购房贷款总额 $P = A\dfrac{(1+i)^n - 1}{i(1+i)^n} = 200\,000 \times 50\% \times \dfrac{(1+4.9\%)^{20} - 1}{4.9\% \times (1+4.9\%)^{20}}$

$= 1\,005\,144(元)$

朱先生能负担的总房价：

600 000＋1 005 144＝1 605 144(元)

2. 可负担房屋单价

可负担房屋单价＝可负担房屋总价÷房屋需求面积

客户购房面积的大小是由其家庭人口数和家庭成员对居住空间的要求所决定的。对于客户来说,究竟购买多大面积的房屋取决于其同住的家庭人口的数量。

【例 5-4】 例 5-3 中朱先生一家三人,朱先生要求所购房屋应有厨房、餐厅、客厅、卫生间、书房和两个卧室,大约 90 平方米,才能满足朱先生的居住需要。

朱先生可负担房屋单价＝1 605 144÷90＝17 834.93(元)

3. 选择购房区位

可负担房屋单价确定之后,接下来就是选择购房区位。选择购房区位需要考虑的因素很多,主要是所在小区及其周边环境、生活、交通是否便利。如果有小孩上学,还要考虑小孩上学是否方便以及教学质量甚至房屋将来升值潜力的大小等。区位是房屋单价最重要的决定因素,理财规划师应帮助客户结合自己的实际情况综合考虑以上各种因素后进行决策。

5.3.2 几年后购房

有些客户现在买不起房或者不想现在买房,而是打算几年后买房。在这种情况下,理财规划师就要帮助客户做几年后购房的规划。几年后购房的规划与现在购房的规划大同小异,也是计算客户可购买房屋总价,可购买房屋总价仍然是由可负担的购房首付款加可负担的购房贷款总额构成。只是可负担的购房首付款与可负担的购房贷款总额有些细小的差别,主要由于是几年后购房,现在所拥有的资产从现在起用于投资,在购房前取出来的本利和(即复利终值)都可以用作首付款,而且,从现在起到购房的几年时间里,每年可用于购房的结余收入也可用于投资,在购房前取出来的本利和(即年金终值)也可以用作购房首付款。这样一来,可用于购房首付款的就有两部分资金：一是可用于购房的资产总额的复利终值;二是今后几年每年可用于购房首付款的收入结余的年金终值。可负担的购房贷款总额如果不考虑客户收入增长的因素,则与现在购房的情况相同。如果要考虑客户收入增长的情况,则应先计算客户到购房前收入的复利终值,然后计算购房后客户每年可用于偿还贷款的金额,在此基础上计算其年金现值,也就是可负担的购房贷款总额。

用公式表示为

$$可负担的购房首付款 = P(1+i)^n + A\frac{(1+i)^n - 1}{i}$$

或

$$可负担的购房首付款 = P(1+i)^n + A\frac{(1+i)[(1+i)^n - 1]}{i}$$

式中,n 为距离购房的年数;i 为投资报酬率。

可负担的购房贷款总额即期末年金现值:

$$P = A(1+i_1)^{n_1}\frac{(1+i_2)^{n_2} - 1}{i_2(1+i_2)^{n_2}}$$

式中,A 为目前年收入中用于购房的部分;n_1 为距离购房的年数;i_1 为收入增长率;n_2 为贷款年数;i_2 为房贷利率。

可购买房屋总价 = 可负担的购房首付款 + 可负担的购房贷款总额

【例5-5】 张先生目前年收入为100 000元,估计收入年增长率为3%。在年收入中打算以40%负担每年贷款额。目前净资产250 000元,在净资产中打算以80%负担购房首付款,假设净资产以每年10%的速度递增。张先生计划在5年后购房,选择20年贷款期限,贷款利率为4.9%。问张先生5年后可以买得起多少价值的房屋?

【解析】 能负担得起的房价 = 首付款 + 银行贷款

$$可负担的购房首付款 = P(1+i)^n + A\frac{(1+i)^n - 1}{i}$$

$$= 250\ 000 \times 80\% \times (1+10\%)^5 + 100\ 000 \times 40\% \times \frac{(1+10\%)^5 - 1}{10\%}$$

$$= 322\ 100 + 244\ 200 = 566\ 300(元)$$

可负担的购房贷款总额:

$$P = A(1+i_1)^{n_1}\frac{(1+i_2)^{n_2} - 1}{i_2(1+i_2)^{n_2}}$$

$$P = 100\ 000 \times 40\% \times (1+3\%)^5 \times \frac{(1+4.9\%)^{20} - 1}{4.9\% \times (1+4.9\%)^{20}}$$

$$= 582\ 631.72(元)$$

张先生可购买的房屋总价:

$$566\ 300 + 582\ 631.72 = 1\ 148\ 931.72(元)$$

需要注意的是,这里假定张先生购房前每年的储蓄额相同,即不考虑收入增长的因素。如果要加入收入增长的因素,每年的储蓄额不一样,则不能计算年金终值,而必须分别计算每年储蓄的终值。

5.3.3 购房用于出租

有些客户购房不是为了自住,而是想用于出租收取租金。在这种情况下,理财规划师就要帮助客户分析计算购房用于出租是否合算。计算购房用于出租是否合算可以运用年成本法计算比较每月(年)所收取的租金是否能抵偿购房每月所支付的机会成本和实际成本。如果前者大于后者,购房用于出租就合算;反之,就不合算。

$$购房总成本 = 购房机会成本 + 购房实际成本$$

式中,

$$购房机会成本 = 购房占用的资金 \times 投资报酬率或银行存款利率$$

$$购房实际成本 = 购房贷款总额 \times 贷款利率$$

如果没有贷款,则购房实际成本为零。

也可以通过购房用于出租的投资回报率计算购房用于出租是否合算。具体方法是收取的租金是购房用于出租的投资回报,购房支出即是投资,用回报除以投资即得投资回报率,用公式表示为

$$投资回报率 = 年租金收入 \div (房价 + 当年银行贷款利息支出)$$

或

$$投资回报率 = 年租金收入 \div (购房首付款 + 当年归还的银行贷款本金和利息)$$

如果投资回报率高于同期银行存款利率、债券收益率和客户其他投资的投资收益率,则购房用于出租就是合算的;反之,则不合算。

还可以用租售比来分析计算购房用于出租是否合算。租售比是指一个城市的某一特定地段或该城市总体平均的每平方米使用面积的月租金与每平方米建筑面积的售价之间的比值,或者某套房月租金与该套房总价之间的比值。当租房与买房利益相当时,其房租和房价之间的比例关系才是合理的。据测算,国际上的租售比一般为 1∶100,我国合理的租售比为 1∶100~1∶150。当前我国的实际情况是租金远远低于房价水平,租售比严重倾斜,导致租房人与买房人之间的经济利益差别较大,造成买房不如租房的局面。在租售比不合理的情况下,人们就不愿买房,如果要售房也只能是低价售房。这种情况下,购房用于出租是不合算的。

除此以外,也可以用净现值法等其他方法进行计算。总之,购房用于出租是否合算与是购房合算还是租房合算一样,是一个极其复杂的问题,因为影响因素太多、太复杂,加之,房屋使用寿命特别长,不确定性大,可能发生的变化就更多,也就更难以把握它的准确性,因而,购房与租房决策也好,购房用于出租决策也好,都不可能计算出一个绝对准确的结果,而只能预测未来 5 年的情况进行计算分析。时间再延长,房价怎样,房租怎样,利率怎样,恐怕难有一个十分准确的预测。

【例 5-6】 唐先生打算在长沙市金盆岭附近购买一套 30 平方米的商品房用于出租。已知房屋总价为 400 000 元,该地段此房出租的租金一般在 900 元/月,银行存款利率为 1.75%。

(1) 如果唐先生一次性支付 400 000 元,买房合不合算?

(2) 如果唐先生首付 200 000 元,剩下的 20 万元向银行申请 5 年期贷款,贷款利率为 4.75%,买房合不合算?

【解析】 (1) 如果唐先生一次性支付 400 000 元购房款,买房机会成本为 400 000 元,存银行可得利息 400 000×1.75%＝7 000(元),每月利息 583.33 元。出租每月可得租金 900 元,每月租金收入大于买房机会成本,购房用于出租合算。

(2) 如果唐先生首付 200 000 元,贷款 200 000 元,买房总成本＝200 000×1.75%＋200 000×4.75%＝13 000(元),每月成本 1 083.33 元。出租每月可得租金 900 元,每月租金收入小于买房总成本,购房用于出租不合算。

任务 5.4 换 房 规 划

人们对住房的需求会随着人生阶段的改变而逐渐升级换代。一般来说,单身或新婚夫妇因家庭人口少,有一个小户型的住房就够了。而对于有了小孩的家庭来说,由于要请保姆或老人照看小孩,原来小户型的住房就明显显得拥挤,有必要换一个空间面积更大的大户型住房,同时由于要方便小孩上学,需要换一个附近教育条件和周边环境更好的住房。再者人到中年,随着职位的升迁,收入的增长和积累,也想住得更宽敞舒适一些,对居住环境、休闲娱乐设施有更高的要求,因而,也想换一个大户型,小区及周边环境更好的住房。另外,对退休后的老年人来说,由于小孩早已自立,家庭同住人口减少,不再需要大面积的大户型,改而希望小区及周边医疗保健方便齐全、居住环境较好的,易于打理的小户型住房,因而,也需要进行换房规划。

换房需要考虑的因素主要是客户有无能力支付换房必须支付的首付款。

换房需要支付的首付款＝新房净值－旧房净值
＝(新房总价－新房贷款)－(旧房总价－旧房贷款)

计算换房时未偿还的贷款就是求期末年金现值,期末年金是每年的还款额。

$$换房时旧房未偿还的贷款余额 = A\frac{(1+i)^n - 1}{i(1+i)^n}$$

式中,n 为房屋贷款剩余年数或期数;i 为房屋贷款利率;A 为每年的还款额。

【例 5-7】 李先生现年 45 岁,他看上了一套价值 1 200 000 元的新房,李先生的旧房当前市价 700 000 元,尚有 300 000 元未偿贷款,如果购买新房,李先生打算 55 岁之前还清贷款,银行要求最高贷款成数是 7 成,贷款利率 4.9%,问李先生换房必须支付的首付款是多少?如果李先生选择等额本息还款法,每年应偿还多少贷款?

【解析】 首付款＝(1 200 000－1 200 000×70%)－(700 000－300 000)
＝－40 000(元)

从计算结果可以看出,李先生新房的首付款需要 360 000 元,但是李先生出售旧房所得款项 700 000 元用于偿还剩余贷款 300 000 元外,还剩余 400 000 元,用于支付新房的首付款后剩余 40 000 元。

计算每年应偿还贷款:

已知 $P=1\ 200\ 000×70\%=840\ 000$ 元,$n=10$,$i=4.9\%$,求 A 的值。

根据期末年金现值的计算公式:

$$A = P\frac{i(1+i)^n}{(1+i)^n - 1} = 840\ 000 \times \frac{4.9\% \times (1+4.9\%)^{10}}{(1+4.9\%)^{10} - 1} = 108\ 320.83(元)$$

任务 5.5 住房贷款规划

5.5.1 贷款方式

在签订购房合同以后,一般家庭都无法交付全款,需要贷款。贷款就是购房者将房产抵押给银行,先由银行来垫付房款给开发商,购房者每月还款的金融行为。贷款可以让购房者实现"先住房后付款"。因此,购房者想要在购房时办理贷款,就必须先了解与贷款相关的常识,并选择最适合自己的贷款方式。住房贷款目前主要有个人住房按揭贷款、公积金贷款和个人住房组合贷款三种方式。

1. 个人住房按揭贷款

购房者以所购住房,或以自己或者第三人所有的其他财产作为抵押,或者由第三人为贷款提供连带保证责任,向银行申请获得贷款。

(1) 贷款用途:用于支持个人在大陆境内城镇购买、大修住房,目前主要产品是抵押加保证的个人住房贷款,即通常所称"个人住房按揭贷款"。

(2) 贷款对象:具有完全民事行为能力的中国公民,在中国大陆有居留权的具有完全民事行为能力的港澳台自然人,在中国大陆境内有居留权的具有完全民事行为能力的外国人。

(3) 贷款条件,借款人必须同时具备下列条件:①有合法的身份。②有稳定的经济收入,信用良好,有偿还贷款本息的能力。③有合法有效的购买住房的合同、协议。④有所购住房全部价款 30% 以上的自筹资金,并保证用于支付所购住房的首付款。考虑到中低收入群众的住房需求,对购买自住房且套型建筑面积 90 平方米以下的仍执行首付款比例 20% 的规定。根据相关规定,购买二套房的首付,一般要求二套房的首付比例不低于 40%。北京地区,二套普通自住房首付比例提至 60%,非普通自住房提高至 80%;上海地区,如果购买二套房,普通自住房的首付款比例不低于 50%,非普通自住房的,首付款比例不低于 70%;深圳地区,申请人购买二套普通住宅首付款比例不低于 50%,非普通自住房首付款比例不低于 70%;广州地区,申请人购买二套普通自住房,最低首付款比例不得低于 70%。⑤有贷款行认可的资产进行抵押或质押。

(4) 贷款额度:最高为所购住房全部价款的 70%。

(5) 贷款期限:一般最长不超过 30 年。

(6) 贷款利率:自 2019 年 10 月 8 日起,新发放商业性个人住房贷款利率以最近一个月相应期限的贷款市场报价利率为定价基准加点形成。加点数值应符合全国和当地住房信贷政策要求,体现贷款风险状况,合同期限内固定不变。

借款人申请商业性个人住房贷款时,可与银行业金融机构协商约定利率重定价周期。重定价周期最短为 1 年。利率重定价日,定价基准调整为最近一个月相应期限的贷款市场报价利率。利率重定价周期及调整方式应在贷款合同中明确。

首套商业性个人住房贷款利率不得低于相应期限贷款市场报价利率,二套商业性个人住房贷款利率不得低于相应期限贷款市场报价利率加60个基点。

人民银行省一级分支机构应按照"因城施策"原则,指导各省级市场利率定价自律机制,在国家统一的信贷政策基础上,根据当地房地产市场形势变化,确定辖区内首套和二套商业性个人住房贷款利率加点下限。

2. 公积金贷款

按时足额缴存住房公积金的购房者,在购买、建造、大修自住住房时,以其所购(建)住房或其他具有所有权的财产作为抵押物或质押物,或由第三人为其贷款提供保证并承担偿还本息连带责任,向住房公积金管理中心申请的以住房公积金为资金来源的住房贷款。

公积金贷款与商业贷款相比,有以下区别。

(1) 公积金贷款对象是住房公积金缴存人,商业贷款则不分建立公积金与否,都可以申请。

(2) 公积金贷款利息负担比商业贷款低。公积金贷款利率较低,比商业贷款平均低1%左右。在相同担保方式下,贷款中的费用一般也比商业贷款低。而在住房公积金贷款中采用抵押加保险的较高费用的担保方式时,贷款费用一般比商业贷款高,但贷款费用和利息负担之和仍要比商业贷款低,而且保险公司要承担相应的责任和风险。

(3) 公积金是政策性贷款,目前公积金放款条件比商业贷款宽松。公积金贷款实际贷款期限要比商业贷款长。虽然两种贷款文件规定最长贷款期限目前都是30年,但一般商业贷款实际不会放到30年。

首付比例:商业贷款额度最高为房价款或房地产评估机构评估的拟购买住房价值的70%～80%,而公积金贷款最高可以到80%。公积金贷款有额度限制,各地额度不尽相同,如成都单笔住房公积金贷款最高额度为70万元;广州住房公积金贷款个人最高额度为50万元,申请人为两个或两个以上的最高额度为80万元;深圳住房公积金贷款个人最高额度为50万元,家庭为90万元。

(4) 审核灵活程度。公积金贷款周期相对较长,审核比较严格。而商业贷款相对比较灵活,周期较短。

3. 个人住房组合贷款

个人住房组合贷款是指符合某银行个人住房商业性贷款条件的借款人,每月按时缴存住房公积金,在办理个人住房商业性贷款的同时,还可向银行申请个人住房公积金贷款,即借款人以所购本市城镇自住住房作为抵押物,银行向同一借款申请人同时发放的,用于购买同一套自住普通商品住宅的个人住房贷款,是政策性和商业性贷款组合的总称。

实际上,组合贷款是住房资金管理部门运用政策性住房资金、商业银行利用信贷资金,向同一借款人发放的贷款,是政策性贷款和商业性贷款组合的总称。它是公积金贷款和商业贷款同时使用,一般是在个人贷款超过当地规定的公积金贷款的最高上限才使用的,即当个人通过公积金贷款不足以支付购房款时,可以向受委托办理公积金贷款的经办银行申请组合贷款。两项贷款总额不超过房价的80%。

如购买高档住宅,需贷款500 000元,而当地公积金管理中心规定公积金最多贷款

400 000元。这样,剩余的100 000元将使用商业贷款,同时利息也不能享受公积金贷款的利息。

5.5.2 住房贷款偿还方式

住房贷款还款方式主要有到期一次还本付息法、等额本金还款法、等额本息还款法、组合还款法。

1. 到期一次还本付息法

一次还本付息法,又称到期一次还本付息法,是指借款人在贷款期内不是按月偿还本息,而是贷款到期后一次性归还本金和利息。目前中国人民银行颁布的1年期内(含1年)的个人住房贷款,采用的就是这种方式。现各银行规定,贷款期限在一年以内(含一年),还款方式为到期一次还本付息,即期初的贷款本金加上整个贷款期内的利息总额。

一次还本付息这种方式适合短期借款。

一次还本付息法的计算公式为

到期一次还本付息额＝贷款本金×[1＋年利率(％)](贷款期为一年)

＝贷款本金×[1＋月利率(‰)×贷款期(月)](贷款期不到一年)

式中,月利率＝年利率÷12。

如以住房公积金贷款10 000元,贷款期为7个月,年利率为4.14％,则到期一次还本付息额为10 000×[1＋(4.14％÷12)×7]＝10 241.5(元),只适用于期限在一年之内的贷款。

2. 等额本金还款法

等额本金还款法又称为利随本清法,即借款人每月按相等的金额(贷款金额/贷款月数)偿还贷款本金,每月贷款利息按月初剩余贷款本金计算并逐月结清,两者合计即为每月的还款额。

等额本金还款法的优势在于会随着还款次数的增多,还债压力会日趋减弱,在相同贷款金额、利率和贷款年限的条件下,等额本金还款法的利息总额要少于等额本息还款法。银行利息的计算公式是:利息＝资金额×利率×占用时间。由于每月所还本金固定,而每月贷款利息随着本金余额的减少而逐月递减,因此,等额本金还款法在贷款初期月还款额大,此后逐月递减(月递减额＝月还本金×月利率)。例如同样是借10万元、15年期的公积金贷款,等额本息还款法的月还款额为760.40元,而等额本金还款法的首月还款额为923.06元(以后每月递减2.04元),比前者高出163.34元。由于后者提前归还了部分贷款本金,较前者实际上是减少占用和缩短占用了银行的钱,贷款利息总的计算下来就少一些(10年下来共计3 613.55元)。

等额本金还款法的基本算法原理是在还款期内按期等额归还贷款本金,并同时还清当期未归还的本金所产生的利息。方式可以是按月还款和按季还款。由于银行结息惯例的要求,一般采用按季还款的方式。

此种还款方式,适合生活负担会越来越重(养老、看病、孩子读书等)或预计收入会逐步减少的人使用。

还款期内按期等额偿还本金,并同时偿还未归还本金所产生的利息。这种方法的第一个月还款额最高,以后逐月减少。等额本金还款法下每月还款额的计算公式为

每月还款额=贷款本金÷贷款月数+(本金-已归还本金累计额)×月利率

【例 5-8】 张先生从招商银行申请个人住房贷款 1 000 000 元,期限 15 年,利率 7.47%,张先生选择每月等额本金还款法,问张先生在第 1 个月和第 100 个月分别应还款多少?

【解析】 第 1 个月应还款额=本月应还本金+本月应还利息
$$= 1\,000\,000 \div (15 \times 12) + 1\,000\,000 \times 7.47\% \div 12$$
$$= 5\,555.55 + 6\,225$$
$$= 11\,780.55(元)$$

第 100 个月应还款额=本月应还本金+本月应还利息
$$= 5\,555.55 + (1\,000\,000 - 99 \times 5\,555.55) \times 7.47\% \div 12$$
$$= 5\,555.55 + 3\,423.75$$
$$= 8\,979.30(元)$$

3. 等额本息还款法

等额本息还款法即借款人每月按相等的金额偿还贷款本息,其中每月贷款利息按月初剩余贷款本金计算并逐月结清。

银行利息的计算公式是:利息=资金额×利率×占用时间。由于每月的还款额相等,因此,在贷款初期每月的还款中,剔除按月结清的利息后,所还的贷款本金就较少;而在贷款后期因贷款本金不断减少、每月的还款额中贷款利息也不断减少,每月所还的贷款本金就较多。

这种还款方式,实际占用银行贷款的数量更多、占用的时间更长,同时它还便于借款人合理安排每月的生活和进行理财(如以租养房等),对于精通投资、擅长"以钱生钱"的人来说是好的选择。

按照贷款期限把贷款本息平均分为若干个等份,每个月还款额度相同。等额本息还款法下每月还款额的计算公式为

$$每月还款额 = \frac{贷款本金 \times 月利率 \times (1+月利率)^{还款期数}}{(1+月利率)^{还款期数} - 1}$$

【例 5-9】 客户徐女士在建设银行申请个人住房贷款 500 000 元,期限为 10 年,采用每月等额本息还款法,年贷款利率为 5.58%。试计算徐女士每月还款额是多少?

【解析】 贷款本金=500 000 元,月利率=5.58%÷12=0.465%,还款期数=10×12=120,求每月还款额,即 A 的值。

$$每月还款额 = \frac{500\,000 \times 0.465\% \times (1+0.465\%)^{120}}{(1+0.465\%)^{120} - 1} = 5\,446.16(元)$$

徐女士每月还款额为 5 446.16 元。

4. 组合还款法

组合还款法是将贷款整个还款期间分为多个还款段,每个还款段选择不同的还款方

式或者不同的还款本金方式。还款段最多可以设为8段。组合还款法可分为递增型、递减型和任意型三种。

（1）不同还款方式的组合是指在每一个还款段，可以选择等额本金还款方式、等额本息还款方式、分期付息还款方式（指根据还款期计收贷款利息不收贷款本金，贷款本金到期归还的还款方式）和一次还本还款方式（指到期一次还本付息的还款方式）中的一种。但分期付息还款方式不能为最后一还款段还款方式；而若选择一次还本还款方式时，必须为最后一还款段还款方式。

（2）不同还款本金的组合是指在每一个还款段，可以选择固定本金还款方式（指每个还款期都归还固定的本金的还款方式）或分期付息还款方式中的一种。但在此还款方式下，各期贷款本金扣款额之和必须等于贷款发放金额，分期付息还款方式不能为最后一还款段还款方式。

（3）组合还款法的优点：①可选等额本金还款和等额本息还款；②可选固定本金还款或分期付息还款；③按不同还款段组合各类还款法；④随本金变动可直接减少利息的支出。

（4）组合还款法的缺点：①前期还款数额低的月份多，后期还款压力大；②还款总期限是固定的。

究竟选择哪种还款方式，借款者在办理住房贷款时要根据自己的实际收入情况和预期收入来确定还贷方式。等额本息还款法适用于整个贷款期内家庭收入比较稳定的客户，等额本金还款方式前期还款额度较大，贷款人的压力也就比较大，比较适合有一定积累的客户；而那些购房首付额度较高、又急于装修的家庭不适合等额本金还款法。

5.5.3 如何确定住房贷款期限

确定合适的住房贷款期限对购房者来说也是一个十分重要的问题。在贷款总额、贷款利率和还款方式一定的情况下，贷款期限的长短对购房者会造成两个方面的影响。一是影响购房者每期还款压力的大小；二是影响购房者整个贷款期内利息负担的大小。可以说，贷款期限越长，每期还款额少，还款压力小，但是贷款期限越长，应支付的利息就越多，整个贷款期内或总的利息负担就越重；反之，贷款期限越短，每期还款额越大，还款压力越大，但是贷款期限越短，应支付的利息就越少，整个贷款期内或总的利息负担就越轻。理财规划师应帮助客户根据其财务能力，通过综合分析判断，在尽可能减少利息支出的大前提下，在还款压力和利息负担二者之间取得一个最佳平衡。但在进行决策时，应遵循以下理财原则：一是房屋月供款占借款人税前月总收入的比率，不应超过25%～30%；二是房屋月供款加其他10个月以上贷款的月供款总额占借款人税前月总收入的比率，应控制在33%～38%。

消费省钱的小窍门

1. 定点购买

这样做，一是可以保证质量，二是对价格心中有数。日常的柴、米、油、盐等生活用品可以在超市购买,而且认定一种品牌沿用下去。碰上超市搞特价活动时就多买一些,既新鲜又实惠,还不用怕缺斤短两。家电类、可穿戴类商品可以在当地商场或百货大楼购买,虽然价格贵一点,但售后服务好,质量有保证,经久耐用,一般总体算下来还是很划算的。

2. 反季节购买

在商品热销时标的价格会略高一些,而非热销的反季节商品往往会便宜很多。例如,冬天买冰箱,夏天买羽绒服。

3. 节假日购买

现在很多商场在节假日期间都搞促销活动。一般是打折和返还现金,很多商品甚至是很时尚的商品,价格差异很大,只要处处留心,抓好时机,就能带来实惠。

4. 大件商品购买名牌

对价格相对昂贵的大件商品,可以买名牌,虽然买的时候价格高,但确实耐用。市场上有些杂牌子虽然购买时便宜,但因质量问题,需要花费更多维修费,算算账,未必便宜。

5. 办会员卡

如果在同一家超市和百货大楼长期购物可以办一张会员卡,以便享受会员价格,超市中有很多商品会给会员打折,同时有积分,年底根据累积积分返奖品。

任务5.6 购车规划

 案例

王先生准备一年后购买一台10万元左右的中低档5座小轿车,排量1.4~2.0L,交强险加商业险全险约8 500元/年,首付50%,贷款期限5年,利率4.75%。车辆购置税约8 500元,当地上牌费用250元,该地区排量在1.4~2.0L的车船使用税为360元。请为王先生做购车规划。

5.6.1 汽车消费贷款的概念和特点

汽车是"改变世界的机器",汽车是国民经济的"发动机"。汽车行业是公认的国民经济的支柱产业,代表了国家经济发展水平,同时也贯穿了二、三产业。是"1∶10"的产业,即汽车产业每增加1个百分点的产出能够带动整个国民经济各环节总体增加10个百分点的产出。这是因为汽车工业可以带动钢铁、冶金、橡胶、石化、塑料、玻璃、机械、电子、纺织等诸多相关产业,可以延伸到维修服务业、商业、保险业、交通运输业及路桥建筑等许多相关行业,可以吸纳各种新技术、新材料、新工艺、新装备,可以形成相当的生产规模和市场规模,可以创造巨大的产值、利润和税收,可以提供众多的就业岗位。汽车产业对一国经济和一地经济具有巨大的拉动效应,可以成为一国经济和一地经济的重要支柱产业。从国际上来看,纵观世界经济强国,大都是汽车工业大国。特别是美国、日本、德国、法国、英国等汽车工业发达的国家,以及韩国、巴西、西班牙等汽车工业后起发展的国家,其汽车工业产值占本国国民经济总产值的比例均在10%以上。汽车产业的发展与我国经济发展是息息相关的,汽车产业的发展推动了我国经济的发展。汽车产业既是资本、技术密集型产业,又是劳动密集型产业,汽车产业具有很高的关联效应。随着人们收入水平的提高及闲暇时间的增多,人们越来越多地选择汽车作为代步工具和旅游交通工具。由于出行必然带来消费,消费也必然推动经济的增长。汽车行业是中国经济发展的一大支柱,中国汽车的需求一直非常迅猛,最近几年速度略有放缓。在住房需求得到基本满足后,消费热点必然转移到汽车上。

汽车消费贷款,从传统来说,就是银行对在其特约经销商处购买汽车的购车者发放的人民币担保贷款的一种新的贷款方式。也就是个人汽车贷款,是贷款人向个人借款人发放的用于购买汽车的贷款,实行"部分自筹、有效担保、专款专用、按期偿还"的原则。

1. 贷款对象

借款人必须是贷款行所在地常住户口居民,具有完全民事行为能力。

2. 贷款条件

借款人申请个人汽车贷款,应当同时符合以下条件。

(1) 是中华人民共和国公民,或在中华人民共和国境内连续居住一年(含一年)以上的港、澳、台居民及外国人。
(2) 具有有效身份证明、固定和详细住址且具有完全民事行为能力。
(3) 具有稳定的合法收入或足够偿还贷款本息的个人合法资产。
(4) 个人信用良好。
(5) 能够支付规定的首期付款。
(6) 贷款人要求的其他条件。

贷款人发放个人汽车贷款,应综合考虑以下因素,确定贷款金额、期限、利率和还本付息方式等贷款条件:①贷款人对借款人的信用评级情况;②贷款担保情况;③所购汽车的性能及用途;④汽车行业发展和汽车市场供求情况。

总的来说,就是要求借款人具有稳定的职业和偿还贷款本息的能力,信用良好;能够提供被认可资产作为抵、质押,或有足够代偿能力的第三人作为偿还贷款本息并承担连带责任的保证人。

3. 贷款额度

贷款金额最高一般不超过所购汽车售价的 80%;所购车辆为商用车的,贷款额度不得超过所购汽车售价的 70%;所购汽车为二手车的,贷款额度不得超过借款人所购汽车售价的 50%。

4. 贷款期限

汽车消费贷款期限一般为 1~3 年,最长不超过 5 年。只可以展期一次,展期期限不超过一年,全部期限不得超过银行规定的最长期限,同时对展期的贷款要重新落实担保。

5. 贷款利率

一般消费贷款由中国人民银行统一规定,信用卡贷款是由贷款银行当地总行制定。

如遇利率调整,贷款期限在1年内(含1年)的按合同执行。1年以上的,于下年年初开始,按新利率调整。

6. 还贷方式

可选择一次性还本付息法和分期归还法(等额本息、等额本金)。

汽车金融或担保公司就是文中的——有足够代偿能力的第三人作为偿还贷款本息并承担连带责任的保证人。

5.6.2 汽车消费贷款方式

个人贷款购车业务分为直客式、间客式、信用卡车贷三种。

1. 直客式贷款即直客式银行车贷

所收的费用项目为押金、本息、3‰担保费等,银行优质客户费用还会有所优惠,不过每家银行的优惠政策各有不同。

银行汽车贷款相对于汽车金融公司贷款和信用卡分期购车贷款方式来说,贷款者的自主性更强。无论贷款者想购买哪种品牌、哪种车型都可以申请银行汽车贷款,还款方式也较为灵活。

2. 间客式贷款即汽车金融公司车贷

汽车金融公司车贷除了缴纳以上费用外,还需负担监管费、车队管理费、质保续保押金。汽车金融公司贷款相对于银行汽车贷款来说,贷款申请门槛和手续都比较便捷,需要贷款者提供身份证、户口本、结婚证、房产证等复印件及居住证明和收入证明等材料。汽车金融公司贷款一般不要求是本地户口,也不需要担保,一般在4S店就可以办理。

3. 信用卡车贷

信用卡分期购车不像汽车金融公司贷款、银行汽车贷款那样,需要支付利息,使用信用卡购车是没有利息的,但需要贷款者缴纳一定的分期手续费。但是,并不是所有型号的车都可以通过此种方式进行贷款,贷款者只能选择所在银行和汽车公司合作的几款车型。信用卡分期购车贷款只对银行信用卡用户提供分期付款,不是任何条件都可以办理,还要有一个审核程序,有不良信用记录的信用卡用户就很难办理。

选择汽车消费贷款方式需要综合考虑贷款要求、贷款利率、对车辆是否有限制等。

贷款要求:不同车贷方式对借款人要求不一,银行汽车贷款门槛最高,借款人除了需要拥有良好的信用记录以外,还必须有较高的收入,否则难以获贷。

贷款利率:各贷款机构车贷利率执行标准不一样。银行贷款一般在基准利率上浮10%~30%,信用卡分期一般只收取手续费(但要看该手续费与银行贷款利率高低),汽车金融公司贷款收费标准更高。如借款人想降低贷款成本,就得逐一对比。

对车辆是否有限制:除了银行汽车贷款以外,信用卡分期、汽车金融公司贷款都对车辆有一定的限制,所以想自由选择车型的购车者需慎选。

【例 5-10】 以贷款 10 万元为例,对比 1～3 年期三种贷款优势。1～3 年期三种贷款方式对比见表 5-1。

表 5-1　1～3 年期三种贷款方式对比

贷款方式	银行车贷	汽车金融	信用卡分期
担保方式	不动产担保	车辆抵押	车辆抵押
1 年期利息和手续费	6 000 元	12 000 元	3 500 元
2 年期利息和手续费	6 980 元	14 300 元	7 000 元
3 年期利息和手续费	10 600 元	22 100 元	10 000 元

1 年期贷款对比:信用卡车贷分期是最划算的,但现在信用卡购车通常指定车型,如非银行合作品牌车型,可能无法享受。汽车金融贷款比银行车贷高出一倍,获批通过率更高,办理手续也较方便。汽车金融通俗而言,就是将银行的钱通过金融公司贷款给消费者。若有促销活动,很多汽车商一年期零利率。

2 年期贷款对比:相比 1 年期,2 年期信用卡分期付款的手续费较高,但和银行贷款差别还是不大,加上手续方便贷款通过率高,依然是普通大众首选。如果汽车金融公司不搞车贷活动,利率非常高,消费者无法使用,但现在经销商活动颇多,折扣后比信用卡车贷略高一点(此处参考的是汽车金融公司标准利率)。

3 年期贷款对比:银行车贷与信用卡分期 3 年期利息或手续费基本持平。汽车金融公司车贷利息依然很高。实际操作中优惠之后,汽车金融贷款约 16 000 元,但也比信用卡高很多。

总结:从各种对比来看,信用卡车贷已然成为较为理想的选择,而汽车金融车贷凭借大量活动,也慢慢赢得一部分车贷市场。银行车贷通常面向中高端市场,所以小额短时间贷款已经基本很难通过了。

5.6.3　汽车消费贷款还款方式选择

汽车贷款还款方式同房贷一样,常见的有等额本金和等额本息。不过因为汽车贷款期限更短,因此有的银行/汽车金融公司也可以选择一次性偿还本金的方式。如果是信用卡分期付款,则通常是每月偿还等额本金以及等额手续费。

1. 等额本金

等额本金即每月偿还相同的本金,如贷款总金额为 A,还款期限为 N 月,则每月偿还贷款本金为 A/N。除本金外,每月还需偿还当期利息。当月利息=剩余贷款本金×贷款利率/12。等额本金还款法,购车者前期还款压力更大,月还款额逐月递减。

2. 等额本息

等额本息即每月还款本金+利息的总额是相同的。这种还款方式的优势在于容易记住还款额,因为每月还款金额相同。等额本息还款法,前期还款额中利息占比较大,总利息会比等额本金还款方式更高。

3. 一次性还本，按月付息

一次性还本，按月付息即购车者每月只需支付等额利息，贷款到期时再一次性偿还全部贷款本金。

4. 信用卡分期还款

如果是分期偿还手续费的方式，则购车者每月偿还等额本金和等额手续费，每月还款总金额相同。如果是一次性支付手续费的方式，则在第一期还款后，每月只需偿还等额本金。

不同金融机构、不同贷款产品的还款方式可能有所不同，有的金融机构也允许购车者自己选择还款方式。在相同利率、期限和贷款额度的情况下，不同还款方式的每月还款额不同，总贷款利息也不同，购车者需根据自己还款能力选择最适合的还款方式。

实 训 项 目

1. 李先生最近看上了一套位于武汉某小区的房子，该房可租可买。如果租，房租每月 3 000 元，租期 5 年，押金 9 000 元，预计房租每年调涨 200 元。如果买，购买总价 1 400 000 元。李先生可以支付 500 000 元的首付款，另外 900 000 元拟向某商业银行申请住房按揭贷款，贷款期限 20 年，贷款利率 4.9%，选择等额本息还款法。另外，购买该房的税费及装修费共需 200 000 元。李先生估计居住 5 年后仍能按原价出售。试运用净现值法分析计算李先生应该租房还是买房（注：李先生年平均投资回报率为 8%）。

2. 朱先生有一购房计划，打算 5 年后购买目标总价 1 600 000 元的自住房，首付款 3 成，贷款 20 年，贷款利率 4.9%，假设投资报酬率为 8%，针对首付款筹措部分，每年应有投资储蓄额为多少？5 年后开始本利平均摊还时，每年需还多少？

3. 如果 6 年后买一套总价 800 000 元的房子，首付 3 成，12 年后换一套总价 1 500 000元的新房子，新房的首付款是出售旧房并偿还债务后的余额。两次购房均采用 20 年等额本息还款法。如果投资报酬率为 8%，房贷利率为 4.9%，房价不变，则第一次购房前，两次购房间及第二次购房后应有的年储蓄额各为多少？

4. 周先生通过银行按揭贷款买了一套新房，价值 2 000 000 元，首付 30%。银行提供两种还款方式供周先生选择，一种是等额本金还款法，另一种是等额本息还款法。银行利率为 4.9%，期限 20 年。周先生选择等额本金还款法，试计算周先生第 51 个月和第 201 个月的还款额是多少？如果周先生选择等额本息还款法，每月还款多少？

思 考 练 习

一、单项选择题

1. 胡先生申请了住房按揭贷款 1 200 000 元，胡先生估计近几年手头比较紧。胡先生选择（　　）还款方式比较合适。

　　A. 到期一次还本付息还款法　　　　B. 等额本金还款法

　　C. 组合还款法　　　　　　　　　　D. 等额本息还款法

2. 以下不属于目前我国商业银行开办的个人住房消费信贷形式的是（　　）。

　　A. 国家贷款　　　B. 组合贷款　　　C. 商业贷款　　　D. 公积金贷款

3. 马先生欲购买1 000 000元的房子,假设7成按揭,贷款期限25年。则马先生需要支付的首期款和贷款分别为（　　）元。

　　A. 200 000;800 000　　　　　　　　B. 400 000;600 000

　　C. 300 000;700 000　　　　　　　　D. 500 000;500 000

4. 收入较高,还款初期希望归还较大款项来减少利息支出的借款人应采用（　　）。

　　A. 等额本金还款法　　　　　　　　B. 等额本息还款法

　　C. 等比递增还款法　　　　　　　　D. 等比递减还款法

5. 以下关于还款方式的优缺点,正确的是（　　）。

　　A. 等额本金还款法,每月还款金额不同,不便做规划,前期负担重,但越还越轻松,所付利息较少

　　B. 等额递增还款法,初期负担轻,后期负担重,全期所付利息较少

　　C. 等额递减还款法,初期负担重,后期负担轻,但全期所付利息较多

　　D. 等额本息还款法,每月还款金额相同,便于做资金规划且全期所付利息较少

※6. 李先生在银行办理了100万元的住房抵押贷款,期限10年,固定利率贷款,贷款年利率7％,偿还方式为按月均付,则每月偿还的本息和为（　　）万元。

　　A. 1.089　　　B. 1　　　C. 1.161　　　D. 1.639

※7. 下列选项中,不属于家庭消费支出规划的是（　　）。

　　A. 住房消费计划　　　　　　　　　B. 汽车消费计划

　　C. 信用卡消费规划　　　　　　　　D. 教育投资规划

※8. 家庭消费开支规划的核心内容是（　　）。

　　A. 教育投资支出　　　　　　　　　B. 债务管理

　　C. 家庭收支平衡　　　　　　　　　D. 人身保险支出

※9. 借款人申请个人综合消费贷款时,借款申请人向银行提出申请,书面填写申请表,下列不需要提交的资料是（　　）。

　　A. 有效身份证件　　　　　　　　　B. 有固定工作单位的证明

　　C. 收入证明或个人资产状况证明　　D. 贷款用途使用计划或声明

※10. 下列关于提前还款说法正确的是（　　）。

　　A. 当中国人民银行上调金融机构贷款利率时,金融机构已经发放给个人的贷款从次日起开始执行

　　B. 如果采用公积金贷款买房,将没有提前还款的权利

　　C. 为了给贷款买房者政策性补偿,凡是向银行申请住房商业贷款,其贷款利率参照同档次商业贷款利率的85％执行

　　D. 当中国人民银行上调金融机构贷款利率后,金融机构将按照新的贷款利率发

放贷款

※11. 理财规划师通常会建议客户尽可能采用住房公积金贷款买房以降低购房成本,个人住房公积金贷款是指银行根据公积金管理部门的委托,以( )为资金来源,按规定要求向购买普通住房的个人发放的贷款。

  A. 储蓄存款 B. 央行存款 C. 公积金存款 D. 派生存款

※12. 上海的王先生每月工资不高,可是收入增长较快,现准备贷款买车,理财规划师结合市场上的还贷方法,推荐给王先生的还贷方式是( )。

  A. 等额递减还款   B. 等额本息还款
  C. 等额本金还款   D. 等额递增还款

※13. 经验数据显示,贷款购房价最好控制在年收入的( )倍以下。

  A. 5 B. 6 C. 10 D. 15

※14. 关于住房公积金贷款的说法错误的是( )。

  A. 各地公积金管理中心制定的贷款期限不同,一般最长不超过 30 年
  B. 公积金贷款对贷款人年龄的限制不如商业银行个人住房贷款那么严格
  C. 公积金贷款还款灵活度相对较低
  D. 公积金贷款对贷款对象有特殊要求

※15. 小李参加工作不久,目前只有约 15 万元的存款做购房首付款,所以他选择购买价值约 10 万元的小户型房产,这体现购房规划中( )的原则。

  A. 不必盲目求大   B. 无须一次到位
  C. 量力而行   D. 综合考虑

※16. 理财规划师会使用一些支付比例指标来估算最佳的住房贷款额度,一般来说,所有贷款月供款与税前月总收入的比率应控制在( )。

  A. 25%~30% B. 30%~33% C. 33%~38% D. 38%~40%

※17. 提前还款时,选择( )还款方式利息节省最少。

  A. 全部提前还款
  B. 部分提前还款,剩余的贷款保持每月还款额不变,将还款期限缩短
  C. 部分提前还款,剩余的贷款将每月还款额减少,保持还款期限不变
  D. 部分提前还款,剩余的贷款将每月还款额减少,同时将还款期限缩短

※18. 关于银行汽车贷款和汽车金融公司贷款说法正确的是( )。

  A. 银行汽车贷款在贷款比例的要求上较为宽松
  B. 这两种汽车消费信贷都需要申贷人为当地户口
  C. 银行的车贷利率较低
  D. 汽车金融公司贷款杂费较多

※19. 张女士家庭三代同堂,所以购买了面积 160 平方米的小高层,价值 200 万元,张女士需要缴纳的契税为( )万元。

  A. 1 B. 2 C. 3 D. 6

※20. 家庭消费模式主要有三种类型:收大于支、收支相抵、支大于收,关于这三种类型说法正确的是( )。

A. 在这三种模式中收入主要是工薪类收入,家庭的各项支出统一叫作"支出"
B. 在收大于支和收支相抵型的消费模式中,收入曲线一直在消费曲线的上方,此时家庭便达到了财务安全的目标
C. 收支相抵型的家庭如果在初始时期就有一定投资,只要投资是盈利的,经过较长时间还是可以实现财务自由的
D. "月光族"属于收支相抵型的消费模式

二、多项选择题

1. 在购房与租房决策中,常用的决策方法有(　　)。
   A. 回归分析法　　B. 年成本法　　C. 净现值法　　D. 边际成本法
2. 目前,在我国个人住房贷款主要有(　　)。
   A. 国家贷款　　B. 组合贷款　　C. 商业贷款　　D. 公积金贷款
3. 目前,在我国个人住房贷款的还款方式主要有(　　)。
   A. 等额本金还款法　　　　　　B. 组合还款法
   C. 等额本息还款法　　　　　　D. 到期一次还本付息法
4. 在个人住房规划中,客户可购买的房屋总价由(　　)构成。
   A. 可负担的购房首期款　　　　B. 客户净资产总额
   C. 可负担的购房贷款总额　　　D. 客户年收入总额
5. 以下属于房地产投资风险的有(　　)。
   A. 流动性风险　　　　　　　　B. 经济周期波动风险
   C. 利率风险　　　　　　　　　D. 社会风险
※6. 个人应综合考虑(　　)来决定目前的消费和储蓄。
   A. 即期收入　　B. 未来收入　　C. 工作时间　　D. 退休时间
   E. 可预期的开支
※7. 国内外消费者购买住宅的原因包括(　　)。
   A. 自住　　　　　　　　　　　B. 合理避税
   C. 对外出租获取租金　　　　　D. 投机获取资本利得
※8. 目前我国各商业银行开办的个人住房消费信贷主要包括(　　)。
   A. 公积金贷款　　B. 商业贷款　　C. 国家贷款　　D. 组合贷款
   E. 交叉贷款
※9. 从消费信贷比较发达的国家(地区)来看,住房消费信贷、汽车消费信贷、信用卡消费信贷是消费信贷的三种主要形式,其中信用卡的特点是(　　)。
   A. 先消费,后还款
   B. 可以将钱存在信用卡里获得利息,很方便
   C. 可以提取现金解燃眉之急,而且还免息
   D. 可以利用信用卡分期付款
   E. 记账功能

※10. 关于个人综合消费贷款说法正确的是(　　)。
　　A. 个人综合消费贷款是银行向借款人发放的用于指定消费用途的人民币担保贷款
　　B. 个人综合消费贷款的用途主要有个人住房、汽车、一般助学贷款
　　C. 个人综合消费贷款具有用途广泛、贷款额度高、贷款期限较长等特点
　　D. 贷款额度主要由银行根据借款人资信状况及所提供的担保情况确定具体贷款额度
　　E. 对贷款用途为医疗和留学的,期限最长可为8年

※11. 在购房贷款中,如果借款人出现财务紧张或由于其他原因不能按时如数偿还贷款,可以向银行提出延长贷款申请,理财规划师在帮客户申请延长贷款时应注意(　　)。
　　A. 借款人应提前30个工作日向贷款行提交个人住房借款延长期限申请书
　　B. 延长贷款必须在原贷款没有到期时进行申请
　　C. 延长期限前借款人必须先清偿其应付的贷款利息、本金及违约金
　　D. 借款人可在规定期限内无限次申请延长贷款
　　E. 原借款期限与延长期限之和最长不超过30年

12. 理财规划师在帮助客户在购房和租房之间作出正确的选择时,采用的计算方法有(　　)。
　　A. 获利指数法　　B. 年成本法　　C. 综合计算法　　D. 净现值法

13. 下列关于还款方式的优缺点说法正确的是(　　)。
　　A. 等额本金,每月付款金额不同,不易做规划,前期负担重,但有越还越轻松,所付利息较少的优点
　　B. 等额递增,初期负担重,后期负担轻,全期所付利息较少
　　C. 等额本息,每月付款金额相同,容易做资金规划,但全期支付总利息较多
　　D. 等额递减,初期负担重,后期负担轻,全期所付利息较少

14. 下列关于租房优点的说法正确的是(　　)。
　　A. 房子有增值潜力
　　B. 可满足心理层面归属感、安全感的需求
　　C. 负担较轻,以同样的付出拥有较佳的居住品质
　　D. 灵活方便,自由性强,可有效节省交通费用

15. 下列属于(　　)适宜租房的人群。
　　A. 工作地点与生活范围固定者　　B. 刚刚踏入社会的年轻人
　　C. 不急需买房且辨不清房价走势者　　D. 储蓄不多的家庭

16. 提前还款的前提是(　　)。
　　A. 违约金已还清　　B. 借款人以前还款不拖欠
　　C. 以前欠息已还清　　D. 当前利息已还清

17. 信用卡的记账功能主要指信用卡可以记下(　　)。
　　A. 消费的时间　　B. 消费的对象
　　C. 消费的金额　　D. 消费的地点

18. 如何帮助客户选择适宜居住且经济上足以承担的住房,是理财规划师又一必备的技能。理财规划师应把握以下(　　)原则。
    A. 不必盲目求大   B. 量力而行
    C. 一次到位   D. 无须一次到位

19. 下列关于等额本息还款法、等额本金还款法两种还款方式的区别的说法正确的是(　　)。
    A. 在提前还贷时,等额本息法就相对多支付了利息
    B. 对于高薪者或收入多元化的客户,不妨采用"等额本金还款法"
    C. 有提前还贷打算的综合考虑已还本息与未偿还本金数加总后的数额,采用等额本金还款法较为有利
    D. "等额本息还款法"所要支付的利息低于"等额本金还款法"

20. 等额递增还款法的适合人群为(　　)。
    A. 毕业不久的学生
    B. 面临退休的人群
    C. 适用于目前还款能力较强,但预期收入将减少
    D. 适用于目前收入一般,还款能力较弱,但未来收入预期会逐渐增加的人群

三、判断题

1. 在个人住房按揭贷款还款方式中,采用等额本金还款法,每月还款金额不同,呈递增趋势,但全期所付利息较少。　　　　　　　　　　　　　　　　　(　　)
2. 在个人住房按揭贷款还款方式中,比较灵活的还款方式是组合还款法。(　　)
3. 在个人住房贷款中,借款人只能从商业贷款和公积金贷款中选择一种。(　　)
4. 在等额本金还款法下,第一期或第一个月偿还的本金最高。　　　(　　)
5. 在等额本息还款法下,第一期或第一个月支付的利息最多。　　　(　　)
※6. 利率的上升必然导致房地产价格的下降。　　　　　　　　　(　　)
7. 普通住宅按房屋成交价的3%缴纳契税。　　　　　　　　　　(　　)
8. 买房人选用公积金贷款,不论采用什么担保形式,都是可以不购买保险的。
　　　　　　　　　　　　　　　　　　　　　　　　　　　　(　　)
9. 王女士觉得现在的存款利率太低,而自己所在北京的房租却很高,于是用存款买了一套房,用来出租,每月收取租金,王女士的行为属于消费行为。(　　)
10. 个人住房公积金贷款期限最长为20年。　　　　　　　　　　(　　)
11. 信用卡、准贷记卡和借记卡的一个共同点是持卡人不必为刷卡消费付任何手续费。
　　　　　　　　　　　　　　　　　　　　　　　　　　　　(　　)

四、简答题

1. 简述生命不同阶段的住房选择。
2. 简述住房规划的流程。
3. 简述房地产投资的优劣势。

4. 简述个人住房按揭贷款中,各种还款方式的优缺点以及适用的客户类型。

五、计算题

1. 王先生看上了一套 85 平方米的住房,但不知是买好还是租好。如果是租房,房租每月 3 500 元,另交 3 个月的押金;如果买房,总价 900 000 元,首付 270 000 元,其余可申请 15 年期贷款,贷款利率为 4.9%。假设王先生的投资报酬率为 7%,问王先生应该买房还是租房?

2. 刘先生通过银行按揭贷款买了一套新房,价值 900 000 元,首付 30%。银行提供两种还款方式供刘先生选择,一种是等额本金还款法,另一种是等额本息还款法。银行利率为 5.58%,期限 20 年。计算两种方法的还款额。刘先生工作多年,家庭条件较好,有一些积蓄。刘先生应采用哪种还款方式?

3. 小张目前年收入为 150 000 元,有银行存款 250 000 元,想现在买房,小张打算将银行存款 250 000 元全部用作购房首付款,将今后每年收入的 40% 用来偿还贷款,选择 20 年贷款期限,贷款利率 4.9%,试计算小张买得起的房屋总价。

4. 方先生目前年收入为 220 000 元,在年收入中打算以 50% 负担每年还款额。目前净资产 450 000 元,在净资产中打算以 80% 用于购房首付款。方先生想 3 年后买房,选择 20 年贷款期限,贷款利率为 4.9%,方先生投资报酬率为 8%。方先生可以买得起多大价值的房屋?

5. 孙先生有一购房计划,打算 5 年后购买目标总价 1 400 000 元的商品房,首付款 3 成,贷款 20 年,贷款利率为 4.9%。假如孙先生的投资报酬率为 8%,试计算孙先生购房前后每年应有的最低储蓄额是多少。

6. 马先生从中国银行申请个人住房贷款 1 500 000 元,期限 20 年,利率为 4.9%,马先生选择每月等额本金还款法。马先生第 18 个月和第 198 个月的还款额分别是多少。

7. 小陈通过银行按揭贷款买了一套新房,价值 900 000 元,首付 30%,银行提供等额本金还款法和等额本息还款法两种还款方式供小陈选择,贷款利率为 4.9%。小陈目前年收入 100 000 元,但最近手头比较紧,预计以后会逐步改善,试分析小陈采用哪种还款方式比较合适。

项目 6

教育金规划

学习目标

1. 了解教育金规划的必要性。
2. 熟悉教育金规划的步骤。
3. 掌握教育金规划的方法。
4. 熟悉教育金规划工具的风险收益特征。

导入案例

孙先生,今年38岁,已婚,家住安徽省合肥市。目前在一家大型电子公司当技术员,月薪7 000元,年终奖金30 000元。妻子张女士,今年35岁,合肥市某小学英语教师,月薪6 500元,年终奖金20 000元。儿子9岁,上小学3年级,女儿7岁,上小学1年级。

孙先生5年前咬紧牙关,东拼西凑买了一套小三居的住房,住房问题得到解决。夫妻俩都有医疗保险和养老保险。孙先生和妻子张女士极其重视子女的教育,除了工作以外全身心放在子女的教育上。具体来说,孙先生夫妻俩希望两个小孩将来都能上重点大学,大学毕业后继续深造读研究生。

试为孙先生的两个孩子进行教育规划。

任务6.1 教育金规划的必要性

6.1.1 什么是教育金规划

教育金规划是指客户为筹集子女教育费用所做的财务计划。目前,在我国已普及九年义务教育,正在普及12年义务教育。也就是说,对一个人或一个公民来讲,智力以及文化科学知识水平达到初中毕业甚至高中毕业水平是应该具备的最起码的智力和文化知识标准。同时,在市场经济条件下,经济和社会的发展一方面对人的素质提出了更高的要求,另一方面也为人的素质的提高提供了更好的条件。在我国,高等教育大众化的趋势日益加强,高等教育的普及率日益提高,接受高等教育不再是少数富人或社会精英人士的专利,而成了社会对劳动者智力和文化科学知识的基本要求,也是普通民众基本的教育需求。因而,教育金规划主要讨论客户子女接受高等教育的投资规划。

在市场经济条件下,人们普遍认为对子女的教育培养是一种经济行为,早期投入越大,子女所受的教育越好,将来子女的收入就越高。

6.1.2 教育金规划的必要性

现今,学杂费连年攀升,课外补习常态化、普及化,且费用急剧上涨,升学竞争越来越激烈,所有这些的直接后果就是造成教育费用节节攀升。过去,没有理财规划,更谈不上教育金规划,而今天理财规划已大行其道,教育金规划也是每个有子女的家庭不得不考虑的重大家庭问题。教育金规划的必要性主要表现在以下几个方面。

1. 教育费用高昂

随着经济的发展和收入的增长,对子女教育越来越重视,舍得在子女教育上花钱,中国孩子0~16岁的直接抚养成本不断提高,如果孩子接受高等教育,所需费用就更多。在今天,对中国普通家庭来说,上学费用已经成为继买房和养老之后的第三大开支。如果再送孩子出国留学,所需费用就更高。教育开支不仅金额大,而且持续时间长,一个人如果从上幼儿园开始算起,到博士毕业,需要约25年时间,如果只读到大学本科毕业,也需要约19年时间。面对这么一项数额大、持续时间很长的费用开支,事先不进行认真规划,是断然不行的。

2. 教育费用开支没有时间弹性

小孩上学具有很强的时间性,到什么年龄,上什么学,例如,3岁上幼儿园,6岁上小学,年龄到了,就得上,不然由此所造成的一系列问题更麻烦。

3. 教育费用开支没有费用弹性

从幼儿园到大学的教育费用无论学费还是杂费都是基本费用,相对固定,具有刚性。只会多,不会少。做父母的为了孩子将来的锦绣前程,应该早做规划,在孩子上学前筹集足够的教育金,为孩子顺利完成学业提供足够的资金支持。避免因钱不够影响孩子学业,进而耽误孩子前程。

4. 教育费用的不确定性大

一般来说,父母不能提前知道自己的子女究竟能够上到哪一个层次的学校读书,因为这是由很多因素共同决定的。因而,究竟需要准备多少教育金,也是不确定的,只能按照最高的层次或者一般的情况来进行准备。因为准备少了,影响子女学业,准备多了则可以用作其他开支。

5. 没有对应的强制措施来保证教育开支的需要

目前,在社会保障比较发达的情况下,有强制医疗保险和养老保险,在一定程度上保证医疗和养老方面的基本开支。但是法律并没有强制要求进行子女教育储蓄。因而,只有通过教育金规划未雨绸缪,早作准备。

通过教育金规划,筹集足够的资金,为子女将来的事业打下一个坚实的基础,子女有所成就,对父母也是有百利而无一害的。

 小贴士

教 育 储 蓄

教育储蓄是指个人为其子女接受非义务教育[指九年义务教育之外的全日制高中(中专)、大专和大学本科、硕士和博士研究生]积蓄资金,每月固定存额,到期支取本息的一种定期储蓄。三个学习阶段可分别享受一次2万元教育储蓄的免税优惠。最低起存金额为50元,本金合计最高限额为2万元。存期分为一年、三年、六年。一年期、三年期教育储蓄按开户日同期同档次整存整取定期储蓄存款利率计息;六年期按开户日五年期整存整取定期储蓄存款利率计息。教育储蓄在存期内遇利率调整,仍按开户日利率计息。

教育储蓄定向使用,是一种为学生支付非义务教育所需的教育金的专项储蓄。教育储蓄的利率享受两大优惠政策,除免征利息税外,其作为零存整取储蓄将享受整存整取利息,利率优惠幅度在25%以上。教育储蓄采用实名制,办理开户时,储户要持本人(学生)户口簿或身份证,到银行以储户本人(学生)的姓名开立存款账户。开户对象为在校小学四年级(含四年级)以上的学生。到期支取时,储户需凭存折及接受非义务教育的录取通知书原件或学校证明到商业银行一次支取本息。

任务6.2 教育金规划的步骤

在今天全球化趋势日益加深,国与国之间的竞争日趋激烈。国家之间的竞争归根结底是人才的竞争。常言道,少年强则国强;十年树木,百年树人。人才的竞争实质上是国家教育发展水平的竞争,为此,政府不遗余力地支持教育的发展,不断加大对教育投入的力度。同时国家也对就学者提供政府教育资助、国家奖学金和国家助学贷款等。除此以外,就学者还可以从学校和社会获得奖学金、勤工俭学报酬等。但是所有这些方面的资金来源既是有限的、远远不能满足就学者的需求,也存在很大的不确定性而极不稳定。总而言之,满足子女上学教育金需要,最可靠、最稳定的来源还是客户自己准备的教育金。

要为子女筹集足够的教育金,就必须进行教育金规划。简单来讲,教育金规划包括下面四个步骤。

1. 明确客户子女教育目标,确定实现该教育目标所需要的费用

(1) 明确客户希望子女接受什么样的教育

明确客户子女教育目标是教育金规划的首要环节,可以通过向客户询问以下问题加以确定。

① 您希望子女上大学吗?如果是,希望子女上什么样的大学?

② 您子女目前的年龄是多少?

③ 子女大学毕业以后,您希望他继续深造吗?

④ 如果是,是在国内深造还是出国深造?

(2) 帮助客户明确接受该教育目前所需要的费用

了解了客户子女教育目标后,就应帮助客户明确实现该教育目标目前所需要的费用。这方面的资料可以通过查阅最近一年公布的招生简章和有关宣传资料得到。应找出与客户子女教育目标相对应的大学本科四年以及研究生三年所需的学费、其他杂费,并估算大学本科四年和研究生三年所需的生活费用。为准确起见,大学本科四年的学费、杂费和研究生三年的学费、杂费应分开计算。同样,不管是大学本科四年还是研究生三年的学费、杂费与生活费也应分开计算。

2. 合理预测未来的学费增长率和通货膨胀率

通过上一步得到了客户实现子女教育目标目前所需要的费用。但是由于客户子女不是现在上大学,而是几年以后上大学,所以进行教育金规划所需要的是目前教育费用几年后的终值。因而,必须设定一个从现在起到客户子女上大学的这段时间内学费的增长率和生活费用的增长率。要准确预测大学学费和杂费的增长率是比较困难的,而且每年的增长率都可能不一样。理财规划师可以将与客户子女教育目标相对应的大学近几年来学费和杂费的增长率加以平均,得出一个年平均增长率,再结合全国大学学费和杂费的平均增长率以及大学所在地区的实际情况加以确定。同样生活费用增长率的确定也是比较困难的,理财规划师可以根据大学所在地区生活费用的年均增长率,再结合大学生生活的特点和经济发展的趋势加以确定。应注意的是,在确定学费增长率和生活费用增长率时都应按略高一点的增长进行。因为如果确定的增长率过低,使以后的实际的学费增长率和生活费用增长率高于确定的增长率,就会造成教育金准备不足的情况,失去了教育金规划应有的作用。当然也不能过高而加重客户的经济负担。

3. 计算客户现在的一次性投入和分期投入所需要的资金

通过以上步骤明确了客户子女的教育目标,实现该目标目前所需要的费用,以及从现在起到客户子女上大学的时间内学费和生活费用的增长率。接下来的工作就是计算这些学费和生活费至客户子女上大学时的终值,以及客户一次性投入和分期分批投入所需要的资金,用已知现值求终值的公式进行计算,计算公式为

$$F = P(1+i)^n$$

式中,F 为客户子女上大学时的学费或生活费;P 为目前的大学学费或生活费;i 为学费或生活费的增长率;n 为客户子女距离上大学的年数。

计算客户现在一次性投入和分期分批投入所需要的资金,就是运用客户的投资报酬率将以上计算得到的大学学费和生活费进行折现和求终值年金。这里的前提是要合理地设定一个客户的投资报酬率。客户投资报酬率确定后,就可以运用已知终值求现值和年金的公式,计算客户一次性投入和分期投入所需资金。一次性投入所需资金的计算公式为

$$P = \frac{F}{(1+i)^n}$$

式中，P 为客户现在一次性投入所需资金；F 为客户子女上大学时的学费或生活费；i 为客户的投资报酬率；n 为客户子女距离上大学的年数。

客户从现在起分期投入所需资金的计算公式为

$$A = \frac{Fi}{(1+i)^n - 1}$$

式中，A 为每期末分期投入所需资金。如果是每期初分期投入，则计算公式为

$$A = \frac{Fi}{(1+i)[(1+i)^n - 1]}$$

式中，A 为每期初分期投入所需资金。

4. 选择合适的投资工具进行投资

教育金规划的特性在一定程度上决定了教育金投资工具的选择。教育金投资的成功与否是事关客户子女教育的大事。如果投资失败不仅造成教育金血本无归，更严重的是会影响到客户子女教育目标的实现，给客户家庭带来严重困惑。因而，教育金投资应慎之又慎，确保保值和增值，应绝对避免投资高风险的投资品种。基金、债券和风险相对较小的绩优股，特别是指数型基金都是比较好的投资选择。

【例6-1】 赵先生的女儿12岁，他希望孩子将来在国内某重点大学读研究生。查资料，得知该重点大学近年本科的学费为8 000元/年，读研究生3年学费共40 000元，最近3年学费年递增2%。在当地读大学的学生，每月中等开销为1 200元。假定生活费用年均增长率4%，赵先生现在已经为女儿准备了100 000元的教育储备金，已知年收益率为2.2%，问还需准备多少教育金？

【解析】 计算目前大学4年①的学费＋生活费，分开计算；并且目前研究生3年的学费＋生活费，也分开计算。赵先生的女儿现在12岁，按照我国的教育制度一般是18岁上大学，因而赵先生女儿将在6年后读大学，10年后读研究生。

(1) 计算目前大学4年的学费：$8\ 000 \times 4 = 32\ 000$（元）

(2) 计算目前大学的生活费：$1\ 200 \times 10 \times 4 = 48\ 000$（元）

(3) 届时大学4年的学费：$F = P(1+i)^n = 32\ 000 \times (1+2\%)^6 = 36\ 037.20$（元）

(4) 届时大学4年的生活费：$F = P(1+i)^n = 48\ 000 \times (1+4\%)^6 = 60\ 735.31$（元）

(5) 届时大学4年费用总计：$F = 36\ 037.20 + 60\ 735.31 = 96\ 772.51$（元）

(6) 目前教育金累积到大学时的终值：$F = P(1+i)^n = 100\ 000 \times (1+2.2\%)^6 = 113\ 947.65$（元）

赵先生现在准备的100 000元仅够其女儿上大学的教育金，略有剩余，读研究生的必须另外筹集。

(7) 目前上研究生的生活费：$1\ 200 \times 10 \times 3 = 36\ 000$（元）

(8) 届时上研究生的学费：$F = P(1+i)^n = 40\ 000 \times (1+2\%)^{10} = 48\ 759.78$（元）

(9) 届时上研究生的生活费：$F = P(1+i)^n = 36\ 000 \times (1+4\%)^{10} = 53\ 288.79$（元）

---

① 每年按10个月计，下同。

(10) 届时研究生 3 年费用总计：$F=48\,759.78+53\,288.79=102\,048.75$（元）

(11) 赵先生现在准备的 100 000 元至女儿上大学时的终值扣除女儿上大学的费用尚剩余：$113\,947.65-96\,772.51=17\,175.14$（元）

(12) 剩余款 4 年后的终值：$F=P(1+i)^n=17\,175.1\times(1+2.2\%)^4=18\,737.16$（元）

(13) 读硕士尚需费用：$102\,048.57-18\,737.16=83\,311.41$（元）（10 年后）

(14) 如果一次性投入需要投入：$P=\dfrac{F}{(1+i)^n}=\dfrac{83\,311.41}{(1+2.2\%)^{10}}=67\,018.53$（元）

(15) 如果每年末分期投入则需投入：$A=\dfrac{Fi}{(1+i)^n-1}=\dfrac{83\,311.41\times 2.2\%}{(1+2.2\%)^{10}-1}=7\,359.18$（元）

所以，赵先生现在应一次性为女儿再存入 67 018.53 元才能满足将来的教育费用。如果分期投入，则赵先生在未来 10 年内，每年末应该存入 7 359.18 元才能保证女儿上研究生期间的费用。

理财规划师还可以子女教育金模拟试算表的形式来进行教育金规划，见表 6-1。

表 6-1 子女教育金模拟试算表

项目	代号	数值	备注
子女年龄	A	8 岁	
距离上大学年数	B	10 年	18－A
距离继续深造年数	C	14 年	22－A
目前大学费用总计	D	80 000	4 年，学费、生活费总计
目前深造费用总计	E	70 000	3 年，学费、生活费总计
费用年增长率	F	3%	
届时大学学费	G	107 513.31 元	D×复利终值系数（n=B,i=F）
届时研究生费用	H	105 881.28 元	E×复利终值系数（n=C,i=F）
教育资金投资回报率	I	7%	
目前的教育准备金	J	50 000	可供子女未来教育使用的资金
至上大学时累计额	K	98 357.57 元	J×复利终值系数（n=B,i=I）
尚需准备大学费用	L	9 155.74 元	G－K
准备大学费用的年投资额	M	662.67 元	L÷期末年金终值系数（n=B,i=I）
准备深造费用的年投资额	N	4 695.30 元	H÷期末年金终值系数（n=C,i=I）
以后每年末定期定额投资额	O	5 357.97 元	M＋N

【例 6-2】 朱先生的小孩今年 11 岁，朱先生希望小孩上大学，大学毕业后继续读研究生。目前，大学本科 4 年，每年学费 13 000 元，每月生活开支 1 300 元；研究生 3 年，每年学费 15 000 元，每月生活开支 1 600 元，假设学费年均增长率为 3%，年均通货膨胀率为 4%。若朱先生的年均投资报酬率为 7%，他想一次性提取足够资金进行准备，现在应准备多少资金？若想采取每年末定额提存的方法，他每年应提存多少？

【解析】 朱先生的小孩今年 11 岁，按一般情况 18 岁上大学计算，则朱先生的小孩

7年后上大学,大学本科4年,那么,朱先生的小孩11年后上研究生。

大学费用和研究生费用均由学费和生活费两部分组成。由于距离上大学本科和上研究生的时间不同,所以必须分别计算。先计算目前读大学本科和研究生的费用,然后将物价和学费上涨的因素考虑进来,计算7年后朱先生的小孩上大学本科时所需要的费用,以及11年后上研究生时所需要的费用。由于学费的年增长率与生活费的年增长率不同,所以无论是大学本科还是研究生,其学费和生活费都应分开计算。现将计算过程详解如下。

(1) 目前即现在的本科学费:$13\,000 \times 4 = 52\,000$(元)

(2) 届时即那时,也就是7年后朱先生小孩读大学时的学费:$5.2 \times (1+3\%)^7 = 63\,953$(元)

(3) 目前即现在的本科生活费:$1\,300 \times 10 \times 4 = 52\,000$(元)

(4) 届时即那时,也就是7年后朱先生小孩读大学时的生活费:$52\,000 \times (1+4\%)^7 = 68\,428$(元)

(5) 届时即那时,也就是7年后朱先生小孩读大学时的费用:$63\,953 + 68\,428 = 132\,381$(元)

(6) 目前即现在的研究生学费:$15\,000 \times 3 = 45\,000$(元)

(7) 届时即11年后朱先生小孩读研究生时的学费:$45\,000 \times (1+3\%)^{11} = 62\,291$(元)

(8) 目前即现在的研究生生活费:$1\,600 \times 10 \times 3 = 48\,000$(元)

(9) 届时即11年后朱先生小孩读研究生时的生活费:$48\,000 \times (1+4\%)^{11} = 73\,894$(元)

(10) 届时即11年后朱先生小孩读研究生时的费用:$62\,291 + 73\,894 = 136\,185$(元)

(11) 如果现在一次性投入,为筹集大学费用需投入:$P_1 = 132\,381 \div (1+7\%)^7 = 82\,439$(元)

为筹集研究生费用需投入:$P_2 = 136\,185 \div (1+7\%)^{11} = 64\,699$(元)

一次性投入合计:$P = P_1 + P_2 = 82\,439 + 64\,699 = 147\,138$(元)

(12) 如果从现在起的7年内每年末定额投入,为筹集本科费用需投入:$A_1 = (132\,381 \times 7\%) \div [(1+7\%)^7 - 1] = 15\,297$(元)

为筹集研究生费用需投入:$A_2 = (136\,185 \times 7\%) \div [(1+7\%)^{11} - 1] = 8\,628$(元)

每年末定额投入合计:$A = A_1 + A_2 = 23\,925$(元)

朱先生为了筹集小孩的教育金,如果现在一次性投入需147 138元,其中82 439元投资期7年,64 699元投资期11年;如果每年末定额投入,则在以后的11年内,前7年每年末投入23 925元,后4年每年末投入8 628元。

助学贷款

国家助学贷款是党中央、国务院在社会主义市场经济条件下,利用金融手段完善我国普通高校资助政策体系,加大对普通高校贫困家庭学生资助力度所采取的一项重大措施。国家助学贷款是由政府主导、财政贴息、财政和高校共同给予银行一定风险补偿金,银行、教育行政部门与高校共同操作的专门帮助高校贫困家庭学生的银行贷款。借款学生不需要办理贷款担保或抵押,但需要承诺按期还款,并承担相关法律责任。借款学生通过学校向银行申请贷款,用于弥补在校期间各项费用不足,毕业后分期偿还。

主要有四种贷款形式:国家助学贷款;生源地信用助学贷款;高校利用国家财政资金对学生办理的无息借款;一般性商业助学贷款。其中,国家助学贷款资助力度和规模最大,是助学贷款的主要形式。一般来讲,贫困家庭学生需通过就读的学校向当地的银行申请国家助学贷款。学生在校期间原则上采取一次申请、银行分期发放国家助学贷款办法。

全日制普通本专科学生每人每年不超过 8 000 元,全日制研究生每人每年不超过 12 000 元;年度学费和住宿费标准总和低于最高限额的,贷款额度可按照学费和住宿费标准总和确定。贷款最长期限 20 年,还本宽限期从 2 年延长至 3 年整,学生在读期间贷款利息由财政全额补贴。

任务6.3　教育金规划工具

教育金投资具有长期性、低风险、抵御通货膨胀的特点。因而,选择教育金投资工具应注重长期性、低风险、收益率高于通货膨胀率。符合以上条件的投资工具主要有以下几种。

6.3.1　定期储蓄

定期存款是指存款户在存款后的一个规定日期才能提取款项或者必须在准备提款前若干天通知银行的一种存款。起存金额为 50 元,多存不限。存期有三个月、六个月、一年、二年、三年、五年。有存单形式和存折形式,可办理部分提前支取一次,存款到期,凭存单支取本息,也可按原存期自动转存多次。

定期储蓄存款方式有整存整取、零存整取、存本取息、整存零取。客户在子女上大学前可采用整存整取和零存整取的方式来储蓄教育金,而在子女上大学后,则又可以采取整存零取和存本取息的方式供子女支用。这样一方面可以保证子女上大学期间每月合理的支出需要,又使子女开支有计划,有限额,不至于乱花钱,铺张浪费,可以养成节俭的良好习惯。

定期存款有如下优点。

(1)较高的稳定收入。利率较高,利率大小与期限长短成正比;股市大跌时,银行便成了避风港。

(2)省心方便。具备整存整取存款到期后自动转存功能,客户可通过银行提供的多种转账渠道,对账户中的存款进行活期转定期或到期定期转活期的操作,客户还可通过约定转存功能,灵活地管理自己的整存整取存款的本息、存期、存款形式等。

(3)资金灵活。客户在需要资金周转而在银行的整存整取存款未到期时,可以通过自助贷款将账上的整存整取存款作质押,获得个人贷款融资;可部分提前支取一次,但提前支取部分将按支取当日挂牌活期存款利率计息。

(4)起存金额低。各币种起存金额如下:人民币 50 元、港币 50 元、日元 1 000 元、其他币种为原币种 10 元。

(5) 存期选择多。存期有三个月、六个月、一年、二年、三年和五年。

由于教育金规划应能抵御通货膨胀,具有较高的收益率,因而,客户在选择定期存款时应尽可能选择期限长、利率高的存期进行储蓄。

6.3.2 定息债券

定息债券是指在发行时规定利率在整个偿还期内不变的债券。定息债券的收入稳定,风险小,是稳健型投资者优先考虑的选择,适合教育金投资。

6.3.3 人寿保险

1. 子女教育保险

子女教育保险是用保险的办法协助客户为其子女积累教育金的一种保险,是一种既有保险保障,又有储蓄作用的两全性质的人寿保险。

子女教育保险最大的优点是,如果父母发生意外,以后要缴的保费可以豁免,而子女仍然可以领到与正常缴费同样的保险金。但是子女教育保险重在保障功能,投资收益率比较低,因而,只能作为教育金投资组合的一部分。

2. 投资理财型人寿保险

投资理财型人寿保险产品侧重于投资理财,被保险人也可获取传统寿险所具有的功能。该类型保险可分为分红保险、投资连结保险和万能人寿保险。

(1) 分红保险。分红保险保单持有人在获取保险保障之外,可以获取保险公司的分红,即与保险公司共享经营成果。该保险是抵御通货膨胀和利率变动的主力险种。

(2) 投资连结保险。投资连结保险保单持有人在获取保险保障之外,至少在一个投资账户拥有一定资产价值。投资连结保险的保险费在保险公司扣除死亡风险保险费后,剩余部分直接划转客户的投资账户,保险公司根据客户事先选择的投资方式和投资渠道进行投资,投资收益直接影响客户的养老金数额。

(3) 万能人寿保险。万能人寿保险具有弹性、成本透明、可投资的特征。保险期间,保险费可随着保单持有人的需求和经济状况变化,投保人甚至可以暂时缓交、停交保险费,从而改变保险金额。万能人寿保险将保险单现金价值与投资收益相联系,保险公司按照当期给付的数额、当期的费用、当时保险单现金价值等变量确定投资收益的分配,并且向所有保单持有人书面报告。

6.3.4 证券投资基金

证券投资基金是一种集合投资、专家理财、风险共担、收益共享的投资方式。其收益要高于债券,而风险又低于股票。特别是其中的平衡型基金、收入型基金和指数型基金,收益稳定,风险较小,比较适合教育金投资。证券投资基金中的基金定投更是与教育金投资相契合,可以作为教育金投资的重要对象。

6.3.5 蓝筹股和绩优股

总的来说,股票是高收益高风险的投资品种,但是股票中也有收益较高且稳定,而风险相对较低的蓝筹股和绩优股。蓝筹股和绩优股公司实力雄厚,经营稳健、抗风险能力强,风险小,盈利能力强,收益高而且稳定,可以作为教育金投资组合的重要构成部分。

6.3.6 银行和信托理财产品

银行和信托理财产品有些投资于基础设施项目,收益高于银行存款且稳定,风险小,也可以成为教育金投资的选项。只是这些理财产品普遍投资门槛较高,一般最低投资额都在人民币50 000元以上,且投资期限较长又固定,不能提前兑付,又难以转让,流动性比较差。

实 训 项 目

程先生的小孩今年11岁,上小学6年级。程先生希望小孩上大学,大学毕业后继续深造读研究生。目前,大学本科4年,每年学费8 000元,大学生每月生活费用1 300元;研究生3年,每年学费15 000元,每月生活费用1 500元,假设学费年增长率均为2%,年通货膨胀率为3%。若程先生平均每年的投资报酬率为9%,试计算:

(1) 程先生小孩读大学和研究生的总费用分别是多少?

(2) 程先生为了筹措小孩读大学和研究生的费用,现在一次性投入的投资额分别是多少?

(3) 如果程先生选择定期定额投入,每年末的投资额分别是多少?

思 考 练 习

一、单项选择题

1. 按照我国现行的教育制度,规定入学年龄为( )岁。
   A. 5   B. 3   C. 6   D. 7

2. 按照我国现行的教育制度,上大学的年龄为( )岁。
   A. 18   B. 17   C. 16   D. 20

3. 一般情况下,教育金规划是为客户小孩上( )筹集教育费用进行规划。
   A. 大学   B. 初中   C. 高中   D. 重点学校

4. 以下需要做教育规划的是( )。
   A. 研究生毕业,刚参加工作   B. 小孩大学毕业,已参加工作
   C. 结婚5年,没有小孩   D. 小孩12岁,上初一

5. 教育金规划的第一步是( )。
   A. 确定客户的教育目标   B. 计算未来的教育费用

C. 设定一个费用增长率 D. 选择合适的投资工具进行投资

※6. 下列关于子女教育金规划的说法,错误的是(　　)。

A. 若父母发生保险事故,子女教育金的来源可能中断,所以子女教育金规划最好能结合保险规划

B. 学费增长率一般高于通货膨胀率,所以子女教育金的投资报酬率不能太过保守,应至少高于学费增长率

C. 子女教育金规划与退休规划时间高度重叠,应准备好子女教育金之后再考虑进行退休规划

D. 子女教育金没有金额弹性和时间弹性,需要预先规划

※7. 下列四项中不属于政府教育资助项目的有(　　)。

A. 特殊困难补助 B. 减免学费政策
C. 奖学金 D. "绿色通道"政策

※8. 在上大学时如果资金周转存在困难,学生可以采用教育贷款,下列四项中不属于教育贷款的项目为(　　)。

A. 商业性银行贷款 B. 财政贴息的国家助学贷款
C. 学生贷款 D. 特殊困难贷款

※9. 下列不属于教育资金主要来源的是(　　)。

A. 政府教育资助 B. 客户自身的收入和资产
C. 奖学金 D. 向亲戚借贷

※10. 在为客户进行子女教育规划时,理财规划师要根据(　　)来评估未来教育费用并决定客户每月必须投资的金额。

A. 子女目前的教育情况和学习能力

B. 目前大学收费信息和未来通货膨胀趋势

C. 家庭目前收入情况和未来支出预算

D. 子女届时打工收入和子女学习意愿

※11. 适合用来筹集子女教育金的投资工具的是(　　)。

A. 权证 B. 教育储蓄和教育保险
C. 期货 D. 外汇

※12. 教育储蓄是国家特设的储蓄项目,享有免征利息税、零存整取并以(　　)方式计息。

A. 零存整取 B. 存本取息 C. 整存零取 D. 整存整取

※13. 根据我国现行的奖学金制度,目前国家设立的奖学金中级别最高的是(　　)。

A. 优秀学生奖学金 B. 博士科研奖学金
C. 留学奖学金 D. 国家奖学金

※14. 关于教育保险说法错误的是(　　)。

A. 教育保险客户范围广泛 B. 有些教育保险可以分红
C. 具有强制储蓄功能 D. 计息比较灵活

※15. 李先生家庭全年税后收入 7 万元,女儿今年刚考入大学,预计大学一年的学费

7 000元,住宿费800元,生活费每年5 000元,则李先生家庭的教育负担比为(　　)。
  A. 7％   B. 10％   C. 11％   D. 18.29％
※16. 目前高校中级别最高、奖励额度最大的奖学金是(　　)。
  A. 优秀学生奖学金   B. 定向奖学金
  C. 研究生优秀奖学金   D. 国家奖学金
※17. 国家助学贷款的贷款额度一般为(　　)。
  A. 基本学习、生活费用   B. 基本学习、生活费用减去奖学金
  C. 每人每学年不超过6 000元   D. 2 000元至20 000元之间
※18. 在子女的教育规划中,考虑的最重要的内容应该是子女(　　)费用的安排。
  A. 学前教育   B. 基础教育
  C. 高等教育   D. 大学后教育
19. 下列选项中属于教育的间接成本的是(　　)。
  A. 学费
  B. 书籍费
  C. 额外的吃、穿、住等费用
  D. 放弃目前工作继续学习而放弃的工资收入
20. 客户进行教育规划,选择规划工具时,首先应考虑的是(　　)。
  A. 投资的收益性   B. 利率变动的风险
  C. 投资的安全性   D. 汇率变动的风险

二、多项选择题

1. 以下属于教育金规划的必要性的有(　　)。
  A. 教育费用开支缺乏时间弹性   B. 教育费用开支缺乏费用弹性
  C. 教育费用的不确定性   D. 小孩成绩好,喜欢上学
2. 以下属于教育金规划步骤的有(　　)。
  A. 设定客户的投资报酬率   B. 设定一个教育费用增长率
  C. 确定客户教育目标   D. 选择合适的投资工具
3. 以下不属于教育支出最主要的资金来源的是(　　)。
  A. 教育贷款   B. 政府教育资助
  C. 奖学金   D. 客户收入和资产
4. 以下适于作为教育规划工具的有(　　)。
  A. 证券投资基金   B. 教育保险
  C. 定期储蓄存款   D. 股指期货
5. 以下影响教育金规划的因素有(　　)。
  A. 客户的投资报酬率   B. 大学教育费用增长率
  C. 商业银行贷款利率   D. 目前的大学教育费用
※6. 许先生准备10年后15.2万元的子女教育基金,在投资报酬率5％时,下列组合可以实现其子女教育基金目标的有(　　)。(答案取近似数值)

A. 整笔投资 5 万元,定期定额每年 6 000 元

B. 整笔投资 2 万元,定期定额每年 10 000 元

C. 整笔投资 4 万元,定期定额每年 7 000 元

D. 整笔投资 1 万元,定期定额每年 12 000 元

E. 整笔投资 3 万元,定期定额每年 8 000 元

※7. 为解决贫困大学生接受高等教育问题,高校采取的方式有(　　)。

A. 奖学金　　　　　　　　　　B. 国家助学贷款

C. 困难补助　　　　　　　　　D. 勤工助学

E. 减免学费

※8. 除客户自身收入和资产外,教育金的主要来源有(　　)。

A. 亲友借贷　　B. 教育贷款　　C. 工读收入　　D. 奖学金

E. 政府教育资助

※9. 设立子女教育信托的积极意义有(　　)。

A. 可以使信托财产得到最好的规划和配置

B. 可以给子女一定的激励,鼓励子女努力奋斗

C. 可以从小培养孩子节俭、合理规划的理财意识

D. 可以避免因家庭财产危机给孩子的学习生活带来不良影响

E. 可以防止受益人对资金的滥用

※10. 理财规划师在利用教育储蓄为客户积累教育金时应该注意(　　)。

A. 教育储蓄 50 元起存,每户本金最高限额为 2 万元

B. 教育储蓄在存期内遇利率调整,仍按开户日利率计息

C. 只有小学三年级以上的学生才可以办理教育储蓄

D. 教育储蓄相当于采取零存整取的方式获得整存整取的利率

E. 教育储蓄不得部分提前支取

11. 教育贷款主要包括(　　)。

A. 高校为无力支付学费的学生提供的学生贷款

B. 商业银行的贷款

C. 国家教育助学贷款

D. 财政贴息的国家助学贷款

12. 子女教育规划的原则有(　　)。

A. 提前规划　　B. 稳健投资　　C. 目标合理　　D. 定期定额

13. 属于短期教育规划工具的有(　　)。

A. 银行贷款　　B. 教育储蓄　　C. 政府债券　　D. 学校贷款

14. 属于长期教育规划工具的有(　　)。

A. 教育保险　　　　　　　　　B. 政府债券

C. 教育储蓄　　　　　　　　　D. 股票与公司债券

15. 与教育储蓄相比,教育保险具有(　　)优点。

A. 强制储蓄　　　　　　　　　B. 特定情况下保费可豁免

C. 范围广 D. 可分红

16. 教育保险具有（　　）等多项功能。
　　A. 保障　　　　B. 分红　　　　C. 投资　　　　D. 储蓄
17. 教育储蓄的主要优点（　　）。
　　A. 可分红　　　B. 无风险　　　C. 回报较高　　D. 收益稳定
18. 关于教育保险，下列说法正确的是（　　）。
　　A. 越早投保，家庭的缴费压力越小，领取的教育金越多
　　B. 购买越晚，由于投资年限短，保费就越高
　　C. 越晚投保，家庭的缴费压力越小，领取的教育金越多
　　D. 购买越早，由于投资年限长，保费就越高
19. 下列选项中，（　　）不属于可供子女教育规划选择的投资工具。
　　A. 政府债券　　B. 股票　　　　C. 公司债券　　D. 大额存单
20. 关于教育储蓄，下列说法正确的是（　　）。
　　A. 规模非常大
　　B. 规模非常小
　　C. 能办理教育储蓄的投资者范围比较大
　　D. 只有小学四年级以上的学生才能办理教育储蓄

三、判断题

1. 子女教育保险最大的优点是，如果父母发生意外，以后要缴的保费可以豁免，但子女不能领到与正常缴费同样的保险金。（　）
2. 教育金规划是家庭理财规划中最主要的长期目标。（　）
3. 送小孩上大学是教育投资，因而，教育费用的支出要进行资本化。（　）
4. 子女教育保险重在保障功能，且投资收益率比较低。因而，可以作为教育金投资唯一的选择。（　）
5. 客户教育准备金准备得越多越好。（　）
6. 教育金是最没有时间弹性与费用弹性的理财目标。（　）
7. 教育贷款是教育支出最主要的资金来源。（　）
8. 学生贷款的贷款对象一般是年满18周岁，具有完全民事行为能力的在校大学生、研究生。（　）
9. 学生贷款按银行同期贷款利率减半计息。（　）
10. 理财规划师在为客户进行教育策划时应将客户子女工读收入计算在内。（　）

四、简答题

1. 简述教育金规划的必要性。
2. 简述教育金规划的具体步骤。
3. 简述适合作为教育金规划的投资工具。

五、计算题

1. 钱先生计划 5 年后送儿子出国留学,目前留学的费用需要 1 000 000 元,费用年增长率为 3%。如果钱先生的年投资报酬率为 9%,今后每年初投资 160 000 元,5 年后能否筹足其儿子出国留学的费用?

2. 预计小刘 5 年后上大学,目前大学费用 120 000 元,假设学费年增长率为 2%。小刘的父亲每年末投资 20 000 万元于投资年报酬率为 6% 的证券投资基金,则 5 年后能否筹足小刘上大学的费用?

3. 赵先生的小孩今年 12 岁,上初中一年级,赵先生希望小孩上大学,大学毕业后继续读研究生。目前,大学本科 4 年,每年学费 11 000 元,大学生每月生活开支 1 400 元;研究生 3 年,每年学费 14 000 元,每月生活开支 1 500 元,假设学费年增长率均为 2%,年通货膨胀率为 3%。若赵先生平均每年的投资报酬率为 8%,如果赵先生想一次性提取足够资金进行准备,现在应投入多少资金?若想采取定期定额投入的方法,他今后每年末应投入多少?

4. 请根据如下条件编制客户教育金模拟试算表。

目前专业型大学 4 年的所有费用为 70 000 元,综合型大学 4 年的所有费用为 80 000 元。每年大学费用上涨率为 3%(包括通胀率与学费上涨率)。客户艾先生的女儿今年 13 岁,他打算让女儿上综合型大学。现在艾先生已经为女儿准备了 50 000 元的教育准备金。艾先生的投资报酬率为 6%,试计算艾先生每年末还应投入多少钱才能筹足女儿上大学的费用?

项目 7

保险规划

学习目标

1. 能进行家庭风险分析。
2. 掌握家庭风险管理方法。
3. 熟悉保险基本原理与保险规划工具的风险收益特征。
4. 熟悉保险规划流程。
5. 掌握保险规划方法。

导入案例

吴先生,现年43岁,家住河南省郑州市,某民营企业技术工程师,年薪约120 000元,年终奖金约30 000元,有医疗保险和养老保险及住房公积金。妻子毛女士42岁,本市某三甲医院护士,年收入约90 000元,年终奖金约20 000元,有医疗保险和养老保险以及住房公积金。儿子今年15岁,本市某重点中学高一学生。吴先生家庭住房问题已经解决,现有一套110多平方米四居室商品房。有一辆3年前购买的小轿车。双方父母都已退休,也有退休金,不用吴先生夫妻俩操心。夫妻俩不打算生二胎,集中全力培养儿子成长,对儿子的教育极其重视,希望儿子上大学并继续深造。目前,儿子上大学和继续深造所需的教育费用已经筹足。吴先生家庭年收入扣除日常开支和各项用度外,每年可节余10多万元。吴先生和妻子不懂经济,缺乏投资理财方面的知识和经验,不敢贸然购买股票和进行P2P投资,也没有购买任何商业保险。这之前的收入节余都是存银行定期和购买银行理财产品。目前家庭金融资产有银行活期储蓄存款17 000元,定期储蓄存款60 000元,另外购买了银行理财产品30 000元。近年来,吴先生夫妻俩保险保障意识日益增强,也想在国家统一的医疗保险和养老保险之外多一重保障,为了使以后的家庭生活更加安稳和幸福,自己退休后的养老准备金更加充足,有意购买一些商业保险作为医疗保险和养老保险的补充。试为吴先生家庭做一个保险规划。

任务 7.1 风险管理与保险

7.1.1 风险与风险管理

1. 风险

风险是某一特定危险情况发生的可能性和后果的组合。通俗地讲,风险就是发生不幸事件的概率。换句话说,风险是指一个事件产生我们所不希望的后果的可能性。风险具有客观性、普遍性、必然性、偶然性、可识别性、可控性、损害性、不确定性和社会性。

(1) 风险是由风险因素、风险事故和损失三者构成的统一体

风险因素是风险事故发生的潜在原因,是造成损失的内在或间接原因。风险因素是促使和增加损失发生的频率或严重程度的条件,分为有形风险因素和无形风险因素两类。有形风险因素是直接影响事物物理功能的物质性风险因素。无形风险因素是文化、习俗和生活态度等非物质的、影响损失发生可能性和受损程度的因素,它又可进一步分为道德风险因素和心理风险因素。道德风险因素是与人的品德修养有关的无形因素,即是由于个人的不诚实、不正直或不轨企图促使风险事故发生,以致引起社会财富损毁或人身伤亡的原因或条件。心理风险因素是与人的心理状态有关的无形因素,又称风纪风险因素。它是由于人们主观上的疏忽或过失,以致增加风险事故发生的机会或扩大损失程度的因素。

风险事故是造成损失的直接的或外在的原因,是损失的媒介物,即风险只有通过风险事故的发生才能导致损失。

就某一事件来说,如果它是造成损失的直接原因,那么它就是风险事故;而在其他条件下,如果它是造成损失的间接原因,它便成为风险因素。例如,下冰雹路滑发生车祸,造成人员伤亡,这时冰雹是风险因素。冰雹直接击伤行人,它是风险事故。

在风险管理中,损失是指非故意的、非预期的、非计划的经济价值的减少。通常将损失分为两种形态,即直接损失和间接损失。直接损失是指风险事故导致的财产本身损失和人身伤害,这类损失又称为实质损失;间接损失则是指由直接损失引起的其他损失,包括额外费用损失、收入损失和责任损失。在风险管理中,一般将损失分为四类:实质损失、额外费用损失、收入损失和责任损失。

风险因素是指引起或增加风险事故发生的机会或扩大损失幅度的条件,是风险事故发生的潜在原因。

风险事故是造成生命财产损失的偶发事件,是造成损失的直接的或外在的原因,是损失的媒介。

上述三者关系:风险是由风险因素、风险事故和损失三者构成的统一体,风险因素引起或增加风险事故;风险事故发生可能造成损失。

(2) 风险的种类

风险有多种划分方法,常用的有以下几种。

① 按照风险的性质划分为纯粹风险和投机风险。纯粹风险是只有损失机会而没有获利可能的风险。投机风险是既有损失的机会,也有获利可能的风险。

② 按照产生风险的环境划分有静态风险和动态风险。静态风险是自然力的不规则变动或人们的过失行为导致的风险。动态风险是社会、经济、科技或政治变动而产生的风险。

③ 按照风险发生的原因划分有自然风险、社会风险和经济风险。自然风险是自然因素和物力现象所造成的风险。社会风险是个人或团体在社会上的行为导致的风险。经济风险是经济活动过程中,因市场因素影响或者经营管理不善导致经济损失的风险。

④ 按照风险致损的对象划分有人身风险、责任风险和财产风险。人身风险是个人的疾病、意外伤害等造成残疾、死亡的风险。责任风险是法律或者有关合同规定,因行为人的行为或不作为导致他人财产损失或人身伤亡,行为人所负经济赔偿责任的风险。财产风险是各种财产损毁、灭失或者贬值的风险。

⑤ 按照风险涉及范围可划分特定风险和基本风险。特定风险是与特定的人有因果关系的风险,即由特定的人所引起的,而且损失仅涉及特定个人的风险。基本风险是其损害波及社会的风险。基本风险的起因及影响都不与特定的人有关,至少是个人所不能阻止的风险。与社会或政治有关的风险,与自然灾害有关的风险都属于基本风险。

2. 个人或家庭风险分析

个人或家庭在其工作、学习和生活过程中,人身和财产可能遇到各种各样的风险。归纳起来主要有财产风险、责任风险和人身风险三个方面。

(1) 财产风险

财产风险是指因发生自然灾害,意外事故而使个人或家庭占有、控制或照看的一切有形财产遭受损毁、灭失或贬值的风险以及经济的或金钱上损失的风险。对于个人或家庭来说,所拥有的房屋、家具、衣物、家用电器以及车辆等,可能会因为火灾、水灾、地震等自然灾害而造成损失,也可能因为失窃或者是遭受抢劫而丢失。财产损失通常包括财产的直接损失和间接损失两个方面。

家庭财产风险的发生具有不确定性,从可能造成经济损失的方式,可以大致分为以下几种。

① 自然灾害引起的财产损失。自然灾害是对居民家庭威胁最大的风险。我国是自然灾害多发的国家,地震、海啸、地陷、台风、龙卷风、暴风雪、暴雨、冰雹、雷击、洪水、冰凌、泥石流等自然灾害每年都会发生,其中尤以台风、洪水对居民的财产造成的损失最为严重。1998 年长江、嫩江、松花江特大洪水,造成直接经济损失 1 666 亿元,倒塌房屋 4 970 000 间,数百万人流离失所,给当地民众的家庭带来巨大的财产损失。据民政部报告,截至 2008 年 9 月 25 日 12 时,四川汶川地震已确认 69 227 人遇难,374 643 人受伤,失踪 17 923 人,直接经济损失 8 452 亿元人民币。在财产损失中,房屋的损失很大,民房和城市居民住房的损失占总损失的 27.4%。

② 意外事故造成的家庭财产损失。意外事故是发生概率较高的风险,火灾、爆炸、水管、暖气管道突然破裂、煤气泄漏、家财失窃等情况时有发生。常言道"水火无情",一场火

灾常常让居民室内所有财产毁于一旦。电气火灾、用火不慎、车辆自燃等是产生火灾的主要原因。以 2005 年为例,全国共发生火灾 8 498 起,死亡 50 人,受伤 114 人,直接财产损失 10 280 847 元。

③ 出租房屋租金损失。出租房屋由于自然灾害、火灾爆炸等意外事故以及房客恶意破坏行为造成出租屋及屋内财产损失风险,同时也有可能造成因无法使用所致的租金损失。

(2) 责任风险

责任风险是指因个人的疏忽或过失行为,造成他人的财产损失或人身伤亡,按照法律、契约应负法律责任或契约责任的风险。

责任风险中的"责任",少数属于合同责任,绝大部分是指法律责任,包括刑事责任、民事责任和行政责任。在保险实务中,保险人所承保的责任风险仅限于法律责任中对民事损害的经济赔偿责任。

由于人们的过失或侵权行为导致他人的财产毁灭或人身伤亡,在合同、道义、法律上负有经济赔偿责任的风险,又可细分为对人的赔偿风险和对物的赔偿风险。

另外还有居家第三者责任风险,即居民房屋及附属物由于意外事故造成第三者的人身财产损失的风险。比如,家中客人在室内受伤、饲养的宠物咬伤人、窗台花盆或空调外挂机掉落砸伤人或车、家中水管爆裂使邻居家遭到水浸损失等风险。而这些风险一旦发生,可能会影响邻里关系,也一定会给家庭带来相当大的经济损失。

(3) 人身风险

人身风险是家庭成员人身意外造成经济损失,是导致人的伤残、死亡、丧失劳动能力以及增加费用支出的风险。人身风险包括生命风险和健康程度的风险。需要说明的是,死亡是人的生命中必然发生的事,并无不确定可言,但死亡发生的时间却是不确定的,而健康风险则具有明显的不确定性,如伤残是否发生,疾病是否发生,其损害健康的程度大小等,均是不确定的。人身风险所致的损失一般有两种:一种是收入能力损失;另一种是额外费用损失。

人身风险的原因多种多样,主要有身患重大疾病、落水、坠楼、坠崖、跌跤、烧伤、烫伤、他伤、砸伤等,导致伤残、死亡或丧失劳动能力,这些都会直接和间接给个人和家庭造成严重的经济损失。

家庭经常被喻为停泊的港湾、憩息的驿站,让人有舒适安全的感觉。实际上,百姓居家生活中还是难免会发生意外:撞伤摔伤、割伤刺伤、物品掉落砸伤、烧伤烫伤、电伤等家庭意外经常会打乱家庭的正常生活,有时还会因为伤者的医治让家庭陷入严重的经济危机。

3. 风险管理

风险管理是指如何在一个肯定有风险的环境里把风险减至最低的管理过程,或者说在降低风险的收益与成本之间进行权衡并决定采取何种措施的过程。

风险管理要面对有效资源运用的难题。这牵涉到机会成本的因素。把资源用于风险管理,可能使能运用于有回报活动的资源减少;而理想的风险管理,是希望能花最少的资源去尽可能化解最大的危机。

(1) 风险管理必须识别风险。风险识别是确定何种风险可能会对个人或家庭产生影响，最重要的是量化不确定性的程度和每个风险可能造成损失的程度。提高认识风险的水平，是提高风险管理水平最重要的一个环节。要想防范风险，首先要进行风险识别，主动寻找风险。风险的识别是风险管理的首要环节。只有在全面了解各种风险的基础上，才能够预测危险可能造成的危害，从而选择处理风险的有效手段。

(2) 要进行风险预测。实际上就是估算、衡量风险，由风险管理人运用科学的方法，对其掌握的统计资料、风险信息及风险的性质，进行系统分析和研究，进而确定各项风险的频度和强度，为选择适当的风险处理方法提供依据。风险的预测一般包括以下两个方面。

① 预测风险的概率：通过资料积累和观察，发现造成损失的规律性。一个简单的例子：一个时期一万栋房屋中有十栋发生火灾，则风险发生的概率是 1/1 000。由此对概率高的风险进行重点防范。

② 预测风险的强度：假设风险发生，导致企业的直接损失和间接损失。对于容易造成直接损失并且损失规模和程度大的风险应重点防范。

(3) 风险管理要着眼于风险控制，通过降低损失发生的概率，缩小损失程度，达到控制目的。控制风险的最有效方法就是制订切实可行的应急方案，编制多个备选的方案，最大限度地对个人或家庭所面临的风险做好充分的准备。当风险发生后，按照预先的方案实施，可将损失控制在最低限度。

(4) 要进行风险处理。常见的风险处理方法如下。

① 避免风险或规避风险：在既定目标不变的情况下，改变方案的实施路径，从根本上消除特定的风险因素。比如，避免火灾可将房屋出售，避免航空事故可改乘火车或汽车等。

② 预防风险：采取措施消除或者减少风险发生的因素。

③ 自保风险：个人或家庭自己承担风险。针对发生的频率和强度都大的风险建立意外损失基金，损失发生时用它补偿。

④ 转移风险：在危险发生前，通过采取出售、转让、保险等方法，把自己面临的风险全部或部分转移给另一方。风险转移是应用范围最广、最有效的风险管理手段。保险就是转移风险的风险管理手段之一。保险型风险管理，主要以可保风险作为风险管理的对象，将保险管理放在核心地位，将安全管理作为补充手段。

7.1.2 保险

1. 保险的概念

保险源于风险的存在，风险是保险产生和存在的前提，无风险就无保险。保险产生和发展的过程表明，保险是基于风险的存在和对因风险的发生所引起的损失进行补偿的需要而产生和发展的。

风险的发展是保险发展的客观依据，也是新险种产生的基础。社会的进步和科技水平的提高,在给人们带来新的更多财富的同时,也带来了新的风险和损失,与此相适应,也不断产生新的险种。

人们所面临的风险呈现出以下趋势。

(1) 巨额风险不断出现。随着各种新技术和新设备的广泛使用,风险事故发生后造成的损失越来越大。技术设备越复杂,总体越脆弱,一点点的故障就会引起重大事故。

(2) "显性化风险"增多。随着社会的进步和技术手段的不断完善,一些过去一直存在但没有为人们所意识到的风险将会逐渐显露出来并为人们所认识。

(3) "附着性风险"出现。一些新技术和新设备的广泛使用,给人们带来了一些新的风险。

(4) "创造性风险"。随着新体制的产生、新规则的制定、新环境的出现,也将产生新的风险因素。

(5) 新技术事故影响的空间大、时间长、受害人数多。

保险是微观经济主体转嫁风险的一种重要手段。如何将风险损失降到最低,是保险萌芽的基本原因。保险本质上是一种互助行为,是投保人根据合同约定,向保险人支付保险费,保险人对于合同约定的可能发生的事故因其发生而造成的财产损失承担赔偿保险金责任,或者当被保险人死亡、伤残和达到合同约定的年龄、期限时,承担给付保险金责任的商业保险行为。

人类社会从开始就面临着自然灾害和意外事故的侵扰,在与大自然抗争的过程中,古代人们就萌生了对付灾害事故的保险思想和原始形态的保险方法。公元前2500年前后,古巴比伦王国国王命令僧侣、法官、村长等收取税款,作为救济火灾的资金。随着贸易的发展,大约在公元前1792年,正是古巴比伦第六代国王汉谟拉比时代,商业繁荣,为了援助商业及保护商队的骡马和货物损失补偿,在汉谟拉比法典中,规定了共同分摊补偿损失之条款。

保险源于海上借贷。到中世纪,意大利出现了冒险借贷,冒险借贷的利息类似于今天的保险费,但因其高额利息被教会禁止而衰落。1384年,比萨出现世界上第一张保险单,现代保险制度从此诞生。

保险从萌芽时期的互助形式逐渐发展成为冒险借贷,发展到海上保险合约、海上保险、火灾保险、人寿保险和其他保险,并逐渐发展成为现代保险。

英国在1688年建立的"寡妇年金制"和"孤寡保险会"等保险组织,使人寿保险企业化。

从经济角度来看,保险是一种损失分摊方法。以多数单位和个人缴纳保费建立保险基金,使少数成员的损失由全体被保险人分担。

保险又是一种经济制度。表现在:①保险人与被保险人的商品交换关系;②保险人与被保险人之间的收入再分配关系。

从法律意义上说,保险是一种合同行为,即通过签订保险合同,明确双方当事人的权利与义务,被保险人以缴纳保费获取保险合同规定范围内的赔偿,保险人则有收受保费的权利和提供赔偿的义务。

2．可保风险

可保风险是指符合承保人承保条件的特定风险。尽管保险是人们处理风险的一种方式，它能为人们在遭受损失时提供经济补偿，但并不是所有破坏物质财富或威胁人身安全的风险，保险人都承保。可保风险仅限于纯风险，所谓"纯风险"，是指只损失可能而无获利机会的不确定性。既有损失可能又有获利机会的不确定性则称为"投机风险"。但并非所有的纯风险都是可保风险，要满足一定的条件。另外，可保风险与不可保风险间的区别并不是绝对的。纯风险成为可保风险必须满足下列条件。

（1）损失程度较高

潜在损失不大的风险事件一旦发生，其后果完全在人们的承受限度以内，因此，对付这类风险根本无须采用保险，即使丢失或意外受损也不会给人们带来过大的经济困难和不便。但对于那些潜在损失程度较高的风险事件，如火灾、盗窃等，一旦发生，就会给人们造成极大的经济困难。对此类风险事件，保险便成为一种有效的风险管理手段。

（2）损失发生的概率较小

可保风险还要求损失发生的概率较小。这是因为损失发生概率很大，意味着纯保费相应很高，加上附加保费，总保费与潜在损失将相差无几。如某地区自行车失窃率很高，有40％的新车会被盗，即每辆新车有40％的被盗概率，若附加营业费率为0.1，则意味着总保费将达到新车重置价格的一半。显然，这样高的保费使投保人无法承受，而保险也失去了转移风险的意义。

（3）损失具有确定的概率分布

损失具有确定的概率分布是进行保费计算的首要前提。计算保费时，保险人对客观存在的损失分布要能作出正确的判断。保险人在经营中采用的风险事故发生率只是真实概率的一个近似估计，是靠经验数据统计、计算得出的。因此，正确选取经验数据对于保险人确定保费至关重要。有些统计概率，如人口死亡率等，具有一定的"时效性"，像这种经验数据，保险人必须不断作出相应的调整。

（4）存在大量具有同质风险的保险标的

保险的职能在于转移风险、分摊损失和提供经济补偿。所以，任何一种保险险种，必然要求存在大量保险标的。这样，一方面可积累足够的保险基金，使受险单位能获得十足的保障；另一方面根据"大数法则"，可使风险发生次数及损失值在预期值周围能有一个较小的波动范围。换句话说，大量的同质保险标的会保证风险发生的次数及损失值以较高的概率集中在一个较小的波动幅度内。显然，距预测值的偏差越小，就越有利于保险公司的经营稳定。这里所指的"大量"，并无绝对的数值规定，它随险种的不同而不同。一般的法则是：损失概率分布的方差越大，就要求有越多的保险标的。保险人为了保证自身经营的安全性，还常采用再保险方式，在保险人之间分散风险。这样，集中起来的巨额风险在全国甚至国际范围内得以分散，被保险人受到的保障度和保险人经营的安全性都得到提高。

（5）损失的发生必须是意外的

损失的发生必须是意外的和非故意的。所谓"意外"，是指风险的发生超出了投保人的控制范围,且与投保人的任何行为无关。如果由于投保人的故意行为而造成的损失也能获得赔偿,将会引起道德风险因素的大量增加,违背了保险的初衷。此外,要求损失发生具有偶然性(或称为随机性)也是"大数法则"得以应用的前提。

(6) 损失是可以确定和测量的

损失是可以确定和测量的,是指损失发生的原因、时间、地点都可被确定以及损失金额可以测定。因为在保险合同中,对保险责任、保险期限等都做了明确规定,只有在保险期限内发生的、保险责任范围内的损失,保险人才负责赔偿,且赔偿额以实际损失金额为限,所以,损失的确定性和可测性尤为重要。

(7) 损失不能同时发生

这是要求损失值的方差不能太大。如战争、地震、洪水等巨灾风险,发生的概率极小,由此计算的期望损失值与风险一旦发生所造成的实际损失值将相差很大。而且,保险标的到时势必同时受损,保险分摊损失的职能也随之丧失。这类风险一般被列为不可保风险。

可保风险与不可保风险间的区别并不是绝对的。例如,地震、洪水这类巨灾风险,在保险技术落后和保险公司财力不足、再保险市场规模较小时,保险公司根本无法承保这类风险,它的潜在损失一旦发生,就可能给保险公司带来毁灭性的打击。但随着保险公司资本日渐雄厚,保险新技术不断出现,以及再保险市场的扩大,这类原本不可保的风险已被一些保险公司列在保险责任范围之内。可以相信,随着保险业和保险市场的不断发展,保险提供的保障范围将越来越大。

3. 可保利益

可保利益是指投保人或被保险人因保险标的损坏(或丧失)或因责任的产生而遭受经济上的损失;因保险标的的安全或免责而受益。如果投保人或被保险人对保险标的存在上述经济上的利害关系,则具有可保利益。如果投保人或被保险人没有这种经济上的利害关系,则对保险标的没有可保利益。具体地说,财产保险合同中的可保利益,是指投保人对保险标的所具有的因保险事故的发生而受损失或者因保险事故不发生而免受损失的利害关系;人身保险合同中的可保利益,是指投保人对被保险人所具有的因被保险人的伤残或死亡而遭受经济上的损失或者因被保险人的身体健康或生命的延续而受益的一种利害关系;责任保险中的可保利益,是指被保险人与民事侵权责任相关的一种利害关系。

简言之,可保利益是指投保人或被保险人与保险标的之间的为法律所认可的经济利益,并可作为投保的一种法定的权利。

在订立保险合同时,必须明确投保的对象,即保险标的。但保险合同中双方当事人权利义务所指向的对象即保险合同的客体不是保险标的本身,而是被保险人对保险标的拥有的可保利益。

可保利益必须具备的条件如下。

(1) 可保利益应当是一种经济利益

可保利益应当是经济可保利益,即它是一种经济利益。被保险人如欲取得可保利益,必须可以合理地期待从保险财产的安全或预期到达受益,或者因其损失或滞留而遭受不利。如果保险标的事实上并不处于这种风险中,或在保险开始之时不会处于此种风险中,则不存在经济利益,从而也就没有可保利益。

可保利益作为经济利益,必须可用金钱计算。被保险人遭受的非经济损失,如被保险人对保险标的的感情寄托或被保险人遭受的精神创伤、政治打击、行政或刑事处罚等,虽与被保险人有利害关系,也不能构成可保利益。不能以货币估价的财产,如无价之宝,保险人难以承保,也难能算作可保利益。

可保利益必须具有可期待性或可确定性。也即保险合同订立之时保险风险可能发生并可能影响被保险人。当然,这种可能性不得太遥远以致虚幻。所谓可能,是指保险事故有可能发生,而且保险事故的发生可能导致保险财产的损失。这里,对损失的预期应当合理。同时,可能性的程度应当较高。不过,被保险人无须证明,如果没有保险事故肯定能够获利。换言之,被保险人对保险标的具有的利害关系,只有已经确定或者可以确定的,才能构成可保利益。已经确定的利害关系为现有利益(如所有或者占有的财产),可以确定的利害关系为期待利益(如货物买卖所得利润、股票或期货交易等投机性活动中的预期利益、运费收入、租金收入、对他人的责任等)。

(2) 可保利益应当是法律上或衡平法上的利益

可保利益应当是法律上的可保利益,即法律上或衡平法上的利益。为了使损失或得益足够确定,经济利益必须和其他东西相结合。可保利益必须是严格的法定权利或根据合同产生的权利。可见,只有法律认可的特定经济利益才能成为可保利益。换言之,可保利益必须符合社会公共秩序要求,不违反法律禁止性规定,符合法律的强制性规定。否则,即使被保险人对保险财产存有利害关系,例如对走私货物或没有进口权而进口的货物享有利益,但仍无可保利益。

4. 投保人、受益人和保费

(1) 投保人

投保人是指根据保险合同,其财产利益或人身受保险合同保障,在保险事故发生后,享有保险金请求权的人。投保人往往同时就是被保险人。

在财产保险中,投保人可以与被保险人是同一人。如果投保人与被保险人不是同一人,则财产保险的被保险人必须是保险财产的所有人,或者是财产的经营管理人,或者是与财产有直接利害关系的人,否则不能成为财产保险的被保险人。

在人身保险中,被保险人可以是投保人本人,如果投保人与被保险人不是同一人,则投保人与被保险人存在行政隶属关系或雇佣关系,或者投保人与被保险人存在债权和债务关系,或者投保人与被保险人存在法律认可的继承、赡养、抚养或监护关系,或者投保人与被保险人存在赠与关系,或者投保人是被保险人的配偶、父母、子女或法律所认可的其他人。

被保险人必须具备下列条件:①其财产或人身受保险合同保障。②享有赔偿请求权。为保护被保险人的利益,《保险法》明确规定:①投保人不是被保险人时,投保人指定或变更受益人必须经过被保险人的同意。②以死亡为给付保险金条件的保险合同,投保人就保险险种和保险金额必须取得被保险人的同意,该保险合同转让和质押也必须经被保险人同意,否则保险合同无效,合同的转让和质押也无效。但父母为未成年子女投保的,不受此限制,但是死亡给付保险金额总和不得超过金融监管部门规定的限额。

(2) 被保险人的权利

① 决定保险合同是否有效。在人身保险合同中,以死亡为给付保险金条件的合同及其保险金额,在未经被保险人书面同意并认可的情况下,保险合同无效。

② 指定或变更受益人。在人身保险合同中,被保险人有权指定或变更受益人,而投保人指定或变更受益人,必须事先征得被保险人的同意。

③ 在某些情况下被保险人享有保险金受益权。如根据《保险法》规定,被保险人死亡,只要存在下列情形之一的,保险金即作为被保险人的遗产,由保险公司向被保险人的继承人履行给付义务:被保险人没有指定受益人;受益人先于被保险人死亡,并没有指定其他受益人;受益人依法丧失受益权或放弃受益权,并没有其他受益人。

(3) 被保险人的义务

① 被保险人也有危险增加通知义务、保险事故通知义务、防灾防损和施救义务、提供有关证明、单证和资料的义务等。

② 当保险人行使保险代位权时(即保险人代替被保险人向造成损害的第三人行使赔偿请求权时),被保险人有协助义务。

(4) 受益人

保险受益人又称为保险金领取人,是指由被保险人或者投保人指定,在保险事故发生或者约定的保险期限届满时,依照保险合同享有保险金请求权的人。

保险受益人在保险合同中由被保险人或投保人指定,在被保险人死亡后有权领取保险金的人,一般见于人身保险合同。如果投保人或被保险人未指定受益人,则他的法定继承人即为受益人。受益人在被保险人死亡后领取的保险金,不得作为死者遗产用来清偿死者生前的债务,受益人以外的他人无权分享保险金。在保险合同中,受益人只享受权利,不承担缴付保险费的义务。受益人的受益权以被保险人死亡时受益人尚生存为条件,若受益人先于被保险人死亡,则受益权应回归给被保险人,或由投保人或被保险人另行指定新的受益人,而不能由受益人的继承人继承受益权。

受益人故意造成被保险人死亡、伤残或者疾病的,保险人不承担给付保险金的责任。投保人已交足两年以上保险费的,保险人应当按照合同约定向其他享有权利的受益人退还保险单的现金价值。受益人必须具备下列条件。

① 受益人是享受保险金请求权的人。受益人享受保险合同的利益,领取保险金,但他并非保险合同当事人,且不负交付保险费的义务。

② 受益人是由投保人或被保险人在保险合同中指定的人。保险合同生效后,投保人或被保险人可以中途撤销或变更受益人,无须征得保险人的同意,但必须通知保险人,由保险人在保险单上作出批准后才能生效。如果投保人与被保险人不是同一人,投保人变更或撤销受益人时,须征得被保险人同意。如果投保人或被保险人没有在保险合同中指明受益人的,则由被保险人的法定继承人作为受益人。

(5) 保费

保费也称保险费,是投保人为取得保险保障,按保险合同约定向保险人支付的费用。即被保险人根据其投保时所订的保险费率,向保险人交付的费用。

保险费率是指按保险金额计算保险费的比例。当保险财产遭受灾害和意外事故造成全部或部分损失,或人身保险中人身发生意外时,保险人均要付给保险金。保险费由保险金额、保险费率和保险期限构成。保险费多少是根据保险金额、保险费率、保险期限、保险人的年龄职业等因素计算决定的。

保险费的数额同保险金额的大小、保险费率的高低和保险期限的长短成正比,即保险金额越大,保险费率越高,保险期限越长,则保险费也就越多。交纳保险费是投保人的义务。如投保人不按期交纳保险费,在自愿保险中,则保险合同失效;在强制保险中,就要附加一定数额的滞纳金。通常保险合同上会载明保险费的数额并明确支付方式。交纳保险费一般有四种方式:一次交纳、按年交纳、按季交纳、按月交纳。保险费率是指按保险金额计算保险费的比例。以财产保险为例,它是根据保险标的的种类,危险可能性的大小,存放地点的好坏,可能造成损失的程度以及保险期限等条件来考虑的。计算保险费率的保险金额单位一般以每千元为单位,即每千元保险金额应交多少保险费,通常以‰来表示。保险费率由纯费率和附加费率两个部分组成。这两部分费率相加叫作毛费率,即为保险人向被保险人计收保险费的费率。纯保费是用来向客户支付各种理赔金、生存金或是满期金等项目,可再分为生存保险金(支付满期保险的财源)和死亡金(支付死亡保险的财源)。附加保费是指营业费用,主要包括公司经营成本,也就是维持保单有效所需的费用。

需要注意的是,投保人只有统一支付或者已经支付保险费的前提下,才能获得保险人承担保险损害赔偿的承诺。保险合同没有保险费约定的,保险合同无效。如投保人未能按规定交付保险费,保险合同效力随之停止。

5. 保险的种类

保险分为财产保险、人寿保险和健康保险。

财产保险包含机动车保险、企业财产保险、家庭财产保险、船舶保险、责任保险、保证保险、货物运输保险、意外伤害险、农业保险、工程保险、信用保险等。

人寿保险和健康保险又有以下分类。

(1) 根据投保人的数量不同,可分为个人健康险和团体健康险。

(2) 根据投保时间的长短,可以分为短期健康险和长期健康险。投保时间长短还与投保人的数量结合构成团体短期险和团体长期险,同样与个人结合可构成个人短期险和个人长期险等。

(3) 按照保险责任不同可分为:①疾病保险是指以疾病为给付保险金条件的保险,即只要被保险人患有保险条款中列明的某种疾病,无论是否发生医疗费用或发生多少费用,都可获得定额补偿。②医疗保险也称为医疗费用保险,是指对被保险人在接受医疗服务时发生的费用进行补偿的保险。③失能保险也称为收入损失保险、收入保障保险,是指因被保险人丧失工作能力而使收入、财产等受到损失的一种保险。

(4) 根据损失种类不同,可分为医疗费用保险、失能收入损失保险和长期护理保险。

(5) 根据给付方式不同可分为以下几类。

① 费用型保险。保险人以被保险人在医疗诊治过程中发生的合理医疗费用为依据,按照保险合同的约定,补偿其全部或部分医疗费用。

② 津贴型保险(定额给付型保险)。津贴型保险是指不考虑被保险人的实际费用支出,以保险合同约定的标准给付保险金的保险。

③ 提供服务型产品。在此类产品的提供过程中,保险人直接参与医疗服务体系的管理。保险人根据一定标准来挑选医疗服务提供者(医院、诊所、医生),并将挑选出的医疗服务提供者组织起来,为被保险人提供医疗服务,并有严格正式的操作规则,以保证服务质量,经常复查医疗服务的使用状况,被保险人按规定程序,找指定的医疗服务提供者,治病时可享受经济上的优惠。

 小贴士

怎样购买车险

首先是选择保险公司。目前,办理汽车保险的公司很多,大保险公司在全国范围内都有业务,理赔的标准比较高,理赔过程也相对快一些。而且很多情况下能按照 4S 店的维修费用赔给客户。而小保险公司的赔付额度不如大公司,定点维修厂的水平也不如大公司,而且有时候服务质量不够可靠,但通常费率会比较低。车主应综合考虑其信誉、口碑、赔付额度、费率和服务质量等进行选择。

其次是选择险种。汽车的保险按照重要性分为基本险和附加险。基本险包括车辆损失险和第三者责任险。附加险主要包括全车盗抢险、车上责任险、玻璃单独破碎险、自燃损失险、不计免赔特约险等。

有几点注意事项和窍门如下。

(1) 第三者责任险是强制必须保的,否则被保车辆无法通过年检。

(2) 车辆损失险是附加险的基础,只有保了车损险才能保其他附加险。

(3) 附加险中,车主可以根据自己的情况选择。例如,如果你的车在日常使用过程中一直都在比较可靠、安全的停车场中停放,上下班路途中也没有什么特别僻静的路段,就可以考虑不买盗抢险(但如果你的车属于很常见的、丢失率比较高的车型,那一定要买盗抢险)。如果你的车很便宜,那么玻璃险的保费就可能达到风挡玻璃本身价格的30%~40%,就很不划算了,因此,可以考虑放弃玻璃险。再如你的车是新车,那么自燃的概率是非常低的,可以考虑不保。

(4) 不计免赔险建议一定要保,否则,一旦出险,保险公司最多只赔付总损失的80%。

(5) 还要注意的是,现在很多保险公司根据不同车型来算费率,一些比较老或年头较长的车型费率就较高。

任务 7.2 保险规划工具

人身保险是以人的寿命和身体为保险标的的保险。可分为人寿保险、年金保险、健康保险、伤害保险(意外险)等。

7.2.1 人寿保险

人寿保险是以人的生死为保险事件,保险人根据合同的规定负责对被保险人在保险期内死亡或生存至一定年龄时给付保险金。人寿保险可分为生存保险、死亡保险和生死合险。

1. 生存保险

若被保险人在保险契约的保险期间届满时仍生存,保险公司将会依照所约定的金额给付保险金。若被保险人死亡,则无给付责任,所缴保费不予退还。

2. 死亡保险

就是在被保险人死亡发生时,保险公司将依照约定给付保险金的保险。死亡保险又可分为定期死亡保险和终身死亡保险。定期死亡保险是指被保险人在保险期间死亡,保险公司给付保险金,被保险人在保险期满后死亡,保险公司不负给付保险金的责任。终身死亡保险是不论何时,只要被保险人死亡发生,保险公司将依照契约所约定的金额立即给付保险金。

3. 生死合险

生死合险又称为养老保险,实际上是将死亡保险与生存保险混合,同时兼顾了死亡保障与储蓄的功能。被保险人于保险期间死亡或于保险届满时仍生存,保险公司将依照契约约定的金额给付保险金。

7.2.2 年金保险

年金保险主要是为老年失去工作能力所产生的经济风险提供保障。是指在被保险人生存期间,保险人按照合同约定的金额、方式,在约定的期限内,有规则地、定期地向被保险人给付保险金的保险。年金保险,同样是由被保险人的生存为给付条件的人寿保险,但生存保险金的给付,通常采取的是按年度周期给付一定金额的方式,因此称为年金保险。

在年金保险中,投保人要在开始领取之前,交清所有保费,不能边交保费,边领年金。年金保险可以有确定的期限,也可以没有确定的期限,但均以年金保险的被保险人的生存为支付条件。在年金受领者死亡时,保险人立即终止支付。投保年金保险可以使晚年生活得到经济保障。人们在年轻时节约闲散资金缴纳保费,年老之后就可以按期领取固定数额的保险金。投保年金保险对于年金购买者来说是非常安全可靠的。因为,保险公司必须按照法律规定提取责任准备金,而且保险公司之间的责任准备金储备制度保证,即使投保客户所购买年金的保险公司停业或破产,其余保险公司仍会自动为购买者分担年金给付。

1. 年金保险的分类

(1) 按缴费方法不同分为趸缴年金与分期缴费年金。趸缴年金又称为一次缴清保费年金,投保人一次性缴清全部保险费,然后从约定的年金给付开始日起,受领人按期领取年金。分期缴费年金的投保人,在保险金给付开始日之前分期缴纳保险费,在约定的年金给付开始日起按期由受领人领取年金。

(2) 按年金给付开始时间不同分为即期年金和延期年金。即期年金是指在投保人缴纳所有保费且保险合同成立生效后,保险人立即按期给付保险年金的年金保险。通常即期年金采用趸缴方式缴纳保费,因此,趸缴年金是即期年金的主要形式。延期年金是指保险合同成立生效后且被保险人到达一定年龄或经过一定时期后,保险人在被保险人仍然生存的条件下开始给付年金的年金保险。

(3) 按被保险人不同分为个人年金、联合及生存者年金和联合年金。个人年金又称为单生年金,被保险人为独立的一人,是以个人生存为给付条件的年金。联合及生存者年金是指两个或两个以上的被保险人中,在约定的给付开始日,至少有一个生存即给付年金,直至最后一个生存者死亡为止的年金。因此,该年金又称为联合及最后生存者年金。但通常此种年金的给付规定,若一人死亡则年金按约定比例减少金额。此种年金的投保人多为夫妻。联合年金是指两个或两个以上的被保险人中,只要其中一个死亡则保险金给付即终止的年金,它是以两个或两个以上的被保险人同时生存为给付条件。

(4) 按给付期限不同分为定期年金、终身年金和最低保证年金。定期年金是指保险人与被保险人有约定的保险年金给付期限的年金。一种定期年金是确定年金,只要在约定的期限内,无论被保险人是否生存,保险人的年金给付直至保险年金给付期限结束;另一种是定期生存年金,在约定给付期限内,只要被保险人生存就给付年金,直至被保险人死亡。终身年金是指保险人以被保险人死亡为终止给付保险年金的时间。也就是,只要被保险人生存,被保险人将一直领取年金。对于长寿的被保险人,该险种最为有利。最低保证年金是为了防止被保险人过早死亡而丧失领取年金的权利而产生的防范形式年金。它具有两种给付方式:一种是按给付年度数来保证被保险人及其受益人利益,该种最低保证年金形式确定了给付的最少年数,若在规定期内被保险人死亡,被保险人指定的受益人将继续领取年金到期限结束;另一种是按给付的回返来保证被保险人及其受益人的利益,该种最低保证年金形式确定有给付的最少回返金额,当被保险人领取的年金总额低于最低保证金额时,保险人以现金方式自动分期退还其差额。第一种方式为确定给付年金,第二种方式为退还年金。

(5) 按保险年金给付额是否变动分为定额年金与变额年金。定额年金的保险年金给付额是固定的,不因为市场通货膨胀而变化。因此,定额年金与银行储蓄性质类似。变额年金属于创新型寿险产品,通常变额年金也具有投资分立账户,变额年金的保险年金给付额,随投资分立账户的资产收益变化而不同。通过投资,此类年金保险有效地解决了通货膨胀对年金领取者生活状况的不利影响。变额年金因与投资收益相连接而具有投资性质。

从某种意义上说,年金保险和人寿保险的作用正好相反。人寿保险为被保险人因过早死亡而丧失的收入提供经济保障,而年金保险则是预防被保险人因寿命过长而可能丧失收入来源或耗尽积蓄而进行的经济储备。如果一个人的寿命与他的预期寿命相同,那么他参加年金保险既未获益也未损失;如果他的寿命超过了预期寿命,那么他就获得了额外支付,其资金主要来自没有活到预期寿命的那些被保险人缴付的保险费。所以年金保险有利于长寿者。

从本质上讲,年金保险并不是真正意义上的保险,而是人们通过寿险公司进行的一项投资,它代表年金合同持有人同寿险公司之间的契约关系。当投保客户购买年金时,保险公司为客户提供了一定的收益保障。当然,保障的内容取决于投保人所购买的年金的类型。

2. 年金保险的主要种类

年金保险有个人养老保险、定期年金保险、联合年金保险和变额年金保险。

(1) 个人养老保险

这是一种主要的个人年金保险产品。年金受领人在年轻时参加保险,按月缴纳保险费至退休日止。从达到退休年龄次日开始领取年金,直至死亡。养老保险年金受领者可以选择一次性总付或分期给付年金。如果年金受领者在达到退休年龄之前死亡,保险公司会退还积累的保险费(计息或不计息)或者现金价值,根据金额较大的计算而定。在积累期内,年金受领者可以终止保险合同,领取退保金。一般来说,保险公司对个人养老金保险可能会有如下承诺。

① 被保险人从约定养老年龄(比如50周岁或者60周岁)开始领取养老金,可按月领也可按年领,或一次性领取。对于按年领或按月领者,养老金保证一定年限(比如10年)给付,如果在这一年限内死亡,受益人可继续领取养老金至年限期满。

② 如果养老金领取一定年限后被保险人仍然生存,保险公司每年给付按一定比例递增的养老金,一直给付,直至死亡。

③ 交费期内因意外伤害事故或因病死亡,保险公司给付死亡保险金,保险合同终止。

(2) 定期年金保险

这是一种投保人在规定期限内缴纳保险费,被保险人生存至一定时期后,依照保险合同的约定按期领取年金,直至合同规定期满时止的年金保险。如果被保险人在约定期内死亡,则自被保险人死亡时终止给付年金。子女教育金保险就属于定期年金保险。父母作为投保人,在子女幼小时,为其投保子女教育金保险,等子女满18岁开始,从保险公司领取教育金作为读大学的费用,直至大学毕业。

(3) 联合年金保险

这是以两个或两个以上的被保险人的生命作为给付年金条件的保险。它主要有联合最后生存者年金保险以及联合生存年金保险两种类型。联合最后生存者年金是指同一保单中的二人或二人以上,只要还有一人生存就继续给付年金,直至全部被保险人死亡后才停止。它非常适用于一对夫妇和有一个永久残疾子女的家庭购买。由于以上特点,这一保险产品比起相同年龄和金额的单人年金需要缴付更多保险费。联合生存年金保险则是只要其中一个被保险人死亡,就停止给付年金,或者将随之减少一定的比例。

(4) 变额年金保险

这是一种保险公司把收取的保险费计入特别账户,主要投资于公开交易的证券,并且将投资红利分配给参加年金的投保者,保险购买者承担投资风险,保险公司承担死亡率和费用率的变动风险。对投保人来说，购买这种保险产品，一方面可以获得保障功能，另一方面可以以承担高风险为代价得到高保额的返还金。因此，购买变额年金类似于参加共同基金类型的投资，如今保险公司还向参加者提供多种投资的选择权。

由此可见，购买变额年金保险主要可以看作一种投资。在风险波动较大的经济环境中，人寿保险市场的需求重点在于保值以及与其他金融商品的比较利益。变额年金保险提供的年金直接随资产的投资结果而变化。变额年金保险是专门为了对付通货膨胀，为投保者提供一种能得到稳定的货币购买力而设计的保险产品形式。

7.2.3 健康保险

健康保险是以被保险人的身体为保险标的，使被保险人在疾病或意外事故所致伤害时发生的费用或损失获得补偿的一种保险。通常作为一种附加险与人寿保险和意外伤害保险组合办理。

1. 健康保险的种类

（1）按照保险责任划分，可分为疾病保险、医疗保险、收入保障保险等。

构成健康保险所指的疾病必须满足以下三个条件：①必须是由于明显非外来原因所造成的。②必须是非先天性的原因所造成的。③必须是由于非长存的原因所造成的。

（2）按给付方式划分，一般可分为以下三种。

① 给付型，保险公司在被保险人患保险合同约定的疾病或发生合同约定的情况时，按照合同规定向被保险人给付保险金。保险金的数目是确定的，一旦确诊，保险公司按合同所载的保险金额一次性给付保险金。各保险公司的重大疾病保险等就属于给付型。

② 报销型，保险公司依照被保险人实际支出的各项医疗费用按保险合同约定的比例报销。如住院医疗保险、意外伤害医疗保险等就属于报销型。

③ 津贴型，保险公司依照被保险人实际住院天数及手术项目赔付保险金。保险金一般按天计算，保险金的总数依住院天数及手术项目的不同而不同。如住院医疗补贴保险、住院安心保险等就属于津贴型。

2. 健康保险的特点

（1）保险期限。除重大疾病等保险以外，绝大多数健康保险尤其是医疗费用保险，常为一年期的短期合同。

（2）精算技术。健康保险产品的定价主要考虑疾病率、伤残率和疾病（伤残）持续时间。健康保险费率的计算以保险金额损失率为基础，年末未到期责任准备金一般按当年保费收入的一定比例提存。此外，等待期、免责期、免赔额、共付比例和给付方式、给付限额，也会影响最终的费率。

（3）健康保险的给付。关于"健康保险是否适用补偿原则"问题，不能一概而论。费用型健康保险适用该原则，是补偿性的给付；而定额给付型健康险则不适用，保险金的给付与实际损失无关。

（4）经营风险的特殊性。健康保险经营的是伤病发生的风险，其影响因素远较人寿保险复杂,逆选择和道德风险都更严重。此外,健康保险的风险还来源于医疗服务提供者,医疗服务的数量和价格在很大程度上由他们决定,作为支付方的保险公司很难加以控制。

(5) 成本分摊。由于健康保险有风险大、不易控制和难以预测的特性,因此,在健康保险中,保险人对所承担的疾病医疗保险金的给付责任往往带有很多限制或制约性条款。

(6) 合同条款的特殊性。健康保险无须指定受益人,被保险人和受益人常为同一个人。

健康保险合同中,除适用一般寿险的不可抗辩条款、宽限期条款、不丧失价值条款等外,还采用一些特有的条款,如既存状况条款、转换条款、协调给付条款、体检条款、免赔额条款、等待期条款等。

(7) 健康保险的除外责任。健康保险的除外责任一般包括战争或军事行动,故意自杀或企图自杀造成的疾病、死亡和残废,堕胎导致的疾病、残废、流产、死亡等。

3. 健康保险的主要种类

1) 医疗保险

医疗保险是指以约定的医疗费用为给付保险金条件的保险,即提供医疗费用保障的保险,它是健康保险的主要内容之一。

医疗费用是病人为了治病而发生的各种费用,它不仅包括医生的医疗费和手术费用,还包括住院、护理、医院设备等的费用。医疗保险就是医疗费用保险的简称。

医疗保险的主要类型有普通医疗保险、住院保险、手术保险和综合医疗保险。

医疗保险的常用条款如下。

(1) 免赔额条款。免赔额的计算一般有三种:一是单一赔款免赔额,针对每次赔款的数额;二是全年免赔额,按全年赔款总计,超过一定数额后才赔付;三是集体免赔额,针对团体投保而言。

(2) 比例给付条款,或称共保比例条款。在大多数健康保险合同中,对于保险人医疗保险金的支出均有比例给付的规定,即对超过免赔额以上的医疗费用部分,采用保险人和被保险人共同分摊的比例给付办法。

比例给付,既可以按某一固定比例给付,也可按累进比例给付。

(3) 给付限额条款。一般对保险人医疗保险金的最高给付均有限额规定,以控制总支出水平。

2) 疾病保险

疾病保险是指以疾病为给付保险金条件的保险。通常这种保单的保险金额比较大,给付方式一般是在确诊为特种疾病后,立即一次性支付保险金额。

(1) 疾病保险的基本特点:①个人可以任意选择投保疾病保险,作为一种独立的险种,它不必附加于其他险种。②疾病保险条款一般都规定了等待期或观察期,观察期结束后保险单才正式生效。③为被保险人提供切实的疾病保障,且程度较高。④保险期限较长。⑤保险费可以分期交付,也可以一次交清。

(2) 重大疾病保险。重大疾病保险保障的疾病一般有急性心肌梗塞、冠状动脉绕道手术、癌症、脑中风、尿毒症、严重烧伤、急性或亚急性重症肝炎、瘫痪和重要器官移植手术、主动脉手术等。

重大疾病保险按保险期间划分,有定期重大疾病保险和终身重大疾病保险;按给付形态划分,有提前给付型、附加给付型、独立主险型、按比例给付型、回购式选择型五种。

3) 收入保障保险

收入保障保险是指以因意外伤害、疾病导致收入中断或减少为给付保险金条件的保险,具体是指当被保险人由于疾病或意外伤害导致残疾,丧失劳动能力不能工作以致失去收入或减少收入时,由保险人在一定期限内分期给付保险金的一种健康保险。

(1) 收入保障保险的含义。提供被保险人在残废、疾病或意外受伤后不能继续工作时所发生的收入损失补偿的保险。

收入保障保险一般可分为两种,一种是补偿因伤害而致残废的收入损失,另一种是补偿因疾病造成的残废而致的收入损失。

① 给付方式。收入保障保险的给付一般是按月或按周进行补偿,每月或每周可提供金额一致的收入补偿。

残疾收入保险金应与被保险人伤残前的收入水平有一定的联系。在确定最高限额时,保险公司需要考虑投保人的下述收入:税前的正常劳动收入;非劳动收入;残疾期间的其他收入来源;目前适用的所得税率。

收入保障保险除了在被保险人全残时给付保险金外,还可以提供其他利益,包括部分伤残保险金给付、未来增加保额给付、生活费用调整给付、残疾免缴保费条款,以及移植手术保险给付、非失能性伤害给付、意外死亡给付。这些补充利益作为特殊条款通过缴纳附加保费的方式获得。

② 给付期限。给付期限为收入保障保单支付保险金最长的时间,可以是短期或长期的,因此有短期失能及长期失能两种形态。短期补偿是为了补偿在身体恢复前不能工作的收入损失,而长期补偿则规定较长的给付期限,这种一般是补偿全部残废而不能恢复工作的被保险人的收入。

③ 免责期间。免责期间又称等待期间或推迟期,是指在残疾失能开始后无保险金可领取的一段时间,即残废后的前一段时间,类似于医疗费用保险中的免责期或自负额,在这期间不给付任何补偿。

(2) 残疾的定义。残疾是指由于伤病等原因在人体上遗留的固定症状,并影响正常生活和工作能力。通常导致残疾的原因有先天性的残障、后天疾病遗留、意外伤害遗留。收入保障保险对先天性的残疾不给付保险金,并规定只有满足保单载明的全残定义时,才可以给付保险金。

① 完全残废。完全残废一般指永久丧失全部劳动能力,不能参加工作(原来的工作或任何新工作)以获得工资收入。

全部残废给付金额一般比残废前的收入少一些,经常是原收入的75%~80%。

② 部分残废。部分残废是与全部残废的定义相对而言,是指部分丧失劳动能力。如果我们把全部残废认为是全部的收入损失,部分残废则意味着被保险人还能进行一些有收入的其他职业,保险人给付的将是全部残废给付的一部分。

部分残废给付＝全部残废给付×(残废前的收入－残废后收入)÷残废前的收入

4) 长期护理保险

长期护理保险是为因年老、疾病或伤残而需要长期照顾的被保险人提供护理服务费用补偿的健康保险。

长期护理保险的保险范围分为医护人员看护、中级看护、照顾式看护和家中看护四个等级,但早期的长期护理保险产品不包括家中看护。

典型长期看护保单要求被保险人不能完成下述五项活动之两项即可：①吃；②沐浴；③穿衣；④如厕；⑤移动。除此之外,患有老年痴呆等认知能力障碍的人通常需要长期护理,但他们却能执行某些日常活动。为解决这一矛盾,目前所有长期护理保险已将老年痴呆和阿基米德病及其他精神疾病包括在内。

长期护理保险保险金的给付期限有一年、数年和终身等几种不同的选择,同时也规定有 20 天、30 天、60 天、90 天、100 天、180 天等多种免责期。免责期越长,保费越低。

长期护理保险的保费通常为平准式,也有每年或每一期间固定上调保费者,其年缴保费因投保年龄、等待期间、保险金额和其他条件的不同而有很大区别。一般都有豁免保费保障,即保险人开始履行保险金给付责任的 60 天、90 天或 180 天起免缴保费。

此外,所有长期护理保险保单都是保证续保的。最后,长期护理保险还有不没收价值条款规定。

7.2.4 意外伤害保险

意外伤害保险又称意外险,是针对外力所造成的伤害、死亡给予保障。被保险人在保险期间内,因遭遇意外事故,致其身体蒙受伤害,而致残或死亡时,依照契约约定,给付保险金。意外伤害保险中所称意外伤害是指在被保险人没有预见到或违背被保险人意愿的情况下,突然发生的外来致害物对被保险人的身体明显、剧烈侵害的客观事实。

1. 意外伤害的含义

伤害也称为损伤,是指被保险人的身体受到侵害的客观事实,由致害物、侵害对象、侵害事实三个要素构成。意外是就被保险人的主观状态而言,被保险人事先没有预见到伤害的发生,可理解为伤害的发生是被保险人事先所不能预见或无法预见的;或者伤害的发生是被保险人事先能够预见,但由于被保险人的疏忽而没有预见到。伤害的发生违背被保险人的主观意愿。

意外伤害的构成包括意外和伤害两个必要条件。

2. 意外伤害保险的含义

(1) 必须有客观的意外事故发生,且事故原因是意外的、偶然的、不可预见的。

(2) 被保险人必须因客观事故造成人身死亡或残废的结果。

(3) 意外事故的发生和被保险人遭受人身伤亡的结果,两者之间有着内在的、必然的联系。

3. 意外伤害保险的基本内容

投保人向保险人交纳一定量的保险费,如果被保险人在保险期限内遭受意外伤害并以此为直接原因或近因,在自遭受意外伤害之日起的一定时期内造成死亡、残废、支出医疗费或暂时丧失劳动能力,则保险人给付被保险人或其受益人一定量的保险金。

4. 意外伤害保险的保障项目

(1) 死亡给付。
(2) 残废给付。

意外死亡给付和意外伤残给付是意外伤害保险的基本责任,其派生责任包括医疗给付、误工给付、丧葬费给付和遗属生活费给付等责任。

5. 意外伤害保险的特征

(1) 保险金的给付。保险事故发生时,死亡保险金按约定保险金额给付,残废保险多按保险金额的一定百分比给付。

(2) 保费计算基础。意外伤害保险的纯保险费是根据保险金额损失率计算的,这种方法认为被保险人遭受意外伤害的概率取决于其职业、工种或从事的活动,在其他条件都相同时,被保险人的职业、工种、所从事活动的危险程度越高,应交的保险费就越多。

(3) 保险期限。意外伤害保险的保险期较短,一般都超过一年,最多三年或五年。

(4) 责任准备金。年末到期责任准备金按当年保险费收入的一定百分比(如40%、50%)计算,与财产保险相同。

6. 不可保意外伤害

不可保意外伤害,也可理解为意外伤害保险的除外责任,即从保险原理上讲,保险人不应该承保的意外伤害,如果承保,则违反法律的规定或违反社会公共利益。

不可保意外伤害一般包括以下方面。

(1) 被保险人在犯罪活动中所受的意外伤害。
(2) 被保险人在寻衅殴斗中所受的意外伤害。
(3) 被保险人在酒醉、吸食(或注射)毒品(如海洛因、鸦片、大麻、吗啡等麻醉剂、兴奋剂、致幻剂)后发生的意外伤害。
(4) 由于被保险人的自杀行为造成的伤害。

对于不可保意外伤害,在意外伤害保险条款中应明确列为除外责任。

7. 特约保意外伤害

特约保意外伤害,即从保险原理上讲虽非不能承保,但保险人考虑到保险责任不易区分或限于承保能力,一般不予承保,只有经过投保人与保险人特别约定,有时还要另外加收保险费后才予承保的意外伤害。

特约保意外伤害包括以下方面。

(1) 战争使被保险人遭受的意外伤害。

(2) 被保险人在从事登山、跳伞、滑雪、赛车、拳击、江河漂流、摔跤等剧烈的体育活动或比赛中遭受意外伤害。

(3) 核辐射造成的意外伤害。

(4) 医疗事故造成的意外伤害(如医生误诊、药剂师发错药品、检查时造成的损伤、手术切错部位等)。

除不可保意外伤害、特约保意外伤害以外,均属一般可保意外伤害。

8. 意外伤害保险的保险责任

意外伤害保险的责任是保险人因意外伤害所致的死亡和残废,不负责疾病所致的死亡。

只要被保险人遭受意外伤害的事件发生在保险期内,而且自遭受意外伤害之日起的一定时期内(责任期限内,如90天、180天等)造成死亡残废的后果,保险人就要承担保险责任,给付保险金。

(1) 被保险人遭受了意外伤害

① 被保险人遭受意外伤害必须是客观发生的事实,而不是臆想的或推测的。

② 被保险人遭受意外伤害的客观事实必须发生在保险期限之内。

(2) 被保险人死亡或残废

① 被保险人死亡或残废的含义。

死亡即机体生命活动和新陈代谢的终止。在法律上发生效力的死亡包括两种情况:一是生理死亡,即已被证实的死亡;二是宣告死亡,即按照法律程序推定的死亡。

残废包括两种情况:一是人体组织的永久性残缺(或称缺损);二是人体器官正常功能的永久丧失。

② 被保险人的死亡或残废发生在责任期限之内。

责任期限是意外伤害保险和健康保险特有的概念,是指自被保险人遭受意外伤害之日起的一定期限(如90天、180天、一年等)。

宣告死亡的情况下,可以在意外伤害保险条款中订有失踪条款或在保险单上签注关于失踪的特别约定,规定被保险人确因意外伤害事故下落不明超过一定期限(如90天、180天等)时,视同被保险人死亡,保险人给付死亡保险金,但如果被保险人以后生还,受领保险金的人应把保险金返还给保险人。

责任期限对于意外伤害造成的残废,实际上是确定残废程度的期限。

(3) 意外伤害是死亡或残废的直接原因或近因

① 意外伤害是死亡、残废的直接原因。

② 意外伤害是死亡或残废的近因。

③ 意外伤害是死亡或残废的诱因。

当意外伤害是被保险人死亡、残废的诱因时,保险人不是按照保险金额和被保险人的最终后果给付保险金,而是比照身体健康遭受这种意外伤害会造成何种后果给付保险金。

9. 意外伤害保险的给付方式

意外伤害保险属于定额给付性保险,当保险责任构成时,保险人按保险合同中约定的保险金额给付死亡保险金或残废保险金。

死亡保险金的数额是保险合同中规定的,当被保险人死亡时如数支付。

残废保险金的数额由保险金额和残废程度两个因素确定。残废程度一般以百分率表示,残废保险金数额的计算公式为

$$残废保险金 = 保险金额 \times 残废程度百分率$$

在意外伤害保险中,保险金额同时也是保险人给付保险金的最高限额,即保险人给付每一被保险人死亡保险金、残废保险金累计,以不超过该被保险人的保险金额为限。

10. 意外伤害保险的主要险别

(1) 按投保动因分类,可分为自愿意外伤害保险和强制意外伤害保险。

(2) 按保险危险分类,可分为普通意外伤害保险和特定意外伤害保险。

(3) 按保险期限分类,可分为一年期意外伤害保险、极短期意外伤害保险和多年期意外伤害保险。

(4) 按险种结构分类,可分为单纯意外伤害保险和附加意外伤害保险。

11. 意外伤害保险的保费

意外伤害保险保险费的计算原理近似于非寿险,即在计算意外伤害保险费率时,应根据意外事故发生频率及其对被保险人造成的伤害程度,对被保险人的危险程度进行分类,对不同类别的被保险人分类,对不同类别的被保险人分别制定保险费率。一年期意外伤害保险费的计算一般由被保险人的职业分类确定,对被保险人按职业分类一般称为划分工种档次。

对不足一年的短期意外伤害保险费率计算,一般是按被保险人所从事活动的性质分类,分别确定保险费率。极短期意外伤害保险费的计收原则为:保险期不足1个月,按1个月计收,超过1个月不足2个月的,按2个月计收,以此类推。因为短期费率高于相应月份占全年12个月的比例,而对有一些保险期限在几星期、几天、几小时的极短期伤害保险来讲,保险费率往往更高。

12. 意外伤害保险的保险金额

意外伤害保险是以人的身体为保险标的,只能采用定值保险。具体由保险人结合生命经济价值、事故发生率、平均费用率以及当时总体工资收入水平,确定总保险金额,再由投保人加以认可。目前在团体意外伤害保险中,保险金额最低为1 000元,最高为500 000元;在个人意外伤害保险中,保险金额最低为1 000元,最高为1 000 000元。保险金额一经确定,中途不得变更。在特种人身意外伤害保险中,保险金额一般由保险条款或者法院规定。有些财产险公司推出的团体意外伤害保险,还增加了被保险人可中途更换的条款。

影响意外伤害保险费率高低的因素有两个:一是被保险人从事工作的危险程度。危

险程度高,保险费率高,危险程度低,则保险费率低。二是保险期限的性质。

保险费率(以寿险公司的意外险为例),一般分为4级:第一级主要是非生产部门的脑力劳动者,年费率为0.2%;第二级主要是轻工业工人和手工业劳动者,年费率为0.3%;第三级主要是重工业工人和重体力劳动者,年费率为7%;第四级主要是职业比较特殊的劳动者,年费率为10%。

7.2.5 财产保险

财产保险是指投保人根据合同约定,向保险人交付保险费,保险人按保险合同的约定对所承保的财产及其有关利益因自然灾害或意外事故造成的损失承担赔偿责任的保险。财产保险包括财产险、农业保险、责任保险、保证保险、信用保险等以财产或利益为保险标的的各种保险。

可保财产包括物质形态和非物质形态的财产及其有关利益。以物质形态的财产及其相关利益作为保险标的的,通常称为财产损失保险。例如,飞机、卫星、电厂、大型工程、汽车、船舶、厂房、设备以及家庭财产保险等。以非物质形态的财产及其相关利益作为保险标的的,通常是指各种责任保险、信用保险等。例如,公众责任、产品责任、雇主责任、职业责任、出口信用保险、投资风险保险等。但是,并非所有的财产及其相关利益都可以作为财产保险的保险标的。只有根据法律规定,符合财产保险合同要求的财产及其相关利益,才能成为财产保险的保险标的。

1. 财产保险的原则

(1) 保险利益原则

保险利益原则是保险行业中的一个基本原则,又称"可保利益原则"或"可保权益原则"。所谓保险利益,是指投保人或被保险人对其所保标的具有法律所承认的权益或利害关系。即在保险事故发生时,可能遭受的损失或失去的利益。《中华人民共和国保险法》(以下简称《保险法》)第十二条规定:"保险利益是指投保人对保险标的具有法律上承认的利益。"

(2) 最大诚信原则

最大诚信原则的含义是指当事人真诚地向对方充分而准确地告知有关保险的所有重要事实,不允许存在任何虚伪、欺瞒、隐瞒行为。而且不仅在保险合同订立时要遵守此项原则,在整个合同有效期内和履行合同过程中也都要求当事人间具有"最大诚信"。最大诚信原则的含义可表述为:保险合同当事人订立合同及合同有效期内,应依法向对方提供足以影响对方作出订约与履约决定的全部实质性重要事实,同时绝对信守合同订立的约定与承诺。否则,受到损害的一方,按民事立法规定可以此为由宣布合同无效,或解除合同,或不履行合同约定的义务或责任,甚至对因此受到的损害还可以要求对方予以赔偿。

(3) 近因原则

《保险法》上的近因原则的含义为"保险人对于承保范围的保险事故作为直接的、最接近的原因所引起的损失,承担保险责任,而对于承保范围以外的原因造成的损失,不负赔偿责任"。按照该原则,承担保险责任并不取决于时间上的接近,而是取决于导致保险损失的保险事故是否在承保范围内,如果存在多个原因导致保险损失,其中起决定性、最有效的,以及不可避免会产生保险事故作用的原因是近因。由于导致保险损失的原因可能会有多个,而对每一原因都投保于投保人经济上不合算且无此必要,因此,近因原则作为认定保险事故与保险损失之间是否存在因果关系的重要原则,对认定保险人是否应承担保险责任具有十分重要的意义。

(4)损失补偿原则

损失补偿原则是财产保险的核心原则。它是指在财产保险中,当保险事故发生导致被保险人经济损失时,保险公司给予被保险人经济损失赔偿,使其恢复到遭受保险事故前的经济状况。

由损失补偿原则派生出来的两个原则:代位求偿原则和重复保险分摊原则。

(5)代位求偿原则

代位求偿原则是从补偿原则中派生出来的,只适用于财产保险。在财产保险中,保险事故的发生是由第三者造成并负有赔偿责任,则被保险人既可以根据法律的有关规定向第三者要求赔偿损失,也可以根据保险合同要求保险人支付赔款。

如果被保险人首先要求保险人给予赔偿,则保险人在支付赔款以后,保险人有权在保险赔偿的范围内向第三者追偿,而被保险人应把向第三者要求赔偿的权利转让给保险人,并协助向第三者要求赔偿。反之,如果被保险人首先向第三者请求赔偿并获得损失赔偿,被保险人就不能再向保险人索赔。

(6)重复保险分摊原则

重复保险分摊原则也是由补偿原则派生出来的,它不适用于人身保险,而与财产保险业务中发生的重复保险密切相关。重复保险是指投保人对同一标的、同一保险利益、同一保险事故分别向两个以上保险人订立合同的保险。重复投保原则上是不允许的,但在事实上是存在的。其原因通常是由于投保人或者被保险人的疏忽,或者源于投保人求得心理上更大安全感的欲望。重复保险的投保人应当将重复保险的有关情况通知各保险人。

重复保险分摊原则是指投保人向多个保险人重复保险时,投保人的索赔只能在保险人之间分摊,赔偿金额不得超过损失金额。

在重复保险的情况下,当发生保险事故,对于保险标的所受损失,由各保险人分摊。如果保险金额总和超过保险价值的,各保险人承担的赔偿金额总和不得超过保险价值。这是补偿原则在重复保险中的运用,以防止被保险人因重复保险而获得额外利益。

2. 家庭财产保险

家庭财产保险是以城乡居民室内的有形财产为保险标的的保险。家庭财产保险为居民或家庭遭受的财产损失提供及时的经济补偿,有利于安定居民生活,保障社会稳定。我国目前开办的家庭财产保险主要有普通家庭财产险和家庭财产两全险。

1)普通家庭财产险

根据保险责任的不同,普通家庭财产险又分为灾害损失险和盗窃险两种。

(1)灾害损失险

① 保险标的。灾害损失险的保险标的包括被保险人的自有财产、由被保险人代管的

财产或被保险人与他人共有的财产。通常包括：日用品、床上用品；家具、用具、室内装修物；家用电器，文化、娱乐用品；农村家庭的农具、工具、已收获入库的农副产品等。有些家庭财产的实际价值很难确定，如金银、珠宝、玉器、首饰、古玩、古书、字画等，这些财产必须由专业鉴定人员进行价值鉴定，经投保人与保险人特别约定后，才作为保险标的。

② 保险人不予承保的财产。保险人通常对以下家庭财产不予承保：损失发生后无法确定具体价值的财产，如货币、票证、有价证券、邮票、文件、账册、图表、技术资料等；日常生活所需的日用消费品，如食品、粮食、烟酒、药品、化妆品等；法律规定不容许个人收藏、保管或拥有的财产，如枪支、弹药、爆炸物品、毒品等；处于危险状态下的财产；保险人从风险管理的需要出发，声明不予承保的财产。

③ 家庭责任。家庭财产灾害损失险规定的保险责任包括：火灾、爆炸、雷击、冰雹、洪水、海啸、地震、泥石流、暴风雨、空中运行物体坠落等一系列自然灾害和意外事故。对于被保险人为预防灾害事故而事先支出的预防费用，保险人原则上不予赔偿；但对于在灾害事故发生后，为防止灾害损失扩大，积极抢救、施救、保护保险标的而支出的费用，保险人将按约定负责提供补偿。

④ 保险人不承担赔偿责任的情况。保险人对于家庭财产保险单项下所承保的财产，由于下列原因造成的损失不承担赔偿责任：战争、军事行动或暴力行为；核辐射和污染；电机、电器设备因使用过度、超电压、碰线、弧花、漏电、自身发热等原因造成的本身损毁；被保险人及其家庭成员、服务人员、寄居人员的故意行为，或勾结纵容他人盗窃或被外来人员顺手偷摸，或窗外钩物所致的损失等；其他不属于家庭财产保险单列明的保险责任内的损失和费用。

⑤ 保险金额。家庭财产保险的保险金额由投保人依据投保财产的实际价值自行估计而定。若估价过低，会使保障不足；若估价过高，一方面，保费将随之增加，另一方面，实际灾害发生时，保险人将根据补偿原则，以投保财产的实际价值作为赔偿上限，因而被保险人也不可能靠此获利。投保人明智的做法是，对投保财产作出客观合理的估价，使保险金额尽可能接近所投保财产的实际价值。

⑥ 保险期限。普通家庭财产险的保险期限为 1 年，即从保单签发日零时算起，到保险期满日 24 时为止。

（2）盗窃险

盗窃险的保险责任是指在正常安全状态下，留有明显现场痕迹的盗窃行为，致使保险财产产生损失。除自行车、助动车以外，盗窃险规定的保险标的的范围与家庭财产、灾害损失险完全一样。对于由被保险人及其家庭成员、家庭服务人员、寄居人员的盗窃或纵容行为造成的损失以及如房门未锁、门窗未关等非正常安全状态下的失窃损失，保险人均不承担赔偿责任。盗窃险保险金额的确定以及保险期限的规定，均与灾害损失险相同。

2）家庭财产两全险

家庭财产两全险是一种具有经济补偿和到期还本性质的险种。它与普通家庭财产保险不同之处，仅在于保险金额的确定方式上。家庭财产两全险采用按份数确定保险金额的方式：城镇居民每份 1 000 元，农村居民每份 2 000 元，至少投保 1 份，具体份数多少根据投保财产的实际价值而定。投保人根据保险金额一次性缴纳保险储金,保险人将保险储金的利息作为保费。保险期满后,无论保险期内是否发生赔付,保险人都将如数退还全部保险储金。

3. 家庭财产保险的保障范围

(1) 基本保障

① 房屋:房屋由于火灾、台风、暴雨、泥石流等原因造成的损失,可申请理赔。房屋指房屋主体结构以及交付使用时已存在的室内附属设备,如固定装置的水暖、气暖、卫生、供水、管道煤气及供电设备、厨房配套的设备等。保额自主填写,建议填写的保额为市场价重置该房屋的费用。

注:房屋为被保险人拥有合法产权的钢筋混凝土或砖混结构的房屋。

② 房屋装修:房屋装修由于火灾、台风、暴雨、泥石流等原因造成的损失,可申请理赔。房屋装修指地板、水暖、气暖、供水、管道煤气及供电设备、厨房配套的设备等房屋装修附属设备。

③ 室内财产:室内财产由于火灾、台风、暴雨、泥石流等原因造成的损失,可申请理赔。室内财产是指家用电器、服装、家具、床上用品等。

(2) 附加保障

① 室内财产盗抢险:家用电器、服装、家具、床上用品等室内财产由于遭受盗窃、抢劫行为而丢失,经报案由公安部门确认后,可申请理赔,此附加险提供最高 10 万元保额。

② 水暖管爆裂及水渍险:房屋、房屋装修、室内财产因水暖管爆裂,由此遭受水浸、腐蚀的物质损失,可申请理赔,此附加险提供最高 10 万元保额。

③ 现金、金银珠宝盗抢损失险:现金、金银珠宝存放在房屋内由于遭受盗窃、抢劫所致的损失,经公安部门确认后,可申请理赔,此附加险提供最高 2 000 元保额。

④ 保姆人身意外险:保姆在工作过程中遭受烫伤、滑倒等意外伤害事故造成的医疗费用或身故伤残,可申请理赔,此附加险提供最高 5 万元保额。

⑤ 家用电器用电安全损失险:电压异常引起家用电器的损毁,可申请理赔,此附加险提供最高 10 万元保额。电压异常通常是由于供电线路老化、自然灾害造成的意外或施工失误造成的短路等原因引起。

⑥ 高空坠物责任险:窗框、花盆等因意外从家中坠下导致他人受伤或他人财物损毁,而因这事件需负上法律责任的费用将可获赔偿。甚至其所住楼宇范围内发生高空坠物,而无法确定肇事者,由此经法院判决由相关住户分摊的费用将可获赔偿,此附加险提供最高 5 万元保额。

⑦ 家养宠物责任险:合法拥有的宠物造成他人受伤或他人财物损毁,而因这事件需负上法律责任的费用将可获赔偿,此附加险提供最高 5 000 元保额。宠物不包括藏獒等烈性犬只等。

4. 特保财产

特约可保财产(简称特保财产)是指经保险双方特别约定后,在保险单中载明的保险财产。分为不提高费率的特保财产和需要提高费率的特保财产。不提高费率的特保财产是指市场价格变化较大或无固定价格的财产,如金银、珠宝、玉器、首饰、古玩、古画、邮票、艺术品、稀有金属和其他珍贵财物;堤堰、水闸、铁路、涵洞、桥梁、码头等。需提高费率或需附贴保险特约条款的财产一般包括矿井、矿坑的地下建筑物、设备和矿下物资等。

5. **不可保财产**

含下列六种情况的财产均不属企财险的投保范围。

(1) 不属于一般性的生产资料或物资的财产,如土地、矿藏、矿井、矿坑、森林、水产资源以及未经收割或收割后尚未入库的农作物。

(2) 风险特殊,应投保专门的现金保险,如货币、票证、有价证券。

(3) 无法鉴定价值的财产,如文件、账册、图表、技术资料。

(4) 承保这些财产将与政府相关法律法规相抵触,如违章建筑、危险建筑、非法占用的财产;在运输过程中的物资等。

(5) 必然会发生危险的财产,如危房。

(6) 应投保其他险种的财产。

6. **财产保险的种类**

(1) 财产险。保险人承保因火灾和其他自然灾害及意外事故引起的直接经济损失。险种主要有企业财产保险、家庭财产保险、家庭财产两全保险(指只以所交费用的利息作保险费,保险期满退还全部本金的险种)、涉外财产保险、其他保险公司认为适合开设的财产险种。

(2) 责任保险。责任保险是指保险人承保被保险人的民事损害赔偿责任的险种,主要有公众责任保险、第三者责任险、产品责任保险、雇主责任保险、职业责任保险等险种。

(3) 保证保险。被保证人根据权利人的要求投保自己信用的保险是保证保险;权利人要求被保证人信用的保险是信用保险。包括合同保证保险、忠实保证保险、产品保证保险、商业信用保证保险、出口信用保险、投资(政治风险)保险。

7. **家庭财产保险的分类**

(1) 普通家庭财产保险。普通家庭财产保险是采取交纳保险费的方式,保险期限为一年,从保险人签发保单零时起,到保险期满 24 小时止。没有特殊原因,中途不得退保。投保家庭财产保险保单险期满后,所交纳的保险费不退还,继续保险需要重新办理保险手续。

(2) 到期还本型家庭财产保险。它的承保范围和保险责任与普通家财险相同。到期还本型家庭财产保险具有灾害补偿和储蓄的双重性质。投保时,投保人交纳固定的保险储金,储金的利息转作保费,保险期满时,无论在保险期内是否发生赔付,保险储金均返还投保人。

(3) 利率联动型家庭财产保险。随着物价指数的上涨和央行不断升息,人们对保险保障提出了更高的要求。利率联动型家庭财产保险应运而生。投保此类险种除拥有相应的保障责任外,如遇银行利率调整,随一年期银行存款利率同步、同幅调整,分段计息,无论是否发生保险赔偿,期满均可获得本金和收益。

8. 人身保险与财产保险的区别

在财产保险中,我国实行的是财产损失补偿原则,即在保险标的限额内,根据实际造成损失的情况予以补偿,同时还要扣除损失的残值。在人身保险中,只要出现保险金给付事由,发生合同约定的保险事故的,保险公司应按照约定给付被保险人或者受益者保险金,没有免赔率和残值认定等问题。这也是人身保险与财产保险的区别之一。在我国的《保险法》中并未限制规定一人只能投保一份,反而鼓励投保人来多投保险,对保险业的发展也持积极支持态度。所以,投保人、被投保人、受益人可以根据不同的保险合同、不同的保险份额,从不同的当事人处,获得超过一份保险额的保险金及损害赔偿金。同时,在人身保险合同中,一般不会授予保险人的追偿权,保险公司承担的是合同中的权利和义务,而没有超出合同所约定的权利,更没有法律赋予的其他权利。所以,被保险人有权在获得加害人的赔偿后,再向保险公司索赔。

财产保险是指以财产及其相关利益为保险标的的保险,包括财产损失保险、责任保险、信用保险、保证保险、农业保险等。它是以有形或无形财产及其相关利益为保险标的的一类补偿性保险。

人身保险是以人的寿命和身体为保险标的的保险。当人们遭受不幸事故或因疾病、年老以致丧失工作能力、伤残、死亡或年老退休时,根据保险合同的约定,保险人对被保险人或受益人给付保险金或年金。

人身保险与财产保险的区别具体表现在以下方面。

(1) 保险金额的确定方式。人身保险和财产保险在保险金额的确定方式上有所不同:由于人的身体和生命无法用金钱衡量,所以保险人在承保时,是以投保人自报的金额为基础,参照投保人的经济状况、工作性质等因素来确定保险金额。财产保险是补偿性保险,保险金额依照投保标的的实际价值确定。

(2) 保险期限。除意外伤害保险和短期健康保险外,大多数人身保险险种的保险期限都在1年以上,保险期限较长。因此,长期性寿险要求在计算保费和保单所积累的资金时要考虑利率因素,不仅考虑当前的利率水平,还要考虑利率未来的走势。财产保险除工程保险和长期出口信用险外,多为短期(1年及1年以内)。财产保险计算保费时一般不考虑利率因素。

(3) 储蓄性。长期寿险所缴纳的纯保费中,大部分被用于提存责任准备金,将来给付给被保险人,因此具有储蓄性。责任准备金是保险人的一项负债。保单在经过一定的时间后,具有现金价值,投保人或被保险人享有保单抵押贷款等一系列权利,而这是一般财产保险所不具有的。

(4) 代位求偿。代位求偿是指当损失由第三方造成时,保险人在履行赔偿义务后,可以向第三方责任人追偿损失,被保险人不能再向第三方责任人索赔。在人身保险中,投保人或被保险人在遭受保险事故受到伤害后,既能从保险公司获得保险金,又可从加害人那里获得赔偿,而保险人除了给付保险金之外,没有从肇事者处索取赔偿的权利。

(5) 经营方式。

① 展业。保险展业渠道主要包括直接展业、代理人展业及经纪人展业。其中,直接展业是指保险人依靠自己的业务人员销售保单;代理人展业是指在保险人授权的范围内,由代理人进行保单推销,代理人可分为专业代理和兼业代理。我国目前在财产保险中主要依靠直接展业和兼业展业,而人身保险除采用直接展业方式外,一般由保险营销员招揽业务。

② 承保。保险承保的过程实质上是保险公司对风险选择的过程。选择可分为对"人"的选择和对"物"的选择。也就是说,保险公司不是什么风险都承保,也不是不加区别地将保单卖给任何人。财产保险的标的是物,但拥有或控制财产的被保险人也会影响标的风险的大小,因而财产保险除了对"物"进行选择外,还存在对"人"的选择问题。在人身保险中,对"人"的选择就是对标的的选择,一般不涉及"物"的选择。

③ 理赔。财产保险和人身保险在损失通知、索赔调查、核定损失金额以及最后结案的整套程序中都基本相同,但人身保险不适用损失补偿原则和代位求偿原则。

④ 防灾防损。在人身保险中,保险人进行防灾防损体现在:研究应对逆向选择的措施,向社会宣传健康保护方案,定期或不定期进行体检以及捐赠医疗设备等行动上。在财产保险中,则体现在保险人积极参与社会防灾防损工作和在自身业务经营中,如条款设计、费率厘定、承保经营等方面,贯彻保险与防灾防损相结合的原则。

⑤ 投资。由于人身保险具有储蓄性,所以保险人必须将提存的责任准备金用于投资,尽可能使这些准备金不断增值,以应付将来给付的需要。财产保险多为短期,其责任准备金也有不断增值、资金运用的问题。

小贴士

个人怎样买保险

个人保险是为了满足个人、家庭的需要,以个人作为承保单位的保险。保险的一大功能就是解决突然失去经济能力后的经济代偿作用,作为子女,有父母需要赡养,作为父母,有子女需要抚养。尤其是作为家庭的支柱,如果发生不幸,如何来应对收入缺失的打击?确保父母至少有钱养老,确保伴侣、子女生活水平不会大幅下降?这是首要考虑的问题,最后才是理财。寿险、意外险、重大疾病险是解决这个问题的好办法。

1. 寿险

寿险是以保死为主。并且一般情况下不论死因,无论是因意外死亡还是因疾病死亡都在它的保障范围之内,甚至在保险生效两年后自杀身亡,也都在保险范围内。所以万一出现这种情况,寿险可以解决死亡这种非常麻烦的问题。

2. 意外险

意外险的保障范围是指包括了意外死亡,因病而去世的,就不属于意外险的保障范围。但是意外险主要的好处在于出现意外没死,但因意外出现了伤残的情况。因为如果因意外而出现伤残等情况,也会有一定的比例给予赔偿,具体的比例则由伤残程度以及保险内容决定。

3. 重大疾病险

重大疾病是导致很多家庭因病返贫、因病致贫的主要原因。因为重大疾病的治疗费用是非常高的,而重大疾病险的目的就是解决因为患大病而返贫、因病致贫的情况。

所以寿险+意外险+重大疾病险,可以应对死亡、意外致残、重大疾病这些最麻烦的问题。

任务7.3 保险规划程序

保险规划是完备的理财计划不可缺少的一部分,是一种风险投资,是一种最安全可靠的投资手段,是一种理想的理财方式,是一种合理避税的有效途径。

7.3.1 制定保险计划的原则

个人购买保险的目的是避免风险发生后造成个人或家庭成员人身伤害和家庭财产损失,给家庭生活造成危害,获得一份保障,以保证个人和家庭生活的安全、稳定。理财规划师在帮助客户制定保险规划时从以上目的出发,遵循以下原则。

1. 转移风险原则

客户购买保险的目的就是将风险转移给保险公司,当保险事故发生后可以从保险公司得到一定的经济补偿,从而减少风险给个人和家庭造成的经济损失,减轻保险事故对家庭生活的影响,以保证家庭生活的安全和稳定。理财规划师在为客户进行保险规划时应全面系统地分析客户家庭可能面临的各种风险、风险发生的可能性、风险发生后的损失程度及其对客户家庭生活可能产生的影响程度,进而分析对这些风险进行管理的最佳措施,最终选择怎样合理地把哪些风险转嫁给保险公司。

2. 量力而行原则

保险本质上是一种互助行为,同时也是一种经济行为和合同行为。通过购买保险将风险转移给保险公司以获得保险保障,是以按期足额交纳保费为前提的。购买的险种越多,保障金额越高,保险期限越长,交纳的保费也就越多。因此,理财规划师在为客户制订保险规划时应综合分析客户的目前和未来的财务状况和经济实力,在条件许可的范围内量力而行。

3. 突出重点原则

在人身保险方面,应优先为家庭的经济支柱购买保险;在财产方面,应优先为家庭的住房购买财产保险;在家庭成员方面,应优先为大人购买保险。

4. 利用免赔额

买保险的主要目的是预防那些重大的自己无法承受的损失。自己承担一些小额的、经常性的损失而不购买保险是更经济的选择。

5. 综合投保

避免各单独保单间可能出现的重复,节省保费,得到较大的费率优惠。

7.3.2 保险规划的主要步骤

1. 确定保险标的

确定保险标的是制订保险计划的首要任务。保险标的是作为保险对象的财产及其有关利益,或者人的寿命和身体。

投保人可以以其本人、与本人有密切关系的人、他们所拥有的财产以及他们可能依法承担的民事责任作为保险标的。

各国保险法都明确规定,只有投保人对保险标的有可保利益才能为其投保,否则,这种投保行为是无效的。可保利益是保险制度中的一个核心概念,是指投保人或被保险人因保险标的损坏(或丧失)或因责任的产生而遭受经济上的损失;因保险标的的安全或免于责任而受益。如果投保人或被保险人对保险标的存在上述经济上的利害关系,则具有可保利益。如果投保人或被保险人没有这种经济上的利害关系,则对保险标的没有可保利益。

财产保险的可保利益比较容易确定,对于家庭财产而言,可保利益的产生和存在主要有三个来源:①所有权:单个或者与别人共同拥有财产的所有人,接受他人财产管理委托的受托人,或者享有他人利益的受益人。②占有权:对财产的安全负有责任的人(比如,保管客户物品的仓库保管员),以及对财产具有留置权的人。不过,这种可保利益的来源在家庭财产保险中不是很常见。③契约权益:与他人签订契约或合同并因此而享有权益的人,比如租赁房屋的承租人,就对承租的房屋具有一定的可保利益。

2. 选定保险产品

保险产品的选择应该始终掌握两点:第一,从个人具体保障功能需求出发;第二,挑选性价比最优的产品。

科学地购买保险产品可分解为五个步骤,即确定保险需求、分析保险公司、选择保险产品、综合推荐方案、进行额度测算。每一步都一定要有科学、客观的分析方法进行支持,而不是简单地听保险销售人员的推荐。

(1) 首选保险类型

保险产品主要分为医疗健康(包括普通住院报销、重大疾病、津贴等)、养老金、寿险(身故责任)、意外保障、儿童教育金、投资理财型几大类。在选择某类产品时重点看自己想解决什么问题。是想解决医疗费用(意外、重疾、普通住院报销),还是想解决养老金(养老险),或者解决家庭经济支柱的家庭责任问题(寿险)。经常听到客户说"我邻居买了一份保险,到期返还、有分红,可好呢"。"我同事最近投保了一份保险,保费特便宜,很划算,我也打算买一份。"其实这些产品适合他们也许并不适合自己,要根据自己的年龄、家庭情况、重点关注问题来确定自己所需要的保险种类。保险只有适合不适合之分,没有好坏之分,每种产品都有它特定的适合人群。

(2)定下大的种类后,其次定产品

很多人在选产品时,特别会算计价格——只选便宜的。其实市场上同类型的产品价格差异不大,保险买的是一种不确定性的风险保障,所以在同类产品中要重点关注保险责任、保障范围、免责条款。比如,同是健康险,有的是短期保障、有的是终身保障;大病险有的保10种、有的保27种;寿险有的公司三条免责,有的公司八条、十条免责;意外险有的只保交通意外,有的包括所有的意外等。这些经常是客户容易忽略的地方,所以经常有客户说保险买的容易、理赔难,很大一部分原因是买前没有很好地关注保险责任及保险公司免责条款。保险是要买最适合自己的,不是买最便宜的。

选择适合自己的保险产品,要从认识和分析自己所面临的风险入手。简单地说,消费者面临的不外乎是财产和人身两方面的风险。就财产而言,主要是房屋、家庭财产、汽车等的损失;就人身而言,可以简单地归纳为生、老、病、死、残五种风险。在对自己的风险全面认识的基础上,消费者可以将自己面临的风险排排队,选择那些对自己的生活影响最大的风险优先投保。

以城市居民为例,财产险方面,家庭财产保险不可或缺,至少应当对自己的室内财产和室内装修进行投保,避免漏水或者火灾对家庭财务造成的重大影响;另外,有车一族需要投保车险。人身险方面,意外伤害保险不可或缺,因为意外伤害或者疾病导致劳动能力丧失,因为家庭经济支柱的意外身故导致家庭财务崩溃,以至于影响赡养老人和抚育幼童,应当是最大的风险所在。因此,不论贫富,意外伤害保险应优先购买,健康保险则可以根据所享受的社会医疗保险和自身付费能力酌情购买,之后才能考虑储蓄型的养老保险,最后才是投资型的保险产品。在选择给谁买保险的问题上,科学的排序应当是壮年优先(收入高者优先),其次才是儿童和老人,而不是相反。

总之,选定保险产品要根据保险标的所面临的风险的种类、各类风险发生的概率、风险发生后可能造成损失的大小以及自身的经济承受能力。应注意合理搭配险种,购买一至两个主险附加意外伤害、重大疾病保险,使人得到全面保障。要综合安排,避免重复投保。如果准备购买多项保险,应尽量以综合的方式投保。

3.确定保险金额

所谓保险金额,是指一个保险合同项下保险公司承担赔偿或给付保险金责任的最高限额,即投保人对保险标的的实际投保金额;同时又是保险公司收取保险费的计算基础。保险金额应以财产的实际价值和人身的评估价值为依据确定。在不同的保险合同中,保险金额的确定方法和原则不同。财产保险合同中,对保险价值的估价和确定直接影响保险金额的大小。保险价值等于保险金额是足额保险;保险金额低于保险价值是不足额保险,保险标的发生部分损失时,除合同另有约定外,保险公司按保险金额与保险价值的比例赔偿;保险金额超过保险价值是超额保险,超过保险价值的保险金额无效,恶意超额保险是欺诈行为,可能使保险合同无效。在人身保险合同中,人身的价值无法衡量,保险金额是人身保险合同双方约定的,由保险人承担的最高给付的限额或实际给付的金额。

对于补偿性的保险合同,按照补偿原则的要求通过损失补偿使被保险人在经济上恢复到损失发生前的状态。人寿保险是给付性的定值保险合同,不适用于保险的补偿原则,传统的人寿保险保单的保险金额就是保单的死亡给付金,因此,寿险保单保险金额的确定是非常重要的。在寿险保单中没有任何限制保险金额的规定,也不存在对保险给付金额进行限制的保单条款,但是,这并不意味着寿险保单对保险金额的确定没有任何限制。购买人寿保险的目的应该是通过死亡保险金的给付使被保险人的亲属和家庭在被保险人死亡之后在经济上获得的给付和以前保持在相仿水平。这就是确定寿险保额的原则。

投保人对被保险人具有可保利益是购买寿险保单的前提条件,由于可保利益是一种不确定的利益,因此要分析被保险人的提前死亡给投保人或受益人带来的经济影响,虽然很多情况下,这种经济损失是无法确切衡量的,但是可以通过需求法和人生价值法来衡量被保险人发生提前死亡产生的经济困难和负担,带来的经济损失的严重程度,并且将这种损失程度作为确定保险金额的依据。

(1) 保险金额与保险价值的区别

① 任何保险合同,无论是人身保险还是财产保险,必有保险金额,但不一定都有保险价值。财产保险合同中,有的约定保险价值,有的没有约定保险价值。人身保险合同则根本就没有保险价值一说,因为人的生命、身体是不能以金钱来衡量的。

② 保险合同订立时必须确定一个保险金额,但不一定确定保险价值,如不定值保险合同在订立时就无须确定保险价值。

③ 保险金额是保险人计收保险费的依据,而保险价值是保险人计算保险赔偿金额的依据。

④ 保险金额是投保人的实际投保金额,也是保险人的最高赔偿限额;而保险价值则是保险合同订立时或保险事故发生时保险标的的价值,是保险人赔偿的最高额。即使保险金额高于保险价值,保险人也只在保险价值范围内予以赔偿。

(2) 保险金额与保险价值的联系

保险金额根据保险价值确定,并且一般不得超过保险价值。保险价值是保险赔偿金额的计算依据,而保险赔偿金额又不能超过保险金额。二者都影响到保险赔偿金额的确定。

理财规划师在帮助客户确定保险金额时,应注意不要出现超额投保和重复投保。

4. 明确保险期限

在为个人制订保险计划时,应该将长短期险种结合起来综合考虑。

财产保险、意外伤害保险、健康保险等多为中短期保险合同,人寿保险期一般较长。

保险期限也称保险期间,是指保险合同的有效期限,即保险合同双方当事人履行权利和义务的起讫时间。由于保险期限一方面是计算保险费的依据之一,另一方面又是保险人和被保险人双方履行权利和义务的责任期限,所以,它是保险合同的主要内容之一。对于具体的起讫时间,各国法律规定不同。中国目前的保险条款通常规定保险期限为约定起保日的零时开始到约定期满日 24 时止。值得一提的是,保险期限与一般合同中所规定的当事人双方履行义务的期限不同,保险人实际履行赔付义务可能不在保险期限内。

保险合同的保险期限,通常有以下两种计算方法。

(1) 用年、月计算。如财产保险一般为1年,期满后可以再续订合同。人身保险的保险期限较长,有5年、10年、20年、30年等。

(2) 以某一事件的始末为保险期限。如货物运输保险、运输工具保险有可能以一个航程为保险期限,而建筑安装工程则以工程施工日至预约验收日为保险期限。

财产保险按保险期限的不同分为定期保险和不定期保险。定期保险以一定的时间标准即年、月、日、时来计算保险责任的开始与终止,其中,超过1年期的为长期保险,1年期以下的为短期保险,相应确定不同的费率标准。保险期限一经确定,无特殊原因,一般不得随意更改。不定期保险也叫航程险、航次险,其保险责任的开始与终止主要不是按确定的时间标准,而是根据保险标的行动过程来确定,如船舶保险、货物运输保险均如此。

投保人应该根据自己的具体情况,确定合适的保险期限、缴费期间和领取保险金时间等事项。

5. 保险公司选择

我国的保险公司主要有三种形式,即中资、纯外资、合资保险公司。不少客户对外资保险公司有偏好,因为国外保险业比较发达,所以外资的产品和服务比中资的更胜一筹。也有一部分客户认为外资不安全,认为它们会随时撤资。其实无论是内资、外资还是合资保险公司,在中国注册、开业,就必须遵守中国的法律,接受中国保险业监督管理机构的监管,它们的法律地位是平等的。外资保险公司在产品设计条款上和全球售后服务体系上是有一定的优势,但内资保险公司产品在老百姓中的认知度比较高,具有地域上的优势。现在消费者又有了一个新的选择,就是专业的保险代理公司,可以代理多家保险公司的产品。代理多家保险公司的产品,对客户来说选择的范围更大。但是目前的代理公司也有些缺陷,并不可以代理所有保险公司;另外,也不能代理某家公司的所有产品,所以选择上也有一定的限制。因此,消费者应该根据自己的实际情况,选择适合自己的公司和产品。

而对于一般的客户来说要解决以上三个问题,还有一个最简单的方法,就是找一个专业、诚信的代理人,而不需要自己花费大量的时间在各种产品中比来比去。

7.3.3 保险规划的风险

理财规划师在帮助客户进行保险规划的过程中也会面临一些风险,主要有以下几种。

1. 未充分保险的风险

在财产保险中,主要是不足额保险的风险,当损失发生时所获得的保险金赔偿不足,未能完全规避风险;在人身保险中,主要是保险金额太小期限太短,事故发生时不能获得较为充分的补偿。

2. 过分保险的风险

在财产保险中,出现超额保险或重复保险,但是保险公司是根据实际损失来支付保险赔偿金,造成保费浪费。

在保险产品组合中,出现保险过度或重叠,有些方面又出现保险空白。过度保险和不足保险同时存在。

3. 不必要保险的风险

对应该自己保留的风险进行保险,是不必要的,也会增加机会成本,造成资金的浪费。

此外,保险产品种类多样,名目繁杂,保险费率的计算和保险金额的确定都比较复杂,也就增加了保险规划的难度。

实 训 项 目

范先生今年41岁,年收入150 000元,妻子苏女士今年38岁,年收入100 000元,有两个小孩,都在上小学。夫妻俩都有医保和社保,有房有车,每月需还房贷3 000元。除去各项开支外,范先生家庭预计每年可储蓄60 000元。范先生夫妻俩打算买一些保险产品以保障家庭生活的稳定性。试为范先生家庭做一个保险规划。

思 考 练 习

一、单项选择题

1. 以下不属于保险规划风险的是(　　)。
   A. 过分保险的风险   B. 不必要保险的风险
   C. 未充分保险的风险   D. 高额保险的风险
2. 旅客坐飞机或其他交通工具时购买的人身保险是(　　)。
   A. 财产保险   B. 人寿保险
   C. 意外伤害保险   D. 健康保险
3. 在所有保险中,保险期限最长的是(　　)。
   A. 财产保险   B. 人寿保险
   C. 意外伤害保险   D. 健康保险
4. 在所有保险中,保险期限最短的是(　　)。
   A. 财产保险   B. 人寿保险
   C. 意外伤害保险   D. 健康保险
5. 干燥的气候是森林大火的(　　)。
   A. 风险因素   B. 风险事故   C. 风险程度   D. 损失
※6. 人的一生很可能会面对一些不期而至的风险,我们称为(　　)。
   A. 投机风险   B. 纯粹风险   C. 偶然风险   D. 意外风险
※7. 某私企业主为其雇员在太平洋人寿保险公司购买了意外伤害险,约定如雇员在工作中因意外伤害致死,将向其家属给付保险金。其中,保险人、投保人、被保险人和受益人依次为(　　)。
   A. 私企业主、私企业主、雇员和雇员家属

B. 雇员家属、太平洋人寿保险公司、雇员和私企业主

C. 太平洋人寿保险公司、私企业主、雇员和雇员家属

D. 雇员、私企业主、雇员家属和雇员家属

8. 保险产品具有其他投资理财工具所不可替代的功能是(　　)。

　　A. 融通资金　　B. 转移风险　　C. 保障　　D. 补偿损失

※9. 下列各项中,不属于在制定保险规划前应考虑的因素的是(　　)。

　　A. 适应性　　　　　　　　B. 客户经济支付能力

　　C. 客户风险承受能力　　　D. 选择性

※10. 从法律角度看,保险是一种(　　)行为。

　　A. 代理　　　B. 约定　　　C. 合同　　　D. 承诺

※11. 保险兼业代理许可证的有效期限为(　　)年。

　　A. 1　　　　　B. 3　　　　　C. 5　　　　　D. 10

※12. 交费灵活、保额可调整、非约束性的寿险是指(　　)。

　　A. 分红险　　B. 万能保险　　C. 投连险　　D. 房贷险

※13. 下列关于财产险的说法中,错误的是(　　)。

　　A. 家庭财产保险是以公民个人家庭生活资料作为保险标的的保险

　　B. 家庭财产保险可分为普通消费型家财保险、长效还本家财保险、对抵押商品住房本身的家庭财产保险

　　C. 为了避免因业主发生意外而丧失还款能力,从而失去抵押给银行的住房,业主向保险公司购买借款人意外险,将银行作为保单第一受益人

　　D. 企业财产保险对一切独立核算的法人单位均适用

※14. 下列关于保险相关原则的说法中,错误的是(　　)。

　　A. 如果在订立合同时保险利益不存在,订立的合同也可以有效

　　B. 保险原则包括保险利益原则、近因原则、损失补偿原则和最大诚信原则

　　C. 保险原则是在保险发展的过程中逐渐形成并被人们公认的基本原则

　　D. 如果近因属于除外责任,则保险人不负责赔偿

※15. 下列情形中,应在取得投保人签名确认的投保声明后方可承保的是(　　)。

　　A. 销售保单利益不确定的保险产品时,趸交保费超过投保人家庭年收入的4倍

　　B. 销售保单利益不确定的保险产品时,年期交保费超过投保人家庭年收入的20%,或月期交保费超过投保人家庭月收入的20%

　　C. 销售保单利益不确定的保险产品时,保费交费年限与投保人年龄数字之和达到或超过50

　　D. 销售保单利益不确定的保险产品时,保费额度大于或等于投保人保费预算的150%

※16. 商业保险是保险公司以营利为目的,基于(　　)与众多面临相同风险的投保人以签订保险合同的方式提供的保险服务。

　　A. 自愿原则　　B. 公平原则　　C. 效率原则　　D. 强制原则

※17. 下列选项中,不属于人身保险的是(　　)。

A. 分红险　　　　B. 家庭财产险　　　C. 万能险　　　　D. 投连险

※18. 下列选项不属于家庭风险管理规划的是（　　）。
A. 财产保险计划　　　　　　　　B. 人身保险计划
C. 重大疾病保险计划　　　　　　D. 养老保险计划

※19. 同样用10万元买股票，对于一个仅有10万元养老金的退休人员和一个有数百万元资产的富翁来说，其情况是截然不同的。这是因为各自有不同的（　　）。
A. 风险偏好　　　　　　　　　　B. 风险承受能力
C. 风险分散　　　　　　　　　　D. 风险认知

※20. 一般而言，在理财活动中，家庭风险管理规划涉及的主要保险品种包括（　　）。
A. 财产保险　　B. 信用保险　　C. 再保险　　D. 人身保险
E. 重大疾病保险

※21. 我们将风险分为人身风险、财产风险和责任风险，是根据（　　）的不同进行区分。
A. 承保对象　　　　　　　　　　B. 风险损失原因
C. 风险损害对象　　　　　　　　D. 风险损失结果

※22. 我国从（　　）年开始在全国试点推广城镇职工基本医疗保险制度改革。
A. 2000　　　　B. 2001　　　　C. 1998　　　　D. 2003

※23. 关于非年金寿险产品，下列说法正确的是（　　）。
A. 死亡率越低，保险费率越低　　B. 死亡率越低，保险费率越高
C. 死亡率越高，保险费率越低　　D. 死亡率不影响保险费率

※24. 某单位向理财规划师咨询团体万能寿险，了解到团体万能寿险的运作在很多方面与个人万能寿险相同，但是团体万能寿险也具有一些不同之处。下列关于这些不同之处的描述不正确的是（　　）。
A. 通常不提供可保证明，但是保额会有所限制
B. 保单通常可以在低佣金或无佣金的基础上获得
C. 管理费用比个人保险收取的费用高
D. 通常由员工支付全部成本

※25. 保险公司认为至少（　　）人的团体才适合投保团体人寿保险。
A. 50　　　　　B. 70　　　　　C. 30　　　　　D. 100

※26. 小李2004年因意外事故死亡，2007年小李的家人偶然从小李生前的房间中发现了一份保额为100万元的意外保险单，购买日期为2004年年初，保障时效为1年，于是小李的家人向保险公司索赔，则保险公司（　　）。
A. 赔付，因为小李因意外死亡
B. 赔付，因为小李发生事故时在保障时效内
C. 不赔，因为该保单已过了索赔时效
D. 不赔，因为小李的保单已失效

※27. 我国1998年颁布的《国务院关于建立城镇职工基本医疗保险制度的决定》要求的基本医疗保障起付线为（　　）。

A. 当地职工年平均工资 10% 左右　　　　B. 当地职工年平均工资 15% 左右
C. 当地职工年平均工资 20% 左右　　　　D. 当地职工年平均工资 5% 左右

二、多项选择题

1. 个人或家庭在其工作学习和生活过程中,人身和财产都有可能遇到各种各样的风险,归纳起来主要有(　　)。
   A. 财产风险　　　B. 人身风险　　　C. 责任风险　　　D. 自然风险
2. 风险是由(　　)构成的统一体。
   A. 风险因素　　　B. 损失　　　　　C. 风险行为　　　D. 风险事故
3. 风险具有(　　)的特性。
   A. 客观性　　　　B. 必然性　　　　C. 偶然性　　　　D. 不确定性
4. 以下关于保险金额和保险价值说法正确的是(　　)。
   A. 保险金额是保险人计收保险费的依据
   B. 保险价值是保险人计算保险赔偿金额的依据
   C. 保险金额根据保险价值确定,并且一般不得超过保险价值
   D. 如果保险金额高于保险价值,保险人应按保险金额予以赔偿
5. 制定保险计划的原则有(　　)。
   A. 量力而行的原则　　　　　　　　B. 转移风险的原则
   C. 突出重点的原则　　　　　　　　D. 综合投保的原则
※6. 按照承保方式划分,保险可以分为(　　)。
   A. 直接保险　　　B. 人身保险　　　C. 财产保险　　　D. 再保险
   E. 商业保险
※7. 保险的基本当事人有(　　)。
   A. 保险人　　　　B. 投保人　　　　C. 被保险人　　　D. 受益人
   E. 银行从业人员
※8. 投资型保险产品包括(　　)。
   A. 意外伤害保险　B. 分红保险　　　C. 定期寿险　　　D. 万能寿险
   E. 投资连结保险
※9. 下列表述中,属于养老保险年金特点的有(　　)。
   A. 没有终值　　　　　　　　　　　B. 有现值
   C. 年金的现值与递延期无关　　　　D. 年金的终值与递延期无关
   E. 年金的第一次收付发生在若干期以后
※10. 一般而言,在理财活动中,家庭风险管理规划涉及的主要保险品种包括(　　)。
   A. 财产保险　　　B. 信用保险　　　C. 再保险　　　　D. 人身保险
   E. 重大疾病保险
※11. 人身保险中分红险的收益风险来源于(　　)。
   A. 利率的波动　　　　　　　　　　B. 保险公司制定的预定营运管理费用
   C. 保险公司制定的预定死亡率　　　D. 汇率的波动

E. 保险公司制定的预定回报率

※12. 在确定保险规划时,可保利益应该符合的要求包括(　　)。
　　A. 必须是法律认可的利益　　　　B. 必须是客观存在的利益
　　C. 必须是投保人认可的利益　　　D. 必须是可以度量的利益
　　E. 必须是被投保人认可的利益

※13. 胡女士趸交购买理财型保险产品,自己作为保险受益人,预期年化收益率为5%。胡女士将在未来20年内可以选择:①每年年初获得1万元;②每年不取,20年后一次性取出。则据此可推断(　　)。(答案取近似数值)
　　A. 胡女士趸交购买理财型保险产品的资金是13.09万元
　　B. 胡女士每年不取,20年后一次性取出的资金是42.31万元
　　C. 胡女士每年不取,20年后一次性取出的资金是33.07万元
　　D. 胡女士每年不取,20年后一次性取出的资金是34.72万元
　　E. 胡女士趸交购买理财型保险产品的资金是12.46万元

※14. 保险合同的主体包括(　　)。
　　A. 投保人　　B. 被保险人　　C. 受益人　　D. 保险人
　　E. 代理人

※15. 理财生活中,并不是所有风险都可以通过保险予以处理,保险研究的对象是满足特定条件的可保险,理想的可保险应具备的条件包括(　　)。
　　A. 损失的发生必须具有偶然性
　　B. 风险单位在种类、品质、性能、价值等方面大体相近
　　C. 损失的程度不要偏大或偏小
　　D. 特定风险的损失必须是可度量、可预测的
　　E. 只有纯粹风险才是可保风险

※16. 信用风险属于广义的财产保险范畴,信用风险的主要险别包括(　　)。
　　A. 商业信用保险　　　　　　　B. 合同保证保险
　　C. 投资保险　　　　　　　　　D. 政治风险保险
　　E. 出口信用保险

※17. 损失补偿原则是保险基本原则之一,但在保险实务中有一些例外的情况,这些例外会出现在(　　)。
　　A. 定值保险　　　　　　　　　B. 重置成本保险
　　C. 施救费用的赔偿　　　　　　D. 重复保险
　　E. 再保险

※18. 责任保险是指经保险人与投保人约定,被保险人因承保范围内的致害行为而依法应当向第三人承担民事赔偿责任的保险,责任保险具有(　　)的特征。
　　A. 责任保险在性质上是第三人保险
　　B. 责任保险法定宽限期为90日
　　C. 开展责任保险业务的保险公司注册资本最低限额为5亿元
　　D. 责任保险在偿付上具有替代性

E. 在订立责任保险合同时,投保人和保险人所约定的保险金额是保险人承担赔偿责任的最高限额

三、判断题

1. 所有的风险都不应该自己保留,而要全部购买保险转移给保险公司。（ ）
2. 买了保险后,什么安全防范措施都不用做了,就万事大吉,高枕无忧了。（ ）
3. 在所有保险中,保险金额越高越好,保多少,保险公司就赔多少。（ ）
4. 在家庭成员方面,应优先为大人购买保险。（ ）
5. 在财产方面,应优先为家庭的住房购买财产保险。（ ）
※6. 小王为妻子小李购买了一份人寿保险,在这项保险业务中保险人是小王,被保险人是小李。（ ）
※7. 保险兼业代理人可以代理再保险业务。（ ）
※8. 万能保险是一种交费灵活、保额可调整、非约束性的家庭财产险。（ ）
※9. 风险保留是指自己承担风险可能带来的损失,它是一种自保险。（ ）
※10. 只有符合一定条件的可保风险才可以运用保险来进行管理。（ ）
※11. 最大诚信原则只是对投保方的要求,对保险人无约束力。（ ）
※12. 保险中所谓的重要事项,是指一切可能影响到一位谨慎的保险人作出是否承保,以及确定保险费率的有关情况。（ ）
※13. 保险的近因原则中所说的近因,是指对保险标的损失起决定作用的因素,是直接或间接导致保险标的损失的原因。（ ）
※14. 总体而言,保险更注重的是保障,而非投资增值。（ ）
※15. 从保险责任看,终身寿险除了保障期限较长外,与定期寿险类似。（ ）
※16. 终身死亡保险的给付必须以被保险人死亡为条件,被保险人不死亡,则不能领取保险金。但被保险人生存到100周岁,也可以领取终身保险金。（ ）
※17. 意外伤害保险具有损害赔偿性和储蓄性的双重性质。（ ）
※18. 投资连结险的风险完全由保户自己承担,而分红险的风险是由保户和保险人共同承担的。（ ）

四、简答题

1. 简述保险规划的步骤。
2. 在制订保险计划时,应遵循哪些原则?
3. 年金保险有哪些种类?
4. 个人或家庭在工作学习和生活过程中会遇到哪些风险?
5. 简述保险金额和保险价值之间的联系与区别。

项目 8

税 务 筹 划

学习目标

1. 熟悉我国个人所得税制度。
2. 了解税务筹划的原则。
3. 掌握税务筹划的方法。

导入案例

肖先生 37 岁,家住河北省石家庄市,某快递公司员工,月薪 7 000 元,年终奖金约 15 000 元。妻子姜女士 35 岁,某公司客服代表,月收入 5 000 元,年终奖金约 10 000 元,有一儿一女,儿子 9 岁,上小学四年级,女儿 6 岁,上小学一年级。两个小孩的教育费用每月近千元。一年前购买了一辆小汽车。无房,租房居住,每月租金 3 000 元。肖先生夫妻都是独生子女,双方的父母都在农村,年老体弱,收入有限。肖先生家庭为了照顾双方父母,每月给双方父母各 1 000 元作为赡养费。除此之外,每月日常支出约 5 000 元。一年到头,勉强维持收支平衡。常言道,"金窝银窝不如自己的狗窝"。肖先生做梦都想拥有自己的房子,希望通过合理理财实现财富增值,早日实现家庭住房梦。请为肖先生家庭进行纳税规划。

任务 8.1 个人所得税

8.1.1 纳税人

《中华人民共和国个人所得税法》(以下简称《个人所得税法》)第一条规定:"在中国境内有住所,或者无住所而在境内居住满 1 年的个人,从中国境内和境外取得的所得,依照本法规定缴纳个人所得税;在中国境内无住所又不居住或者无住所而在境内居住不满 1 年的个人,从中国境内取得的所得,依照本法规定缴纳个人所得税。"

税法规定我国个人所得税的纳税人包括居民纳税人和非居民纳税人两种。居民纳税人负有无限纳税义务,应该就其来源于境内、境外的所得缴纳个人所得税;非居民纳税人负有有限纳税义务,只就其来源于中国境内的所得缴纳个人所得税。税法中同时采用住所和居住两个标准判定纳税人的居民和非居民身份。即凡在中国境内有住所或者无住所而在境内居住满 1 年的个人,就是个人所得税的居民纳税人;凡在中国境内无住所又不居住,或者无住所而且在中国境内居住不满1年的人,就是个人所得税的非居民纳税人。其中,在中国境内有住所的个人指因户籍、家庭、经济利益关系而在境内习惯性居住的个人;在境内居住满1年是指在一个纳税年度(公历1月1日至12月31日)中,在中国境内连续居住满365日,临时离境(在一个纳税年度中一次不超过30日,或者多次累计不超过90日的离境)的,不扣减日数。

居民纳税人和非居民纳税人所承担的纳税义务明显不同。因而,判定是否有来源于中国境内和境外的所得,对不同的纳税人来讲,直接决定着他(她)承担何种纳税义务。所谓来源于中国境内的所得,是指纳税人从中国境内取得的所得;来源于中国境外的所得,是指纳税人从中国境外取得的所得。

下列所得,不论支付地点是否在中国境内,均为来源于中国境内的所得。

(1)因任职、受雇、履约等而在中国境内提供劳务取得的所得。

(2)将财产出租给承租人在中国境内使用而取得的所得。

(3)转让中国境内的建筑物、土地使用权等财产或者在中国境内转让其他财产取得的所得。

(4)许可各种特许权在中国境内使用而取得的所得。

(5)从中国境内的公司、企业以及其他经济组织或者个人取得的利息、股息、红利所得。

8.1.2 应税所得

我国《个人所得税法》规定,下列各项个人所得,应纳个人所得税。

1. 工资、薪金所得

工资薪金所得是指个人因任职或者受雇而取得的工资、薪金、奖金、年终加薪、劳动分红、津贴、补贴以及与任职或者受雇有关的其他所得。

2. 劳务报酬所得

劳务报酬所得是指个人从事劳务取得的所得,包括从事设计、装潢、安装、制图、化验、测试、医疗、法律、会计、咨询、讲学、翻译、审稿、书画、雕刻、影视、录音、录像、演出、表演、广告、展览、技术服务、介绍服务、经纪服务、代办服务以及其他劳务取得的所得。

3. 稿酬所得

稿酬所得是指个人因其作品以图书、报刊形式出版、发表而取得的所得。

4. 特许权使用费所得

特许权使用费所得是指个人提供专利权、商标权、著作权、非专利技术以及其他特许权的使用权取得的所得;提供著作权的使用权取得的所得,不包括稿酬所得。

5. 经营所得

经营所得是指：

(1) 个体工商户从事生产经营活动取得的所得，个人独资企业投资人、合伙企业的个人合伙人来源于境内注册的个人独资企业、合伙企业生产、经营的所得。

(2) 个人依法从事办学、医疗、咨询以及其他有偿服务活动取得的所得。

(3) 个人对企业、事业单位承包经营、承租经营以及转包、转租取得的所得。

(4) 个人从事其他生产、经营活动取得的所得。

6. 利息、股息、红利所得

利息、股息、红利所得是指个人拥有债权、股权而取得的利息、股息、红利所得。

7. 财产租赁所得

财产租赁所得是指个人出租不动产、机器设备、车船以及其他财产取得的所得。

8. 财产转让所得

财产转让所得是指个人转让有价证券、股权、合伙企业中的财产份额、不动产、机器设备、车船以及其他财产取得的所得。

9. 偶然所得

偶然所得是指个人得奖、中奖、中彩以及其他偶然性质的所得。

10. 经国务院财政部门确定征税的其他所得

个人取得的所得，难以界定应纳税所得项目的，由主管税务机关确定。

8.1.3 计税依据

计税依据即纳税人的应纳税所得额。纳税人取得的应纳税所得包括：现金、实物、有价证券和其他形式的经济利益。所得为实物的，应当按照取得的凭证上所注明的价格计算应纳税所得额；无凭证的实物或者凭证上所注明的价格明显偏低的，参照市场价格核定应纳税所得额；所得为有价证券的，根据票面价格和市场价格核定应纳税所得额。所得为其他形式的经济利益的，参照市场价格核定应纳税所得额。对纳税人各项应纳税所得额的计算，《个人所得税法》及其实施条例分别规定如下。

1. 居民个人的综合所得

以每一纳税年度的收入额减除费用 60 000 元以及专项扣除、专项附加扣除和依法确定的其他扣除后的余额，为应纳税所得额。

2. 非居民个人的工资、薪金所得

以每月收入额减除费用5 000元后的余额为应纳税所得额。

3. 经营所得

以每一纳税年度的收入总额减除成本费用以及损失后的余额,为应纳税所得额。其中成本、费用是指纳税义务人生产、经营活动中发生的各项直接支出和分配计入成本的间接费用以及销售费用、管理费用、财务费用;所说的损失,是指纳税义务人在生产、经营活动中发生的固定资产和存货的盘亏、毁损、报废损失,转让财产损失,坏账损失,自然灾害等不可抗力因素造成的损失以及其他损失。

取得经营所得的人,没有综合所得的,计算其每一纳税年度的应纳税所得额时,应当减除费用6万元、专项扣除、专项附加扣除以及依法确定的其他扣除。专项附加扣除在办理汇算清缴时减除。

另外,从事生产、经营活动未提供完整、准确的纳税资料,不能正确计算应纳税所得额的,由主管税务机关核定应纳税所得额或者应纳税额。

4. 劳务报酬所得、稿酬所得、特许权使用费所得

以每次收入额为应纳税所得额。劳务报酬所得、稿酬所得、特许权使用费所得,属于一次性收入的,以取得该项收入为一次;属于同一项目连续性收入的,以一个月内取得的收入为一次。

劳务报酬所得、稿酬所得、特许权使用费所得以收入减除20%的费用后的余额为收入额。稿酬所得的收入额减按70%计算。

5. 财产租赁所得

财产租赁所得,每次收入不超过4 000元的,减除费用800元;4 000元以上的减除20%的费用,其余额为应纳税所得额。

6. 财产转让所得

以转让财产的收入额减除财产原值和合理费用后的余额,为应纳税所得额。其中,财产原值是指有价证券,为买入价以及买入时按照规定交纳的有关费用;建筑物,为建造费或者购进价格以及其他有关费用;土地使用权,为取得土地使用权所支付的金额、开发土地的费用以及其他有关费用;机器设备、车船,为购进价格、运输费、安装费以及其他有关费用;其他财产,参照以上规定的方法确定财产原值。

另外,纳税义务人未提供完整、准确的财产原值凭证,不能正确计算财产原值的,由主管税务机关核定其财产原值。合理费用是指卖出财产时按照规定支付的有关税费。

7. 利息、股息、红利所得和偶然所得

以每次收入额为应纳税所得额,即此类所得在计算所得额时不扣减任何费用。其中

利息、股息、红利所得,以支付利息、股息、红利时取得的收入为一次。偶然所得,以每次取得该项收入为一次。

8. 其他规定

个人将其所得对教育、扶贫、济困等公益慈善事业进行捐赠,是指个人将其所得通过中国境内的公益性社会组织、国家机关向教育、扶贫、济困等公益慈善事业的捐赠。所称应纳税所得额是指计算扣除捐赠额之前的应纳税所得额。

捐赠额未超过纳税义务人申报的应纳税所得额30%的部分,可以从其应纳税所得额中扣除;国务院规定对公益慈善事业捐赠实行全额税前扣除的,从其规定。

个人所得税法规定的专项扣除包括居民个人按照国家规定的范围和标准缴付的基本养老保险费、基本医疗保险费、失业保险费等社会保险费和住房公积金,专项附加扣除,包括子女教育、继续教育、大病医疗、住房贷款利息或者住房租金、赡养老人等支出。

纳税人享受符合规定的专项附加扣除的计算时间分别如下。

(1) 子女教育。学前教育阶段,为子女年满3周岁当月至小学入学前一月。学历教育,为子女接受全日制学历教育入学的当月至全日制学历教育结束的当月。

纳税人的子女接受全日制学历教育的相关支出,按照每个子女每月1 000元的标准定额扣除。学历教育包括义务教育(小学、初中教育)、高中阶段教育(普通高中、中等职业、技工教育)、高等教育(大学专科、大学本科、硕士研究生、博士研究生教育)。年满3岁至小学入学前处于学前教育阶段的子女,按本条第一款规定执行。

父母可以选择由其中一方按扣除标准的100%扣除,也可以选择由双方分别按扣除标准的50%扣除,具体扣除方式在一个纳税年度内不能变更。

纳税人子女在中国境外接受教育的,纳税人应当留存境外学校录取通知书、留学签证等相关教育的证明资料备查。

(2) 继续教育。学历(学位)继续教育,为在中国境内接受学历(学位)继续教育入学的当月至学历(学位)继续教育结束的当月,同一学历(学位)继续教育的扣除期限最长不得超过48个月。技能人员职业资格继续教育、专业技术人员职业资格继续教育,为取得相关证书的当年。

纳税人在中国境内接受学历(学位)继续教育的支出,在学历(学位)教育期间按照每月400元定额扣除。同一学历(学位)继续教育的扣除期限不能超过48个月。纳税人接受技能人员职业资格继续教育、专业技术人员职业资格继续教育的支出,在取得相关证书的当年,按照3 600元定额扣除。

个人接受本科及以下学历(学位)继续教育,符合本办法规定扣除条件的,可以选择由其父母扣除,也可以选择由本人扣除。

纳税人接受技能人员职业资格继续教育、专业技术人员职业资格继续教育的,应当留存相关证书等资料备查。

(3) 大病医疗。为医疗保障信息系统记录医药费用实际支出的当年。

在一个纳税年度内,纳税人发生的与基本医保相关的医药费用支出,扣除医保报销后个人负担(指医保目录范围内的自付部分)累计超过15 000元的部分,由纳税人在办理年度汇算清缴时,在 80 000 元限额内据实扣除。

纳税人发生的医药费用支出可以选择由本人或者其配偶扣除;未成年子女发生的医药费用支出可以选择由其父母一方扣除。

纳税人及其配偶、未成年子女发生的医药费用支出,按《个人所得税专项附加扣除暂行办法》第十二条规定分别计算扣除额。

纳税人应当留存医药服务收费及医保报销相关票据原件(或者复印件)等资料备查。医疗保障部门应当向患者提供在医疗保障信息系统记录的本人年度医药费用信息查询服务。

(4) 住房贷款利息。为贷款合同约定开始还款的当月至贷款全部归还或贷款合同终止的当月,扣除期限最长不得超过 240 个月。

纳税人本人或者配偶单独或者共同使用商业银行或者住房公积金个人住房贷款,为本人或者其配偶购买中国境内住房,发生的首套住房贷款利息支出,在实际发生贷款利息的年度,按照每月 1 000 元的标准定额扣除,扣除期限最长不超过 240 个月。纳税人只能享受一次首套住房贷款的利息扣除。

本办法所称首套住房贷款是指购买住房享受首套住房贷款利率的住房贷款。

经夫妻双方约定,可以选择由其中一方扣除,具体扣除方式在一个纳税年度内不能变更。

夫妻双方婚前分别购买住房发生的首套住房贷款,其贷款利息支出,婚后可以选择其中一套购买的住房,由购买方按扣除标准的 100% 扣除,也可以由夫妻双方对各自购买的住房分别按扣除标准的 50% 扣除,具体扣除方式在一个纳税年度内不能变更。

纳税人应当留存住房贷款合同、贷款还款支出凭证备查。

(5) 住房租金。为租赁合同(协议)约定的房屋租赁期开始的当月至租赁期结束的当月,提前终止合同(协议)的,以实际租赁期为准。

纳税人在主要工作城市没有自有住房而发生的住房租金支出,可以按照以下标准定额扣除。

① 直辖市、省会(首府)城市、计划单列市以及国务院确定的其他城市,扣除标准为每月 1 500 元。

② 除第一项所列城市以外,市辖区户籍人口超过 100 万的城市,扣除标准为每月 1 100 元;市辖区户籍人口不超过 100 万的城市,扣除标准为每月 800 元。

纳税人的配偶在纳税人的主要工作城市有自有住房的,视同纳税人在主要工作城市有自有住房。

市辖区户籍人口,以国家统计局公布的数据为准。

本办法所称主要工作城市是指纳税人任职受雇的直辖市、计划单列市、副省级城市、地级市(地区、州、盟)全部行政区域范围;纳税人无任职受雇单位的,为受理其综合所得汇算清缴的税务机关所在城市。

夫妻双方主要工作城市相同的,只能由一方扣除住房租金支出。

住房租金支出由签订租赁住房合同的承租人扣除。

纳税人及其配偶在一个纳税年度内不能同时分别享受住房贷款利息和住房租金专

附加扣除。

纳税人应当留存住房租赁合同、协议等有关资料备查。

(6) 赡养老人。为被赡养人年满60周岁的当月至赡养义务终止的年末。

纳税人赡养一位及以上被赡养人的赡养支出,统一按照以下标准定额扣除。

① 纳税人为独生子女的,按照每月2 000元的标准定额扣除。

② 纳税人为非独生子女的,由其与兄弟姐妹分摊每月2 000元的扣除额度,每人分摊的额度不能超过每月1 000元。可以由赡养人均摊或者约定分摊,也可以由被赡养人指定分摊。约定或者指定分摊的须签订书面分摊协议,指定分摊优先于约定分摊。具体分摊方式和额度在一个纳税年度内不能变更。

本办法所称被赡养人是指年满60岁的父母,以及子女均已去世的年满60岁的祖父母、外祖父母。

以上学历教育和学历(学位)继续教育期间,包含因病或其他非主观原因休学但学籍继续保留的休学期间,以及施教机构按规定组织实施的寒暑假等假期。

享受子女教育、继续教育、住房贷款利息或者住房租金、赡养老人专项附加扣除的纳税人,自符合条件开始,可以向支付工资、薪金所得的扣缴义务人提供上述专项附加扣除有关信息,由扣缴义务人在预扣预缴税款时,按其在本单位本年可享受的累计扣除额办理扣除;也可以在次年3月1日至6月30日,向汇缴地主管税务机关办理汇算清缴申报时扣除。

纳税人同时从两处以上取得工资、薪金所得,并由扣缴义务人办理上述专项附加扣除的,对同一专项附加扣除项目,一个纳税年度内,纳税人只能选择从其中一处扣除。

享受大病医疗专项附加扣除的纳税人,由其在次年3月1日至6月30日内,自行向汇缴地主管税务机关办理汇算清缴申报时扣除。

一个纳税年度内,纳税人在扣缴义务人预扣预缴环节未享受或未足够享受专项附加扣除的,可以在当年内向支付工资、薪金的扣缴义务人申请在剩余月份发放工资、薪金时补充扣除,也可以在次年3月1日至6月30日内,向汇缴地主管税务机关办理汇算清缴时申报扣除。

在中国境外取得工资、薪金所得,是指在中国境外任职或者受雇而取得的工资、薪金所得。

在中国境内有住所,或者无住所而在境内居住满一年的个人,从中国境内和境外取得的所得,应当分别计算应纳税额。

已在境外缴纳的个人所得税税额,是指纳税义务人从中国境外取得的所得,依照该所得来源国家或者地区的法律应当缴纳并且实际已经缴纳的税额。

应纳税额是指纳税义务人从中国境外取得的所得,区别不同国家或者地区和不同所得项目,依照税法规定的费用减除标准和适用税率计算的应纳税额;同一国家或者地区内不同所得项目的应纳税额之和,为该国家或者地区的扣除限额。

纳税义务人在中国境外一个国家或者地区实际已经缴纳的个人所得税税额,低于依照前款规定计算出的该国家或者地区扣除限额的,应当在中国缴纳差额部分的税款;超过该国家或者地区扣除限额的,其超过部分不得在本纳税年度的应纳税额中扣除,但是可以在以后纳税年度的该国家或者地区扣除限额的余额中补扣。补扣期限最长不得超过5年。

8.1.4 税率

《个人所得税法》根据纳税人的不同应税所得项目分别规定了比例税率和超额累进税率两种适用税率形式。

(1) 综合所得适用七级超额累进税率,最低税率为3%,最高税率为45%,见表8-1。

表8-1 个人所得税税率表一(综合所得适用)

级数	全年应纳税所得额	税率/%
1	不超过36 000元的	3
2	超过36 000元至144 000元的部分	10
3	超过144 000元至300 000元的部分	20
4	超过300 000元至420 000元的部分	25
5	超过420 000元至660 000元的部分	30
6	超过660 000元至960 000元的部分	35
7	超过960 000元的部分	45

其中所称全年应纳税所得额是指按照《个人所得税法》的有关规定,居民个人取得综合所得以每一纳税年度收入额减除费用60 000元以及专项扣除、专项附加扣除和依法确定的其他扣除后的余额。

(2) 经营所得适用5%至35%的超额累进税率,如表8-2所示。

表8-2 个人所得税税率表二(经营所得适用)

级数	全年应纳税所得额	税率/%
1	不超过30 000元的	5
2	超过30 000元至90 000元的部分	10
3	超过90 000元至300 000元的部分	20
4	超过300 000元至500 000元的部分	30
5	超过500 000元的部分	35

表8-2所称全年应纳税所得额是指依照《个人所得税法》的规定,以每一纳税年度的收入总额减除成本、费用以及损失后的余额。

8.1.5 宽免和扣除

(1) 按照我国《个人所得税法》规定,下列各项个人所得免征个人所得税。

① 省级人民政府、国务院部委和中国人民解放军军以上单位,以及外国组织、国际组

织颁发的科学、教育、技术、文化、卫生、体育、环境保护等方面的奖金。

② 国债和国家发行的金融债券利息;其中国债利息是指个人持有中华人民共和国财政部发行的债券而取得的利息;国家发行的金融债券利息是指个人持有经国务院批准发行的金融债券而取得的利息。

③ 按照国家统一规定发给的补贴、津贴;即按国务院规定发给的政府特殊津贴、院士津贴,以及国务院规定免纳个人所得税的其他补贴、津贴。

④ 福利费、抚恤金、救济金;其中,福利费是指根据国家有关规定,从企业、事业单位、国家机关、社会团体提留的福利费或者工会经费中支付给个人的生活补助费;救济金是指人民政府民政部门支付给个人的生活困难补助费。

⑤ 保险赔款。

⑥ 军人的转业费、复员费、退役金。

⑦ 按照国家统一规定发给干部、职工的安家费、退职费、基本养老金或者退休费、离休费、离休生活补助费。

⑧ 依照我国法律有关规定应予免税的各国驻华使馆、领事馆的外交代表、领事馆和其他人员的所得。即依照《中华人民共和国外交特权与豁免条例》规定免税的所得。

⑨ 中国政府参加的国际公约、签订的协议中规定免税的所得。

⑩ 经国务院财政部门批准免税的所得。

(2) 按我国《个人所得税法》规定有下列情形之一的,经批准可以减征个人所得税。

① 残疾、孤老人员和烈属的所得。

② 因自然灾害造成重大损失的。

8.1.6 应纳税额的计算

个人所得税应纳税额,即纳税人取得个人所得税法中所规定的应税所得后,应当按规定缴纳的个人所得税税款数额。其计算公式为

$$应纳税额 = 应纳税所得额 \times 适用税率$$

由于个人所得税法所规定的纳税人应税所得的项目和扣除费用的标准和适用税率不同,所以,对不同的应税所得计算应纳税额的方法也有所不同。

1. 工资、薪金所得应纳税额的计算

累计预扣预缴应纳税所得额 = 累计收入 − 累计免税收入 − 累计减除费用
        − 累计专项扣除 − 累计专项附加扣除
        − 累计依法确定的其他扣除

本期应预扣预缴税额 = (累计预扣预缴应纳税所得额 × 预扣率 − 速算扣除数)
        − 累计减免税额 − 累计已预扣预缴税额

2. 经营所得应纳税额的计算

此类所得适用超额累进税率,以每一纳税年度的收入总额减除成本、费用以及损失后的余额,为应纳税所得额。其计算公式为

应纳税额＝(纳税人每一纳税年度的收入总额－成本、费用及损失)×适用税率

3. 劳务报酬所得应纳税额的计算

2019年1月1日起,居民个人的综合所得,以每一纳税年度的收入额减除费用60 000元以及专项扣除、专项附加扣除和依法确定的其他扣除后的余额,为应纳税所得额。劳务报酬所得以每次不超过4 000元的,减除费用800元;每次收入超过4 000元的,减除20%的费用后的余额为应纳税所得额。劳务报酬所得以每次收入额为预扣预缴应纳税所得额。

预扣预缴应纳税所得额＝劳务报酬所得－800元(适用每次收入在4 000元以下的)

预扣预缴应纳税所得额＝劳务报酬所得×(1－20%)(适用每次收入在4 000元以上的)

劳务报酬所得适用20%～40%的超额累进预扣率,见表8-3。

表8-3 个人所得税预扣率表
(居民个人劳务报酬所得预扣预缴适用)

级数	预扣预缴应纳税所得额	预扣率/%	速算扣除数
1	不超过20 000元的	20	0
2	超过20 000元至50 000元的部分	30	2 000
3	超过50 000元的部分	40	7 000

劳务报酬所得应预扣预缴税额＝预扣预缴应纳税所得额×预扣率－速算扣除数

4. 稿酬所得应纳税额的计算

纳税人稿酬所得以收入减除费用后的余额为收入额,稿酬所得的收入额减按70%计算。

纳税人稿酬所得每次收入不超过4 000元的,减除费用800元;每次收入超过4 000元的,减除20%的费用,其余额为预扣预缴应纳税所得额。

预扣预缴应纳税所得额＝稿酬所得－800元(适用每次收入在4 000元以下的)

预扣预缴应纳税所得额＝稿酬所得×(1－20%)(适用每次收入在4 000元以上的)

稿酬所得应预扣预缴税额＝预扣预缴应纳税所得额×20%×(1－30%)

5. 特许权使用费所得应纳税额的计算

纳税人特许权使用费所得以收入减除费用后的余额为收入额。纳税人特许权使用费所得每次收入不超过4 000元的,减除费用800元;每次收入超过4 000元的,减除20%的费用,其余额为预扣预缴应纳税所得额。

预扣预缴应纳税所得额＝特许权使用费所得－800元(适用每次收入在4 000元以下的)

预扣预缴应纳税所得额＝特许权使用费所得×(1－20%)(适用每次收入在4 000元以上的)

特许权使用费所得应预扣预缴税额＝预扣预缴应纳税所得额×20%

6. 财产租赁所得应纳税额的计算

财产租赁所得应纳税额的计算适用 20% 的比例税率。

（1）纳税人每次收入不超过 4 000 元的，减除费用 800 元，应纳税额的计算公式为

$$应纳税额＝（纳税人每次收入额－800 元）×20\%$$

（2）纳税人每次收入超过 4 000 元的，减除 20% 的费用，应纳税额的计算公式为

$$应纳税额＝纳税人每次收入额×（1－20\%）×20\%$$

7. 财产转让所得应纳税额的计算

财产转让所得应纳税额的计算适用 20% 的比例税率，但税法规定财产转让所得，是以转让财产的收入额减除财产原值和合理费用后的余额，为应纳税所得额。其应纳税额的计算公式为

$$应纳税额＝（转让财产的收入－财产原值和合理费用）×20\%$$

8. 股息、红利所得，偶然所得和其他所得应纳税额的计算

股息、红利所得，偶然所得和其他所得适用的税率均为 20%，而且都没有减除费用的规定，所以，应纳税额的计算方法完全相同，计算公式为

$$应纳税额＝纳税人每次收入额×20\%$$

9. 纳税人来源于中国境外所得应纳税额的计算

我国《个人所得税法》规定，居民纳税人来源于中国境内、境外的所得均应依法向中国政府缴纳个人所得税。其尚未在中国境外缴纳所得税的所得收入，比照上述 8 类计算方法计算应纳税额；已在中国境外缴纳了个人所得税的所得收入，在计算应纳税额时可以扣除已在境外缴纳的个人所得税税额，但扣除额不得超过该纳税人的境外所得按照我国《个人所得税法》规定计算的应纳税额。

 小贴士

世界主要国家税负率

序号	国别	税负率/%	税负工作天数	序号	国别	税负率/%	税负工作天数
1	匈牙利	59	218	8	罗马尼亚	49	178
2	比利时	59	215	9	波兰	48	174
3	法国	56	207	10	以色列	47	173
4	德国	55	200	11	意大利	46	169
5	瑞典	55	200	12	丹麦	46	168
6	澳大利亚	52	191	13	立陶宛	45	167
7	荷兰	50	184	14	芬兰	45	166

续表

序号	国别	税负率/%	税负工作天数	序号	国别	税负率/%	税负工作天数
15	捷克	45	165	22	葡萄牙	41	150
16	希腊	45	164	23	英国	41	150
17	斯洛文尼亚	45	164	24	保加利亚	40	145
18	拉脱维亚	44	161	25	西班牙	37	136
19	克罗地亚	44	161	26	卢森堡	37	135
20	中国	44	161	27	冰岛	32	117
21	爱沙尼亚	41	150	28	美国	27	99

注：税负率＝(税收总额÷居民总收入)×100%；

税负工作天数＝(税收总额÷居民总收入)×365(闰年为366)。

任务8.2 税务筹划的原则和方法

8.2.1 税务筹划的原则

税务筹划是指在纳税行为发生之前、在不违反法律、法规(税法及其他法律法规)的前提下，通过对纳税主体的经营活动或投资活动等涉税事项进行事先策划，制订一整套纳税操作方案，从而实现少缴税和递延纳税的谋划活动。税务筹划不是偷税，也不完全等同于避税和节税，需要遵循以下原则。

1. 合法性原则

税务筹划是在合法条件下进行的，是在对国家制定的税法进行比较分析研究后，进行纳税优化选择。

从税务筹划的概念可以看出，税务筹划是以不违反国家现行的税收法律、法规为前提，否则，就构成了税收违法行为。因此，纳税人应该具备相当的法律知识，尤其是清楚相关的税收法律知识，知道违法与不违法的界限。

税务筹划的合法性是税务筹划最基本的特点，具体表现在税务筹划运用的手段是符合现行税收法律法规的，与现行国家税收法律、法规不冲突，而不是采用隐瞒、欺骗等违法手段。

2. 事前筹划原则

税务筹划必须做到与现行的税收政策法令不冲突。国家税法制定在先，而税收法律行为在后，纳税人的经济行为在先，纳税在后，这就为人们的筹划创了条件。

孙子曰："夫未战而庙算胜者，得算多也；未战而庙算不胜者，得算少也。多算胜，少算不胜，而况于无算乎！吾以此观之，胜负见矣。"意思是说：开战之前就预见能够取胜的，是因为筹划周密，胜利条件充分；开战之前就预见不能取胜的，是因为筹划不周，胜利条件不足。筹划周密、条件充分就能取胜;筹划疏漏、条件不足就会失败,更何况不作筹划、毫无条件呢?人们根据这些观察,谁胜谁负也就显而易见了。

人们完全可以根据已知的税收法律规定,调整自身的经济事务,选择最佳的纳税方案,争取最大的经济利益。如果没有事先筹划好,经济业务发生,应税收入已经确定,则纳税筹划就失去意义。这个时候如果想减轻自身的税收负担,就只能靠偷税、逃税了。所以,纳税人进行纳税筹划,必须在经营业务未发生时、应税收入未取得时先做好安排。

3. 保护性原则

纳税人的账簿、凭证是记录其经营情况的真实凭据,是税务机关进行征税的重要依据,也是证明纳税人没违反税收法律的重要依据。《中华人民共和国税收征收管理法》第五十二条规定:"因纳税人、扣缴义务人计算错误等失误,未缴或者少缴税款的,税务机关在三年内可以追征税款、滞纳金;有特殊情况的,追征期可以延长到五年。对偷税、抗税、骗税的,税务机关追征其未缴或者少缴的税款、滞纳金或者所骗取的税款,不受前款规定期限的限制。"因此,纳税人在进行纳税筹划后,要巩固已取得的成果,应妥善保管好账目、记账凭证等有关会计资料,确保其完整无缺,保管期不得短于税收政策规定的补征期和追征期。

4. 经济原则

税务筹划可以减轻纳税人的税收负担,使其获得更多的经济利益,因此许多纳税人都千方百计加以利用。但是,在具体操作中,许多税务筹划方案理论上虽然可以少缴纳一些税金或减轻税负,但在实际运作中却往往不能达到预期效果,其中很多税务筹划方案不符合成本效益原则是造成税务筹划失败的原因。税务筹划归根结底是属于财务管理的范畴,它的目标与财务管理的目标是相同的——实现财务利益最大化。由于税务筹划在降低纳税人税收负担、取得部分税收利益的同时,必然要为税务筹划方案的实施付出额外的费用,导致成本费用的增加,以及因选择该规划方案而放弃其他方案所损失的相应机会收益。所以在税务筹划时,要综合考虑采取该税务筹划方案是否能带来绝对的利益,要考虑纳税人整体税负的降低,纳税绝对值的降低。

税务筹划是一项技术性很强的工作,理财规划师不仅需要有过硬的财务、会计、管理等业务知识,还要精通有关国家的税收法律、法规及其他相关法律、法规,并十分了解税收的征管规程及其相关内容。因此,在税务筹划前需要进行必要的税务咨询,有些时候还需要聘用专业的税务专家为其服务,或直接购买避税计划。所以,税务筹划与其他管理决策一样,必须遵循成本效益的原则,只有当规划方案的所得大于支出时,该项税务筹划才是成功的筹划。

5. 适时调整原则

税务筹划是一门科学,有规律可循。但是,一般的规律并不能代替一切,不论多么成功的税务筹划方案,都只是一定历史条件下的产物,不是在任何地方、任何时候、任何条件下都适用的。税务筹划的特征是不违法,究竟何为违法,何为不违法,这完全取决于一个国家的具体法律。随着时间的推移,国家的法律也会发生变化。纳税人面对的具体的国家法律法规不同,其行为的性质也会因此而不同。由此可见,任何税务筹划方案都是在一定的地区、一定的时间、一定的法律法规条件下,以一定的经济活动为背景制定的,具有针对性和时效性。一成不变的纳税筹划方案,终将妨碍纳税人财务管理目标的实现,损害纳税人的权益。所以,如果纳税人要想长久地获得税收筹划等经济利益的最大化,就必须密切注意国家有关税收法律法规的变化,并根据国家税收法律环境的变化及时修订或调整纳税筹划方案,使之符合国家税收政策法令的规定。

8.2.2 税务筹划的方法

税务筹划的基本方法主要包括利用税收优惠政策、缩小应税所得、递延纳税时间及利用避税地降低税负等。

1. 利用税收优惠政策

税收优惠政策是国家税制的组成部分,税收优惠政策是指税法对某些纳税人和征税对象给予鼓励和照顾的一种特殊规定。比如,免除其应缴的全部或部分税款,或者按照缴纳税款的一定比例给予返还等,从而减轻其税收负担。税收优惠政策是国家利用税收调节经济的具体手段,国家通过税收优惠政策可以扶持某些特殊地区、产业、企业和产品的发展,促进产业结构的调整和社会经济的协调发展。

(1) 最大化税收减免。税收减免是对某些纳税人或课税对象的鼓励或照顾。减税是从应征税款中减征部分税款,免税是免征全部税款。我国的税收中有着诸多减免税。关于减免税的具体规定,有些是在税法、有些是在税收条例或者实施细则中规定的,有些则是后来所做的补充规定。税务筹划应充分利用税收减免政策,使客户的财务利益最大化。

(2) 选择合适的扣除时机。在累进税率及减免税优惠期,通过选择合适的费用扣除时机,可以实现降低税率及减免税最大化的税收利益。

在正常纳税年度,通过提前确认扣除项目,使前期所得减少、减少应纳税款,利用货币的时间价值,实现递延纳税。

在累进税率下,尽量把费用安排在税率较高的时期进行扣除,起到费用抵税的效果。即如果预计未来收入会增加,适用更高的税率时,应尽量推迟费用的扣除时间,反之亦然。

在纳税人享受减免税期间,应尽量把费用安排在正常纳税年度进行扣除,使正常纳税年度应税所得减少,起到少纳税的效果。

(3) 适用税率最小化。税率与应纳税额成正比,因此,理财规划师在进行税务筹划时,应充分利用税法规定的各种优惠政策,使纳税人适用的税率最小,以减少应纳税额。

2. 缩小应税所得

(1) 扩大税前可扣除范围。在税前扣除项目中,分清全额扣除、按标准扣除以及不能扣除的项目界限。对有标准、有限额的扣除项目应尽量控制在限额以内,尽量把有标准、有限额的扣除项目或不能扣除的项目转化为无扣除标准及扣除限额的项目,通过直接缩小应税所得来减少应纳税额。

(2) 不可抵扣的费用、支出最小化。我国《个人所得税法》对不得在税前列支的项目作出了明确的规定。因此,在进行税务筹划之前,理财规划师应充分了解和分析税法的相关规定,尽可能减少不得在税前扣除的项目和金额。

3. 递延纳税时间

(1) 递延收入的实现时间,包括收入实现时机的选择和尽量推迟收入的实现时间。

(2) 加速费用摊销。在正常纳税年度,对于固定资产折旧、无形资产摊销等,在不违背税法规定的条件下,应尽可能采用加速摊销的方式,扩大前期费用扣除金额,减少前期应纳税额,以达到递延纳税的效果。

(3) 选择合理的预缴方式。对于采用分期预缴、年终汇算清缴方式的,应尽量避免出现多预缴的情况。

4. 利用避税地降低税负

避税地通常是指那些可以被人们借以进行所得税或财产税国际避税活动的国家或地区,它的存在是跨国纳税人得以进行国际避税活动的重要前提条件。

国际上,避税地有以下类型:①不征收任何所得税的国家和地区。如巴哈马共和国、百慕大群岛、开曼群岛以及瑙鲁。②征收所得税但是税率较低的国家和地区。如瑞士、列支敦士登、海峡群岛。③所得税课征仅实行地域管辖权的国家和地区。如中国香港地区、巴拿马、塞浦路斯等。④对国内一般公司征收正常的所得税。如卢森堡、荷属安第列斯等。⑤与其他国家签订有大量税收协定的国家。根据国际税收协定,缔约国双方要分别向对方国家的居民提供一定的税收优惠,主要是预提所得方面的税收优惠,如荷兰。

在条件允许的情况下,理财规划师在为客户进行税务筹划时也可以利用避税地降低税负,具体方法是建立避税地信托财产。建立信托有多方面的好处,可以为继承财产提供条件,为财产保密,便利投资和从事经营风险活动,免除或降低财产和所得的税收负担等。纳税人通过在避税地设立一家信托公司,把高税国财产委托给它,从而将财产名义上转移到避税地,借以躲避有关税收。

建立避税地信托财产的方式主要有设立个人持股信托公司、设立受控信托公司和订立信托合同等。

任务 8.3 税务筹划实务

8.3.1 纳税人身份筹划

住所和时间是世界各国界定个人所得税纳税义务人的两个判定标准,因此,在税务筹划中可以通过对住所和居住时间的合理筹划,尽量避免成为居民纳税义务人,以实现少缴纳款的目的。

1. 居民纳税人与非居民纳税人身份筹划

(1) 转移住所

通过个人住所或居住地跨越税境的迁移,可以少纳税,减轻税负。纳税人可以通过转移住所免除纳税义务:纳税人可以把自己的居所迁出某一国,而不在任何地方取得住所,这样可以通过所在国对其纳税身份的确认,免除个人所得税的纳税义务。纳税人也可以通过转移住所减轻纳税义务:纳税人可以把自己的居住地由高税国迁到低税国,使高税国政府无法对其行使居民管辖权。具体做法是:将个人住所真正迁出高税国,或者利用有关国家居民身份界限的不同规定或模糊不清实现虚假迁出,即仅在法律上不再成为高税国的居民,或者通过短暂迁出和成为别国临时居民的办法,以求得对方国家的特殊税收优惠。

(2) "税收流亡"

在国际上,有些国家采用时间标准确立居民身份,即当个人在一国境内连续累计停留时间达到一定标准时就可确立其居民身份。理财规划师在为纳税人进行税务筹划正好加以利用。纳税人可以不停地从一个国家转到另一个国家,确保自己不会成为任何一个国家的居民。这样尽管从这些国家取得收入,但不会成为任何一个国家的居民,从而避免承担纳税义务。

(3) 合理安排居住时间

有些国家实行收入来源地管辖权,对临时入境者和非居民大多提供税收优惠。通常多以人员在这些国家逗留时间长短为标准确定是否临时入境者和非居民。如中国规定,外国人在中国境内居住时间连续或累计居住不超过90日,或者在税收协定规定的期间内连续或累计居住不超过183日的个人,其来源于中国境内的所得,由中国境外雇主支付并且不是由该雇主设在中国境内机构负担的工资、薪金所得免予缴纳所得税。这样,如果入境者只要合理安排居住时间,使自己的居住时间在达到标准前离境,就可以享受免予缴纳所得税的待遇。

非居民还可以在取得适当的收入之后,将财产或收入留在低税负地区,人则到高税负但生活费用较低的地方生活,以取得低税负、低费用的双重好处。如中国内地收入低、税负高,与中国香港地区相比,生活费用相对较低,而香港地区的收入高,生活费用高,税收负担低,于是有的香港人在取得收入后,来到内地消费,既不承担内地的高税收负担,又躲避了香港地区的高消费成本。

2. 经营所得纳税人身份筹划

在现代市场经济条件下,随着国民经济的发展,个人收入水平不断提高,个人实业投资也越来越多。个人投资者在进行投资前应综合分析不同的投资方式,选择一个最佳的方式进行投资。而在诸多因素中,税负也应是一个重要的考察因素。

(1) 选择适当的企业组织形式

作为个体工商户,承包租赁经营,可以选择成立个人独资企业,组建合伙企业,设立有限责任公司等企业组织形式。不同的企业组织形式,其税收负担会有所不同。投资者在选择投资方式时,应充分比较其税负后作出决策。

2000年1月1日起,我国对个人独资企业、合伙制企业停止征收企业所得税,比照个体工商户的生产、经营所得征收个人所得税。2018年12月29日第十三届全国人民代表大会常务委员会第七次会议最新修正的《中华人民共和国企业所得税法》第一条明确规定"个人独资企业、合伙企业不适用本法"。在以上企业组织形式中,相同情况下,有限责任公司的税负最重,投资者只承担有限责任,风险相对较小。有限责任公司是法人单位,在领购发票,纳税人认定等方面占有优势,业务容易开展,经营范围较广,可以享受国家的一些税收优惠政策,而个体工商户和合伙制企业要承担无限责任,风险较大。

(2) 选择适当的企业承包方式

个人对企事业单位的承包、租赁经营形式多种多样,分配方案也不尽相同。

① 企业实行个人承包、承租经营后,如果工商登记仍为企业的,不管其分配方式如何,均应先按照企业所得税的有关规定缴纳企业所得税。承包经营、承租经营者按照承包、承租经营合同(协议)规定取得的所得,依照个人所得税法的有关规定缴纳个人所得税,具体为:承包、承租人对企业经营成果不拥有所有权,仅是按合同(协议)规定取得一定所得的,所得按工资、薪金所得项目征税,适用3%~45%的七级超额累进税率。承包、承租人按合同(协议)的规定只向发包、出租方交纳一定费用后,企业经营成果归其所有的,承包、承租人取得的所得,按对企事业单位的承包经营、承租经营所得项目,适用5%~35%的五级超额累进税率征税。

② 企业实行个人承包、承租经营后,如工商登记改变为个体工商户的,应依照个体工商户的生产、经营所得项目计征个人所得税,不再征收企业所得税。这意味着,纳税人在承包、承租经营中是否变更营业执照直接决定其税负轻重,若使用原企业的营业执照,则要多征收一道企业所得税,如果变更为个体经营执照,则只征一道个人所得税。

③ 企业实行承包经营、承租经营后,不能提供完整、准确的纳税资料、正确计算应纳税所得额的,由主管税务机关核定其应纳税所得额,并依据《中华人民共和国税收征收管理法》的有关规定,自行确定征收方式。

8.3.2 从征税项目角度筹划

个人所得税的征税项目几乎包括了所有的个人收入项目。因此,变换收入支付方式,把部分收入项目通过提供福利设施、报销费用的形式将其排除在个人所得税的征税项目之外,可以减少收入总额,减轻税负。特别是在工资、薪金所得及个体工商户生产经营所得适用超额累进税率的情况下,还能起到适用较低税率的好处。

1. 变收入为费用支付

将一部分收入通过报销费用的途径支付,可以降低个人收入总额,达到减轻税负的目的。如纳税人可以通过报销医药费、差旅费及资料费、交通费等形式,使部分收入以报销费用的形式支付,以减少应纳税所得额。

2. 变收入为福利支付

我国《个人所得税法》规定,工资、薪金实行超额累进税制,对个人的支出只确定一个固定的扣除额,收入越高,适用的税率就越高,缴纳的税金就越多。因此,如果将部分收入以各种福利设施的途径提供或支付,则不会视为工资收入,也就不必计算个人所得税,从而减轻个人税负。

8.3.3 从应税所得角度筹划

1. 工资薪金所得的税务筹划

在确定工资薪金所得应纳税额时,国家根据不同的工资、薪金支付方式规定了不同的费用扣除办法。缩小应税所得是工资薪金所得税务筹划的主要方法。

(1) 均摊发放工资。根据2018年8月31日第十三届全国人民代表大会常务委员会第五次会议修改的《中华人民共和国个人所得税法》第十一条规定:"居民个人取得综合所得,按年计算个人所得税;有扣缴义务人的,由扣缴义务人按月或者按次预扣预缴税款。"因此,纳税人可以利用这项政策的规定使其税负合理化。特别是遇到每月工资变化幅度较大的情况时,更应利用该项政策的规定,将收入平均分摊到每个月,以免多缴税。

(2) 均摊发放奖金。如果将全年一次性奖金采取单独计税方式,反而会产生应纳税款或者增加税负。同时,如单独适用全年一次性奖金政策,可能在税率换档时出现税负突然增加的"临界点"现象。因此,《关于个人所得税法修改后有关优惠政策衔接问题的通知》(财税〔2018〕164号)专门规定,居民个人取得全年一次性奖金,可以自行选择计税方式,纳税人自行判断是否将全年一次性奖金并入当年综合所得计税。扣缴单位应在发放奖金时注意把握,以便于纳税人享受减税红利。也就是说,纳税人取得的全年一次性奖金,可以不并入当年综合所得,以奖金全额除以12个月的数额,按照综合所得月度税率表,确定适用税率和速算扣除数,单独计算纳税,以避免部分纳税人因全年一次性奖金并入综合所得后提高适用税率。

2. 个体工商户生产经营所得的税务筹划

(1) 增加费用支出。个人经营所得的应纳税所得额为收入减去成本、费用后的余额。当收入总额一定时,成本费用增加,应纳税所得额就会相应缩小。因此,尽可能增加准予扣除项目的金额,合理扩大成本、费用开支,就可以减少应纳税所得额,降低适用税率,减少应纳税额。

(2) 选择合理的费用摊销方法。我国《个人所得税法》规定,个体工商户的生产经营所得适用五级超额累进税率,每一纳税年度的收入总额减除成本、费用以及损失后的余额为应纳税所得额,因此,选择合理的费用摊销办法,增加成本费用,缩小应纳税所得额是税务筹划的总体思路。具体做法是在可以预见的若干年内合理安排有关费用,以平均分摊为原则,在利润较多的年份做一些技术改造之类的投资,防止利润进入较高税率档次而增加纳税。也可以采用费用提前确定、收入延后确定的方法,推迟收益的实现时间,从而起到递延纳税的效果。具体方法如下。

① 选择合理的折旧方法和折旧年限。为了使企业的所得税税负降低,应把折旧费用的抵税效应得到最充分或最快的发挥,作为选择折旧方法的出发点。

对盈利企业而言,应选择最低的折旧年限,加速固定资产投资的回收,使计入成本的折旧费用前移,应纳税所得额尽可能地后移,递延纳税,减轻企业的纳税负担。享受所得税优惠政策的企业,应选择较长的折旧年限,使企业充分享受税收优惠,尽可能消除税收优惠政策对折旧费用抵税效应的副作用。亏损企业在确定折旧年限时,应充分考虑企业亏损的税前弥补规定,如果某一纳税年度的亏损额不能在今后的纳税年度中得到税前弥补或不能全部得到税前弥补,则应通过选择合理的折旧年限,使因亏损税前弥补不足对折旧费用抵税效应的副作用大大降低。

② 存货计价方法的选择。通常情况下,原材料存货的价格是不断上升的。因此,在选择存货计价方法时,采用后进先出法比较好,有利于本期多结转成本,冲减利润,减少应税所得,减轻所得税税负。

③ 选择合理的费用分摊方法。

④ 选择合理的筹资方法。企业的筹资渠道多种多样,不同的筹资渠道产生的纳税效果也有很大差别。因此,企业应选择能有效地帮助企业减轻税负、获得税收上的好处的筹资渠道进行筹资。

3. 对企事业单位承包、承租经营所得的税务筹划

纳税人对企事业单位承包、承租经营所得,月收入时高时低是常有的事,但在按月计算所得税时,高收入月份将适用较高的税率,而多纳税。因此,纳税人应对收入的实现时间及每次获得收入的金额进行合理安排,使收入尽可能在各个纳税期限内保持均衡。

4. 劳务报酬所得的税务筹划

我国《个人所得税法》规定,劳务报酬所得属于综合所得的一部分,按纳税年度合并计算个人所得税。居民个人的综合所得,以每一纳税年度的收入减除费用60 000万元以及专项扣除、专项附加扣除和依法确定的其他扣除后的余额,为应纳税所得额。因此,在进行劳务报酬所得的税务筹划时,可以通过增加费用开支,尽量减少应纳税所得额,也可以通过推迟收入的实现,均衡收入,将每一次的劳务报酬所得控制在较低的范围内,最好是4 000元以下。具体做法如下。

(1) 转移费用。为他人提供劳务以取得报酬的个人可以考虑由对方提供一定的福利,将本应由自己承担的费用改由对方承担。如由对方提供办公用品和实验设备、提供食宿、报销交通费等,扩大费用开支范围,相应减少自己的劳务报酬总额,使该项报酬所得适用较低预扣率。

(2) 增加支付次数。在收入较高时,增加支付次数,并且使每次支付金额比较平均,从而适用较低预扣率。

(3) 分项计算。当个人兼有不同劳务报酬所得时,应当分开计算,分别减除费用,计算缴纳个人所得税。

5. 稿酬所得的税务筹划

（1）增加前期写作费用。我国《个人所得税法》规定，稿酬所得与劳动报酬所得一样也是综合所得的一部分，按纳税年度合并计算个人所得税。稿酬所得以收入减除20%的费用后的余额为收入额，减按70%计算。应纳税所得额越大，应纳税额就越多。要想少纳税，只有缩小应纳税所得额。如果能够与出版商协商，让其尽可能多地提供设备或服务，将费用转移给出版商，多扣除一些费用，减少名义稿酬所得，就可以减少应纳税额。

（2）合理分摊稿酬。《个人所得税法》规定，两个或两个以上的个人共同取得同一项目收入的，应当对每个人取得的收入分别按照税法规定减除费用后计算纳税，即实行先分、后扣、再税的办法。因此，在分摊稿酬时应最大限度利用扣除政策，扩大免征额。

（3）出版系列丛书。我国《个人所得税法》规定，个人以图书报刊方式出版、发表同一作品，不论出版单位是预约，还是封闭支付稿酬，或者加印该作品再付稿酬，均应合并稿酬所得，一次计征个人所得税，这无疑扩大了应纳税所得额。如果将一本书分成几个部分，以系列丛书的形式出版，则该作品将被认定为几个独立的作品，单独计算纳税，从而可以扩大免征金额，降低应纳税额。

6. 其他所得的税务筹划

（1）特许权使用费所得的税务筹划。特许权使用费所得与劳动报酬所得、稿酬所得一样也是综合所得的一部分，按纳税年度合并计算个人所得税。特许权使用费所得以收入减除20%的费用后的余额为收入额。费用扣除计算方法与劳务报酬所得相同。每次收入是指一项特许权的一次许可使用收取的收入。另外，对个人从事技术转让中所支付的中介费，若能提供有效合法的凭证，允许从其所得中扣除。因而，可以运用转移费用、增加支付次数和分项计算等方法来进行特许权使用费所得的税务筹划。

（2）财产租赁所得的税务筹划。按照我国《个人所得税法》规定，财产租赁所得以个人每次取得的收入定额或定率扣除规定费用后的余额为应纳税所得额。这里所说的一次是以一个月内取得的收入为一次。所以，财产租赁所得的税务筹划方法主要是平均分摊，按月支付，尽可能由承租方承担有关费用等。

（3）财产转让所得的税务筹划。财产转让所得以个人每次转让财产取得的收入额减除财产原值和合理费用后的余额为应纳税所得额。其中每次是指一件财产的所有权一次性转让。转让所得中允许减除原值的财产包括有价证券、建筑物、土地使用权、机器设备、其他财产。财产转让所得的税务筹划主要是增加合理费用，减少应纳税所得额，从而减少应纳税额。

（4）股息、红利所得的税务筹划。我国《个人所得税法》规定，股息、红利所得以个人每次取得的收入额为应纳税所得额，不得从收入额中作任何扣除。但是一般都对企业留存未分配利润不征收所得税。因此，如果对企业前景看好，可以利润暂不分配，将本该领取的股息、红利所得作为再投资留在企业，既避免缴纳个人所得税，得到递延纳税的好处，又可以获取再投资的利益。

8.3.4 税率筹划

利用税率进行筹划,就是运用将高税率项目所得转换成低税率所得项目的方法,实现少纳税,减轻税负。

1. 合理安排应税所得

对于实行超额累进税率的工资、薪金所得和经营所得,通过增加支付次数、均衡支付等方法,降低每次的应纳税所得额,避免一次收入过高而适用高税率,以少纳税。

2. 高税率项目转换为低税率项目

工资、薪金所得与劳务报酬所得适用的税率是不同的,因而,同等金额的工资、薪金所得和劳务报酬所得的应纳税额大不一样,从而为利用税率差异进行税务筹划提供了可能。

(1) 劳务报酬所得与工资薪金所得互相转换。当劳务报酬所得适用的税率比工资、薪金所得适用的税率高时,可以将劳务报酬所得转化为工资、薪金所得,以便减轻税负。反之,当工资、薪金所得较高,适用的边际税率比较高时,则可以将工资、薪金所得转化为劳务报酬所得,以减少纳税。

(2) 股息转化为工资。股息所得适用 20% 的比例税率,工资、薪金所得则是适用 3%~45% 的 7 级超额累进税率,有时把股息所得转化为工资、薪金所得也会减轻税负。

(3) 合理安排公益性捐赠支出。我国税法规定,个人将所得通过中国境内的社会团体、国家机关向教育和其他社会公益事业以及遭受严重自然灾害地区、贫困地区的捐赠,允许从应纳税所得额中扣除,但扣除标准以不超过纳税人申报应纳税所得额的 30% 为限。当实际捐赠额小于等于应纳税所得额的 30%,实际捐赠额可以全部扣除,当实际捐赠额大于捐赠限额时,超过捐赠限额的部分不能扣除。

根据以上规定,纳税人在进行捐赠时,应注意以下几点。

① 避免直接捐赠。我国税法规定,纳税人直接对受益人的捐赠不得在税前扣除。因此,为了达到既尽到社会责任,又节税的目的,纳税人应尽可能选择通过中国境内的社会团体、国家机关等进行捐赠,而避免直接捐赠。

② 合理选择捐赠对象。我国税法规定一般公益性捐赠的扣除限额只有 30%,但个人通过非营利的社会团体和国家机关向教育事业的捐赠、向红十字事业的捐赠、对公益性青少年活动场所的捐赠,以及向慈善机构、基金会等非营利机构的公益性、救济性捐赠,允许在计算个人所得税时全额扣除。因而,纳税人在进行捐赠时,应选择向以上允许全额扣除的捐赠项目捐赠,以使全部捐赠额可以从税前扣除。

③ 选择适当的捐赠时期。对外捐赠完全出于纳税人自愿,捐多少,何时捐都是纳税人自己的事情,由纳税人自己决定。我国《个人所得税法》规定捐赠额允许按一定比例从本期应纳税所得额中扣除。如果纳税人本期未取得收入,而是用自己过去的积蓄进行捐赠,则无法扣除。因此,纳税人应尽可能选择在自己收入较多、适用较高税率时捐赠,以获得税收抵免的好处。

8.3.5 利用税收优惠政策

1. 充分利用国家税收优惠政策

我国《个人所得税法》规定,个人取得国债、国家发行的金融债券的利息、教育储蓄存款利息所得免税。按照国家或各级地方政府规定的比例交付的住房公积金、医疗保险金、基本养老保险金、失业保险基金等专项基金或资金存入个人账户所取得的利息收入免征个人所得税,个人投资者买卖股票和基金单位获得的差价收入暂不征收个人所得税。纳税人可以将个人存款以教育基金或其他免税基金的形式存入金融机构,同时合理安排子女的教育资金、家庭的住房公积金、医疗保险基金等支出。

2. 合理利用免征额

我国个人所得税规定的免征额是月收入5 000元。因此,纳税人可以通过合理安排收入渠道及增加支付次数,利用免征额的规定,使免征额达到最大化,缩小应纳税所得额,免征个人所得税或适用较低的税率,以减少应纳税额,从而减轻税负。

3. 境外已纳税额的扣除

我国税法规定,纳税人从中国境外取得的所得,准予其在应纳税额中扣除已在境外实缴的个人所得税税款,但扣除额不得超过该纳税人境外所得依照中国税法规定计算的应纳税额。我国个人所得税的抵免限额采用分国不分项限额法。这样,纳税人应合理安排在不同国家实缴的个人所得税税款,使之都能在中国的应纳税额中准予扣除。

8.3.6 合理安排预缴税款

我国税法规定,居民个人取得综合所得,按年计算个人所得税;有扣缴义务人的,由扣缴义务人按月或者按次预扣预缴税款;纳税人取得经营所得,按年计算个人所得税,由纳税人在月度或者季度终了后十五日内向税务机关报送纳税申报表,并预缴税款。因此,纳税人可以通过合理预缴税款,做到合法地在预缴期间尽可能少缴,特别是避免出现多预缴在年终需退税的情况,以取得递延纳税的好处。

1. 提前列支费用

在列支费用时,纳税人应合理安排年度内的费用支出,尽量将一些大型项目支出安排在年度前期,特别是按税法规定标准列支的项目支出,如业务招待费、广告费和工资等限额按年度核算的费用支出,前期超标的费用支出要到汇算清缴时进行纳税调整,因此,可以在年度前期尽量多列支,从而减少应纳税所得额,获得递延缴纳好处。

2. 延后确认收入

通过延后确认收入,使前期收入减少,可以降低前期所预缴的税款,在适用超额累进税率的情况下,降低前期应纳税所得额还可以带来降低税率的好处。在分次获得承包经营所得时,通过增加支付次数,减少前期所得金额。

8.3.7 其他相关税种的筹划

1. 增值税税务筹划

增值税是对在中国境内销售货物或提供加工、修理、修配以及进口货物的单位和个人,就其销售货物或提供应税劳务的销售额以及进口货物金额计税,并实行税款抵扣制的一种流转税。我国征收管理制度将增值税纳税人分为一般纳税人和小规模纳税人。一般纳税人适用13%、9%、6%和0的增值税税率。小规模纳税人增值税没有税率,只有一个征收率3%,特殊行业是5%,但小规模纳税人不得进行进项税抵扣。

增值税纳税人在进行一般纳税人还是小规模纳税人身份规划时,要综合考虑以下因素。

追求利益最大化与小规模纳税人身份二者不可兼得。小规模纳税人按照销售额依照增值税税率计算应纳税额,不得抵扣进项税额,也不得使用增值税专用发票。而不使用增值税专用发票又会影响业务发展的规模,但是业务规模发展到一定程度又只能作一般纳税人。一般纳税人适用的增值税税率要高一些,但可以抵扣进项税额,可以使用增值税专用发票,有利于业务的发展。一般纳税人要建立健全会计制度,聘用会计人员需要投入一定的人力、物力和财力,增加会计成本和纳税成本。

企业进行纳税人身份规划空间的大小在一定程度上是由企业产品性质和客户类型决定的。如果企业生产、经营的产品为固定资产,或客户多为小规模纳税人,不受发票类型的限制,进行税收规划的空间就大,反之,如果企业产品销售对象多为一般纳税人,要求企业必须开具增值税专用发票,企业就只能做一般纳税人。

2. 土地增值税税务筹划

土地增值税是对转让国有土地使用权、地上建筑物及其附着物并取得收入的单位和个人,就其转让房地产所取得的增值额征收的一种税。

(1) 变转让为租赁或投资。土地增值税仅对转让土地使用权及其地上建筑物和附着物的行为、产权发生转移的行为和转移房产并取得收入的行为征税。房地产所有人可以通过避免发生以上三种行为来免予缴纳土地增值税。可以将房产、土地使用权租赁给承租人使用,由承租人向出租人支付租金,或将房地产作价入股或联营条件进行投资等,不发生产权的转移行为,均可免征土地增值税。

(2) 控制增值额。增值额是纳税人转让房地产所取得的收入减去项目金额后的余额,而土地增值税以增值额为基础实行超额累进税率,因此,合理合法地控制、降低增值额是土地增值税税务筹划的关键所在。控制增值额可以从收入和成本费用两方面进行。

成本费用方面就是最大限度地扩大成本费用列支比例金额,收入方面就是将可以分开单独处理的部分从整个房地产中分离出去,减少转让收入,降低土地增值额,适用低税率,减少应纳税额。

(3) 利用税收优惠政策。土地增值税暂行条例规定,纳税人建造普通标准住宅出售,增值额未超过扣除项目金额20%的,免予征收土地增值税;个人因工作调动或改善居住条件而转让原自用住房,经向税务机关申报核准,凡居住满五年或五年以上的,免予征收土地增值税;居住满三年未满五年的,减半征收土地增值税。房地产所有人可以利用这些土地增值税优惠政策进行规划。

3. 印花税税务筹划

印花税是对经济活动和经济交往中书立、使用、领受具有法律效力的凭证的单位和个人征收的一种税。业务类型不同,适用的印花税税率也不同。

(1) 分项核算。我国税法明确规定对同一凭证,因载有两个或者两个以上经济事项而适用不同税目税率,如果分别记载金额的,应分别计算应纳税额,相加后按合计税额贴花;如果未分别记载金额的,按税率高的计税贴花。因此,一个合同如果涉及若干项经营业务,应当分别核算各项业务的余额,计算应纳税额。

(2) 使用不确定金额和保守金额。税法规定,对于在签订合同时无法确定计税金额的合同,可在签订前按定额5元贴花,以后结算时再按实际金额计税,补贴印花。因此纳税人在签订合同时,可先不确定合同金额,或者双方在订立合同时,确定比较保守的金额,确保所载金额小于合同履行后的实际结算金额。

实 训 项 目

王先生今年42岁,年收入200 000元,年终奖金40 000元,妻子张女士今年37岁,年收入140 000元,年终奖金20 000元。有一儿一女,儿子14岁,上初三。女儿9岁,上小学四年级。双方父母都在农村,年龄都在60岁以上,虽然身体健朗,王先生夫妻每年都要给双方父母各10 000多元作为赡养费。王先生家庭5年前按揭购买了一套住房,每月需还款5 000元。试为王先生家庭做一个纳税规划。

思 考 练 习

一、单项选择题

1. 以下不属于偶然所得的是( )。
   A. 中奖所得　　B. 中彩所得　　C. 得奖所得　　D. 稿酬所得
2. 以下属于免征个人所得税的项目是( )。
   A. 中奖所得　　B. 资本利得　　C. 岗位津贴　　D. 股票股息
3. 以下不属于劳务报酬所得的是( )。
   A. 工资薪金所得　　　　　　　B. 技术服务所得
   C. 表演所得　　　　　　　　　D. 翻译所得
4. 以下不属于工资薪金所得的是( )。
   A. 劳动分红　　B. 年终加薪　　C. 津贴　　　　D. 审稿所得

5. 以下不适用20%税率的所得是（　　）。
   A. 股息、红利所得　　　　　　　B. 劳务报酬所得
   C. 财产租赁所得　　　　　　　　D. 利息所得

※6. 个人出租房屋取得的租金收入需缴纳个人所得税,其费用减除标准为（　　）。
   A. 800元　　　B. 960元　　　C. 1 200元　　　D. 应全额纳税

※7. 我国个人所得税采用的税率形式有（　　）。
   A. 比例税率　　　　　　　　　　B. 超额累进税率
   C. 全额累进税率　　　　　　　　D. 超率累进税率
   E. 定额税率

※8. 下列的个人税收规划行为不能达到合理避税目的的是（　　）。
   A. 将收入购买基金以得到时间价值,延期缴税
   B. 企业为员工提供住房而在工资中扣除部分作住房租金
   C. 以报销费用的形式取得部分收入
   D. 分期支付奖金

※9. 下列项目中,属于劳务报酬所得的是（　　）。
   A. 发表论文取得的报酬
   B. 提供著作的版权而取得的报酬
   C. 将国外的作品翻译出版取得的报酬
   D. 高校教师受出版社委托进行审稿取得的报酬

※10. 根据《个人所得税法》的规定,工资、薪金所得采用的税率形式是（　　）。
   A. 超额累进税率　　　　　　　　B. 全额累进税率
   C. 超率累进税率　　　　　　　　D. 超倍累进税率

※11. 对以下（　　）征收个人所得税时,应以全额所得为应纳税所得额。
   A. 偶然所得　　　　　　　　　　B. 个体工商户生产、经营所得
   C. 稿酬所得　　　　　　　　　　D. 财产转让所得

※12. 外籍人士取得的下列所得中,（　　）可以免征个人所得税。
   A. 来自同我国签订双边税收协定的国家的外籍人士在我国境内取得的储蓄存款利息
   B. 外籍个人从境内上市A股企业（内资企业）取得的股息红利
   C. 外籍人士在我国境内取得的保险赔款
   D. 外籍人士转让国家发行的金融债券取得的所得

※13. EET模式的养老金计划中的T是指（　　）。
   A. 个人退休后每月领取的养老金需纳税
   B. 个人工作期间内缴费需纳税
   C. 个人工作期间内缴费的投资收益需纳税
   D. 个人退休后每月领取的养老金免税

※14. 小李从部队转业回到家乡,得到一笔转业费50 000元,就这笔转业费而言,小李应该缴纳个人所得税（　　）元。

A. 1 000　　　　　B. 2 500　　　　　C. 0　　　　　D. 5 000

※15. 赵先生出租自有房屋一套取得租金收入24 000元,针对这笔收入赵先生应缴纳房产税(　　)元。

A. 1 000　　　　　B. 960　　　　　C. 800　　　　　D. 0

※16. 王某发明了一项新技术,并且申请了专利。之后王某把这项专利转让给某公司,获得专利转让收入20万元,则就这笔收入王某应缴纳个人所得税(　　)元。

A. 20 000　　　　B. 30 000　　　　C. 32 000　　　　D. 36 000

※17. 张先生在2019年以20元/股的价格购买A公司股票10 000股,并且在同年以30元/股的价格全部卖出,获得股票差价收入100 000元。则就这笔买卖股票差价收入,张先生应缴纳个人所得税(　　)元。

A. 20 000　　　　B. 10 000　　　　C. 27 500　　　　D. 0

※18. 罗先生打算出租自己的一套住房。理财规划师建议罗先生装修后再出租,因为房屋装修每月最高可以在税前列支(　　)元。

A. 1 000　　　　　B. 500　　　　　C. 800　　　　　D. 200

※19. 赵某拥有两处房产,一处原值80万元的房产供自己及家人居住,另一处原值60万元的房产出租给王某居住,按市场价每月取得租金收入1 200元,赵某当月应缴纳的房产税为(　　)元。

A. 48　　　　　　B. 72　　　　　　C. 240　　　　　D. 480

※20. 下列财产转让所得中,不需缴纳个人所得税的是(　　)。

A. 转让有价证券所得　　　　　　　B. 转让土地使用权所得
C. 转让机器设备、车船所得　　　　D. 股票转让所得

二、多项选择题

1. 世界各国界定个人所得税纳税义务人的判定标准有(　　)。

A. 收入　　　　　B. 国籍　　　　　C. 住所　　　　　D. 时间

2. 以下属于纳税规划原则的有(　　)。

A. 合法性原则　　　　　　　　　B. 适时调整的原则
C. 事前规划的原则　　　　　　　D. 经济原则

3. 个人通过非营利的社会团体和国家机关(　　),允许在计算个人所得税时全额扣除。

A. 向教育事业的捐赠　　　　　　B. 对公益性青少年活动场所的捐赠
C. 向红十字事业的捐赠　　　　　D. 对寺庙的捐赠

4. 我国税收征管制度将增值税纳税人分为(　　)。

A. 一般纳税人　　B. 公司纳税人　　C. 小规模纳税人　　D. 个人纳税人

5. 印花税是对经济活动和经济交往中(　　)、使用、领受具有法律效力的凭证的单位和个人征收的一种税。

A. 买卖　　　　　B. 书立　　　　　C. 领受　　　　　D. 使用

※6. 下列行为中,可以作为合理税收规划的有(　　)。

A. 尽量采用现金交易

B. 以多人名义领取工资

C. 利用价格杠杆将税负转给消费者

D. 在某些国家和地区利用赡养子女的条件抵免税收

E. 工资薪金与劳务报酬分别纳税

※7. 根据《个人所得税法》的规定,免缴个人所得税的项目有(　　)。

A. 国债和国家发行的金融债券利息　　B. 残疾、孤老人员所得

C. 保险赔偿　　D. 因严重自然灾害造成重大损失的

E. 省级人民政府以上单位颁发的环境保护方面的奖金

※8. 税收法律关系中的权利主体包括(　　)。

A. 国家税务机关　　B. 地方税务机关

C. 财政机关　　D. 海关

E. 纳税义务人

※9. 李先生对外出租住房需要缴纳的税包括(　　)。

A. 房产税　　B. 营业税

C. 城市维护建设税和教育费附加　　D. 印花税

E. 个人所得税

※10. 下列各项优惠政策中,属于免缴个人所得税项目的是(　　)。

A. 国债利息　　B. 抚恤金　　C. 保险赔款　　D. 个人举报奖金

E. 职工的退休工资

※11. 差别比例税率主要包括(　　)。

A. 产品差别比例税率　　B. 行业差别比例税率

C. 地区差别比例税率　　D. 税基差别比例税率

E. 额度差别比例税率

※12. 暂不征收个人所得税的项目是(　　)。

A. 个人买卖有价证券的所得

B. 个人投资者从资金分配中取得的所得

C. 个人炒买外汇取得的所得

D. 个人购买储蓄性的寿险利息所得

E. 股票转让所得

※13. 差别比例税率是指一种税设两个或两个以上的比例税率,主要包括(　　)。

A. 金额差别比例税率　　B. 产品差别比例税率

C. 行业差别比例税率　　D. 地区差别比例税率

E. 幅度差别比例税率

※14. 我国自行办理个人所得税纳税申报的情况有(　　)。

A. 年所得12万元以上的

B. 从中国境内两处或两处以上取得工资、薪金所得的

C. 从中国境外取得所得的

D. 取得应税所得,没有扣缴义务人的

E. 外籍个人从外商投资企业取得的股息、红利所得

※15. 下列属于暂免征收个人所得税的项目是(　　)。

　　A. 外籍个人按合理标准取得的境内出差补贴

　　B. 保险营销员佣金中的劳务报酬部分

　　C. 个人举报各种违法、犯罪行为而获得的奖金

　　D. 个人转让自用达5年以上并且是唯一的家庭住用房

　　E. 拍卖文学作品手稿原件取得的收入

16. 个人所得税制度按照课征方法的不同,可以分为(　　)。

　　A. 分类所得税制　　　　　　　B. 综合所得税制

　　C. 混合所得税制　　　　　　　D. 统一所得税制

17. 个人所得税制度的子税种有(　　)。

　　A. 财产收入所得税　　　　　　B. 利息所得税

　　C. 遗产税　　　　　　　　　　D. 工薪所得税

18. 个人进行金融投资主要面临(　　)税收。

　　A. 消费税　　　B. 印花税　　　C. 增值税　　　D. 个人所得税

19. 个人进行住房投资面临的税收可能有(　　)。

　　A. 土地增值税　　B. 增值税　　C. 个人所得税　　D. 印花税和契税

三、判断题

1. 凡在中国境内有住所或者无住所而在境内居住满2年的个人,就是个人所得税的居民纳税人。(　　)

2. 个人将其所得对教育事业和其他公益事业的捐赠,可以全部从其应纳税所得额中扣除。(　　)

3. 目前,我国个人所得税规定的免征额是月收入5 000元。(　　)

4. 我国《个人所得税法》规定,个人因工作调动或改善居住条件而转让原自用住房,经向税务机关申报核准,凡居住满一年或一年以上的,免予征收土地增值税。(　　)

5. 股息、红利所得,偶然所得和其他所得适用的税率均为20%,而且都没有减除费用的规定。(　　)

6. 纳税人从中国境外取得的收入免缴个人所得税。(　　)

※7. 目的性原则是税收规划最有特色的原则,这是由作为税收基本原则的社会政策原则所引发的。(　　)

※8. 税收最小化通常是遗产规划的一个重要动机,也是遗产规划的唯一目标。(　　)

※9. 个人税务筹划是个人理财规划中的一项重要内容,它是在纳税义务发生之前、在法律允许的范围之内,对纳税负担的低位选择。(　　)

※10. 对中国境内居民的境外取得的所得,我国不征收个人所得税。(　　)

※11. 个人购买房屋时印花税的缴纳,采用自行购花、自行贴花、自行销花的方法。(　　)

12. 个人所得税纳税义务人包括中国公民、个体工商户以及在中国有所得的外籍人员和港澳台同胞。（   ）

13. 同一作品先在报刊上连载,然后再出版,或先出版,再在报刊上连载的,应视为两次稿酬所得征税。（   ）

14. 个人转让著作权,免征营业税;将土地转让给农业生产者用于农业生产,免征营业税。（   ）

15. 我国已开征了继承税和遗产税。（   ）

四、简答题

1. 怎样进行纳税人身份规划?
2. 简述纳税规划的方法。
3. 简述房产税纳税规划。
4. 怎样进行税率规划?
5. 怎样从应税所得角度进行纳税规划?

项目 9

退休养老规划

学习目标

1. 了解退休养老规划的必要性。
2. 熟悉退休养老规划的影响因素和风险。
3. 了解养老保险制度的类型和我国的养老保险制度。
4. 熟悉退休养老规划流程。
5. 掌握退休养老规划方法。
6. 熟悉退休养老规划工具的风险收益特征。

导入案例

李先生现年 45 岁，广东省珠海市某饮料公司技术工程师，年薪 180 000 元，年终奖金 30 000 元。妻子钟女士 44 岁，该市某酒店财会人员，年薪 150 000 元，年终奖金 20 000 元。有一个女儿 17 岁，该市某中学高三学生。李先生家庭有早年购买的商品房 2 套，总市值约 7 000 000 元。一套自住，一套出租，每月租金 4 500 元。房贷已全部还清。有多年前购买的小汽车一辆，购买价 170 000 元，目前市价 100 000 元。李先生家庭对独生女寄予厚望，希望女儿接受良好的教育，上大学并读研究生，并早已预备好了所需教育费用。李先生夫妻双方父母都已退休，均有退休金且身体健朗，无须李先生夫妻多操心，但李先生夫妻还是每年给双方父母各 10 000 元孝敬费。李先生家庭每年会在国内外旅游 2~3 次，总计开支约 50 000 元。除了家庭日常开支和各项用度约 100 000 元之外，李先生家庭每年能节余 20 多万元。目前有银行存款 50 000 元，信托理财产品价值 100 000 元，股票市值 40 000 元。除车险外没有购买任何其他商业保险。李先生夫妻都有医疗保险和养老保险。李先生家庭住房和子女教育问题都已解决，双方父母的养老问题也不成问题。剩下的就是李先生夫妻自己的退休养老问题。李先生夫妻希望退休后有一个较高品质的退休生活，家庭今后的主要任务就是为退休养老多做些事情。试为李先生夫妻俩做一个退休养老规划。

任务 9.1　退休养老规划概述

"福如东海，寿比南山""长命百岁"是人们常听到的祝寿词，健康长寿，安享晚年也是所有人的梦想。而且随着经济的发展，人们收入水平的提高、生活的改善、医学的发展和医疗条件的提高,以及人们健康意识的提高,现代人越来越长寿。古语说人生七十古来稀,2018年7月29日,国家卫健委召开新闻发布会,会上公布,2018年中国人均预期寿命77岁,健康预期寿命为68.7岁,居民大致有8年多时间带病生存。2018年5月,世界卫生组织(WHO)在日内瓦发布最新报告《世界卫生统计2018》(*World Health Statisitcs 2018*),日本蝉联全球各国平均寿命榜单第一,达到84.2岁。大多数发达国家的人均寿命都在80岁以上。随着人们寿命的提高,退休生活时间更长了,生活开支也会随之增加。所以,活得久,活得好,需要有足够的财富做后盾,需要退休养老规划。

如果保守计算,一个人50岁开始退休养老规划,按人均寿命计算,退休养老规划的时间跨度长达27年,如果更早进行退休养老规划,且其寿命高于人均寿命,则退休养老规划的时间跨度就更长。所以说养老资金筹划是所有个人理财计划中跨时最长、不可测因素最多的一项。

所有的个人理财计划,最终都是为富足养老服务的。个人都应该及早制订养老资金筹划方案。

9.1.1 退休及退休养老规划的概念

1. 退休

退休是指员工在达到一定年龄或为企业服务一定年限的基础上,按照国家的有关法规和员工与企业的劳动合同而离开企业的行为。退休就是离开工作场所,长期休息之意。广义地说,退休就是不再从事一项全职有薪的工作,而接受过去工作的退休金的状况。

退休是原有工作的结束,是人生历程的一大转变,是一种新生活的开始。退休后,工作时的紧张感、压力感没有了,忙碌和充实也没有了,取而代之的是清闲、无所事事、空虚甚至无聊,不知所措,有的有着强烈的失落感。自由时间更多,但是收入下降了,负担也轻了些,身体状况不如以前,身体机能一步步老化。

从财务规划的角度看,退休可以视为拥有足够的退休金之后的生活。

在大多数国家,退休年龄一般在55~65岁。我国的退休年龄是男职工年满60周岁,女干部年满55周岁,女工人年满50周岁,连续工龄或工作年限满10年。按照目前的人均寿命,一般人在退休后普遍拥有10~20年的退休生活。但是退休后失去了正常的工资收入来源。因而,进行退休策划,将年老时各种不确定性因素对生活的影响程度降到最低,使退休生活更有保障。

2. 退休养老规划

退休养老规划是个人理财规划的重要组成部分,是人们为了在将来拥有一个自立、尊严、高品质的退休生活,而从现在开始进行的财富积累和资产规划。所谓"兵马未动,粮草先行"。一个科学合理的退休养老规划的制定和执行,将会为人们幸福的晚年生活保驾护航。

9.1.2 退休养老规划的必要性

退休养老规划的重要性或必要性可以从以下几个方面来分析。

1. 退休后收入减少，无法保证支出

退休后，由于离开工作岗位，长期休息，只能领到退休金，工作时的奖金、津贴、各种补助等都没有了，因而收入急剧减少，有的甚至不到工作收入的一半。但是由于年老，体弱多病，医疗、保健和护理方面的费用开支会大幅增加，造成退休后的退休金收入无法保证支出。要弥补入不敷出的巨大缺口，只有通过退休养老规划来填补。

2. 养儿防老不堪重负

中国古话说，养儿防老，积谷防饥。但在目前的中国，积谷能防饥，养儿却不能防老。倒不是现在子女都没有孝心，实在是子女们心有余而力不足。因为现在普遍是独生子女，一对夫妻只有一个小孩。由于人均寿命延长，独生子女结婚后，在他们上面的老人有父母、岳父母、祖父母和外祖父母八个老人，寿命更长的还不止八个老人，加上要抚养小孩，不要说赡养老人，就是照顾日常生活起居都做不到，如遇生病住院就更不用说了，何况他们还要工作，而且竞争激烈，工作压力巨大，不工作专门在家照顾老人难以做到。

3. 社保基金（国家基本养老保险及企业年金）不能足够维持退休时的基本生活所需

国家统一的养老政策只能给老年人提供最基本的生活保障，很难满足人们高品质生活的需求。而且随着人口老龄化趋势的日益加强，人均寿命的进一步提高，国家基本养老保险的压力和负担会越来越大，保险金的缺口也会越来越大。

4. 老有所养、老有所终

退休养老规划本质上是一种以筹集养老金为目的的综合性金融服务，要真正做到老有所养，老有所终，需要相当大的财力做后盾。

9.1.3 退休养老规划的影响因素

综合来看，退休养老规划的影响因素主要有以下几个方面。

1. 负担与责任

负担和责任主要是指家庭的各种贷款特别是住房按揭贷款是否还清，子女是否自立，是否有需要赡养和照顾的长辈或亲属。如果有，显然对积累退休金是十分不利的。

2. 退休时间及退休后的生活时间

由于退休后的收入明显少于工作时的收入，因而，越早退休，收入也就越少，退休金的积累也就越少。反之，越晚退休，工作时间越长，收入越多，退休金的积累就越多，对退休

养老规划越有利。另一方面,退休后的生活时间即预期余寿越长,退休生活的开支就越大,所需要的退休金就越多。

3. 退休后的生活费用

退休后的生活费用主要受日常生活形态、消费习性、居住地消费水平、健康状况等诸多因素的影响。退休后的生活费用越高,所需要的退休金就越多,反之,所需要的退休金就越少。

4. 退休保障及退休前的资产累积

退休保障越多越全面,退休前的资产累积额越大越多,退休养老规划的压力就越小,反之,退休养老规划的压力也就越大。

5. 通货膨胀

通货膨胀是影响退休生活费用开支的主要因素之一,通货膨胀率越高,退休后的费用开支就越多。为了满足退休生活的基本需要,就需要更多的退休金,退休养老规划的压力就更大;反之,退休后的生活费用开支就要少一些,退休养老规划的压力也会轻一些。

6. 是否需要为子女留有遗产

如果子女的条件不是很好,需要为子女留下遗产,另外又要满足自己退休后的基本生活需要,这样就需要更多的退休金。反之,如果不需要为子女留有遗产,全部退休金或者资产积累都可以用于自己的退休生活需要,所需要的退休金就要少一些,退休养老规划的压力也要小一些。

9.1.4 退休养老规划的风险

常言道,智者千虑,必有一失。计划与现实总会有些距离,总有百密一疏的时候,退休养老规划也不例外。一旦现实情况超出计划或规划,就会为退休养老规划带来风险。退休养老规划面临的风险主要有以下几种。

1. 职业生涯规划的风险

做退休养老规划时,客户正常退休,即达到退休年龄正常退休,退休后就能领到退休金。但是如果客户在退休前被公司解雇或所服务的企业倒闭,而未能提取退休金,客户到退休年龄就可能得不到退休金。另一方面,客户在达到退休年龄前收入减少甚至没有收入,退休养老规划的资金来源没了着落,退休养老规划目标无法顺利实现。

2. 投资风险

在进行退休养老规划时,设定了一定的投资报酬率,但是在实际实施过程中,投资报酬率低于计划没有达到预期目标,甚至发生严重亏损,也会造成客户退休金没有着落。

3. 额外支出风险

在退休养老规划实施过程中，发生了一些意想不到的事情，发生了额外支出，退休养老规划的资金被挤占挪用，减少了退休金的资金来源。

4. 实际寿命比退休计划设定的寿命长的风险

实际寿命比退休计划设定的寿命长，造成实际的生活费用开支要多于退休养老规划准备的退休金，出现钱用完了、人还活着的情况，在超出计划的时间里退休金没有着落。

9.1.5 退休养老规划应遵循的重要原则

1. 尽早开始储备退休基金，越早越轻松

虽然年轻时的收入不高，但每月定期定额占收入的比例反而比年长收入较高的还低，这是因为人的工作收入成长率会随工资薪金收入水平的提高而降低，而理财收入成长率则会随着资产水平的提高而增加。最晚应从40岁起，以还有20年的工作收入储蓄来准备60岁退休后20年的生活。否则即使你的每月投资已做最佳运用，剩下的时间也不够让退休基金累积到足供晚年舒适悠闲的生活。

2. 退休金储蓄的运用不能太保守，否则即使年轻时就开始准备，仍会不堪负荷

这是因为定期存单利率扣掉通货膨胀后，只能提供2%～3%的收益，若用定期存单累积退休金，无论在什么年龄开始准备，都要留下一半以上的工作收入，为了准备退休必须大幅降低工作期的生活水平。如果运用定期投资基金的投资报酬率均可达12%，以平均储蓄率20%～30%计算，大体可以满足晚年生活需求。进行退休养老规划时，当然也不应该假设退休金报酬率能达到20%以上的超级报酬率，这会让自己应缴付的储蓄偏低，且不易达到退休金的累积目标。

3. 以保证给付的养老险或退休年金满足基本支出，以报酬率较高但无保证的基金投资满足生活品质支出

若要以养老险或退休年金来准备退休金，优点是具有保证的性质，可降低退休养老规划的不确定性；缺点是报酬率偏低，需要有较高的储蓄能力，才能满足退休需求的保额。其解决之道是将退休后的需求分为两部分，第一部分是基本生活支出，第二部分是生活品质支出。一旦退休后的收入低于基本生活支出水平，就需依赖他人救济才能维生，因此这是必要的收入。而生活品质支出是实践退休后生活理想所需的额外支出，有较大的弹性。因此对投资性格保守但安全感需求高的人来说，以保证给付的养老险或退休年金来满足基本生活支出；另以股票或基金等高报酬、高风险的投资工具来满足生活品质支出，是一种可以兼顾老年安养保障和充分发展退休后兴趣爱好的资产配置方式。

假如工作期40年，退休后养老期20年，退休后基本生活支出占工作期收入40%，那么在工作期40年中，需将收入的20%购买有确定给付的储蓄险；若储蓄率可达40%，多

出来的20%可投资定期定额基金,其投资成果作为退休后的生活品质支出;若投资绩效较好,退休后的支出可能比工作期还多,可用于环游世界等自己梦想的生活品质支出,此外的富余资金还可以成为遗产留给后代,为他们维持一个理想的生活水平。

任务9.2 退休养老规划与养老保险

自从1889年德国俾斯麦政府建立养老保险制度以后,到目前养老保险制度已成为现代国家普遍建立的一种社会经济制度。社会养老保险制度的建立使劳动者在退休后可以定期按月领到一定数量的养老金,从而有了一个稳定的生活来源,是个人退休收入的主要来源之一。也是养老保险成为一个完整的退休养老规划必不可少的内容。

9.2.1 养老保险体系概述

1. 养老保险概述

养老保险或养老保险制度是国家和社会根据一定的法律、法规,为解决劳动者在达到国家规定的解除劳动义务的劳动年龄界限,或因年老丧失劳动能力退出劳动岗位后的基本生活而建立的一种社会保险制度。

养老保险是社会保障制度的重要组成部分,是社会保险基本养老保险、生育保险、失业保险、工伤保险和医疗保险五大险种中最重要的险种之一。

2. 养老保险的含义

(1) 养老保险是在法定范围内的老年人完全或基本退出社会劳动生活后才自动发生作用的。法定退休年龄才是切实可行的标准,也就是说,一个劳动者只有达到了国家规定的法定退休年龄,办理了退休手续,养老保险才开始对他发生作用,他才能享受到养老保险待遇。

(2) 养老保险的目的是为老年人提供保障其基本生活需求的稳定可靠的生活来源。

(3) 养老保险是以社会保险为手段来达到保障目的的。

3. 养老保险的特点

(1) 由国家立法,强制实行,企业单位和个人都必须参加,符合养老条件的个人,可向社会保险部门领取养老金。

(2) 养老保险费用来源一般由国家、企业和个人三方或企业和个人双方共同负担,并实现广泛的社会互济。

(3) 养老保险具有社会性,影响很大,享受人多且时间较长,费用支出庞大,必须设置专门机构,实行现代化、专业化、社会化的统一规划和管理。

9.2.2 养老保险制度的类型

从世界范围来看,不同的国家养老保险的类型有所不同,有着很大的差别,但归纳起来主要有以下三种类型：投保资助型养老保险（即传统型）、强制储蓄型养老保险（公积金模式）和国家统筹型养老保险。

1. 传统型养老保险制度

传统型的养老保险制度是目前全球居主流地位的养老保险制度，为世界大多数国家所采用。

传统型的养老保险制度又称为与雇佣相关性模式或投保资助模式，1889年德国俾斯麦政府颁布养老保险法最早创设传统型的养老保险制度，后来美国、日本等国家也先后采纳。先确定个人领取养老金的工资替代率，然后再以支出来确定总缴费率。个人领取养老金的权利与缴费义务联系在一起，即个人缴费是领取养老金的前提，养老金水平与个人收入挂钩，基本养老金按退休前雇员历年指数化月平均工资和不同档次的替代率来计算，并定期自动调整。除基本养老金外，国家还通过税收、利息等方面的优惠政策，鼓励企业实行补充养老保险，基本上也实行多层次的养老保险制度。

它是通过立法程序强制工资劳动者加入，强制雇主和劳动者分别按照规定的投保费率投保，并要求建立老年社会保险基金，实行多层次退休金。

国家是老年社会保险的后盾，在财政、税收和利息政策上给予资助。

2. 国家统筹型养老保险制度

由国家或国家和雇主全部负担雇员的养老保险，雇员个人不缴费，是一种典型的福利型养老保险制度。国家统筹型分为以下两种类型。

（1）福利国家普遍采取的，又称为福利型养老保险，最早为英国创设，目前适用该类型的国家还包括瑞典、挪威、澳大利亚、加拿大等。

该制度的特点是实行完全的"现收现付"制度，并按"支付确定"的方式来确定养老金水平。养老保险费全部来源于政府税收，个人不需缴费。享受养老金的对象不仅仅为劳动者，还包括社会全体成员。养老金保障水平相对较低，通常只能保障最低生活水平而不是基本生活水平，如澳大利亚养老金待遇水平只相当于平均工资的25%。为了解决基本养老金水平较低的问题，一般提倡企业实行职业年金制度，以弥补基本养老金的不足。

该制度的优点在于运作简单易行，通过收入再分配的方式，对老年人提供基本生活保障，以抵销市场经济带来的负面影响。但该制度也有明显的缺陷，其直接的后果就是政府的负担过重。由于政府财政收入的相当部分都用于社会保障支出，而且要维持如此庞大的社会保障支出，政府必须采取高税收政策，这样加重了企业和纳税人的负担。同时，社会成员普遍享受养老保险待遇，缺乏对个人的激励机制，只强调公平而忽视效率。

（2）国家统筹型的另一种类型是苏联创设的，其理论基础为列宁的国家保险理论，后为东欧各国、蒙古、朝鲜以及我国改革开放以前所采用。

该类型与福利国家的养老保险制度一样，都是由国家来包揽养老保险活动和筹集资金，实行统一的保险待遇水平，劳动者个人无须缴费，退休后可享受退休金。但与前一种不同的是，适用的对象并非全体社会成员，而是在职劳动者，养老金也只有一个层次，未建立多层次的养老保险，一般也不定期调整养老金水平。

随着苏联和东欧国家的解体以及我国经济体制改革,采用这种模式的国家越来越少。

3. 强制储蓄型养老保险制度

强制储蓄型养老保险制度是一种固定缴费的模式,对缴费率有具体规定,待遇由所缴费用以及利息决定。缴费及利息积累在每个人的账户上。缴费由雇员和雇主共同承担。强制储蓄型养老保险制度主要有新加坡模式和智利模式两种。

(1)新加坡模式是一种公积金模式的养老保险制度。该模式的主要特点是强调自我保障,建立个人公积金账户,由劳动者于在职期间与其雇主共同缴纳养老保险费,劳动者在退休后完全从个人账户领取养老金,国家不再以任何形式支付养老金。个人账户的基金在劳动者退休后可以一次性连本带息领取,也可以分期分批领取。国家对个人账户的基金通过中央公积金局统一进行管理和运营投资,是一种个人账户完全积累式的筹资模式。除新加坡外,东南亚、非洲等一些发展中国家也采用了这种模式。

(2)智利模式作为另一种强制储蓄类型的养老保险制度,也强调自我保障,也采取了个人账户的模式,但与新加坡模式不同的是,个人账户的管理完全实行私有化,即将个人账户交由自负盈亏的私营养老保险公司管理运营,规定了最大化回报率,同时实行养老金最低保险制度。该模式于20世纪80年代在智利推出后,也被拉美一些国家所效仿。强制储蓄型养老保险制度最大的特点是强调效率,但忽视公平,难以体现社会保险的保障功能。

9.2.3 我国的养老保险制度

我国的养老保险制度是一个由国家基本养老保险、企业年金(企业补充养老保险)和个人储蓄养老保险三支柱相结合的养老保险体系。

我国养老保险分为城镇职工养老保险和城乡居民养老保险。城镇职工养老保险又由企业养老保险和机关事业单位退休制度构成。

1. 城镇职工养老保险

(1)城镇职工养老保险的具体做法

中国的基本养老保险制度实行社会统筹与个人账户相结合的模式。基本养老保险覆盖城镇各类企业及其职工,企业化管理的事业单位及其职工,城镇个体工商户和灵活就业人员,以及企业招用的农民工。城镇所有企业及其职工必须履行缴纳基本养老保险费的义务。目前,养老保险基金主要由企业和职工缴费形成,企业缴费比例一般不超过企业工资总额的20%,2019年李克强总理在政府工作报告中宣布2019年将这一比例降低到16%。个人缴费比例为8%,由用人单位代扣代缴。城镇个体工商户和灵活就业人员参加基本养老保险的缴费标准为当地上年度在岗职工平均工资的20%,其中8%记入个人账户。财政每年对中西部地区和老工业基地给予养老保险资金补助。财政部消息,2018年上半年,全国财政社会保障和就业累计支出16 482.18亿元,比2017年同期增长11.3%。其中,财政对基本养老保险基金补助支出6 416.86亿元,比2017年同期增长12.7%。截至2018年6月底,中央财政已拨付2018年企业职工基本养老保险补助资金

4 330.51亿元、城乡居民基本养老保险补助资金1 137.69亿元。企业缴纳的基本养老保险费全部纳入统筹基金，并以省为单位进行调剂。养老保险社会统筹基金纳入财政专户，实行收支两条线管理。个人缴纳的基本养老保险费记入个人账户。职工个人账户规模为本人缴费工资的8%，全部由个人缴费形成。个人账户储存额的多少，取决于个人缴费额和个人账户基金收益，并由社会保险经办机构定期公布。个人账户基金只用于职工养老，不得提前支取。职工或退休人员死亡，个人账户可以继承。个人账户基金由省级社会保险经办机构统一管理，按国家规定存入银行，全部用于购买国债，收益率高于同期银行存款利率。

(2) 城镇职工养老保险待遇

城镇企业职工所在单位和个人依法参加养老保险并履行了养老保险缴费义务，个人缴费至少满15年（含视同缴费年限，下同），达到法定退休年龄，并已办理退休手续的，按月计发基本养老金。基本养老金由基础养老金和个人账户养老金组成。基础养老金月标准以当地上年度在岗职工月平均工资和本人指数化月平均缴费工资的平均值为基数，缴费每满1年发给1%。基础养老金由社会统筹基金支付。个人账户养老金月标准为个人账户储存额除以计发月数，计发月数根据职工退休时城镇人口平均预期寿命、本人退休年龄、利息等因素确定。

养老金＝基础养老金＋个人账户养老金

基础养老金＝（全省上年度在岗职工月平均工资＋本人指数化月平均缴费工资）
$\div 2 \times$ 缴费年限 $\times 1\%$
＝全省上年度在岗职工月平均工资(1＋本人平均缴费指数)
$\div 2 \times$ 缴费年限 $\times 1\%$

式中，

本人指数化月平均缴费工资＝全省上年度在岗职工月平均工资×本人平均缴费指数

在缴费年限相同的情况下，基础养老金的高低取决于个人的平均缴费指数，个人的平均缴费指数就是自己实际的缴费基数与社会平均工资之比的历年平均值。低限为0.6，高限为3。

因此，在养老金的两项计算中，无论何种情况，缴费基数越高，缴费年限越长，养老金就会越高。

养老金的领取是无期限规定的，只要领取人生存，就可以享受按月领取养老金的待遇，即使个人账户养老金已经用完，仍然会继续按照原标准计发基础养老金，况且，个人养老金还要逐年根据在岗职工月平均工资的增加而增长。因此，活得越久，领取得越多。

例如，根据上述公式，假定男职工在60岁退休时，全省上年度在岗职工月平均工资为4 000元。

累计缴费年限为15年，个人平均缴费基数为0.6时，

基础养老金＝(4 000＋4 000×0.6)÷2×15×1%＝480(元)

个人平均缴费基数为1.0时，

基础养老金＝(4 000＋4 000×1.0)÷2×15×1%＝600(元)

个人平均缴费基数为3.0时，

$$基础养老金 = (4\,000 + 4\,000 \times 3.0) \div 2 \times 15 \times 1\% = 1\,200(元)$$

累计缴费年限为 40 年,个人平均缴费基数为 0.6 时,

$$基础养老金 = (4\,000 + 4\,000 \times 0.6) \div 2 \times 40 \times 1\% = 1\,280(元)$$

个人平均缴费基数为 1.0 时,

$$基础养老金 = (4\,000 + 4\,000 \times 1.0) \div 2 \times 40 \times 1\% = 1\,600(元)$$

个人平均缴费基数为 3.0 时,

$$基础养老金 = (4\,000 + 4\,000 \times 3.0) \div 2 \times 40 \times 1\% = 3\,200(元)$$

$$个人账户养老金 = 个人账户储存额 \div 计发月数$$

式中,计发月数根据退休年龄和当时的人口平均寿命来确定。计发月数≈(人口平均寿命－退休年龄)×12。目前 50 岁为 195、55 岁为 170、60 岁为 139,不再统一是 120。

【例 9-1】 假设张先生个人平均缴费基数为 1.2,养老保险缴费年限为 15 年,退休时当地上年度在岗职工月平均工资为 9 000 元,个人账户累积额为 12 万元。张先生为 60 岁退休,试计算张先生每月能领到多少养老金?

【解析】 $(9\,000 + 9\,000 \times 1.2) \div 2 \times 15 \times 1\% + 120\,000 \div 139$
$= 1\,485 + 863.31 = 2\,348.31(元)$

2. 城乡居民养老保险

在总结新型农村社会养老保险(以下简称新农保)和城镇居民社会养老保险(以下简称城居保)试点经验的基础上,2014 年国务院决定,将新农保和城居保两项制度合并实施,到 2020 年前在全国范围内全面建立公平、统一、规范的城乡居民基本养老保险(以下简称城乡居民养老保险)制度。

(1)指导方针。按照全覆盖、保基本、有弹性、可持续的方针,以增强公平性、适应流动性、保证可持续性为重点,全面推进和不断完善覆盖全体城乡居民的基本养老保险制度,充分发挥社会保险对保障人民基本生活、调节社会收入分配、促进城乡经济社会协调发展的重要作用。

(2)参保范围。年满 16 周岁(不含在校学生)、非国家机关和事业单位工作人员及不属于职工基本养老保险制度覆盖范围的城乡居民,可以在户籍地参加城乡居民养老保险。

(3)基金筹集。城乡居民养老保险基金由个人缴费、集体补助、政府补贴构成。

① 个人缴费。参加城乡居民养老保险的人员应当按规定缴纳养老保险费。缴费标准目前设为每年 100 元、200 元、300 元、400 元、500 元、600 元、700 元、800 元、900 元、1 000 元、1 500 元、2 000 元 12 个档次,省(区、市)人民政府可以根据实际情况增设缴费档次,最高缴费档次标准原则上不超过当地灵活就业人员参加职工基本养老保险的年缴费额,并报人力资源社会保障部备案。人力资源和社会保障部会同财政部依据城乡居民收入增长等情况适时调整缴费档次标准。参保人自主选择档次缴费,多缴多得。

② 集体补助。有条件的村集体经济组织应当对参保人缴费给予补助,补助标准由村民委员会召开村民会议民主确定,鼓励有条件的社区将集体补助纳入社区公益事业资金筹集范围。鼓励其他社会经济组织、公益慈善组织、个人为参保人缴费提供资助。补助、资助金额不超过当地设定的最高缴费档次标准。

③ 政府补贴。政府对符合领取城乡居民养老保险待遇条件的参保人全额支付基础养老金,其中,中央财政对中西部地区按中央确定的基础养老金标准给予全额补助,对东部地区给予50%的补助。

地方人民政府应当对参保人缴费给予补贴,对选择最低档次标准缴费的,补贴标准不低于每人每年30元;对选择较高档次标准缴费的,适当增加补贴金额;对选择500元及以上档次标准缴费的,补贴标准不低于每人每年60元,具体标准和办法由省(区、市)人民政府确定。对重度残疾人等缴费困难群体,地方人民政府为其代缴部分或全部最低标准的养老保险费。

(4) 建立个人账户。国家为每个参保人员建立终身记录的养老保险个人账户,个人缴费、地方人民政府对参保人的缴费补贴、集体补助及其他社会经济组织、公益慈善组织、个人对参保人的缴费资助,全部记入个人账户。个人账户储存额按国家规定计息。

(5) 养老保险待遇及调整。城乡居民养老保险待遇由基础养老金和个人账户养老金构成,支付终身。

① 基础养老金。中央确定基础养老金最低标准,建立基础养老金最低标准正常调整机制,根据经济发展和物价变动等情况,适时调整全国基础养老金最低标准。地方人民政府可以根据实际情况适当提高基础养老金标准;对长期缴费的,可适当加发基础养老金,提高和加发部分的资金由地方人民政府支出,具体办法由省(区、市)人民政府规定,并报人力资源和社会保障部备案。

根据人力资源和社会保障部、财政部印发的《关于建立城乡居民基本养老保险待遇确定和基础养老金正常调整机制的指导意见》(人社部发〔2018〕21号)精神,统筹考虑近年来城乡居民收入增长、物价变动和职工基本养老保险等保障标准调整情况,经党中央、国务院批准,决定自2018年1月1日起,全国城乡居民基本养老保险基础养老金最低标准提高至每人每月88元,即在原每人每月70元的基础上增加18元。提高标准所需资金,中央财政对中西部地区给予全额补助,对东部地区给予50%的补助。

② 个人账户养老金。个人账户养老金的月计发标准,目前为个人账户全部储存额除以139(与现行职工基本养老保险个人账户养老金计发系数相同)。参保人死亡,个人账户资金余额可以依法继承。

(6) 养老保险待遇领取条件。参加城乡居民养老保险的个人,年满60周岁、累计缴费满15年,且未领取国家规定的基本养老保障待遇的,可以按月领取城乡居民养老保险待遇。

新农保或城居保制度实施时已年满60周岁,在本意见印发之日前未领取国家规定的基本养老保障待遇的,不用缴费,自本意见实施之月起,可以按月领取城乡居民养老保险基础养老金;距规定领取年龄不足15年的,应逐年缴费,也允许补缴,累计缴费不超过15年;距规定领取年龄超过15年的,应按年缴费,累计缴费不少于15年。

小贴士

养老金替代率

养老金替代率是指劳动者退休时的养老金领取水平与退休前工资收入水平之间的比

率,是一个国家或地区养老保险制度体系的重要组成部分,是反映退休人员生活水平的经济指标和社会指标。一是制度设计的目标替代率,是指连续参保缴费的代表性个体职工退休时养老金相对于上年职工平均工资的比例。其中代表性个体职工是指在劳动年龄阶段就业、连续参保缴费,工资与同期职工平均工资一致的职工。目标替代率反映制度设计,特别是基本养老金计发办法的目标保障水平。目前,我国城镇企业职工基本养老保险制度设计的目标替代率约为59.2%,是指以职工平均工资连续缴费35年(含视同缴费年限)的参保人员,60岁退休时养老金约为上年职工平均工资的59.2%。二是当年新增退休人员本人养老金实际替代率,是指当年新增退休人员本人养老金与本人退休前一年工资的比例。它衡量个体退休前后收入差异。职工退休前一年工资如果是3 000元,退休当年养老金领到1 500元,其替代率就是50%。三是全部新增退休人员养老金平均替代率,是指当年全部新增退休人员平均养老金与上年职工平均工资的比例,它衡量当年新增退休人员与在职人员收入差异,反映养老金计发办法的实际保障水平。由于人员结构原因,譬如一些人缴够15年就不再缴费,一些人缴费时未按实际工资水平为基数缴纳,缴费工资基数较低,这一比率低于59.2%的目标替代率。四是全部退休人员养老金平均替代率,是指当年全部退休人员养老金与工资的比例,它衡量退休人员与在职人员收入水平总体差异。

经合组织成员国养老金替代率见表9-1。

表9-1 经合组织成员国养老金替代率　　　　　　　　　　单位:%

国家名称	公的养老金	强制的职业养老金	私的养老金	合计
西班牙	73.9			73.9
意大利	71.2			71.2
法国	58.8			58.8
瑞典	33.9	21.7		55.6
德国	42.0		16.0	58.0
英国	32.6		34.5	67.1
荷兰	29.5	61.1		90.7
美国	38.3		37.8	76.2
加拿大	39.2		33.9	73.1
日本	35.6			35.6

9.2.4 企业年金

企业年金即企业补充养老保险,是指企业及其雇员在依法参加基本养老保险的基础上,依据国家政策和本企业经济状况建立的、旨在提高雇员退休后生活水平、对国家基本养老保险进行重要补充的一种养老保险形式。在我国,企业年金是对国家基本养老保险的重要补充,是我国正在完善的城镇职工养老保险体系(由基本养老保险、企业年金和个人储蓄性养老保险三个部分组成)的"第二支柱"。

企业年金源自于自由市场经济比较发达的国家,是一种属于企业雇主自愿建立的员工福利计划。企业年金即由企业退休金计划提供的养老金,其实质是以延期支付方式存在的职工劳动报酬的一部分或者是职工分享企业利润的一部分。最早的企业年金计划是美国运通公司于1875年建立的企业补充养老保险计划。企业年金已经成为发达国家养老保险体系中的一个重要支柱。

1. 企业年金的主要特征

(1) 由企业发起建立。
(2) 经办方式多样化。
(3) 国家给予一定的税收优惠政策(详见本目录下的"列支渠道")。
(4) 企业缴费的列支渠道按国家有关规定执行;职工个人缴费可以由企业从职工个人工资中代扣。企业缴费在工资总额4%以内的部分可从成本中列支。
(5) 企业年金基金实行市场化投资运营。
(6) 政府在年金的建立和管理中不承担直接责任等。

2. 建立条件和程序

符合下列条件的企业,可以建立企业年金。
(1) 依法参加基本养老保险并履行缴费义务。
(2) 具有相应的经济负担能力。
(3) 已建立集体协商机制。

建立企业年金,应当由企业与工会或职工代表通过集体协商确定,并制订企业年金方案。国有及国有控股企业的企业年金方案草案应当提交职工大会或职工代表大会讨论通过。

3. 资金来源

企业年金所需费用由企业和职工个人共同缴纳,建立个人账户,与企业资产实行分账管理。雇主和雇员分担缴费义务的比例,有的是1:1,雇主多缴、雇员少缴或不缴的情况比较常见。

企业缴费每年不超过本企业上年度职工工资总额的1/12(相当于工资总额的8.33%)。企业缴费和职工个人缴费合计一般不超过本企业上年度职工工资总额的1/6(相当于工资总额的16.7%)。

4. 企业年金分类

1) 根据法律规范的程度划分

企业年金可分为自愿性和强制性两类。自愿性企业年金,以美国、日本为代表,国家通过立法,制定基本规则和基本政策,企业自愿参加;企业一旦决定实行补充保险,必须按照既定的规则运作;具体实施方案、待遇水平、基金模式由企业制定或选择;雇员可以缴费,也可以不缴费。强制性企业年金以澳大利亚、法国为代表,国家立法,强制实施,所有雇主都必须为其雇员投保;待遇水平、基金模式、筹资方法等完全由国家规定。

2) 根据资金筹集和运作模式划分

企业年金可分为缴费确定型企业年金和待遇确定型企业年金两种类型。

(1) 缴费确定型企业年金(DC计划),通过建立个人账户的方式,由企业和职工定期按一定比例缴纳保险费(其中职工个人少缴或不缴费),职工退休时的企业年金水平取决于资金积累规模及其投资收益。缴费确定型企业年金基本特征:①简便易行,透明度较高;②缴费水平可以根据企业经济状况作适当调整;③企业与职工缴纳的保险费免予征税,其投资收入予以减免税优惠;④职工个人承担有关投资风险,企业原则上不负担超过定期缴费以外的保险金给付义务。

DC计划的优点:①简便灵活,雇主不承担将来提供确定数额的养老金义务,只需按预先测算的养老金数额规定一定的缴费率,也不承担精算的责任,这项工作可以由人寿保险公司承担;②养老金记入个人账户,对雇员有很强的吸引力,一旦参加者在退休前终止养老金计划时,可以对其账户余额处置具有广泛选择权;③本计划的企业年金不必参加养老金计划终止的再保险,如果雇员遇到重大经济困难时,可以随时终止养老金计划,并不承担任何责任。

DC计划的缺点:①雇员退休时的养老金取决于其个人账户中的养老金数额,参加养老金计划的不同年龄的雇员退休后得到的养老金水平相差比较大;②个人账户中的养老金受投资环境和通货膨胀的影响比较大,在持续通货膨胀、投资收益不佳的情况下,养老金难以保值增值;③DC计划鼓励雇员在退休时一次性领取养老金,终止养老保险关系,但因为一次领取数额比较大,退休者往往不得不忍受较高的所得税税率;④DC计划的养老金与社会保障计划的养老金完全脱钩,容易出现不同人员的养老金替代率偏高或偏低。

我国现在实行的是DC计划。

(2) 待遇确定型企业年金(DB计划),也称养老金确定计划,是指缴费并不确定,无论缴费多少,雇员退休时的待遇是确定的。雇员退休时,按照在该企业工作年限的长短,从经办机构领取相当于其在职期间工资收入一定比例的养老金。参加DB计划的雇员退休时,领取的养老金待遇与雇员的工资收入高低和雇员工作年限有关。具体的计算公式为

$$雇员养老金=若干年的平均工资×系数×工作年限$$

式中,若干年的平均工资是计发养老金的基数,可以是退休前1年的工资,也可以是2~5年的平均工资;系数是根据工作年限的长短来确定的。

DB计划的基本特征:①通过确定一定的收入替代率,保障职工获得稳定的企业年金。②基金的积累规模和水平随工资增长幅度进行调整。③企业承担因无法预测的社会经济变化引起的企业年金收入波动风险。④一般规定有享有资格和条件,大部分规定工作必须满10年,达不到则不能享受;达到条件的,每年享受到的养老金额还有最低限额和最高限额的规定。⑤该计划中的养老金,雇员退休前不能支取,流动后也不能转移,退休前或退休后死亡的,不再向家属提供,但给付家属一定数额的一次性抚恤金。

(3) 两种企业年金的给付方法的比较如下。

① DC计划保险金给付水平最终受制于积累基金的规模和基金的投资收益,雇员要

承担年金基金投资风险;DB 计划保险金给付水平取决于雇员退休前的工资水平和工作年限,在没有全面建立起物价指数调节机制前,就会面临通货膨胀的威胁。

② 对 DC 计划而言,只有资本交易市场完善,有多样化的投资产品可供选择时,年金资产管理公司才能有既定收益,保证对年金持有人给付养老金和对投资收益的兑现;对 DB 计划而言,更适应于金融市场还不是很完善的国家。

从目前国际上的发展趋势看,DC 计划已经成为国际上企业年金计划的主流。

5. 企业年金与商业保险的区别

可以肯定地说,企业年金计划不属于商业保险范畴。企业年金与商业保险的寿险产品有某些相似之处,但绝不是商业寿险产品。将二者混为一谈,是认识上的误区。

企业年金属于企业职工福利和社会保障的范畴,不以营利为目的。是否建立企业年金,是劳资谈判中劳动报酬和劳动保障的一项重要内容。而商业寿险产品则是商业保险公司以营利为目的的保险商品。企业年金与商业保险有以下不同。

(1) 政府政策差异。为推动企业年金制度的发展,鼓励有条件的用人单位为职工建立企业年金计划,政府在税收、基金运营等方面给予优惠,允许一定比例内的企业缴费在成本中列支,2004 年 5 月 1 日起施行的《企业年金试行办法》第七条就规定,企业年金所需费用由企业和职工个人共同缴纳。企业缴费的列支渠道按国家有关规定执行;职工个人缴费可以由企业从职工个人工资中代扣。

而商业寿险产品则一般没有国家政策优惠。财政部财企〔2003〕61 号文就明确规定:"职工向商业保险公司购买财产保险、人身保险等商业保险,属于个人投资行为,其所需资金一律由职工个人负担,不得由企业报销。"

(2) 产品规范化程度不同。寿险保单是标准格式化产品,可以向个人按份出售。寿险合同一经生效,投保人必须按保单约定的金额缴费,保险人必须按保单约定的金额给付保险金。而企业年金计划不是标准化产品,它往往因企业经营特色和职工结构不同而具有个性化的特点;只要劳资双方达成一致,企业年金计划的供款可以调整或中止。

(3) 经办管理机构不同。企业年金可以由企业或行业单独设立的企业年金机构经办管理,也可以是社会保险经办机构专门设立的企业年金管理机构经办。而商业保险的寿险产品则只能由商业人寿保险公司经办。

6. 企业年金与基本养老保险的区别和联系

企业年金与基本养老保险既有区别又有联系,其联系主要体现在两种养老保险的政策和水平相互联系、密不可分。企业年金和基本养老保险都是国家的社会养老保障体系的组成部分,且近年来企业年金角色越来越重要。区别主要体现在以下方面。

(1) 强制性和自愿性。基本养老保险采取国家强制加入的模式,管理机构的经费纳入国家财政预算,由政府统一安排,政府机构进行管理。企业年金在大多数国家一般由企业在自愿的基础上建立,可以自主管理也可以托管。

(2) 非私人产品和私人产品。基本养老保险不属于私人经济范畴,但严格地说也不算公共产品,因为养老保险具有一定的排他性,但属于非私人产品。而企业年金属于私人产品。

(3) 现收现付制和基金积累制。基本养老保险统筹模式一般采取现收现付制,通过代际赡养实现保障。而企业年金大多采用基金积累制,实行个人保障。

(4) 投资手段不多和投资手段多样化。基本养老保险基金由政府管理和运营,保值增值手段一般是储蓄和购买国债。企业年金的基金投资手段一般集中于资本市场,手段更多样化。

(5) 公平原则和效率原则。基本养老保险注重公平原则与收入再分配作用。企业年金更注重效率原则,是一种具有激励功能的福利手段。

(6) 政府主办和政府无直接责任。这里主要指责任主体方面的不同。企业年金的责任主体是企业自身。

任务 9.3　退休养老规划的内容和流程

9.3.1　退休养老规划的内容

理财规划师在帮助客户进行理财规划时应向客户说明退休前后的差异。退休前不仅有稳定的工作收入,还有各种投资带来的投资收入,可以持续投资。但退休后只有退休金,收入大幅度减少。另外退休前资产不断增加,不断累积,而退休后,是不断消耗原有的资产,资产日益减少。因而,对一个人的退休生活来说,资产的保值和持续不断的现金流是理财规划中必须十分注重的问题。

一个完整的退休养老规划流程是由个人职业生涯设计与收入分析、退休后生活设计与养老需求分析和自筹养老金的投资设计三个步骤构成的。通过个人职业生涯设计与收入分析来估算客户个人工作时可能的收入水平和退休时可以领到的退休金水平;通过退休后生活设计与养老需求分析可以确定客户退休后的生活水平以及维持这种生活水平所需要的消费支出的数额;通过以上两个步骤,可以大致计算出客户退休后退休金收入与消费支出额之间的差额,即是否需要自筹养老金以及需要自筹多少养老金;通过自筹养老金的投资设计,可以明确退休金的缺口,怎样弥补这个缺口,怎样筹集养老金,并且通过投资计划使其达到应有的数额。在此基础上,就可以制订一个客户的退休养老规划方案。

1. 自筹退休资金来源

如果客户退休金出现缺口,需要自筹部分退休金,可以从两方面着手。一是将工作期间的一部分收入用作自筹退休金的来源。因为客户在进行退休养老规划时,还没有退休,这样就可以将距离退休日的剩余工作期间收入的一部分,拿出来作为自筹退休金的来源。二是将以前的积蓄进行投资所得的收入用作自筹退休金的来源。如果客户有一些积蓄,则可以将这些积蓄投资,将投资所得用作自筹退休金的来源。在这两种情况下,拿出多少来用作自筹退休金的资金来源,则要看退休金缺口的大小和投资报酬率的高低。

2. 制定退休养老规划应重点考察的因素

为了使退休养老规划更加切合客户的实际情况,更具有可操作性,理财规划师在制定退休养老规划前,应对客户各方面的情况进行全面性的综合分析考察,特别是对以下几个方面重点考察分析。

(1) 客户希望哪一年退休,是否会提前或延后。如果客户希望在国家法定退休年龄退休,则是顺理成章的事情,客户的目标很容易实现。如果是提前或延后退休,则可能要符合有关规定才能实现;而客户哪一年退休,则是退休养老规划首先要解决的问题,否则退休养老规划将无从谈起,无法下手。

(2) 退休后的预期余寿,可根据客户同性别的社会平均寿命,结合客户家族寿命和客户身体状况加以大致确定。

(3) 退休之后的生活水平,可根据客户希望退休后享有的生活水平与目前所享有的生活水平加以对照确定。

(4) 预期个人的年均投资报酬率,可根据客户以往的投资报酬率、客户所选择投资工具的性质以及未来一定时期内的投资环境综合分析确定。

(5) 投资期间合理的长期通货膨胀率(通常情况下按3%~5%设定),可根据以往平均的通货膨胀率、未来一定时期内可能的宏观经济形势以及金融市场资金供求形势综合分析确定。

(6) 可能得到的来自企业和社会的退休金或老年给付,可以根据客户到退休前可能的收入水平、国家的养老保险政策以及客户所服务企业的员工福利计划等因素综合确定。

9.3.2 退休养老规划的流程

制定退休养老规划要按照一定的程序进行,退休养老规划的具体步骤如下。

1. 确定退休目标

确定退休目标主要是确定客户哪一年退休或客户的退休年龄以及退休后的生活水平,也就是客户打算退休后有一个什么样的生活水平。

确定客户所希望的退休年龄对退休养老规划来说十分重要,也可以说是退休养老规划的起点。按我国目前有关法律法规规定,男性60岁退休,女性干部身份55岁退休、工人身份50岁退休。在法定退休年龄退休属于正常退休,退休后可以领到退休金。如果要提前或延后退休,要经过批准。确定客户退休年龄可以根据国家规定的法定退休年龄、客户的工作性质、身体状况,特别是客户本人的退休意愿来决定。对大多数客户来说,都是在法定退休年龄退休,即正常退休。客户越早退休,距离退休的剩余工作时间越短,退休养老规划的压力就越大。反之,则越小。

客户退休年龄确定后,接下来就是确定客户退休后的生活水平,借以确定客户退休后每年可能的消费支出额。

客户退休后的生活水平与客户目前的生活水平有着千丝万缕的联系。消费水平是有一定刚性的,也就是说,一般情况下,生活水平只能提高,难以降低。也可以说,客户现在的生活水平在一定程度上决定了退休后的生活水平。客户日常的生活习惯、退休后居住地的物价水平、消费水平等因素都对客户退休后的生活水平产生一定的影响,这些因素都要加以考虑。

2. 估算退休后的支出

在确定了客户退休年龄和退休后的生活水平后,就可以估算客户退休后的支出,有两种方法:一是以收入为标准的方法;二是以开支为标准的方法。

(1) 以收入为标准的方法

以收入为标准的方法就是依据客户退休前收入的一定比例来估算客户退休后的年支出额。一般是以客户最终退休前收入的60%~70%作为客户退休后维持同等生活水平所需要的消费支出额。这一比例也称为工资替换率。

(2) 以开支为标准的方法

以开支为标准的方法是依据客户退休前支出的一定比例来估算客户退休后的年支出额。一般情况下是以客户退休前月支出额的70%~80%来进行估算。为什么不是100%,而是70%~80%呢?主要是客户退休后的支出一般来说较退休前要少一些,比如退休后不用上班,在家里安享晚年,着装费用明显减少,上下班的交通费也可以省了,与同事以及相关部门之间的交往应酬也会减少,甚至整个社会交往的费用也会减少,吃、穿、住、用、行等方面的开支都会不同程度的减少。加之退休后,一般来说子女已自立,不再需要抚养子女。只是对部分客户来讲,基于身体状况,医疗保健方面的开支可能会增加。但总的来讲,减少的多,增加的少。当然这只是大多数情况,不排除特殊情况可能会增加。

计算出退休第一年的费用需求后,加入投资报酬率和生活费用增长率的因素,就可以计算出退休期间的费用总需求。计算公式为

$$E \frac{1-\left(\frac{1+c}{1+r}\right)^n}{r-c}$$

式中,E 为退休后第一年支出;c 为退休后生活费用增长率;r 为投资报酬率;n 为退休后预期余寿。

3. 估算退休后的收入

估算退休后的收入就是把退休后可能有的收入都计算进来,主要有社会基本保险、企业年金、商业保险、投资收益、退休时累计的生息资产、子女赡养费、遗产继承、兼职工作收入、固定资产变现、受赠、离婚财产分割等。

稳定的现金流是维持退休生活品质的重要保证。

4. 估算退休金缺口

平衡现在和未来的收入与支出是所有养老计划的初衷和主旨。将第二步估算出来的退休后的支出与第三步估算出来的退休后的收入进行比较,如果支出大于收入,即为退休金缺口。加入客户的退休时间和通货膨胀率等因素,就可以计算出客户退休储备金的应有数额。通常情况下,客户可以采取两种途径来筹集或准备退休储备金:一是将每年的收支结余部分进行定期定额投资;二是将目前储蓄中的一部分用作退休储备。同时,理财规划师要提醒客户并反复强调,养老的极端重要性和紧迫性,来不得半点马虎和疏忽以及

懈怠。养老储蓄应该成为一种生活习惯，每取得一笔收入，都应该首先拿出一部分用作养老储备，并把养老置于最优先考虑的位置加以重视和对待。

养老金的性质和用途决定了保值、适度收益和强制性是养老计划必须遵循的基本原则，为了确保养老储备金的安全，应将养老储蓄投资与其他投资分开管理。

【例9-2】 王先生，今年45岁，月收入9 000元，月均支出5 000元，希望60岁退休，退休后维持现有生活水平，并享受25年退休生活。王先生退休时社会保险个人账户养老金本息合计为20万元。王先生平均缴费指数为1.3，缴费年限为15年。假设王先生退休时的当地社会平均工资为6 000元/月，通货膨胀率3%，退休后资产的投资回报率为5%。计算王先生退休第一年退休准备金缺口和退休期间费用总需求。

【解析】 ① 计算王先生退休准备金需求

目前的年消费支出：$5\,000 \times 12 \times 70\% = 42\,000$（元）

退休时的年消费支出：$42\,000 \times (1+3\%)^{15} = 65\,435$（元）

② 计算退休后每年领取的社保养老金

（基础养老金＋个人账户养老金）×12

＝[全省上年度在岗职工月平均工资×(1＋本人平均缴费指数)÷2×缴费年限×1%
＋个人账户本息和÷139]×12

＝[$6\,000 \times (1+1.3) \div 2 \times 15 \times 1\% + 200\,000 \div 139$]×12

＝$2\,473.85 \times 12 = 29\,686.19$（元）

③ 王先生退休准备金缺口

$$29\,686.19 - 65\,435 = -35\,748.81\,(元)$$

④ 退休时需准备退休资金

$$E\frac{1-\left(\frac{1+c}{1+r}\right)^n}{r-c} = 65\,435 \times \frac{1-\left(\frac{1+3\%}{1+5\%}\right)^{25}}{5\%-3\%} = 1\,248\,832.12\,(元)$$

则退休时需准备退休资金1 248 832.12元。

5. 制定退休养老规划

为了使退休养老规划更具有可操作性和切合实际，可以根据老年人的健康状况和日常生活消费特点，将退休生活划分为三个阶段，并逐段规划。

(1) 退休生活初期(65岁以前)为高消费阶段。这一阶段健康状况良好，具备一定的工作能力，可以根据本人工作意愿做些兼职工作，发挥余热或获得一些额外收入补贴退休生活。应以兼职收入维持基本开支，不影响充分享受退休生活为前提。

(2) 退休生活中期(65～75岁)为平衡消费阶段。

(3) 退休生活后期(75岁以后)为健康支出阶段。这一阶段是人生的黄昏时光，身体状况每况愈下，腿脚不听使唤，活动能力降低，以居家为主，生活不能自理，日常生活需要他人照顾，病痛不断，医疗费用急剧增加，各种费用比前两个阶段都多，需要年金和终身医疗保险来保障。

6. 选择退休养老规划工具

1) 年金保险

年金保险是指在被保险人生存期间,保险人按照合同约定的金额、方式,在约定的期限内,有规则、定期地向被保险人给付保险金的保险。年金保险也是以被保险人的生存为给付条件的人寿保险,但生存保险金的给付,通常采取的是按年给付的方式,因此称为年金保险。有关内容已在前文中介绍,不再赘述。

除了传统保险外,市场上新出现的投资型保险,其收益率也跟股市有关,可分为分红险、万能险跟投连险。分红险承诺客户享有固定的保险利益,万能险承诺保底收益,投连险不承诺保底收益。它们的风险排序依次递增,但风险越大回报越高,它们的收益可能也依次递增。投连险跟生命周期基金的投资模式较相似,但好处是如果投资人意外身故或全残,除了投资账户累计投资收益金额,还可以获得全额的人身保险金额。

2) 生命周期基金

生命周期基金是比较理想的养老储蓄产品。生命周期基金是根据基金目标持有人的年龄不断调整投资组合的一种证券投资基金。生命周期基金一般都有一个时间上的目标期限,随着所设定目标时间的临近,基金会不断调整其投资组合,降低基金资产的风险,在与基金持有人生命不同阶段的风险承受能力相适应的前提下,实现基金资产增值的最大化。

生命周期基金早期主要投资于权益类证券,类似于股票型基金,风险收益水平较高;随着时间的推移,其投资于权益类证券的比例不断减少,投资于固定收益类证券的比例不断增加,风险收益水平逐步降低;目标日期以后,最终演变为低风险收益水平的偏债型基金,甚至货币市场基金,为投资者带来稳定的收入。

生命周期基金可细分为目标日期型基金和目标风险型基金。它们的共同特点是通过单一简便的投资方式提供一种多元化的专业投资组合,来满足投资者不同时期的需求。

目标风险型基金成立时,便预先设定了不同的预期风险收益水平,基金名称也多冠以"成长""稳健""保守"等字眼。"成长型"基金,以投资高风险高收益资产为主;"保守型"基金则以投资低风险低收益资产为主。投资人可依自己的风险承受度,选择成长型、稳健型或保守型基金投资。

初始时,目标日期型基金投资于高风险性资产的比例较大;随着目标日期的临近,则会逐渐增加低风险性资产的比重;到目标日期后,则主要投资于固定收益类资产,存续一段时间后往往会并入货币市场基金。这类基金大多直接以目标日期命名,例如,"目标2020""目标2025"等。因此,投资人可依自己的理财需求时间,选择合适的投资标的。例如,若投资人预计其子女10年后读大学,可选择目标日期在2029年左右的基金,累积教育准备金;若计划30年后退休,可选择目标日期在2049年左右的基金,累积退休养老准备金。

(1) 生命周期基金选择方式如下。

① 考察基金的目标日期。生命周期基金一般都会有一个明确的目标日期,比如,2015年12月31日或者2020年12月31日。一般情况下,只有在目标日期以前,基金的

风险收益水平才会不断调整;在目标日期以后,风险收益水平则相对固定,投资者需要注意基金的目标日期是否符合自己的要求。

② 考察基金的风险收益特征变动率。每支生命周期基金的风险收益特征的变动速度是不同的。例如,基金 A 早期将 100% 的资产投资于股票,10 年内演变为一支货币市场基金;基金 B 早期只有 60% 的资产投资于股票,20 年后演变为一支债券型基金。那么基金 A 比基金 B 的风险收益特征变动率更高。

③ 考察买入基金时的风险收益特征。生命周期基金运作一段时间后,可能会调整资产配置比例,投资者在买入生命周期基金时,需要考察该基金当前的风险收益特征是否符合自己的要求。

(2) 生命周期基金的优势主要体现在以下几个方面。

① 风险管理。许多投资者没有取得预期回报并不是错在冒了过多风险,而是错在没有承担可接受的风险。而生命周期型基金可以帮助投资者在承担适度风险的条件下,获得相匹配的收益回报。

② 多样化资产配置。美国先锋公司一份调查显示:养老金计划参与者只做了一至两个投资选择。这意味着,大部分参与者的投资组合是缺乏多样性的,而生命周期型基金提供了多样化的资产类别及有效的资产配置方式。

③ 投资组合的不断调整。很多投资者并不会根据市场不断调整自己的投资组合。随着时间的推移,他们所承担的风险与其承受风险的能力存在很大的偏差。而生命周期型基金的投资经理会定期根据相关的策略,重新审核投资组合的资产配置比例,并作出相应的调整,这就保证了投资组合的风险和回报,与投资者的要求相匹配。

(3) 生命周期基金同保险的比较。生命周期基金和一般基金不同的是,生命周期基金提出了中长期投资理财的概念,帮助投资者实现投资目标。生命周期基金也不同于保险。保险是以契约形式确立双方经济关系,以缴纳保险费建立起来的保险基金,对保险合同规定范围内的灾害事故所造成的损失,进行经济补偿或给付的一种经济形式。保险是最古老的风险管理方法之一。保险合约中,被保险人支付一个固定金额(保费)给保险人,前者获得保证;在指定时期内,后者对特定事件或事件组造成的任何损失给予一定补偿。以下是两种理财产品的比较。

① 变现成本。如果生活发生变故,需要现金,两种产品的变现成本不同。对于基金来说,主要涉及赎回费的问题。按目前国内的情况,生命周期基金的赎回费应在 1%～1.5%。而保险的变现成本就是保险投资额减去保单价值,保险如果早期退出,成本非常高,但现在也可以拿保单向银行申请个人抵押贷款,成本就是贷款利息。

② 是否保本。国内投资者目前大多是风险厌恶者,不愿承受投资损失。生命周期基金并非保本基金,股市的震荡可能导致基金净值波动较大,投资者有亏损的危险。而投资保险,只要按时缴纳保费,收益率一般是固定的,当然收益率也较低。

③ 投资方式。基金投资可以选择一次性投资或定期定额投资;保险投资也有趸交和分期缴纳。同样是分期投资,后者有强制性,前者没有。

3) 养老储蓄产品

银行储蓄存款也是积累养老金的重要途径,运用得法,在安全性好、流动性高、风险小的情况下,可以取得较高的收益。以下四种方法可供选择。

(1) 阶梯储蓄法。此种方法既流动性强,又可获取高息。具体操作步骤:如果手中持有50 000元,可用10 000元开设1张一年期存单,用10 000元开设1张二年期存单,用10 000元开设1张三年期存单,用10 000元开设1张四年期存单(即三年期加一年期),用10 000元开设1张五年期存单,一年后,就可以用到期的10 000元,再去开设1张五年期存单,以后每年如此,五年后手中所持有的存单全部为五年期,只是每个10 000元存单的到期年限不同,依次相差1年。

(2) 存单四分存储法。如果家庭现有10 000元,并且在一年之内有急用,但每次用钱的具体时间和金额事先不能确定。这种情况下最好选择存单四分法,即把10 000元分成4笔分别存储。具体操作方法:把10 000元分别存成四张存单,但金额一张比一张大,应注意适用性,可以把10 000元分别存成1 000元的一张,2 000元的一张,3 000元的一张,4 000元的一张,当然也可以把10 000元存成更多的存单。假如有1 000元需要周转,只要动用1 000元的存单便可以了,避免了只需要1 000元急用,却要动用"大"存单,减少不必要的利息损失。

(3) 交替存储法。此法既不影响家庭急用,又能用活储蓄为自己带来"高"回报。具体操作步骤:如果手中有50 000元,不妨把它分成两份,每份为25 000元,分别按半年、1年的档次存入银行,若在半年期存单到期后,有急用便取出,若无急用则也按1年期档次再次存入银行,以此类推,每次存单到期后,都转存为1年期存单,这样两张存单的循环时间为半年,若半年后有急用,可以取出任何一张存单。这种储蓄方式不仅不会影响家庭急用,还会取得比活期储蓄高得多的利息。

(4) 利滚利存储法。具体操作步骤:如果现在有30 000元,可以先选择存本取息进行存储,一个月后,取出存本取息的利息,选择零存整取进行存储,以后每月取出利息存为零存整取。这样不仅存本取息储蓄得到了利息,而且其利息又通过零存整取储蓄获得利息。可谓鸡生蛋、蛋孵鸡。

4) 国债

国债又称为国家公债,是国家以其信用为基础,为筹集财政资金而发行的一种政府债券。国债的发行主体是国家,以中央政府的税收作为还本付息的保证,具有最高的信用度,风险小,买卖方便,流动性强,收益高且稳定,被公认为是最安全的投资工具,有"金边债券"之称。特别是在资本市场急剧动荡时,更是理想的避险工具。国债利率高于银行储蓄存款利率,而且国债的利息收入不用纳税。

国债是养老金和稳健型投资者的投资首选。国债的种类有凭证式国债、实物式国债、记账式国债三种。

5) 证券投资基金

证券投资基金是一种集中资金、专家管理、分散投资、降低风险的投资工具。

证券投资基金具有集合投资、分散风险、专家理财的特点,是一种风险共担、收益共享的集合投资方式。

证券投资基金作为一种新型的投资工具,将众多投资者的小额资金汇集起来组合投资,由专家管理和运作,经营稳定,投资选择灵活多样,收益可观,从而使基金的收益高于债券,投资风险小于股票。

其中债券基金以债券为主要投资对象。由于债券的年利率固定,风险较低,适合于稳健型投资者。

货币市场基金以货币市场为投资对象,其投资工具期限在一年以内,主要包括银行短期存款、国库券、公司债券、银行承兑票据和商业票据等,被认为是无风险或低风险的投资。

指数基金以指数成分股为投资对象,通过购买某指数所包含的一部分或全部股票,来构建投资组合,并使这个投资组合的变动趋势与该指数相一致,以取得与指数大致相同的收益率。指数基金运作的核心是通过被动的跟踪指数,充分分散个股风险,获取市场的平均收益。

指数基金具有费用低廉、风险小、业绩透明度较高、管理过程人为因素影响小等优势。指数基金可以获得市场平均收益率,为股票投资者提供更好的投资回报。指数基金还是投资者避险套利的重要工具。指数基金由于其收益率的稳定性和投资的分散性,特别适用于社保基金等数额较大,风险承受能力较低的资金投资。

6)股票及其衍生工具

股票是高风险、高收益的投资品种。其中的蓝筹股公司实力雄厚、经营稳健、抗风险能力强、收益高且稳定、股票活跃、流动性强,适合养老金投资。另外,公用事业类股票对经济周期变化的敏感度较低,又属于自然垄断行业,事关国计民生,受到国家的重视和政策扶持,可以取得长期稳定的收益,公司业绩和成长性都比较好。这种高成长、高回报、受周期性影响较小、具有二线蓝筹股特征的防御性行业股票,也是养老金投资的上佳之选。同时,通过分散投资,建立合理的投资组合,降低非系统风险,养老金也可以投资其他股票。

7)实物工具

在国外,房地产、基础设施等实业也是养老金的投资对象。尽管实业投资期长、流动性差,但也是抵御通货膨胀的重要工具。

7. 执行计划

计划制订后必须付诸实施,再好的计划如果执行不好,也是纸上谈兵。为了顺利实现退休养老规划目标,理财规划师应制订一份详细的执行计划。对客户投资供款情况进行监督。计划是在执行中逐步完善的。执行不是一个简单的"理解要做、不理解也要做",而是做什么、什么时候做、做到什么地步、结果反馈到什么人或什么地方。任何一个计划都应符合 SMART 原则。

S 代表具体(specific),是指绩效考核要切中特定的工作指标,不能笼统,体现明确性原则。所谓明确就是要用具体的语言清楚地说明要达成的行为标准。

M 代表可度量(measurable),是指绩效指标是数量化或者行为化的,验证这些绩效指标的数据或者信息是可以获得的,体现衡量性原则。衡量性就是指目标应该是明确的,而不是模糊的。应该有一组明确的数据,作为衡量是否达成目标的依据。

A 代表可实现(attainable),是指绩效指标在付出努力的情况下可以实现,避免设立过高或过低的目标,体现可实现性原则。

R 代表相关性(relevant),是指绩效指标是与工作的其他目标相关联的;绩效指标是与本职工作相关联的,体现相关性原则。目标的相关性是指实现此目标与其他目标的关联情况。

T 代表有时限(time-bound),注重完成绩效指标的特定期限,体现时限性原则。目标特性的时限性就是指目标是有时间限制的。

SMART 原则利于员工更加明确高效地工作,也为管理者将来对员工实施绩效考核提供了考核目标和考核标准,使考核更加科学化、规范化,更能保证考核的公正、公开与公平。这几项中任何一项模棱两可,都会造成执行不力。

8. 反馈与调整

要有一个机制保证执行反馈,也即必须有动态的监管。当监督机制建立起来之后,每一步工作的计划、执行情况,都可以在系统(或人)的监督下工作,任何结果、风险变化、条件变化,都被收集进来。这样,反馈就不仅是执行者汇报自己工作的结果和进度,而是整个计划相关资源变化的全面跟踪。只有这样,才能保证计划的正确执行、正向改进和完善。

实 训 项 目

彭先生今年 46 岁,月收入 14 000 元,月均支出 10 000 元,希望 60 岁退休,退休后维持现有生活水平,并享受 25 年退休生活。假设未来 40 年年均通货膨胀率为 3.5%,彭先生的年均投资报酬率为 7%,彭先生退休时社保个人账户养老金本息合计为 350 000 元,彭先生退休时当地社会平均工资为 18 000 元/月,彭先生个人平均缴费工资基数为 1.6,缴费年限为 17 年。试计算彭先生退休第一年的退休金缺口和退休期间费用总需求。

思 考 练 习

一、单项选择题

1. 目前,我国关于退休年龄的规定是男职工(　　)岁,女干部(　　)岁。
   A. 65　55　　　　　B. 60　55　　　　　C. 55　55　　　　　D. 60　50
2. 大多数国家的养老保险体系由三个支柱组成,下列不属于这三个支柱的是(　　)。
   A. 企业年金　　　　　　　　　　B. 基本养老保险
   C. 子女养老　　　　　　　　　　D. 个人储蓄性养老保险
3. 养老保险是国家和社会根据一定的法律和法规,为解决劳动者在达到国家规定的解除劳动义务的劳动年龄界限,或因年老丧失劳动能力退出劳动岗位后的(　　)而建立的一种社会保险制度。
   A. 基本生活　　　B. 高品质生活　　　C. 贫困生活　　　D. 富裕生活

4. 目前在我国,职工参加国家基本养老保险,个人缴费至少满(　　)年。
　　A. 20　　　　　　B. 15　　　　　　C. 10　　　　　　D. 18
5. 传统型养老保险制度是 1889 年由(　　)俾斯麦政府最早创设的。
　　A. 美国　　　　　B. 德国　　　　　C. 英国　　　　　D. 法国
※6. 下列各项中,不属于退休规划的最大影响因素的是(　　)。
　　A. 通货膨胀率　　　　　　　　　B. 客户寿命
　　C. 工资薪金收入成长率　　　　　D. 投资报酬率
※7. 下列不属于社会保险特点的是(　　)。
　　A. 非营利性　　　B. 广泛性　　　C. 社会公平性　　D. 强制性
※8. 下列选项中,不属于退休养老规划内容的是(　　)。
　　A. 退休后生活设计　　　　　　　B. 退休养老成本计算
　　C. 遗产规划　　　　　　　　　　D. 退休后的收入来源估计
※9. 一项养老计划为受益人提供 40 年养老金。第一年为 20 000 元。以后每年增长 3%,年底支付,若贴现率为 10%,则这项计划的现值是(　　)元。
　　A. 742 588.81　　B. 265 142.86　　C. 1 200 315.23　　D. 727 272.73
※10. 关于退休养老规划,下列表述不恰当的是(　　)。
　　A. 退休养老规划内容包括个人退休后生活设计、退休养老成本计算和退休后的收入来源估计和相应的储蓄、投资计划
　　B. 制定退休养老规划的目的是为保证客户在将来有一个自立、尊严、高品质的退休生活
　　C. 退休养老收入主要来源有:社会养老保险、子女赡养费用和财产赠与
　　D. 理财师应建议客户尽早进行养老规划,以投资、商业养老保险以及其他理财方式来补充退休收入的不足
※11. 退休养老收入的三大来源不包括(　　)。
　　A. 企业年金　　　　　　　　　　B. 社会养老保险
　　C. 遗产继承收入　　　　　　　　D. 个人储蓄投资
※12. 下列关于退休规划表述最恰当的是(　　)。
　　A. 对收入和费用应乐观估计　　　B. 规划期应当在五年左右
　　C. 计划开始不宜太迟　　　　　　D. 投资应当非常保守
※13. 某企业在咨询企业年金问题时了解到《企业年金试行办法》相关内容,下列说法正确的是(　　)。
　　A. 职工未达到国家规定的退休年龄的,可以从个人账户中一次领取企业年金
　　B. 职工未达到国家规定的退休年龄的,不得从个人账户中一次领取企业年金
　　C. 职工达到国家规定的退休年龄,也不可以从个人账户中一次领取企业年金
　　D. 不管职工是否达到国家规定的退休年龄,都可以从个人账户中一次领取企业年金
※14. 王某预计退休后能够生存 25 年,退休后每年年初从退休基金中拿出 40 000 元用于一年的生活支出。如果退休基金的投资回报率为 3%,为了满足退休后的生活需要,王

某应该准备( )元退休基金。

  A. 720 000 B. 717 405.5 C. 717 421.68 D. 727 421.68

※15. 我国的企业年金基金属于( )。

  A. 完全积累制   B. 部分积累制

  C. 现收现付制   D. 统筹制

※16. 当前大多数国家的养老保险体系有三个支柱,即基本养老保险、企业年金和( )组成。

  A. 商业养老保险   B. 年金养老保险

  C. 基金养老保险   D. 个人储蓄性养老保险

※17. 目前我国社会养老保险基金采用筹资模式为( )。

  A. 现收现付式 B. 完全基金式 C. 部分基金式 D. 以上都对

※18. 个人养老保险的积累方式包括( )和购买商业养老保险。

  A. 银行储蓄 B. 基金投资 C. 债券投资 D. 以上都对

※19. 我国企业年金实行( ),为确定缴费型。

  A. 完全积累   B. 部分积累

  C. 现收现付式   D. 统筹与个人账户相结合的方式

※20. 养老护理和资产传承是家庭生命周期中( )的核心目标。

  A. 成长期 B. 成熟期 C. 高原期 D. 衰老期

二、多项选择题

1. 估算退休后支出的方法有( )。

  A. 以收入为标准的方法   B. 以开支为标准的方法

  C. 以生活需求为标准的方法   D. 以家庭资产为标准的方法

2. 退休后可能的收入主要有( )。

  A. 基本养老保险   B. 企业年金

  C. 商业保险   D. 银行贷款

3. 目前,世界范围内养老保险制度的类型有( )。

  A. 投保资助型养老保险   B. 强制储蓄型养老保险

  C. 家庭养老   D. 国家统筹型养老保险

4. 目前,我国的养老保险体系包括( )。

  A. 国家基本养老保险   B. 企业年金

  C. 个人储蓄养老保险   D. 子女养老

5. 一个完整的退休规划流程是由( )步骤构成的。

  A. 国家基本养老保险制度设计   B. 退休后生活设计与养老需求分析

  C. 自筹养老金的投资设计   D. 个人职业生涯设计与收入分析

6. 以下属于我国职工领取基本养老金的条件的是( )。

  A. 达到法定退休年龄,并已办理退休手续

  B. 所在单位和个人依法参加养老保险并履行了养老保险缴费义务

C. 个人缴费至少满 15 年

D. 必须是公务员或国有企业职工

※7. 金融理财师高平在对老纪一家作生涯仿真时,发现某个理财方案的内部报酬率超过 12%,高平准备对理财方案作出调整,请问下列做法中通常不予考虑的有( )。

A. 推迟女儿接受高等教育的时间

B. 延后退休

C. 提早退休以享受生活

D. 增加社保缴费额,以增加退休金收入

※8. 理财师为客户设计退休养老规划,退休后的收入来源渠道包括( )。

A. 个人储蓄　　　　　　　　B. 基本社会养老保险

C. 企业年金　　　　　　　　D. 商业养老保险

E. 投资收益

9. 现实生活中,有大量的因素会对个人的退休生活带来影响,这些因素构成了对退休养老规划的需求。这些因素包括( )。

A. 提前退休　　　　　　　　B. 社会保障与养老金资金紧张

C. 预期寿命的延长　　　　　D. 其他不确定因素

10. 与基础养老保险相比,商业养老保险的不同在于( )。

A. 具有强制性　　　　　　　B. 保障水平层次多

C. 自愿性　　　　　　　　　D. 是一种市场化风险管理机制

11. 按保险年金给付额是否变动,年金保险可划分( )。

A. 终身年金　　　　　　　　B. 变额年金

C. 定额年金　　　　　　　　D. 最低保证年金

12. 年金保险的保险金给付周期有( )。

A. 月　　　　B. 季度　　　　C. 半年　　　　D. 年

13. 我国保险市场上的商业养老保险品种繁多,消费者在选择时需要考虑的因素包括( )。

A. 保险公司的服务质量　　　B. 保险公司的经营特长

C. 保险公司的偿付能力　　　D. 保险公司的机构网络

14. 年金也可以团体方式购买,也就是团体年金。团体年金的投保人以被保险人为年金受领人,保险费由投保人全部或部分承担。主要有( )。

A. 变额年金　　　　　　　　B. 预存管理年金保险

C. 保证年金保险　　　　　　D. 团体延期缴清年金保险

15. 其中具有退还保费性质的年金包括( )几种。

A. 分期退费年金　　　　　　B. 现金退还年金

C. 确定并分期年金　　　　　D. 确定并继承终身年金

16. 保险公司的给付责任在不同时期有不同要求,主要包括( )。

A. 责任期　　B. 清偿期　　　C. 有效期　　　D. 累积期

17. 按被保险人的不同,年金保险可以分为( )。

A. 联合年金 B. 即期年金
C. 个人年金 D. 联合及生存者年金

18. 以下关于确定并继承终身年金,说法错误的是( )。
   A. 保证期限越短,给付的金额越少
   B. 保证期限越长,给付的金额越少
   C. 给付金额与保证期限长短无关
   D. 保证期限越长,给付的金额越多

19. 一般而言,终身年金给付可以分为( )两种形态。
   A. 分期退费年金 B. 现金退还年金
   C. 纯终身年金 D. 具有退还保费的年金给付

20. 关于最低保证年金,以下说法错误的是( )。
   A. 在退还年金形式下,保险人必须一次退还
   B. 在退还年金形式下,确定有给付的最高金额
   C. 在确定给付形式下,最低保证年金形式确定有给付的最高年数
   D. 若被保险人死亡,其继承人可继续领取年金直到期限结束

三、判断题

1. 有了国家基本养老保险,就不需要任何其他的补充性养老保险。 ( )
2. 基本养老保险制度又称国家基本养老保险,它是按国家统一政策规定强制实施的为保障广大离退休人员退休后的富裕生活需要而建立的一种养老保险制度。 ( )
3. 美国是世界上第一个实行现代社会保障制度的国家。 ( )
4. 世界上最早实行企业年金的是美国的运通公司。 ( )
5. 目前,在我国所有的企业都已建立了企业年金。 ( )
※6. 无论是预测客户基本生活必需的支出,还是其期望达到的消费水平支出,银行从业人员都首先要考虑客户所在地区的通货膨胀率的高低。 ( )
※7. 退休后每个月固定从社保部门领取的养老金是一种普通年金。 ( )
8. 工作人员退职、退休、调动工作 1 年后作出的发明创造,不属于非职务发明创造。
 ( )
9. 工伤保险和生育保险由企业和个人共同缴纳保费。 ( )
10. 寿命长短是影响退休规划的重要因素,在实际制定退休规划时,必须考虑到单个退休者的寿命可能比统计上的预期寿命长很多从而作出谨慎预计。 ( )

四、简答题

1. 简述退休规划的流程。
2. 简述企业年金与基本养老保险的联系和区别。
3. 简述企业年金与商业保险的联系和区别。
4. 简述适合作为退休规划的投资工具。
5. 怎样做退休规划?

五、计算题

1. 华先生今年 47 岁,月收入 13 000 元,月均支出 8 000 元,希望 60 岁退休,退休后维持现有生活水平,并享受 25 年退休生活。假设未来 40 年年均通货膨胀率为 4%,华先生的年均投资报酬率为 7%,退休时社保个人账户养老金本息合计为 450 000 元,退休时当地社会平均工资为 15 000 元/月,个人平均缴费基数为 1.7,缴费年限 16 年。试计算华先生退休第一年的退休金缺口和退休期间费用总需求。

2. 王先生今年 44 岁,月收入 12 000 元,月均支出 7 000 元,希望 60 岁退休,退休后维持现有生活水平,并享受 29 年退休生活。假设通货膨胀率为 4%,王先生的投资报酬率为 6%,王先生退休时社保个人账户养老金本息合计为 350 000 元,退休时当地社会平均工资为 14 000 元/月。个人平均缴费基数为 1.4,缴费年限 17 年。试计算王先生退休第一年的退休金缺口和退休期间费用总需求。

项目 10

财产分配与传承规划

学习目标

1. 理解财产分配和传承规划的概念和作用。
2. 了解财产分配和传承规划的意义。
3. 熟悉财产分配和传承规划的工具和步骤。

导入案例

钱先生,69 岁,家住浙江省温州市,某服装公司董事长,公司净资产 110 000 000 元以上,名下房产 8 处,市场价值 21 000 000 元,股票市值 10 000 000 元,古玩艺术品等价值 20 000 000 元,银行存款 2 000 000 元。妻子 62 岁,已退休。有一个儿子,两个女儿,都已结婚成家有了小孩。掌控的公司是其 30 多年辛勤打拼的结果,希望以后能继续发展壮大,并希望身后家庭不会出现因争夺财产而同根相煎、兄弟阋墙的情况。试为钱先生做财产传承规划。

任务 10.1 财产分配与传承规划基础知识

10.1.1 财产分配与传承规划的概念和作用

财产分配是指为了将家庭财产在家庭成员之间进行合理分配而制订的财务计划。传承规划是指当事人在其健在的时候,通过选择遗产管理工具和制订定遗产分配方案,将拥有或控制的各种财产或负债进行安排,确保在自己去世或丧失行为能力时,能够实现家庭财产的代际相传或安全让渡等特定目标。财产分配和传承规划在个人理财规划中至关重要,它不仅能够对个人及家庭财产进行合理合法配置,还能成为个人及家庭规避风险的一种保障机制。

家庭在建立和发展的过程中会面临和遭遇各种风险,包括家庭经营风险、夫妻中一方或双方丧失劳动能力或经济能力的风险、离婚或者再婚风险、子女抚养教育的相关财产风险、家庭成员去世的风险和财产的传承风险。财产分配与传承规划从特定的角度为个人和家庭提供了一种规避风险的保障机制,当个人及家庭在遭遇风险时,这种规划能够帮助客户隔离风险或减少风险所造成的损失,最大限度地消除风险给个人及家庭带来的不利影响。

10.1.2 家庭风险

家庭面临的风险主要包括家庭经营风险、夫妻中一方或双方丧失劳动能力或经济能力的风险、离婚或者再婚风险、子女抚养教育的相关财产风险、家庭成员去世的风险和财产的传承风险。

1. 家庭经营风险

合伙和公司两种最常见的经营方式对家庭财产的风险因素分析。合伙企业有设立方便、收益大、税收优势明显的优点,但其隐藏的风险也不容忽视。在各种经营方式中,对家庭财产影响最为突出的就是合伙企业。合伙企业是由各合伙人订立合伙协议,共同出资、合伙经营、共享收益、共担风险,合伙人对合伙企业债务承担无限连带责任。经营合伙的风险因素有:合伙企业的债务需要合伙人用自有资金偿还;合伙人对合伙企业的债务承担无限连带责任。

公司最大优势就是公司股东的"有限责任",即股东只以出资额为限对公司承担责任,但也会影响家庭财产安全。中国的企业经营者容易有一个缺点:个人财产与经营实业财产不分。个人财产与企业财产无法分清的情况下,在破产清算时,会一并作为企业资产进行清算还债。有些创业者在创业初期,为了企业运转,将家庭、父母的财产都投入公司,风险非常大。一些企业不按时履行还款义务,习惯延期还款,有可能招致被债权人申请破产的风险。《中华人民共和国破产法》规定:债务人不能清偿到期债务,债权人可以向人民法院提出对债务人进行重整或者破产清算的申请。经营公司的风险因素有:个人财产和经营财产不分,一旦经营失败,需要投资者用全部的财产进行清偿。

对于有成员从事商业经营活动且经营收益构成家庭主要收入来源的家庭,商业经营的收益维持着整个家庭的正常生活。一旦该经营实体受到商业风险的冲击,财务状况恶化,城门失火,殃及池鱼,就会使整个家庭的经济状况陷入危机,严重的甚至威胁到整个家庭的日常生活、教育和工作等各个方面。

2. 夫妻一方或双方丧失劳动能力或经济能力的风险

夫妻是家庭的核心成员,是家之栋梁,是家庭收入的主要贡献者和主要来源。如果其中一方或双方因工伤、疾病、意外事故等造成身体残疾而丧失了劳动能力,或者因举债未还被追索等而丧失了经济能力,都会导致家庭经济支付能力下降,影响家庭的正常生活。

3. 离婚或者再婚风险

离婚意味着夫妻关系的结束和一个家庭的解体,对家庭和夫妻双方都会造成巨大影响,特别是离婚会引发家庭财产的分割,更为严重的是,离婚时夫妻其中一方有意转移、隐匿、变卖财产,侵害另一方财产权益的事时有发生,从而导致受害一方经济能力降低,生活质量下降的不良后果。

再婚是离异或丧偶的男女重新组建家庭。许多再婚人士,特别是有离异经历且事业处于鼎盛时期的成功人士,在再婚前对私人财产保护和个人安全感顾虑重重,对对方与自已结婚的动机难以把握。有孩子的还会担心再婚伴侣对前夫(妻)子女的影响。事实上,也确有一些人意图通过婚姻达到自己特定的目的。

(1) 婚后财产共有制容易导致纠纷的产生。我国法律规定的夫妻共同财产制是指夫妻在婚姻关系存续期间所得的财产,除双方另有约定外,均为夫妻共同所有,夫妻对共同所有的财产享有平等的占有、使用、收益和处分的财产制度。在双方没有约定财产归属的情况下,财产处于共同共有状态,本应属于个人财产的部分,经过一段时间的婚姻生活后,将很难取证来证明财产的确属于个人所有,容易引发纠纷。

(2) 利用婚姻诈骗财产。婚姻诈骗俗称"婚骗",是以婚姻为诱饵诈骗他人钱财的行为,婚姻诈骗,往往是以择偶难的中青年或离异者为对象,以结婚为幌子,诈骗受害者钱财,然后以感情不和为由分手或寻机逃离,这种婚姻诈骗又称"放鸽子",是最常见的婚姻诈骗形式。

(3) 转移共同财产。公司股份、无形资产等难以分割的财产,成为婚姻财产纠纷的新热点,在婚姻财产中占有优势的一方隐匿、转移共同财产,甚至采用虚拟债务等手段来欺瞒配偶和法院的情况也越来越多。离婚时,一方隐藏、转移、变卖、毁损夫妻共同财产,或伪造债务企图侵占另一方财产的,分割夫妻共同财产时,对隐藏、转移、变卖、毁损夫妻共同财产或伪造债务的一方,可以少分或者不分。

(4) 跨国婚姻法律风险。跨国离婚系涉外诉讼,处理起来非常麻烦,由于被告下落难以查明,法院只能通过涉外途径送达法律文书,按法律规定应对相关文书材料进行翻译,并经最高人民法院、司法部通过外交途径送达;如若外交途径无法送达,则需要刊登公告,加上开庭、缺席判决、上诉期等时限,审理期限较长,将耗费原告大量时间、金钱成本,因此,选择涉外婚姻时要慎重。

4. 家庭成员去世和财产的传承风险

家庭成员去世对一个家庭来说是一个巨大的变故,家庭成员去世后,一方面家庭收入会急剧减少,另一方面其遗留财产的分配也会造成家庭其他成员个人的财产增加或者减少,对整个家庭财产也会产生影响。由于很多家庭没有立遗嘱的意识,因遗产分割的分歧而产生家庭矛盾和纠纷。立有遗嘱的也会因遗嘱内容表述不清,模棱两可,而产生矛盾和纠纷,在执行过程中出现财产被恶意侵吞,或者不按照遗嘱人意愿进行分配等情况。财产被瓜分,不利于产业的持续经营,没有达到财富传承最优状态。一个人去世后如果没有在事先设立遗嘱或是遗嘱无效,那么他的财产将根据法律的规定分配下去,所有子女包括婚生子女和非婚生子女都有权参与遗产分配,遗产争夺的风险加大。

5. 子女抚养教育的相关财产风险

(1) 一般情况下,子女教育等财产投入风险:养育一个孩子直到硕士毕业需要一大笔开支。

(2) 离异情况下,子女抚养教育财产的风险:带孩子的一方对于抚养费不能好好管理,导致子女成人后财产所剩无几,再婚后被再婚对象侵占。

(3) 夫妻一方去世情况下,子女抚养教育财产被侵占的风险:被配偶的再婚对象所侵占。

为什么说信托具有财产保护功能

根据《中华人民共和国信托法》,信托财产不属于信托相关当事人的个人财产,即不属于委托人、受托人、受益人,在信托存续期间,不论信托相关当事人发生何种债务纠纷,其债务追偿或破产清算都不会涉及该信托财产。当然这个是有前提条件的,即本身信托财产在信托设立时是委托人合法持有的非债务资产。

举个简单例子,委托人目前有2 000万元资产,无负债,他现在拿出1 000万元资产(不局限于现金)做了一个自益信托(委托人即受益人),期限10年。5年后,委托人对外负债2 000万元,资产1 500万元,进行破产清算。虽然仍有500万元的债务缺口,但法院无权对之前设立的信托财产进行强制执行。

破产隔离功能是信托制度具有的一项独特功能,其内涵表现在三个方面:与委托人破产的风险隔离、与受托人破产的风险隔离、与受益人破产的风险隔离。破产隔离功能源于信托财产的独立性。根据信托财产的独立性原则,信托财产得以实现与信托各方当事人破产的风险隔离,委托人如果尽了忠实的义务,在信托事务中也只以信托财产承担有限责任,如果破产隔离功能与信托各方当事人的债权人利益发生冲突时,还要平衡两种利益。

任务10.2 财产分配规划

钱先生,现年46岁,是一家公司的高管,妻子做家庭主妇,女儿19岁,某大学大二学生,打算毕业后出国深造。家庭可支配财产市值约700万元。现在有一个很好的投资机会,一个朋友邀请他一起合伙开公司,开办一家前景非常看好的游戏软件开发公司。《中华人民共和国合伙企业法》规定:"合伙企业,是指自然人、法人和其他组织依照本法在中国境内设立的普通合伙企业和有限合伙企业。普通合伙企业由普通合伙人组成,合伙人对合伙企业债务承担无限连带责任。本法对普通合伙人承担责任的形式有特别规定的,从其规定。有限合伙企业由普通合伙人和有限合伙人组成,普通合伙人对合伙企业债务承担无限连带责任,有限合伙人以其认缴的出资额为限对合伙企业债务承担责任。"即普通合伙企业的合伙人和有限合伙企业的普通合伙人对公司债务承担无限连带责任。也就是说,如果钱先生将来与朋友合伙投资的公司是普通合伙企业或者公司是有限合伙企业,但钱先生是普通合伙人,钱先生将对公司债务承担无限连带责任。而且根据我国《婚姻法》的规定,我国实行的是夫妻共同财产制,即如果钱先生与妻子没有进行婚姻财产的约定,钱先生的妻子对合伙企业的债务也负有偿还责任。考虑到家庭生活的稳定性需要和女儿2年后的出国留学费用,钱先生非常纠结,向理财规划师咨询。针对钱先生这种情况,如果你是理财规划师,会建议钱先生怎样决策。

10.2.1 客户婚姻状况

婚姻成立的条件：双方亲自订立并且意思表示真实，包括实质要件和形式要件。实质要件有：必须是异性男女，我国不承认同性婚姻；男女双方必须在自愿的基础上达成合意；必须达到法定婚龄。男方不得低于22周岁、女方不得低于20周岁；必须符合一夫一妻制，即不得重婚；必须不是直系血亲和三代以内的旁系血亲；双方必须均未患有医学上认为不应结婚或暂缓结婚的疾病。

形式要件有以下两种。

1. 登记的效力

《婚姻法》第八条规定："要求结婚的男女双方必须亲自到婚姻登记机关进行结婚登记。符合本法规定的，予以登记，发给结婚证。取得结婚证，即确立夫妻关系。"婚姻成立的时间是完成登记颁发结婚证之时。

2. 未登记的效力——事实婚姻与非法同居关系

（1）事实婚姻是指没有配偶的男女，虽未进行婚姻登记，但符合结婚的实质要件，并且以夫妻名义共同生活。

（2）非法同居关系是指男女双方或一方有配偶未办理结婚登记，不以夫妻名义持续、稳定地共同居住，或男女双方未办结婚登记而以夫妻名义共同生活，但不符合事实婚姻的法定条件的两性结合。

（3）事实婚姻关系和非法同居关系的效力，包含两个部分：①构成事实婚姻的，一切后果与事实婚姻相同。②经查确属非法同居关系的，应一律判决解除。

10.2.2 夫妻债务

夫妻债务是指在婚姻关系存续期间，夫妻双方或一方为维持共同生活的需要，或出于为共同生活目的从事经营活动所引起的债务。

1. 个人债务

夫妻个人债务是指夫妻约定为个人负担的债务或者一方从事无关家庭共同生活时所产生的债务。①夫妻一方的婚前债务，如夫妻一方为购置房屋等财产负担的债务，该房屋没有用于婚后共同生活的，应当认定为个人债务。②夫妻双方依法约定由个人负担的债务。③夫妻双方将本属共同生活所负的债务，约定由一方负担的，可以视为夫妻个人债务。这种约定原则上不对债权人产生对抗效力，除非债权人事先知道该约定或者事后追认该约定；夫妻一方因个人不合理的开支，如赌博、吸毒、酗酒所负债务。④遗嘱或赠与合同中确定只归夫或妻一方的财产为一方个人财产，附随这份遗嘱或赠与合同而来的债务也应由接受遗嘱或赠与的一方单独承担，他方无清偿责任。⑤夫妻一方未经对方同意，擅自资助没有扶养义务人所负担的债务。⑥夫妻一方未经对方同意，独自筹资从事生产或者经营活动所负债务,且其收入确未用于共同生活的。⑦其他依法应由个人承担的债务,包括夫妻一方实施违法犯罪行为、侵权行为所负的债务。

2. 夫妻共同债务

夫妻为家庭共同生活所负的债务,如购置共同生活用品所负债务;购买、装修共同居住的住房所负的债务;为支付一方医疗费用所负的债务;夫妻共同从事生产、经营活动所负的债务;履行法定赡养义务所负的债务;为支付夫妻一方或双方的教育、培训费用所负的债务;为支付正当必要的社会交往所负的债务;夫妻一方或双方为履行法定扶养义务所负的债务;夫妻协议约定为共同债务的债务。

3. 夫妻共同财产中的股权构成

夫妻双方分割共同财产中的股票、债券、投资基金份额等有价证券以及未上市股份时,协商不成或者按市价分配有困难的,人民法院可以按照数量比例分配。包括:①分清股票是个人财产还是共同财产;②股票是属于可转让还是不可转让;③股票的价格。

4. 房屋财产

(1) 夫妻一方婚前付了全部房款,并取得房产证,该房屋属于婚前财产。

(2) 夫妻一方婚前以个人财产购买房屋,并按揭贷款,把房屋产权证登记在个人名义下,该房屋为个人财产,按揭也为个人债务。

(3) 夫妻一方婚前支付了部分房款,但婚后才取得房产证,即使是婚后双方共同还贷,其仍应属于一方的婚前个人财产。

(4) 如果夫妻一方婚前支付部分房贷,婚后夫妻共同还贷,或一方用个人财产还贷且房屋升值,在进行财产分配时,房产证还没有拿到,先不界定房屋归属权,等双方拿到房产证后再确定。

(5) 一方在婚前购房且房产证登记在其名下,其配偶有证据证明也有出资,分割房屋财产时,该房屋仍为登记人的个人财产,但对配偶方所付房款,一方应当予以补偿。

10.2.3 抚养和赡养

抚养通常是指父母对子女在经济上的供养和生活上的照料,包括负担子女的生活费、教育费、医疗费。抚养权是指父母对其子女的一项人身权利,抚养有婚生的抚养与非婚生的抚养之分,在现实生活中,由于各种原因,导致父母对子女的抚养权得不到很好的保障。拥有该权利的一方或双方,在子女成年之前,有权决定是否与子女共同生活,该权利在子女成年时即消灭。夫妻离婚,一般也会导致夫妻一方失去抚养权。失去抚养权的一方将失去与子女共同生活的权利。不过,失去抚养权的一方仍然会享有探视权,可以在约定或裁判的时间内定期探视子女,与子女进行相对短暂的相处。离婚时抚养权的归属,可以双方协商,协商不成,则需由法院判决。法院判决抚养权归属,一般根据有利于子女成长原则进行,主要考虑以下因素:夫妻双方的学历、工作、收入、年龄、家庭环境、子女的年龄等。继父母对继子女的抚养权,继父母和继子女之间的关系和一般的父母子女关系不同,具有姻亲关系和教育抚养关系,但不具备血缘关系,这种权利和义务是可以解除的,由此推论:生父与继母或生母与继父离婚时,生父(母)和继母(父)都要求抚养该子女的,抚养权归生父母所有。生父与继母或生母与继父离婚时,对曾受其抚养教育的继子女,继父母不愿意继续抚养的,认为抚养关系已经解除,该子女仍由生父母抚养。

赡养主要指子女在经济上为父母提供必需的生活用品和费用,在日常生活上给予照顾,在精神上予以关怀,在父母不能自理、患病时予以看护。赡养父母是子女应尽的法定义务,任何人不得以任何方式加以改变,也不得附加任何条件进行限制。赡养人应当履行对老年人经济上供养、生活上照料和精神上慰藉的义务,照顾老年人的特殊需要。赡养人是指老年人的子女以及其他依法负有赡养义务的人,赡养人的配偶应当协助赡养人履行赡养义务。赡养人对患病的老年人应当提供医疗费用和护理,应当妥善安排老年人的住房,不得强迫老年人迁居条件低劣的房屋。

10.2.4 家庭财产属性界定

1. 财产所有权界定

财产所有权是指财产所有人按照法律对其财产享有占有、使用、收益和处分的权利。只有客户拥有财产所有权的财产,才属于理财规划的范畴。基于财产所有权的权利:占有权、使用权、收益权、处分权。

(1) 占有权是指所有人对物的实际控制的事实状态。占有权即对所有物加以实际管领或控制的权利,既可以由所有人自己行使,也可以由他人行使。在民法理论和司法实践中,通常把占有分成不同的种类,以区分不同的占有状态。

① 所有人占有和非所有人占有。所有人占有即所有人在行使所有权过程中,亲自控制自己的财产,非所有人占有则指所有人以外的其他人实际控制和管领所有物。

② 合法占有和非法占有。这是对非所有人占有的进一步分类。合法占有是指基于法律的规定或所有人的意志而享有的占有权利,非法占有则指无合法依据也未取得所有人同意的占有。

③ 善意占有和恶意占有。这是对非法占有的再分类。善意占有是指非法占有人在占有时不知道或不应当知道其占有为非法,恶意占有则指非法占有人在占有时已经知道或应当知道其占有为非法。

(2) 使用权是指依照物的属性及用途,对物进行利用从而实现权利人利益的权利。所有人对物的使用是所有权存在的基本目的,人们通过对物的使用来满足生产和生活的基本需要。所有人在法律上享有当然的使用权,另外,使用权也可依法律的规定或当事人的意思,转移给非所有人享有。

(3) 收益权是指民事主体通过合法途径收取物所生的物质利益,即民事主体收取物所生利益的权利。在民法上,物所生利益主要指物的孳息。孳息包括天然孳息和法定孳息两类。天然孳息是指因物的自然属性而生之物,如母牛所生牛仔;法定孳息是指依一定的法律关系而生之利益,如股票的股息。天然孳息在没有与原物分离之前,由原物所有人所有;法定孳息的取得则需依据一定的法律规定进行。

(4)处分权是指所有人依法处置物的权利。处分包括事实上的处分和法律上的处分。事实上的处分是指通过一定的事实行为对物进行处置,如消费、加工、改造、毁损等。法律上的处分是指依照法律的规定改变物的权利状态,如转让、租借等。处分权是所有权内容的核心,是拥有所有权的根本标志,是决定物之命运的一项权能。因此,通常情况下,处分权均由所有人来行使,但在特殊情况下,处分权可以基于法律的规定和所有人的意志而与所有权分离。

2. 个人所有权的行使

个人财产所有权会通过占有、使用、收益、处分四项权能行使。个人行使这四项权能时,通常以个人积极主动的行为,直接作用于所有物的方式进行。

(1)个人行使生活资料所有权,是与日常的生活消费紧密相连的,个人只有通过对生活资料的直接占有、使用、收益和处分,才能满足自身衣食住行的需求。

(2)承包经营户和个体工商户行使生产资料所有权,是与他们的生产经营劳动联系在一起的。

(3)私营企业主对恒产资料的占有、使用和处分,虽然需要通过经营人员和职工的生产经营劳动来实现,但是经营人员和职工与企业主是雇佣关系,他们对生产资料的占有、使用和处分是以企业主的名义并且为企业主的利益进行的,所以仍为企业主直接占有、使用和处分。

3. 财产所有权的取得和消灭

合法取得所有权有两种方式:原始取得和继受取得。原始取得是指最初取得财产的所有权或不依赖原所有人意思而取得财产的所有权。继受取得是指通过某种法律行为从原所有人那里取得某项财产的所有权。所有权的丧失:所有权人因为一定的法定事实的出现而丧失所有权。

4. 个人所有财产界定

个人所有财产是指合法收入、不动产、金融资产、其他财产(生活用品、古董、图书资料等)。合法收入是指公民个人的工资收入、劳动所得以及其他各种依法取得的收入,如接受继承、馈赠而获得的财产等。金融资产是指依法归个人所有的股份、股票、债券和其他财产。个人所有的股份是指公民个人出资认购的股份。股票是指股份有限公司依法发行的表明股东权利的有价证券。债券是国家或企业依法发行的,约定在到期时向持券人还本付息的有价证券,分为公债券、金融债券和企业债券。公债券是指国家发行的债券,国库券就是一种公债券。金融债券是指由金融机构直接发行的债券。企业债券即企业发行的债券。个人所有的股票、债券是指由公民个人购买的依法向社会公开发行的股票和债券,公民个人合法购买或通过继承、馈赠等合法获取的股票、债券,也属于公民私人所有的财产。房屋是指公民私人所有的住宅。其他生活资料主要是指公民的各种生活用品,如家具、交通工具等。上述生活资料的获得必须符合法律的规定,非法占有的生活资料不受法律保护,如贪污受贿得到的钱财,法律不但不予保护,反而应当没收。

5. 财产共有

财产共有是指各共有人按照确定的份额，对共有财产分享权利和分担义务的共有。

（1）按份共有

按份共有包含两个关系：内部关系和外部关系。

① 按份共有的内部关系。按份共有人按照其份额均可以对共有财产进行占有、使用、收益及处分。按份共有可以将其份额分出或者转让。转让是指所有人将自己的份额转让给他人，所以共有人对其份额的转让不必征得其他共有人的同意。但法律对此有特别规定的或共有人之间在订立合同时，对共有份额的分出和转让进行了限制的除外。在共有人转让他的份额时，其他共有人有优先于非共有人购买的权利。除了共有人的特殊约定外，对共有物的管理，应由全体共有人共同进行。共有物的管理费用，应当由全体共有人按其份额比例分担。

② 按份共有的外部关系。按份共有人的份额虽然是所有权总量的部分，但其权利是基于共有物的全部而非局部，因此，各共有人对于所遭受的外部侵害以为共有人全体的利益而向共有关系以外的侵害人主张权利。按份共有人对其应有份额享有相当于分别所有的权利。在法律或共有协议没有限制的情况下，按份共有人可以要求分出或者转让其份额。按份共有人死亡，其继承人有权继承。

（2）共同共有

共同共有是指两个或两个以上的人基于共同关系，共同享有某物的所有权。共同共有根据共同关系而产生，必须以共同关系的存在为前提。共同共有没有共同份额，共同共有是不确定份额的共有。共同共有人的权利基于共有物的全部。共同共有的类型有：夫妻共有、家庭共有、遗产分割前的共有。

① 夫妻共有。夫妻婚前财产，是夫妻各自所有的财产，不属于夫妻共有财产。但婚前财产在婚后经过长期共同使用、财产的质和量都已经发生很大变化，就应当根据具体情况，将财产的全部或部分视为夫妻共有财产。对于婚前财产在婚后如对共有财产进行重大修缮，通过修缮新增加的价值部分，应认定为夫妻共有财产。夫妻对共有财产的处分，应当经过协商，取得一致意见后进行。夫妻一方在处分共有财产时，另一方明知其行为而不做否认表示的，视为默认同意，事后不能以自己未亲自参加处分为由而否认另一方处分共有财产后产生的法律后果。男女双方协议离婚后一年内对财产分割问题反悔，请求变更或者撤销财产分割协议的，人民法院应当受理。

赠与：赠与是财产所有权变动的一种方式，即财产所有权从赠与人转移到受赠人。涉及赠与的财产是夫妻共有还是一方单独所有，具有重大现实意义，必须澄清。当事人结婚前，父母双方购置房屋出资的，该出资应当认为对自己子女个人的赠与，但父母明确表示赠与双方的除外。

确认房屋的赠与：子女与父母共同居住在一起时赠与的认定；子女已经独立生活时赠与的认定，赠与行为是一个双方法律行为，若父母出资购置的房屋尽管登记在子女名下，但子女却并不知情时，赠与关系不成立；赠与行为相对人的认定，婚前赠与一般应理解为赠与个人，而婚后则要以"夫妻共同财产制"为原则。

② 家庭共有。家庭共有财产不包括家庭成员各自所有的财产。家庭成员分配家产时,只能对家庭共有财产而不能对个人财产进行分割。家庭共有财产的某一共有人死亡,财产继承开始时,把被继承人在家庭共有财产中的应有部分分出,作为遗产继承,而不能把家庭所有财产都作为遗产继承。家庭因为生产经营发生负债时,个人经营的,以个人财产承担清偿债务的责任;家庭经营的,以家庭共有财产承担清偿债务的责任。

拆迁所得款:一般被拆除房屋价值是属于被拆除房屋的所有人的,即使共同生活,但是房屋不是家庭成员一起出资购置的,不符合家庭共有财产的形成条件,因此不是家庭共有财产。但如果一家是住房困难户,此时拆迁补偿款应被认为家庭共有财产。对于幼老病残者应给予适当照顾,一般选择采用实物分割、变价分割家庭共有财产。

③ 遗产分割前的共有。继承从被继承人死亡时开始,这说明公民一旦死亡,其财产无论在谁的占有之下,在法律上皆作为遗产,并作为继承人所有。但当死者有数个继承人时,任何继承人都不能单独取得遗产所有权,遗产为全体继承人共有。在遗产分割前,全体继承人对遗产的共有只是共同共有。

(3) 共有财产的分割原则和方法

分割原则有遵守法律原则、遵守约定原则和平等协商、和睦团结的原则。遵守法律原则:分割财产时需特别注意遵守其他法律的相关规定。遵守约定原则:共有人对相互间的共有关系有约定的分割共有财产时应遵守其约定。平等协商、和睦团结的原则:无法达成协议的,在分割按份共有财产时,可按占半数以上份额共有人的意见。在共同共有财产分割份额比例等问题上达成协议的,按有关规定根据等分原则处理,并考虑共有人对共有财产的贡献大小,适当照顾共有人生产、生活的实际需要。

分割办法有实物分割、变价分割和作价补偿。

① 实物分割:共有财产分割后无损于它的用途和价值,如布匹、粮食等,可在各共有人之间进行实物分割,使各共有人取得应得的份额。实物分割时,分割共有财产的基本方法,除共有财产是一个不可分割的物,其他情况下均有办法进行实物分割。

② 变价分割:将共有财产出卖换成货币,由共有人分割货币。如果共有财产是一个不可分物,又没共有人愿意取得,就只能采取此办法进行分割。另外,如果共有财产是一套从事某种生产经营活动的集合财产(如合资兴办的一间工厂),要将共有财产整体拍卖后再分割资金。

③ 作价补偿:作价是指估定物的价格。当共有财产是不可分物时,如果共有人之一希望取得该物,就可以作价给他,由他将超过其应得份额的价值补偿给其他共有人。

10.2.5 财产分配的原则

每个客户进行财产分配的动机和目标各不相同,理财规划师要根据客户的需求,协助客户明确并确定财产的分配目标。为了使财产分配的目标顺利实现,减少矛盾和纠纷,理财规划师在帮助客户确定财产分配的目标时应遵循以下原则。

1. 风险隔离原则

多婚多子女的家庭、跨国婚姻以及婚前就有大量财产的人;对婚前和婚后财产通过财产分配工具的运用,进行不同的财产安排,保障个人财产的安全和更好地履行对其他家庭成员的义务。对参与各种经营的客户,还需要在经营风险和家庭财产之间布下防火墙,以抵御经营风险对家庭财产的侵扰,从而保证家庭成员的正常生活不受影响。

2. 合情合法原则

合法是指不违反与财产分配有关的法律规定,比如为客户进行风险隔离规划时,要遵守相关法律法规的规定,不能违法操作。合情是指财产分配要合乎情理,从协调客户及其家庭成员间关系入手,并考虑各个家庭成员主要是夫妻二人对家庭的付出和贡献,这样可以减少财产分配方案在实施中可能遇到的障碍。

理财规划师在协助客户进行财产分配规划时,要对客户可能出现的错误思想倾向及时指出并纠正。这些错误思想倾向主要有:一是认为财产在谁手中就归谁所有的倾向。事实上,只要是婚后所得财产,除非有特殊约定,不管财产在谁的手里,都是夫妻共同财产。二是认为夫妻一方没有经济收入或经济收入较少就没有财产安排权的倾向。按照有关规定,只要是夫妻共同财产,夫妻双方就享有平等的所有权。在一般情况下,夫妻对共同财产的分割要平均;对共同债务,要平均承担。三是在客户有离婚情形时,一方想以多占有财产作为同意离婚交换条件的倾向。离婚与财产分割是两个性质不同的问题,不能混为一谈。

3. 照顾妇女儿童原则

未成年子女是一个弱势群体,他们的健康成长是事关家庭和社会发展的重大问题。未成年子女的抚养和教育是家庭的基本职责,是家庭的中心问题。在进行财产分配规划时,要充分考虑子女的问题,特别是在夫妻离婚的情况下,应防止因夫妻离婚而影响未成年子女的学习和生活,减少父母离异给未成年子女带来的心理阴影,最大限度地为未成年子女的健康成长提供一个好的环境条件。在分割夫妻共同财产时,应充分考虑子女的利益,不要侵占未成年子女的合法财产,应将未成年子女的合法财产作为子女的个人财产,不能列入夫妻共同财产进行分割。

大多数情况下,由于生理和社会的原因,妇女处于弱势地位,是一个弱势群体。同时,妇女又担负着生育子女、抚养下一代的极其重要的家庭和社会职责,使她们在社会上面临着与男人相比更大的困难和压力。基于此,世界多数国家都在夫妻离婚分割财产时,给予妇女适当照顾。我国也是一样,在夫妻离婚分割共同财产时应给予女方一定的照顾。理财规划师在帮助客户制定财产分配规划时,应充分考虑这种情况,尽量照顾居于弱势地位的子女和女方的利益,既不得侵害子女和女方的合法利益,而应视女方的经济状况和子女的实际需要给予必要的照顾。具体来说,就是数量上适当多分给女方一些,同时品种上将一些重要的财产特别是生活中最基本的生活资料(如住房)分配给女方。在照顾子女利益方面,要根据子女生活和学习的需要,适当多分一些财产给抚养未成年子女的一方。

离婚时,如一方困难,另一方应从其住房等个人财产中给予适当帮助;离婚后子女的抚养：①哺乳期间的子女，以随哺乳的母亲抚养为原则；②哺乳期后的子女，应从有利于子女的身心健康、保障子女的合法权益出发，结合抚养能力、条件决定；③抚养费给付的期限，一般到子女满18周岁时止。

4. 有利方便原则

在夫妻离婚共同共有关系终止，分割共同财产时，有协议的按协议处理；没有协议的，考虑共有人对共有财产的贡献大小，适当照顾共有人生活的实际需要的情况下，应当按照等分原则处理。夫妻离婚分割财产时，不应损害财产的效用、性能和经济价值。分割生产资料时，从有利于发展生产、保证生产活动的正常进行出发，应尽可能将其分给需要该种生产资料且更能够充分发挥其效用的一方。分割生活资料时，应尽量满足个人的专业或职业需求，如个人从事某个职业所需的书籍、器具等，使物品的使用价值得到最大限度的利用。

5. 不得损害国家、集体和他人利益的原则

权利与义务是相对称的，不得滥用权利是一个公民行使权利的基本准则。夫妻离婚分割夫妻共同财产时也不得滥用权利，即夫妻离婚分割其共同财产时，不得损害国家、集体和他人利益；不得把属于国家、集体和他人所有的财产当作夫妻共同财产拿来分割；不得以分割夫妻共同财产的名义损害他人的利益。在进行夫妻共同财产分割时，要切实保护家庭共有人的合法权益。对合伙经营的企业，夫妻作为合伙人与他人合伙，在离婚分割共同财产时，不能擅自分割合伙财产，必须从合伙财产中扣除其他合伙人的财产份额，属于夫妻共同财产的部分才能分割。

10.2.6 财产分配工具

公证、信托和遗嘱是个人财产分配规划中使用的主要工具。

1. 公证

此处涉及的公证，主要是指夫妻财产约定公证。在我国，夫妻财产约定公证是指由公证处依法对夫妻或"准夫妻"各自婚前或婚后财产、债务的范围及权利归属问题所达成的协议的真实性、合法性给予证明的活动。

夫妻财产约定公证对于家庭的稳定和社会的发展具有十分重要的意义，它有利于更好地保障夫妻双方的合法权益，有利于夫妻双方良好感情的维系，有利于防止和减少纠纷的发生，有利于节约司法资源，提高审判效率。

夫妻财产约定公证主要有两项内容：一是对将要结婚的男女双方之间的财产协议进行公证；二是对已婚夫妻双方之间的财产协议进行公证。在这里，男女双方的财产协议即"约定"，是财产公证发生的前提。

婚前财产约定公证是指由公证机关依法对未婚男女或已婚夫妻各自婚前财产和债务

的范围、权利义务归属问题所达成的协议的真实性、合法性给予证明。婚后财产约定公证是指由公证机构对夫妻在婚姻关系存续期间夫妻两人名下的财产和债务(包括现有的和将来有的)的范围、权利义务归属问题所达成的协议的真实性、合法性给予证明。

需要办理夫妻婚前、婚后财产约定公证的,当事人应填写公证申请表,亲自向户籍所在地公证处申请,并向公证处提交以下证明材料。

(1) 夫妻双方的身份证明;夫妻双方申办公证必须双方亲自前往公证处申请,并提供各自的身份证或其他身份证明。

(2) 婚前财产约定的,应由双方当事人按照婚姻条例的规定,分别发表无配偶的声明;婚后夫妻财产约定的,应提供结婚证或者其他夫妻关系的证明。

(3) 申请公证的财产约定协议书。当事人书写有困难的,公证人员可代写。

夫妻财产约定协议应包括以下内容:当事人的姓名、性别、职业、住址等基本情况;夫妻现有财产(含债务)的名称、数量、规格、种类、价值、状况等;夫妻现有财产的归属及夫妻关系存续期间所得财产(债务)的归属;夫妻关系存续期间财产的使用、维修、处分的原则;其他约定,如共同债务如何清偿,财产孳息归属。

(4) 被约定财产的所有权证及其他证明。

(5) 公证人员认为应当提交的其他证明。

公证申请被接待公证员受理后,公证员就财产协议的内容,审查财产的权利证明,查问当事人的订约是否受到欺骗或误导。当事人应如实回答公证员的提问,公证员会履行必要的法律告知义务,告诉当事人签订财产协议后承担的法律义务和法律后果,当事人配合公证员做完公正接待笔录,并在笔录上签字确认。

双方当事人在公证员面前在婚前(后)财产协议书上签名。

通过上述步骤,婚前(后)财产公证的办理程序履行完毕,两周后当事人即可以凭收费单据领取公证书。

2. 信托

财产分配和传承规划完全属于客户私人事务的范畴。长期以来,被世界各国普遍采用的私人事务管理工具主要是信托。信托具有管理机制设计灵活和对客户私人信息绝对保密的优势,因而可以更好地实现客户的财务与生活目标。通常,这种应用于私人事务管理的信托被称为个人信托。

个人信托是指委托人(特指自然人)基于财产规划的目的,将其财产所有权委托给受托人,受托人按照信托文件的规定,为受益人的利益或特定目的,管理或处分信托财产的行为。财产的消极增值管理和财产事务的积极管理,是个人信托的显著特点。

个人信托行为的过程可以通过图10-1所示的个人信托流程图加以说明。

财产所有者不仅可以通过信托设计实现自己各种心愿,还可以通过信托工具避免很多财产的纠纷,从而更好地协调人与人之间的关系。由此可见,个人信托制度能够弥补许多财产制度的不足。因此,个人信托是实现财产分配和传承的有效渠道(或工具)。

可用于家庭财产分配和传承的信托主要有婚姻家庭信托、子女保障信托、养老保障信托、遗产管理信托、遗嘱信托和人寿保险信托等类型。

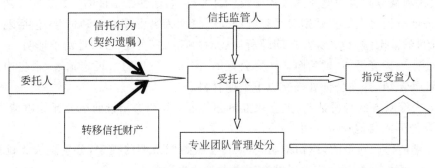

图 10-1 个人信托流程图

(1) 婚姻家庭信托

婚姻家庭信托是指由夫妻一方或双方作为委托人与受托人签订信托合同,将一定的财产权委托给受托人作为信托财产,该财产独立于委托人的家庭财产,由受托人按照约定管理处分。婚姻家庭信托的目的是保证家庭或夫妻一方在未来遭受风险时,家庭及个人的日常生活能够维持而不受影响。婚姻家庭信托既可以将财产独立于家庭及个人,又可以保持所有者所有权不变。信托财产与委托人本人的其他财产是隔离的,具有独立性,这就使信托制度本身具备了规避风险的功能。信托财产在信托存续期间,无论是委托人、受托人、受益人,还是他们的债权人,都不能任意支配信托财产;而且受托人拥有的固有财产和信托财产,两者分列账户,专款专用,相互之间也不可混用;不同委托人或同一委托人不同目的的信托财产之间也不能相互混用、交易,必须保持绝对的独立性。因此,纳入信托的财产不会受到其他财产所受风险的波及,使受益人的利益更有保障,确保委托人达成自己的心愿。因而,婚姻家庭信托具有保障破产家庭基本生活、规避离异配偶或其再婚配偶恶意侵占财产等作用。

常见的婚姻家庭信托产品主要有离婚赡养信托和不可撤销人生保全信托等。

① 离婚赡养信托的受益人是离异配偶。当夫妻关系终结时,如果比较富有的一方需要为经济条件不好的离异配偶支付赡养费,他就可以用部分财产设立离婚赡养信托,这样离异配偶就可以不断地收到赡养费却不能动用全部财产。这样一来,委托人既可以履行赡养义务,避免日后和离异配偶发生财务纠纷,又可以设置特殊条款,防止离异配偶的再婚配偶恶意侵占这部分财产。

② 不可撤销人生保全信托常以配偶及其子女为信托受益人,当夫妻一方去世后,这种信托能既为另一方和子女提供稳定的生活保障,也能防止幸存方的再婚配偶侵占家庭财产。这种信托证书中未附撤销条款,因而财产委托人无信托撤销权。此类信托只有在信托意图已经实现或不可能实现的情况下,基于委托人和全体受益人的申请和法院判决而消灭,不发生信托解除问题。不可撤销的信托在理论上又称为"完全信托",它突出表现了"法律上的所有权"与"衡平法上的所有权"并存的信托关系特征。

(2) 子女保障信托

子女保障信托是指由委托人(父母、长辈)和受托人签订信托合同,委托人将财产转入受托人信托账户,由受托人依约管理运用;通过受托人的管理及信托规划的功能,定期或不定期给付信托财产予受益人(子女),作为其养护、教育及创业之用,以确保其未来生活。子女保障信托广泛应用于海外留学费用的给付、离异抚养子女的赡养费、未来子女教育及创业基金等。

(3) 养老保障信托

养老保障信托是指由委托人和受托人签订信托合同,委托人将财产转入受托人信托账户,由受托人依照约定的方式替客户管理运用;同时信托合同已明确约定信托资金为未来支付受益人(自己或其配偶)的退休生活费用,只要是信托合同存续期间,受托人就会依照信托合同执行受益分配,让信托财产完全依照委托人的意愿妥善处理,以达成退休生活无后顾之忧的目的。养老保障信托是一种适用于退休规划的有效工具。

(4) 遗产管理信托

遗产管理信托是指委托人事先以立遗嘱或者订立遗嘱信托合同的方式,将财产规划的内容,包括交付信托后遗产的管理、分配、运用及给付等,详订于其中。等委托人辞世后,遗嘱或合同生效时,再将信托财产委托给受托人,由受托人依据信托的内容即委托人的意愿来负责所交办的事项,管理处分信托财产。遗产管理信托可以帮助没有能力管理遗产的遗孀遗孤,按遗嘱人的生前意愿管理信托财产,合理分配遗产,避免遗产纷争。实践证明,信托是进行财产传承规划的有效工具。

(5) 遗嘱信托

遗嘱信托是指通过遗嘱这种法律行为而设立的信托,也叫死后信托。当委托人以立遗嘱的方式,把财产交付信托时,就是所谓的遗嘱信托,也就是委托人预先以立遗嘱方式,将财产的规划内容,包括交付信托后遗产的管理、分配、运用及给付等,详订于遗嘱中。等到遗嘱生效时,再将信托财产转移给受托人,由受托人依据信托的内容,也就是委托人遗嘱所交办的事项,管理处分信托财产。与金钱、不动产或有价证券等个人信托业务比较,遗嘱信托最大的不同点在于,遗嘱信托是在委托人死亡后契约才生效。

遗嘱信托特点:延伸个人意志,妥善规划财产;以专业知识及技术规划遗产配置;避免继承人争产、兴讼;结合信托,避免传统继承事务处理的缺点。

使用的对象:欲立遗嘱,但却不知如何规划的人;对遗产管理及配置有专业需求的人;欲避免家族争产,妥善照顾遗族的人。

透过遗嘱信托,由受托人确实依照遗嘱人的意愿分配遗产,并得为照顾特定人而做财产规划,不但有立遗嘱防止纷争的优点,并因结合了信托的规划方式,而使该遗产及继承人更有保障。因此,遗嘱信托具有以下功能:①可以很好地解决财产传承,使家族永葆富有和荣耀。通过遗嘱信托,可以使财产顺利地传给后代,同时,也可以通过遗嘱执行人的理财能力弥补继承人无力理财的缺陷。②可以减少因遗产产生的纷争。因为遗嘱信托具有法律约束力,特别是中立的遗嘱继承人介入,使遗产的清算和分配更公平。③可以避免巨额的遗产税。遗产税开征后,一旦发生继承,就会产生巨额的遗产税,但是如果设定遗嘱信托,因信托财产的独立性,就可以合法规避该税款。

处理程序一般采取书面形式,包括三个当事人,即委托人、受托人、受益人。分为八个步骤:鉴定个人遗嘱、确立遗嘱信托、编制财产目录、安排预算计划、结清税捐款项、确定投资政策、编制会计账目、进行财产的分配。

 小贴士

如何认定遗嘱的效力大小

现实生活中,有些老人由于受到多子女的压力,生前立下多份遗嘱,那么在存在多份遗嘱的情况下,如何认定哪份遗嘱有效,哪份遗嘱无效呢?

一般规律是,在多份遗嘱中,如各个遗嘱处分的遗产各不相矛盾,多份遗嘱均有效。如老人共有两套房屋,一套房屋遗嘱给一个子女,另一套房屋遗嘱给另一个子女,该两份遗嘱均有效。

在多份遗嘱中,有自书遗嘱、代书遗嘱、公证遗嘱等共存,且各个遗嘱存在矛盾,这种情况,根据法律规定,公证的遗嘱效力高于其他遗嘱。如老人就有一套房屋,但他有三个子女,他以自书遗嘱的方式将房屋遗嘱给老大,他以代书遗嘱的方式将房屋遗嘱给老二,他以公证遗嘱的方式将房屋遗嘱给老三,这种情况,公证遗嘱的效力高于其他遗嘱,该公证遗嘱有效,该套房屋由老三继承。

在多份遗嘱中,同一遗产做了多份公证遗嘱,那么以时间上最后做的公证遗嘱有效,其他公证遗嘱无效。如老人就有一套房屋,2010年将房屋公证遗嘱给老大,2011年将房屋公证遗嘱给老二,2012年将房屋公证遗嘱给老三,很显然该房屋应由老三继承。

同样道理,如同一遗产做了多份遗嘱,哪个遗嘱也没有做公证,那么以时间上最后做的遗嘱有效,其他遗嘱无效。

(6) 人寿保险信托

所谓人寿保险信托,是以人寿保险金债权为信托财产而设立的信托,即被保险人作为委托人,指定信托公司为保险金的受领人,于保险事故发生时,由信托公司受领保险金,将之交付给委托人指定的受益人;或由信托公司受领保险金后,暂不将保险金交付受益人,而由其为受益人利益予以管理和运用。设立人寿保险信托的目的在于使受益人免受财务管理之累,并能获得更多利益。保险金一旦成立信托后,原则上无论是投保人、受益人的债权人或是任何人,都不能再对信托财产强制执行,这也被称为信托财产的独立性。

人寿保险信托的优势在于,它同时具备了保险和信托的双重功能。一般寿险产品只是保证受益人名义上享有保险金的利益,却没有考虑受益人如何才能切实享有其合法权益。保险受益人常常不具备合理处理保险金的能力和条件,例如,年纪太小或身心有障碍、挥霍过度,甚至由于各继承人或监护人间利益冲突使合法权益受到危害。此时,保险受益人虽然形式上拥有保险金,但实际上并不一定享受到保险金的好处,其合法权益不一定能得到保障。但是,作为一种植根于寿险保单之上的信托行为,人寿保险信托能够在保险合同的义务履行后,还为受益人解决实际的保险金使用问题,是保险功能的一个延续和拓展,是解决在特殊事件中出现的未成年人受益权保障缺位问题的重要途径。从信托的角度,保险金作为信托财产具有特殊的"财产独立性",投保人和信托公司的债权人都不得对其强制执行。专业化的资产管理服务和针对信托财产特殊的税收优惠政策,还可以使保险金实现保值增值,达到受益人利益最大化。

人寿保险与信托相结合,主要有以下几种适用形式:一是以信托财产支付保险费,但保险金不成立信托财产。在这种方式下,投保人把足以产生支付给保险公司保险费的财

产,转移给受托人成立信托,然后再由受托人依照投保人的意思,按期缴纳保险费给保险公司。二是以保险金作为信托财产,但保险费要由投保人另付。三是保险费由信托财产支出,而且保险金成立信托财产。人寿保险与信托相结合还具有其他好处。首先是具有储蓄与投资理财的双重功效。受托人专业理财的能力,往往成为受益人能否享受到合法权益的关键所在。而以被保险人死亡为保险事故的人寿保险,大部分都具有储蓄功能,因而将人寿保险与信托相结合,可以达到储蓄与投资理财的双重功效。其次是人寿保险信托具有免税功能。依照现行《所得税法》《保险法》以及《遗产法》的相关规定,人寿保险的保险金原则上免税。因此,如果将人寿保险与信托相结合,对于想要得到税收优惠好处的投保人来讲,无疑具有更大的吸引力。

3. 遗嘱工具

遗嘱是指人生前在法律允许的范围内,按照法律规定的方式对其遗产或其他事务所作的个人处理,并于创立遗嘱人死亡时发生效力的法律行为。

《中华人民共和国继承法》(以下简称《继承法》)第十六条规定:"公民可以依照本法规定立遗嘱处分个人财产,并可以指定遗嘱执行人。"因此,从法律意义上理解,遗嘱是公民个人订立的对其死后个人财产如何处分的法律形式。根据《继承法》的相关规定,遗嘱的形式包括口头、代书、自书、公证等几种形式。

遗嘱在财富传承中有如下优势。

(1) 设立简便,继承明确。与购买大额保险、设立信托或基金等相比,遗嘱无须签署复杂的法律文件,无须进行复杂的条款设计,也无须履行烦琐的审查登记等程序,只需符合《继承法》规定的设立遗嘱的必要条件即可。遗嘱财产清单功能使被继承人的财产状况更加清晰,对于财产只需要按图索骥提供相应财产证明即可,省去了烦琐的财产查询和验证的过程。遗嘱的定向传承功能使财产的分配更加符合被继承人的意愿,在其他继承人对遗嘱无异议的情况下,财产的分配过程简单明了,免去了不必要的诉讼。

(2) 指定传承。《继承法》第五条规定:"继承开始后,按照法定继承办理;有遗嘱的,按照遗嘱继承或者遗赠办理;有遗赠扶养协议的,按照协议办理。"因此,除非有特殊的遗赠抚养协议,遗嘱继承是优先于法定继承的。而如果按照法定继承原则继承,则被继承人的财产一般是由全部法定继承人平分,因此,如果被继承人想对自己的财产按照自己的意愿进行分配,遗嘱是很好的工具。被继承人可以在生前立下有效的遗嘱,对自己身后的财产由谁继承、继承多少进行详细安排,被继承人可以选择自己的某个法定继承人继承自己的财产,也可选择法定继承人之外的人继承自己的财产,且被继承人在生前还可随时根据情况对遗嘱进行修改和调整,确保自己的财产完全按照自己的意愿分配。

(3) 一定程度上防止家庭纠纷。如果没有遗嘱,被继承人死亡留下遗产时很可能就是家庭矛盾爆发时,围绕财富如何分配很可能引发诉讼,使原本和睦的家庭反目成仇。目前法院受理的继承纠纷案件很多都是没有遗嘱引发的,因为被继承人身前未对有多少财产及财产分配作出安排,导致法定继承人之间相互猜疑从而引发纠纷。而如果有一份有效的遗嘱,则可以在一定程度上平息法定继承人之间的纷争,明确财产的归属。

(4) 财产清单作用,避免财富流失。被继承人突然死亡,由于其身前未留遗嘱,其究竟有多少财产、财产在哪里法定继承人均不知晓,从而导致继承人之间相互猜疑,财产难以查清,甚至流失的严重后果。如果继承人是独生子女,又没有其他法定继承人的,子女不清楚父母财产信息,想通过诉讼途径查明遗产继而继承几乎是不可能的。因此,订立遗嘱,对自己拥有的财产进行梳理,明确自己拥有哪些财产、财产的去向、财产权属证书等细节有利于免去继承人的继承麻烦,防止财富流失。

遗嘱在财富传承中有优势也有劣势,财富人士应在专业律师指导下妥善制定遗嘱,对自己的身后事进行妥善安排。财富人士也应善用赠与、大额保险、家庭信托、家族基金等一系列财富传承工具对家族财富进行综合安排,防范单一遗嘱传承风险。

任务 10.3 财产传承规划

  案例

孙先生今年 55 岁,是某上市公司高管;妻子 52 岁,是某股份制保险公司高级业务经理,女儿今年 27 岁,本市某重点中学高三教师。家庭资产状况如下。

10 年前购买一套 100 平方米的商品房,成本价每平方米 6 500 元,市价每平方米 22 800 元,贷款已还清,目前用于出租,月租金收入 5 500 元;所在公司给每位高管赠送了一套别墅作为奖励,面积 280 平方米,当前市价 4 万元/平方米,用于自住。8 年前在市中心投资了一套 200 平方米的写字楼,成本价 1 万元/平方米,目前市价 38 000 元/平方米,该套写字楼采用商业贷款,贷款余额为 100 万元,利息支出为 4 万元。目前用于出租,租金 2 万元/月。孙先生家有汽车两台,当前市价分别为 50 万元和 38 万元。家有现金 2 万元,银行活期存款 10 万元,另有股票投资市值 150 万元,定期存款 40 万元,每年利息收入 1.1 万元,股权激励 100 万元,每年有分红 8 万元,实业投资 100 万元,每年可分得利润 7 万元。

家庭收支情况(收入为税后收入):

孙先生年收入 80 万元,年底有 30 万元分红,妻子年收入 50 万元,年底奖金 20 万元,女儿年收入 12 万元。家庭每月日常生活支出 6 万元,每年衣物及礼金支出 13 万元,支付孙先生父母生活费 4 万元/年,旅游费用 16 万元/年,汽车使用费(含保险费)12 万元/年,健身支出 4 万元/年,家政保姆支出 12 万元/年,交际娱乐支出 15 万元/年。

家庭保障:

孙先生养老保险个人账户余额为 28 万元,医疗保险账户余额为 2 万元,妻子养老保险个人账户余额为 26 万元,医疗保险账户余额为 1.5 万元,没有购买其他商业保险。

假如你是孙先生的理财规划师,请为孙先生做财产传承规划。

10.3.1 遗产概述

1. 遗产

遗产是指自然人死亡时遗留的个人合法财产,包括不动产、动产和其他具有财产价值的权利。遗产是财产继承权的客体。

遗产作为一项特殊财产,仅存在于自然人死亡后到遗产处理结束前的时间内。自然人生存时拥有的财产不是遗产,只有在他(她)死亡之后,遗留下来的财产才是遗产。遗产处理结束后,已经转归继承人所有,也不再具有遗产的性质。

2. 遗产的法律特征

(1) 财产性

财产权和人身权是死者生前所享有的民事权利,但与个人身份密切结合,一旦分离便不复存在的权利,不能作为遗产,只有财产权可以作为遗产继承。在现代社会,身份继承已被各国所废除,原属于被继承人的人身权利,如姓名权、肖像权等不能作为遗产,仅实行财产继承。

(2) 合法性

自然人死亡时遗留的财产必须是合法财产,才具有遗产的法律地位,如属非法所得,不能作为遗产,继承人不得继承。被继承人生前非法占有的属于他人的财产,也不能作为遗产由继承人继承。另外,法律规定的不得作为遗产继承的财产也无遗产的法律地位。例如,我国《文物法》规定的珍贵文物,在一定条件下就不能成为遗产。

(3) 范围限定性

遗产是死亡自然人的个人财产,具有范围限定性,他人的财产不能作为遗产。

(4) 可转移性

遗产是可以与人身分离而独立转移给他人的财产,具有可转移性。不能转移给他人承受的财产不能作为遗产。一般来说,遗产仅指能够转移给他人的财产,如所有权、债权等。并不是被继承人生前拥有的一切财产都能够作为遗产转移给他人。另外,与个人身份密切结合,一旦分离便不复存在的财产权利,同样不能作为遗产。例如,承包经营权不能由继承人直接继承;有偿的委托合同、演出合同等的一方当事人在尚未履行时或者履行中死亡,未履行的部分则自然终止,它所含有的权利不能转移,也就不能作为遗产由他人继承。

(5) 时间的特定性

遗产是自然人死亡时尚存的财产。自然人生前所拥有的个人合法财产只有在其死亡后方可称为遗产,因而自然人在世时,其所拥有的个人财产不能称为遗产;而继承人在分割完遗产之后就使遗产转化为个人合法拥有的财产,也不能称为遗产。因此遗产在法律上具有时间的特定性,只有在自然人死亡之时起至遗产分割完毕前的这一特定时间段内,自然人生前遗留的财产才能被称为遗产。正常情况下,遗产的存续时间是短暂的。

(6) 权利义务的对称性

权利义务的对称性是指继承人在继承遗产的同时,也要以所继承的财产为限承担被继承人生前的债务。同理,如果继承人放弃继承权,则清偿被继承人生前债务的义务也就自动解除。

3. 认定遗产时应当注意的问题

(1) 被继承人的遗产与公共财产的区别：遗产的范围只限于被继承人生前个人所有的财产。即被继承人生前享有所有权的财产，才属于遗产。而被继承人生前享有使用权的自留地、自留山、宅基地等，或享有承包权的土地、荒地、滩涂、果园、鱼塘等，因属国家或集体所有的财产即公共财产，均不能作为被继承人的遗产。

(2) 遗产与共有财产的区别：共有财产包括夫妻共有、家庭共有、合伙共有等财产。应把死者享有的份额从共有财产中分出。当夫妻一方死亡时，只能将夫妻共同财产的1/2作为死者的遗产，其余的1/2则为生存配偶的个人所有财产。当合伙共有财产关系中某合伙人死亡时，只能把其在合伙财产中享有的份额分出，作为其遗产，而不能把其他合伙人享有的财产份额都作为死者的遗产。

(3) 遗产与保险金、抚恤金的区别：死者生前不享有所有权，因此不能作为死者的遗产。

4. 影响遗产顺位继承的因素

按照法律规定，根据家庭成员与死者关系的远近，第一顺序继承人为配偶、子女、父母；第二顺序继承人为兄弟姐妹、祖父母和外祖父母。

(1) 配偶：①双方当事人办理了结婚登记手续，领了结婚证，但尚未举行结婚仪式或尚未同居的，一方死亡，另一方可以以配偶身份继承遗产，未办理结婚登记即使同居或举行仪式，也不得以配偶身份继承遗产。②夫妻双方因感情不和已经分居，不论分居的时间长短，分居期间一方死亡的，另一方仍可以配偶身份继承遗产。③夫妻双方协议离婚，已经达成离婚协议，但在依法办理离婚手续期间，一方死亡的，另一方仍可以配偶的身份继承遗产。④夫妻双方已经向法院起诉离婚，在离婚诉讼过程中，或在法院的离婚判决生效前，一方死亡的，另一方仍可以配偶身份继承遗产。

(2) 子女：婚生子女、非婚生子女、养子女、继子女。婚生子女：即使父母离婚后，子女对未与其共同生活的父或母仍享有继承权。非婚生子女：与婚生子女法律地位完全相同，但其作为继承人，其身份则需要特别予以证明。养子女：与婚生子女法律地位也相同。收养关系成立后，养子女只能继承养父母遗产，而不能继承生父母遗产。收养关系解除后，其与生父母的权利义务自行恢复，但成年养子女与生父母及其他近亲属间的权利义务关系是否恢复可以协商确定。

形成抚养关系的继子女：一是继父母子女间没有通过共同生活形成的抚养关系，双方属于直系姻亲关系；二是继父母子女形成了事实上的抚养关系，双方有姻亲关系转化为拟制血亲关系，形成法律拟制的父母子女关系。前者，继子女作为生父母的法定继承人；后者，继子女即可作为其生父母的法定继承人继承遗产，也可作为其继父母的法定继承人继承遗产。

(3) 父母对非婚生子女的继承权：生父母对非婚生子女同样有继承权，并且继承权不以有无抚养子女的事实为条件。但子女若被收养，生父母对该子女不再享有继承权。司法实践中，若生父母在子女生前没有承认该子女是生子女，也没履行抚养教育义务的，仅以血缘关系享有继承权又有悖情理的,可以《继承法》规定:遗弃被继承人情节严重的,依法丧失继承权。养父母在收养关系存续期间,养父母是养子女的法定继承人。

(4) 兄弟姐妹:亲兄弟姐妹(全血缘和半血缘的兄弟姐妹);养兄弟姐妹;形成抚养关系的继兄弟姐妹。

(5) 祖父母、外祖父母。

(6) 姻亲关系:对公婆、岳父母尽了主要赡养义务的丧偶儿媳、丧偶女婿间没有自然的血缘关系属于姻亲关系。姻亲间没有法定的权利和义务,没有赡养、抚养的权利义务。我国法律规定,丧偶儿媳对公、婆,丧偶女婿对岳父、岳母尽了主要赡养义务的,作为第一顺序继承人。

10.3.2 遗产税制度

1. 遗产税制度的类型

按照课税主体不同,目前世界各国实行的遗产税制度,可以分为总遗产税制、分遗产税制和混合遗产税制三种类型。

(1) 总遗产税制。总遗产税制是对被继承人死亡时遗留的财产总额征收遗产税的制度,即不管这项财产的去向如何,在遗产分割前一次性总体征收。不考虑继承人多少及与被继承人的亲疏关系,依据遗产总额设计税率。在这一遗产税制下,一般设有起征点、免征额和扣除项目,按照超额累进税率计征遗产税。

(2) 分遗产税制。分遗产税制是在被继承人遗留的财产分割后,对各个继承人继承的遗产份额,分别征收遗产税的制度。

(3) 混合遗产税制。混合遗产税制是先对被继承人的遗产总额征收遗产税,然后再分别对继承人继承的遗产份额征收继承税的制度。混合遗产税制的特点是先总额征税,以利源头控制;再按继承的份额征税,以体现合理负担。

2. 遗产税制度的基本要素

遗产税制度的基本要素包括纳税人、征税范围、税率、税收减免等。

(1) 纳税人。遗产税纳税人可以是遗产继承人,也可以是受遗赠人。纳税时可以由遗嘱执行人或者遗产管理人代扣代缴。

(2) 征税范围。多数国家对课税对象采用宽税基,包括本国居民境内、境外取得的遗产和非本国居民从本国境内取得的遗产,如不动产、动产和其他具有财产价值的权利等。其中不动产主要是指土地、房屋、矿产;动产是指现金、银行存款、其他金融资产(如股票、债券等)、金银珠宝和收藏品等;其他具有财产价值的权利主要是指智力成果权、保险权益、土地使用权及债权等。

(3) 税率。遗产税一般采用超额累进税率,即按遗产或继承、受遗赠财产的多少,划分若干等级,设置由低到高的累进税率,见表10-1。

表 10-1　遗产税税率

级别	应税遗产总额	税率/%	速算扣除数/万元
1	超过 10 万～25 万元的部分	10	1
2	超过 25 万～50 万元的部分	20	3.5
3	超过 50 万～75 万元的部分	30	8.5
4	超过 75 万～100 万元的部分	40	16
5	超过 100 万元的部分	50	26

（4）税收减免。在计算遗产税应纳税额时，可以允许有一定的减免，主要包括扣除项目、免征项目和免税额。

① 免征项目。《中华人民共和国遗产税暂行条例（草案）》中规定不计入遗产税总额的项目包括：遗赠人、受益人或继承人捐赠给各级政府、教育、民政和福利、公益事业的遗产；经继承人向税务机关登记、继承保存的遗产中的文物及有关文化、历史、美术方面的图书资料、物品，但继承人将此类文件、图书资料、物品转让时，仍须自动申请补税；被继承人自己创作、发明或参与创作、发明并归本人所有的著作权、专利权、专有技术；被继承人投保人寿保险所得的保险金；国际公约或外国政府签订的协议中规定免征遗产税的遗产等。

② 扣除项目。《中华人民共和国遗产税暂行条例（草案）》中规定的扣除项目包括：被继承人死亡之前依法应补缴的各项税款、罚款、滞纳金；被继承人死亡之前需偿还的具有确凿证据的各项债务；被继承人丧葬费用；执行遗嘱及管理遗产的直接和必要的费用按应征税遗产总额的 0.5% 计算，但最高不能超过 5 000 元。

③ 免征额。《中华人民共和国遗产税暂行条例（草案）》中规定，遗产税的免征额为 20 万元。

10.3.3　遗产规划

1. 遗产规划工具

（1）遗嘱

遗嘱是指遗嘱人生前在法律允许的范围内，按照法律规定的方式，对遗产或其他事务所作的个人处分，并于遗嘱人死亡时发生效力的法律行为。见 10.3.2 小节内容。

（2）遗产委托书

遗产委托书是遗产规划的一种工具，它授权当事人指定的一方，在一定条件下，代表当事人指定其遗嘱的订立人，或直接对当事人遗产进行分配。客户通过遗产委托书，可以授权他人代表自己安排和分配其财产，从而不必亲自办理有关的遗产手续。被授予权利代表当事人处理其遗产的一方称为代理人。在遗产委托书中，当事人一般要明确代理人的权利范围，后者只能在此范围内行使权利。

(3) 遗产信托

遗产信托是一种法律上的契约,当事人通过它指定自己或他人来管理自己的全部或部分遗产,从而实现各种与遗产有关的目标。遗产信托按其指定方式,可以分为生命信托和遗嘱信托。遗嘱信托见 10.2.6 小节的内容。生命信托是指当事人仍健在时设立的遗产信托。例如,客户可以在生前为其儿女建立遗产信托,并指定自己或他人为该信托的托管人,儿女为受益人。这样,客户的儿女并不拥有该信托基金的所有权,但是,他们可以根据信托条款获得该基金产生的收益。

(4) 人寿保险

如果客户购买了人寿保险,在其去世时就可以获得以现金形式支付的保险赔偿金,能够增加遗产的流动性。

(5) 赠与

赠与是指当事人为了实现某种目标,将其某项财产作为礼物赠送给受益人,而使该项财产不再出现在遗嘱条款中。客户采取这种方式一般是为了减少税收支出。

2. 遗产规划程序

遗产规划的内容如下。

1) 个人情况记录的准备

个人记录应包括以下信息:原始遗嘱放置位置;信托文件放置位置;顾问名单;孩子监护人名单;预先计划好的葬礼安排信息;出生和结婚证明;银行账户;保险安排;养老安排;房地产所有权;投资组合记录;股票持有证明;分期付款/贷款;信用卡等。

2) 计算和评估客户的遗产价值

遗产的种类和价值是理财规划师在选择遗产工具和策略时需要考虑的重要因素之一。通过计算客户的遗产价值,理财规划师对客户资产的种类和价值有一个总体的了解,也可以使客户了解与遗产有关的税收支出,避免因不熟悉遗产税的有关规定,造成最终的税收支出高于其预期,影响到遗产计划的实施。所以,在制订遗产计划之前,有必要对纳税额进行计算。

3) 制定遗产规划目标

不同的客户在不同时期的遗产规划目标是不同的,因而遗产规划目标的可变性是遗产规划的重要特点。

4) 制订遗产计划

(1) 制订遗产计划的原则。

① 保证遗产计划的可变性。由于客户的财务状况和目标处于不断变化之中,其遗产规划必须具有可变性。因此,理财规划师在制订遗产计划时,也要保证它在不同时期都能满足客户的需要。

② 确保客户财产的流动性。按照遗产税法规定,个人遗产中有相当部分要用于支付遗产税。同时,客户去世时,其家人还要为其支付有关的善后处置费用,如临终医疗费、葬礼费、法律和会计手续费、遗嘱执行费、遗产评估费等。在扣除应支付的这类费用并偿还所欠的债务后,剩余部分才可以分配给受益人。如果客户遗产中的现金数额不足,会导致

其家人陷入债务危机。因而,理财规划师必须帮助客户在遗产中准备充足的现金以满足支付需要。

③ 减少遗产纳税金额。在遗产税很高的国家,客户的遗产往往要支付较高的遗产税。遗产税受益人要在将全部遗产登记并计算和缴纳遗产税之后,才能处置财产。这样,受益人必须先筹集一笔现金,缴清税款后才可获得遗产。所以,减少税收支出也是遗产计划中的重要原则之一。

(2) 不同客户类型的遗产计划。

① 客户已婚且子女已成年。这类客户的财产通常与其配偶共同拥有,遗产计划一般是将客户的遗产留给其配偶。如果将来其配偶也去世了,则将遗产留给客户的子女或其他受益人。

② 客户已婚但子女未成年。这类客户的基本遗产计划和第一类客户类似,但由于其子女未成年,所以在计划中要加入遗嘱信托工具。如果客户的配偶也在子女成年前去世,遗嘱信托可以保证有托管人来管理客户的遗产,并根据其子女的需要分配遗产。

③ 客户未婚或离异。对于这类客户,遗产计划相对简单。如果客户的遗产数额不大,而其受益人也已经成年,则客户直接通过遗嘱将遗产留给受益人即可。如果客户的遗产数额较大,而且他并不打算将来更换遗产受益人,则可采用不可撤销性信托或捐赠的方式,以减少纳税金额。

5) 有效遗嘱的准备

为了确保客户的意愿以最小的成本尽快得以执行,应要求客户准备好有效遗嘱。

6) 定期检查和修改

为了确保遗产计划能够满足客户不同时期的需要,必须定期对遗产计划进行修订。修订的内容主要包括:①子女的出生和死亡;②配偶或其他继承者的死亡;③结婚或离异;④本人或亲友身患重病;⑤家庭成员成年;⑥遗产继承;⑦房地产的出售;⑧财富的变化;⑨有关税制和遗产法的变化。

实 训 项 目

江先生今年 52 岁,年收入 40 万元,系某电子公司高级管理人员,妻子张女士今年 47 岁,年收入 10 万元。女儿今年 21 岁,正在国外留学。江先生有银行存款 220 万元,持有任职电子公司价值 100 万元的股票,还有三套价值均为 100 万元的房产,其中一套自住,一套度假用,一套出租,年租金收入 6 万元,贷款都已还清。江先生夫妻都有医保和社保。江先生还有公司为高层管理人员提供的 100 万元的团体寿险。江先生还投保了保额 100 万元的终身寿险,张女士也投保了保额 100 万元的终身寿险。已缴 10 年保费。目前现金价值为 90 万元。江先生家庭另有利息收入 5.5 万元,股息收入 8 万元。江先生家庭每年的生活开支约 20 万元,缴保费 6 万元,还要缴 10 年。江先生预计 10 年后退休,退休后享受 30 年退休生活。去世后将财产留给女儿。试为江先生做一个财产分配与传承规划。

思 考 练 习

一、单项选择题

1. 以下属于免征遗产税的项目有(   )。
   A. 被继承人持有的股票
   B. 被继承人持有的房地产
   C. 被继承人投保人寿保险所得的保险金
   D. 被继承人持有的债券

2. 以下不属于《中华人民共和国遗产税暂行条例(草案)》中规定的扣除项目的是(   )。
   A. 被继承人死亡之前依法应补缴的各项税款、罚款、滞纳金
   B. 被继承人死亡之前需偿还的具有确凿证据的各项债务
   C. 被继承人丧葬费用
   D. 执行遗嘱及管理遗产费用超过5 000元的部分

3. 以下不属于第一顺序继承人的是(   )。
   A. 兄弟姐妹   B. 子女   C. 父母   D. 配偶

4. 以下没有继承权的是(   )。
   A. 已成家的子女   B. 已离异的父母
   C. 已离婚的配偶   D. 已分家的兄弟

5. 以下属于第二顺序继承人的是(   )。
   A. 兄弟姐妹   B. 子女   C. 父母   D. 配偶

※6. (   )不能成为遗嘱继承人。
   A. 堂兄弟   B. 子女   C. 外祖父母   D. 父母

※7. 关于财产继承的表述,错误的是(   )。
   A. 法定继承优先于遗嘱继承   B. 非法定继承人不得成为遗嘱继承人
   C. 受遗赠人不得为法人   D. 兄弟属于第二顺序继承人
   E. 遗赠扶养协议优先于遗嘱

※8. (   )是指为了使家庭财产及其产生的收益在家庭成员之间实现合理的分配而做的财务规划。
   A. 遗产规划   B. 财产分配规划
   C. 财产传承规划   D. 家庭收支规划

※9. 下列选项中,属于夫妻共同财产的是(   )。
   A. 婚姻关系存续期间,妻子的专用化妆品
   B. 婚姻关系存续期间,丈夫的残疾人生活补助费
   C. 婚姻关系存续期间,妻子遭遇车祸获得的医疗费
   D. 婚姻关系存续期间,丈夫继承的爷爷的财产

※10. 根据我国《婚姻法》,下列不属于夫妻个人特有财产的是(　　)。
　　A. 夫妻一方的婚前财产
　　B. 因一方身体受到伤害而获得的医疗费
　　C. 残疾人生活补助费
　　D. 继承或赠与所得的财产

※11. 下列关于婚姻法的说法中,错误的是(　　)。
　　A. 夫妻可以采用口头形式约定婚姻关系存续期间所得的财产以及婚前财产归各自所有、共同所有或部分各自所有、部分共同所有
　　B. 夫妻对婚姻关系存续期间所得的财产以及婚前财产的约定,对双方具有约束力
　　C. 夫妻有互相扶养的义务
　　D. 夫妻对婚姻关系存续期间所得的财产约定归各自所有的,夫或妻一方对外所负的债务,第三人知道该约定的,以夫或妻一方所有的财产清偿

※12. 某客户了解到人寿保险是财产传承工具之一,其特性不包括(　　)。
　　A. 人寿保险一般不会影响客户遗产的总值
　　B. 人寿保险赔偿金通常不可以作为遗产
　　C. 人寿保险的保障功能在保险赔偿交给受益人后弱化或终止
　　D. 人寿保险能够更好地实现客户财产的保值增值

※13. 根据相关法律,可以被收养的情况是(　　)。
　　A. 小明今年 16 岁,生父母有特殊困难无力抚养小明
　　B. 玲玲今年 12 岁,从小在孤儿院长大,但希望继续留在孤儿院,不愿意被收养
　　C. 小军患重病,父母不想继续抚养
　　D. 英英今年 6 岁,从小查找不到亲生父母

※14. (　　)是婚姻成立的形式要件。
　　A. 结婚登记
　　B. 结婚双方当事人自愿
　　C. 男不得早于 22 周岁、女不得早于 20 周岁
　　D. 禁止患有一定疾病的人结婚

※15. 当共有财产是不可分割物,又没有共有人愿意取得该物,则需采取(　　)方法对共同共有财产进行分割。
　　A. 实物分割　　　　　　　　　　B. 变价分割
　　C. 作价补偿　　　　　　　　　　D. 保留共有的分割

※16. (　　)是夫妻法定特有财产,婚姻一方对这部分财产可以自由地进行管理。
　　A. 工资、奖金
　　B. 知识产权的收益
　　C. 复员、转业军人所得的复员费、转业费
　　D. 生产、经营的收益

※17. 我国法律规定的夫妻财产约定制的三种类型不包括(　　)。
　　A. 部分共同制　　　　　　　　B. 完全共同制
　　C. 分别财产制　　　　　　　　D. 一般共同制
※18. 无配偶的男性收养女性须有(　　)周岁以上年龄差。
　　A. 20　　　　B. 30　　　　C. 40　　　　D. 50
※19. 劳动关系的补偿金属于(　　)。
　　A. 婚姻共有财产　　　　　　　B. 婚前个人财产
　　C. 婚姻特有财产　　　　　　　D. 结婚8年后为夫妻共同财产
※20. 我国现行法律实行的夫妻财产制度为(　　)。
　　A. 夫妻法定财产制度
　　B. 夫妻约定财产制度
　　C. 夫妻法定财产制度和夫妻约定财产制度相结合
　　D. AA制

二、多项选择题

1. 以下属于遗产法律特征的有(　　)。
　　A. 财产性　　B. 合法性　　C. 范围限定性　　D. 不可转移性
2. 以下属于遗产规划工具的有(　　)。
　　A. 遗产委托书　　B. 人寿保险　　C. 房屋转让合同　　D. 遗嘱
3. 以下属于遗产税制要素的有(　　)。
　　A. 纳税人　　B. 遗产　　C. 税率　　D. 征税范围
4. 按照课税主体不同,目前世界各国实行的遗产税制度主要有(　　)。
　　A. 综合遗产税制　　　　　　　B. 混合遗产税制
　　C. 总遗产税制　　　　　　　　D. 分遗产税制
5. 以下有权继承遗产的有(　　)。
　　A. 子女　　B. 配偶　　C. 合伙人　　D. 兄弟姐妹
※6. 夫妻在婚姻关系存续期间所得的下列财产中,应归夫妻共同所有的包括(　　)。
　　A. 一方的工资、奖金　　　　　B. 一方的生产、经营的收益
　　C. 一方的知识产权的收益　　　D. 一方因身体受到伤害获得的医疗费
　　E. 一方的稿费
※7. 夫妻在婚姻关系存续期间所得的下列财产中,归夫妻一方所有的包括(　　)。
　　A. 一方因身体受到伤害获得的医疗费、残疾人生活补助费等费用
　　B. 遗嘱或赠与合同中确定只归夫或妻一方的财产
　　C. 工资、奖金
　　D. 其他应当归一方的财产
　　E. 其他应当归共同所有的财产
※8. 财产所有权是指财产所有人依法对其财产享有(　　)权利。
　　A. 占有权　　B. 使用权　　C. 收益权　　D. 处分权

9. 张某的下列财产中,符合法律规定的个人所有的财产是( )。
   A. 种植了自己购置的树木的林地　　　B. 培植的林木
   C. 接受继承的收入　　　　　　　　　D. 收藏的古董

10. 财产共有是指某项财产由两个以上的权利主体共同享有所有权,是对同一客体之上所有权量的分割。基于财产共有权而发生的所有权法律关系称为共有关系。以下属于财产共有关系特征的是( )。
    A. 难以分割或者因分割会减损价值的,应当对折价或者拍卖、变卖等取得的价款予以分割
    B. 共有权利主体是多元的
    C. 共有的客体是多元的财产
    D. 共有的内容是各共有人对共有物共享权利、共负义务,各主体的权利、义务是对称的

11. 不属于自然血亲的是( )。
    A. 继子女与继祖父　　　　　　　　　B. 继父母与继子女
    C. 养父母与养子女　　　　　　　　　D. 父母与婚生子女

12. 以下属于共同共有的是( )。
    A. 家庭共有　　　　　　　　　　　　B. 夫妻共有
    C. 共同购买物品　　　　　　　　　　D. 遗产分割前的共有

13. 共同共有说法正确的是( )。
    A. 共同共有人随时可以分割财产
    B. 共同共有没有共有份额
    C. 共同共有人的权利及于共有物的全部
    D. 必须以共有关系的存在为前提

14. 财产共有并不是( )。
    A. 对同一物上存在的两个所有权　　　B. 共有客体只能是可分物
    B. 对同一所有权质的分割　　　　　　D. 对同一所有权质和量的分割

15. 属于自然丧失所有权情形的是( )。
    A. 没收　　　　B. 抛弃　　　　C. 强制执行　　　　D. 出卖

16. 子女对父母的赡养义务说法正确的是( )。
    A. 法定义务
    B. 不仅是财产上的资助,还包括生活上的帮助
    C. 只有在父母生活困难时才需要
    D. 表现为赡养费的支付

17. 物所有权丧失的行为有( )。
    A. 物自然消耗　　　　　　　　　　　B. 将所有物赠与他人
    C. 出卖所有物　　　　　　　　　　　D. 将所有物借予他人

18. 配偶关系是( )。
    A. 法律关系　　　B. 伦理关系　　　C. 人身关系　　　D. 财产关系

19. 我国夫妻财产约定制的类型有（　　）。
　　A. 限定共同制　　B. 一般共同制　　C. AA 制　　D. 分别财产制
20. 关于口头遗嘱正确的是（　　）。
　　A. 书面遗嘱优先于口头遗嘱
　　B. 危急情况解除后，遗嘱人的口头遗嘱仍然有效
　　C. 口头遗嘱必须有两个以上的见证人在场见证才有效
　　D. 口头遗嘱只有在不能以其他方式设立遗嘱的危急情况下才可以设立

三、判断题

1. 自然人在世时，其所拥有的个人财产不能称为遗产。　　（　　）
2. 与个人身份密切结合，一旦分离便不复存在的财产权利，同样可以作为遗产。
　　　　　　　　　　　　　　　　　　　　　　　　　　　　（　　）
3. 有偿的委托合同、演出合同等的一方当事人，在尚未履行时或者履行中死亡，未履行的部分可以由其继承人继承。　　（　　）
4. 遗嘱信托是指通过遗嘱这种法律行为而设立的信托，遗嘱信托是在委托人死亡后契约就失效。　　（　　）
5. 被授予权利代表当事人处理其遗产的代理人，有权处理有关遗产的一切事项。
　　　　　　　　　　　　　　　　　　　　　　　　　　　　（　　）
※6. 离婚时，一方隐藏、转移、变卖、毁损夫妻共同财产，或伪造债务企图侵占另一方财产的，分割夫妻共同财产时，对隐藏、转移、变卖、毁损夫妻共同财产或伪造债务的一方，不可再分。　　（　　）
※7. 录音遗嘱属于遗嘱形式的一种，录音遗嘱必须有一个以上见证人的见证，证明录制在录音遗嘱的音箱磁带上，该遗嘱才生效。　　（　　）
※8. 养子女和生父母之间的权利和义务，因收养关系的成立而消除。　　（　　）
※9. 遗嘱必须是立遗嘱人生前亲自独立实施的民事行为。　　（　　）
10. 遗嘱人修订和撤销遗嘱需要与以前确定的继承人达成协议。　　（　　）

四、简答题

1. 简述遗产规划工具。
2. 简述遗产规划的主要目标。
3. 简述遗产规划的内容。
4. 简述遗产的法律特征。
5. 简述个人财产持有形式。

项目 11

互联网理财

学习目标

1. 理解互联网理财的概念。
2. 了解互联网理财的发展历史。
3. 了解互联网理财的特点和优势。
4. 熟悉互联网理财产品。
5. 掌握互联网理财的方法和技巧。

导入案例

梁先生今年47岁,家住山东省青岛市,某电子公司技术工程师,月薪8 000元,年终奖金约18 000元。妻子许女士今年45岁,该市某高校教师,月收入7 000元,年终奖金约15 000元,有一个女儿,今年22岁,已经大学毕业参加工作,月薪4 000元。梁先生家庭有房有车,而且三人都有医疗保险和养老保险。双方父母都已退休有退休金,不用梁先生夫妻俩多操心。近些年,梁先生家庭积攒了一些钱,购买了50 000元的银行理财产品,40 000元国债券,还有银行存款180 000元,想将其中的大部分用于收益率高于银行理财产品和债券的投资。由于近两年股市持续低迷,梁先生想尝试互联网理财产品。请为梁先生家庭做一个150 000元的互联网投资理财规划。

任务 11.1 互联网理财概述

11.1.1 互联网理财的产生和发展

1. 互联网理财的概念

互联网理财是指通过互联网管理理财产品,获取一定利益,也有人称其为网络理财,是指投资者或家庭通过互联网获取商家提供的理财服务和金融资讯,根据外界条件的变化不断调整剩余资产的存在形态,以实现个人或家庭资产收益最大化的一系列活动。它具体包括两类:一是相关金融产品和服务的交易;二是网上理财信息查询、理财信息分析、个性化理财方案设计。

2. 互联网理财的产生和发展

20 世纪 70 年代,孟加拉国 2006 年诺贝尔和平奖获得者穆罕默德·尤努斯教授调查发现"造成他们(村民)穷困的根源并非是由于懒惰或者缺乏智慧的个人问题,而是一个结构性问题:缺少资本。这种状况使穷人们不能把钱攒下来去做进一步的投资。一些放贷者提供的借贷利率高达每月 10%,甚至每周 10%。因此,不管这些人再怎么努力劳作,都不可能越过生存线水平。我们所需要做的就是在他们的工作与所需的资本之间提供一个缓冲,让他们能尽快地获得收入"。1976 年,穆罕默德·尤努斯教授在一次乡村调查中把 27 美元借给了 42 位穷困的村民,以支付他们用以制作竹凳的微薄成本,免受高利贷的盘剥,由此开启了他的小额贷款之路。与此同时,穆罕默德·尤努斯教授进一步萌发了向这些没房没产的穷人提供借贷的想法。在找到一些银行家并试图说服他们向这些穷人提供无须抵押的贷款失败后,1979 年,穆罕默德·尤努斯教授在国有商业银行体系内部创立了专门为贫困的孟加拉妇女提供小额贷款业务的格莱珉(意为"乡村")分行。1983 年 10 月 3 日,格莱珉银行正式独立,其向贫困人群发放贷款的方式自成一体,被称为"格莱珉模式"。目前,格莱珉银行已成为孟加拉国最大的农村银行,为 7 万多个村庄提供信贷服务,拥有 650 万借款者,偿债率高达 98%。

2005 年 3 月,英国人理查德·杜瓦、詹姆斯·亚历山大、萨拉·马修斯和大卫·尼克尔森 4 位年轻人将小额借贷模式正式进化为 P2P 网贷模式,在伦敦创办了全球第一家 P2P 网贷平台 ZopA,并上线运营。ZopA 的理念正是将尤努斯模式与互联网结合,降低交易成本,向世界推广普惠金融。其后,ZopA 不断发展,将业务拓展到意大利、美国和日本。2007 年,美国 Lending Club 公司成立,主要是在互联网平台上撮合贷款人与借款人。2014 年二季度 Lending Club 公司放贷规模就超过了 10 亿美元,自成立以来总计发放了超过 50 亿美元的贷款,投资者从该平台获得的利息接近 5 亿美元,Lending Club 公司也一跃成为全球最大的 P2P 网贷平台。

2006 年,我国 P2P 网贷平台宜信公司成立,创始人唐宁毕业于北京大学数学系,后赴美国学习经济学,曾利用暑假到孟加拉国跟随尤努斯教授学习,考察格莱珉银行的运作模式。他将尤努斯教授的穷人银行实践与西方成熟的商业模式相结合,并结合中国本土的情况,创办了中国较早的 P2P 信用贷款服务平台宜信公司。

2007 年 6 月,拍拍贷在上海成立,运营模式基本照搬英国与美国模式。由于中国征信环境不完善,我国的 P2P 网贷一直处于不温不火的状态。2010 年,有些 P2P 网贷平台推出本金保障承诺,解除了投资者的后顾之忧。加之 P2P 网贷的普遍年化收益率达到 15%~20%,远远高于其他常见的投资方式。巨大的高利诱惑吸引资金大量涌入,P2P 网贷行业进入快速成长期,行业成交规模每年成倍增长。2012 年我国网贷平台数迅速由十几家增加到近 200 家。2013 年阿里巴巴推出余额宝,各种余额宝类产品层出不穷,国内互联网金融如火如荼地发展起来,P2P 也获得爆发式增长,网站数达到上千家,全年成交额突破 1 000 亿元。由此,业界也将 2013 年称为中国的"互联网金融元年"。

2013 年后,我国互联网理财行业获得超常发展,2014 年 7 月底,P2P 网贷平台达到 1 200 家,P2P 平台数以月均 6.11% 以上的速度增长,平台投资者达到 44 万人,行业存量资金也达到337.6亿元。2013年至2017年中国互联网理财规模由2 152.97亿元增长到3.15万亿元,其中2017年互联网理财规模同比增幅达到52.39%。互联网理财指数四年时间增长了近6倍,据网贷天眼研究院不完全统计,2014年P2P行业成交额1 003.83亿元,2015年6 494.55亿元,2016年9 478.27亿元,2017年16 681.65亿元,2018年10 690.36亿元,2019年1月1 442.1亿元。截至2019年8月,我国P2P网贷平台数量累计达6 578家,其中问题平台累计5 645家,正常运营平台933家。截至2019年7月贷款余额为9 054.11亿元,当前借款人数4 784.4万人,当前出借人数886.37万人。网贷行业平均综合年利率为9.01%。在财富管理市场2.0时代,中国互联网理财规模增长迅速,发展前景异常广阔。

随着行业监管制度的不断完善和竞争洗牌,专家预测,未来P2P网贷行业最后将形成二三十家大鳄为主,专业细分行业发展的小平台共存的格局。

互联网理财市场历经几年的快速发展,理财产品日益增多,用户体验持续提升,网民在线上理财的习惯初步养成。随着互联网企业的不断拓新、大众理财观念的深入以及互联网技术的助推,互联网理财市场的发展呈现出平台化、场景化、智能化等新趋势,具体表现为以下几个方面。

(1) 互联网理财企业纷纷向"一站式"理财平台转型

各大互联网理财企业不断扩充产品类型,延伸服务链条,纷纷向"一站式"理财平台转型。

(2) 平台将根据不同用户群体开设多种理财服务

不同的用户群体必然有着不同的理财观念,未来互联网金融理财平台根据用户的投资方式,开始探索一条针对不同层级群体有不同选择的理财道路,满足不同阶层的理财需求。

(3) 平台将开设具有自身特色的理财服务

随着互联网金融受到越来越多的关注,没有特色的平台终将被埋没,只有形成自己特色并以用户为主的企业才能获得长久发展。互联网金融平台根据自身的用户基础,为不同用户提供不同理财需求的理财产品,这样的企业才能走得更长远。

(4) 场景化正在成为互联网理财行业发展的新方向

互联网理财企业通过加速营造场景、对接场景,变场景为入口,不断深耕市场。理财的场景化从用户的实际需求出发,融入用户生活,使用户从单纯关注收益数字,转向关注基于生活需求的理财,更为享受财富增值中的体验,理财的场景化也在一定程度上提升用户购买意愿和黏性。

(5) 智能化将是未来互联网金融发展的支柱

借助用户网络行为数据和理财产品信息,融入大数据、人工智能以及深度学习等技术,为用户提供智能化理财服务,是互联网理财发展的新方向。众所周知,互联网技术的发展促进了互联网金融的发展,互联网金融是依托互联网技术不断成长壮大起来的,它的出现改变了传统理财产品的缺陷,智能化的手段为用户提供了便捷服务。互联网金融凭借当前数据和用户的积累,通过后端智能化来带动前端的综合化与简洁化,从而实现个性化服务,这便是互联网金融理财走向智能化的新方式。

目前互联网理财的智能化还处在初级阶段，理财走向智能化将有效解决线上理财产品日益丰富与大众理财专业知识相对欠缺的矛盾，为投资者减少决策压力，提供更轻松、更便捷的理财体验，这将助推互联网理财行业的进一步发展。

11.1.2 互联网理财的特点

1. 互联网理财与传统金融理财的异同

互联网理财作为一种新型的理财方式，与传统金融理财相比有着显著的区别，主要表现在以下几个方面。

（1）形式上的区别

最明显的区别就是形式上的区别，互联网理财主要是做线上，传统金融理财主要是做线下。

互联网理财是通过互联网进行金融活动的一种交易，通过互联网实现资金信息的对接和交易。也就是说，互联网理财业务基本都是通过互联网利用借贷模式，将借贷双方对接起来并实现交易。

而传统金融理财主要是线下在银行柜台和ATM机等固定场所交易的。如银行理财、各类高收益的信托产品、房地产基金、私募股权投资基金、顶尖的阳光私募、对冲基金、海外并购基金等。

（2）投资门槛的区别

传统金融理财产品如银行保险信托等各类金融机构发行的理财产品起购金额高，大多数都要求5万元及以上，许多甚至高达50万元和100万元。而互联网理财产品则较亲民，许多起投金额100元即可，更有许多1元即可起投，相对更受小理财户的欢迎和追捧。

（3）客户群体的区别

由于传统金融理财产品起购金融高，它们的客户群体主要是高净值的大额投资者。而互联网理财产品起购金额低，从而吸引了千千万万普通大众投资者，互联网理财面对的客户基本以分散的个人客户和中小微企业为主。

（4）投资期限及资金流动性上的区别

传统金融理财产品大多期限固定且期限长，产品到期后一起结算本息，因而资金的流动性比较差。而互联网理财产品期限上则比较灵活，许多可以任意期限，而且大多期限都比较短，许多可以随时赎回，采取一次性还本付息、先息后本（按月付息、到期还本）、等额本息、等额本金等多种方式，一定程度上降低了理财风险，也满足了日常的流动性需求。

（5）便利程度上的区别

由于传统金融理财主要是做线下交易，通过金融机构的营业柜台或ATM机完成交易，因而需要投资者专门抽出时间在金融机构营业时间内、亲自前往金融机构的营业网点，提供复印身份证件，填写各种表格，排队，经过多种烦琐的手续才能完成交易，有时一笔交易需要近1个小时才能完成。效率低下，占用了客户大量宝贵的时间。而互联网理财主要在网上进行，通过计算机、平板电脑和手机都可以随时随地完成交易，方便快捷。

互联网理财也好，传统理财也好，基金、股票、债券也好，从共同点来说，本质是相同的,都是金融产品,都有其风险收益的特性,也适合不同的风险收益偏好的投资人群。

2. 互联网理财的优势

与传统金融理财相比,互联网理财具有多方面的优势,主要表现在以下方面。

(1) 操作方便快捷,具有时空优势。互联网理财主要是通过网上进行,覆盖面广,业务范围可覆盖全球,时间上也能够提供全天候的营业服务,真正做到了每周 7 天、每天 24 小时营业,极大地方便了客户。通过电脑、平板电脑和手机都可以随时随地完成交易,手续简单,用户只需在平台注册,完成实名认证即可进行理财。与传统金融理财模式相比,省去了许多烦琐流程和条条框框的束缚,操作方便快捷。

(2) 投资门槛低,期限灵活,产品类型丰富。互联网理财起购金额从 1 元、10 元到 50 元、100 元不等,优于其他的高门槛理财方式,适合所有阶层的投资者。同时,互联网理财期限灵活,产品类型丰富,比如有抵押贷、信用贷、周转贷、债权转让等,更加适合大众的理财选择,同时在理财期限方面,有以天为单位,以月为单位,以及以年为单位,适合投资者根据自己的需求,灵活科学地配置理财期限。互联网投资理财的流动性更强,资金周转快,在需要资金的时候能更快回款。

(3) 效率高,成本低,收益高。传统的理财方式中,投资者需要耗费大量的时间来研究市场行情,做投资决策等。互联网理财在网上进行,真正实现了随时随地 24 小时全天候不间断营业,节省了投资者的投资步骤,加之手续简洁,操作方便快捷,提高了理财的效率,使投资者能掌握先机,最终提高投资者的应变能力。互联网理财与传统的理财服务相比,节省了大量的运营成本,使服务商能够提高服务质量,最终使投资者受惠。其中,设立庞大经营网点的费用,通信的费用等都得到了节省。P2P 的年化收益率要高于银行理财。东方财富 Choice 数据显示,2019 上半年在到期市场中已经公布收益率的银行理财平均收益率的一万多只银行理财产品中,大部分理财产品收益率在 3%~5%,产品总数达 8 101 只。第一网贷报告显示,2019 年 7 月全国 P2P 网贷平均综合年利率为 9.01%,剔除了秒标(娱乐标),包括了借款标的各种奖励。这些奖励折合成平均年利率为 0.02%,即不含奖励的全国 P2P 网贷年利率(全国 P2P 网贷平台的合同借贷平均年利率)为 8.99%。

(4) 手续费等各项杂费少且低。互联网理财收费项目少且低,银行理财收费项目多且高。银行理财需要收取手续费、托管费、管理费等多种费用,无形中减少了理财投资者的不少收益。而互联网理财中,如 P2P 网贷平台中一般仅收取少量的充值提现手续费和服务费。排队贷目前对投资人不收取任何费用。此外,P2P 网贷平台的收费内容更加透明。

(5) 信息优势。信息优势主要体现在信息量的广泛和传播速度的快捷上。传统金融理财状态下,很多投资者对投资的信息不是很了解,而网络 P2P 理财让投资者可以在网上轻松地掌握全国各地甚至全球的财经信息,金融网站传递的信息几乎没有数量限制,互联网理财信息来源广泛,在信息数量和传播速度上是其他理财产品无法比拟的。投资者可以根据投资交易的即时信息,了解行情,掌握市场动态,随时随地了解自己的资金动向。网络理财空间覆盖面广,业务范围能够遍及全球,具有无限扩大的全球化广阔市场。

(6) 服务灵活优势。互联网理财,为投资者提供了个性化的服务。以前,投资者进行基本面分析和技术分析需要耗费大量的时间和精力,但是互联网理财使投资者在网上就可以进行信息的搜集,投资者可以轻松获得权威的研究报告和现成的投资分析工具。

典型非法集资活动的"四部曲"

第一步:画饼。

非法集资人会编造一个或多个尽可能"高大上"的项目。以"新技术""新革命""新政策""区块链""虚拟货币"等为幌子,描绘一幅预期报酬丰厚的蓝图,把集资参与人的胃口"吊"起来,让其产生"不容错过""机不可失"的错觉。非法集资人一般会把"饼"画大,尽可能吸引参与人眼球。

第二步:造势。

利用一切资源把声势造大。非法集资人通常会举办各种造势活动,比如新闻发布会、产品推介会、现场观摩会、体验日活动、知识讲座等;组织集体旅游、考察等,赠送米面油、话费等小礼品;大量展示各种或真或假的"技术认证""获奖证书""政府批文";公布一些领导视察影视资料,公司领导与政府官员、明星合影;故意把活动选在政府会议中心、礼堂进行,场面之大、规格之高,极具欺骗性。

第三步:吸金。

想方设法套取你口袋里的钱。非法集资人通过返点、分红,给参与人初尝"甜头",使其相信把钱放在他那里不仅有可观的收入,而且比放在自己口袋里还安全,参与人不仅将自己的钱倾囊而出,还动员亲友加入,集资金额越滚越大。

第四步:跑路。

非法集资人往往会在"吸金"一段时间后跑路,或者因为原本就是"庞氏骗局"人去楼空,或者因为经营不善致使资金链断裂。集资参与人遭受惨重经济损失,甚至血本无归。

任务 11.2 互联网理财产品

11.2.1 互联网理财产品的类型

1. 货币基金支付类

货币基金支付类是将支付、收益、资金周转集合于一身的理财产品,其中以阿里巴巴的余额宝为典型代表。余额宝是支付宝推出的余额增值服务。把钱转入余额宝,即相当于购买了由天弘基金提供的余额宝货币基金,支持支付宝账户余额支付、储蓄卡快捷支付(含一卡通)的资金转入。通过余额宝,用户存留在支付宝的资金不仅能获得"利息",而且和银行活期存款利息相比收益更高。余额宝内的资金还能随时用于网购支付,提取灵活,一般情况下不收取任何手续费。为确保基金平稳运作,避免诱发系统性风险,对当日单个基金份额持有人申请赎回基金份额超过基金总份额的1%以上的赎回申请(超过1%的部分)征收1%的强制赎回费用,并将上述赎回费用全额计入基金资产。

2015年4月,天弘基金一季度财报数据显示,余额宝对接的天弘增利宝货币基金一季度规模再增1 327.88亿元,达7 117.24亿元,这也是余额宝规模首次突破7 000亿元大关,余额宝顺利晋升为全球第二大货币基金。2019年6月30日,基金规模达到10 335.63亿元。

随着余额宝的快速发展,产生了许多包括百度理财计划以及微信理财通在内的与知名互联网公司合作的理财产品。以腾讯理财通为例,直接接入以华夏基金为代表的一线品牌基金公司,模式与余额宝相似。货币基金支付类的互联网金融理财产品比较适合对理财不熟悉,但对资金安全性要求非常高的人群。将少量的闲置资金,投资于货币基金类互联网金融理财产品,每天都能获得一些高于银行活期的收益,对一些初步接触理财的客户来说,是个不错的方式。

2. P2P网贷平台类

(1) P2P

P2P是peer to peer,意思是"个人对个人",是一种个人对个人的借款形式。一般由P2P网贷平台作为中介,借款人在平台上发布借款需求,投资人通过投资向借款人进行贷款,借款人到期还本付息,投资人到期收取本金并获得收益。

P2P有两种模式,第一种是纯线上模式,是纯粹的P2P,纯粹进行信息匹配,但并不参与担保;第二种是债权转让模式,平台本身先行放贷,再将债权放到平台进行转让,很明显能让企业提高融资端的工作效率,但容易出现资金池,不能让资金充分发挥效益。

(2) P2I

P2P自引入中国以来,一直存在着信用中介和信息中介之争。2015年7月,央行等十部委联合印发《关于促进互联网金融健康发展的指导意见》,明确了P2P平台的信息中介性质。

P2I全称person-to-information,即个人对有质/抵押的借贷信息服务。不同于传统的个人对接个人借贷业务,P2I模式更加侧重信息中介服务,也更符合监管条例中网贷信息平台的要求。平台的一切运作都以信息发布的真实、透明、准确为主,把信息筛选的主动权掌握在平台自己手里。

P2I主要特点:P2I模式,一改之前项目方市场、抵押物参差不齐、虚标自融情况严重等乱象,首推平台—资金—公司合作运营方式,并强制资金公司注入大额风险保证金,采用双风控信息核定形式进行多重保障,力求投资人的资金安全。

首先,借款人先与线下合作机构对接,合作机构承担风险保证并储备一定比例的保证金,通过信息采集验证之后,将有抵押的优质借款信息传送至平台。

其次,平台设有专业的信息核查部门,对合作机构提供的信息进行第二次的审核筛选,从而确保信息的优质真实和可靠。

最后,平台将达标的借款信息真实、完整地呈现给投资人,并且不做任何诱导性介绍,由投资人自行判断。

P2I信息特点:①平台的信息均为有质/抵押的优质借贷信息;②平台信息是由线下合作机构经过风控筛选后所提供,并承担责任;③信息交由平台专业的信息审核部门再次核查;④对借款方质/抵押给线下合作机构的实体物品,平台拥有监管和处置权利,对逾期的坏账能做到快速变现。

(3) P2B

P2B 是 person to business,是一种个人对(非金融机构)企业的借款形式。企业在平台上发布借款融资的需求,有空闲资金和投资意愿的投资人向借款企业投资,到期时企业还本付息,投资人收本取息。

P2P 和 P2B 的区别主要有以下几点。

① 借款对象不同。P2P 平台上的借款方主要是个人,也有部分企业。P2B 平台上的借款方都是企业。

② 信用抵押方式不同。P2P 平台主要依靠的是个人的信用状况,如工资收入、征信记录、资产状况等。P2B 平台的借款方都是企业,有抵押物,可以提供物品或者资产抵押。

③ 风险控制不同。P2P 平台主要的风险控制方式是分散投资,每个借款项目的金额都不会太大,并且平台会限制投资人对每个借款项目的投资上限,鼓励投资人进行分散投资,以降低风险。

P2B 平台通过借款企业提供的物品或资产抵押作为控制风险的方式,如果企业违约,平台可以将抵押物进行处置变卖,以减少平台垫付的损失。P2B 模式最突出的优势,就是其作为纯平台对于风险的隔离性。项目的风控和逾期、坏账等垫付均由合作担保公司或小贷公司负责,平台不再承担坏账风险,合作机构会在合同范围内直接进行赔付,这使 P2P 投资人最担心的平台跑路问题发生的可能性降到最低。由于收益的一大部分由合作机构获得,如果平台希望提高利润,就只能降低给投资者的收益。所以,利率缺乏竞争力是 P2B 类型平台的最主要劣势。

P2P 和 P2B 平台风险控制的原理不同,不确定因素也不相同,因此也不能确定哪种风控方式更安全。

(4) P2C

P2C 是 personal to company,是个人对企业、公司的一种借款形式,大体和 P2B 相同,主要区别在于 P2C 面向的企业主要是中小微企业,并不限制是否是金融机构。

P2C 作为 P2P 的衍生品和升级品,两者其实并不相同,P2C 理财和 P2P 理财有着明显的区别。

① 两者模式不同:P2C 理财是个人对企业的模式;P2P 理财则是个人对个人的模式。

② 两者的借款方式不同:P2C 理财借款方多为企业;而 P2P 理财借款方多为个人。

③ 两者信用方面不同:P2C 理财的融资方多为企业,有抵押物;P2P 理财则是依靠单个人的信用状况,如工资收入、个人征信记录等。

④ 两者风控措施不同:P2C 理财是通过融资企业提供抵押物以及引进担保机构来控制风险,与 P2P 理财原理截然不同,但是风控更为严格,资金会更有保障。P2P 理财风险控制的原理是风险稀释,比如说一个投资者有 50 万元,可以借给 5 个借款人,如果每个人都获得 10 万元的情况下,即使是其中一两笔借款出现坏账,但对投资者来说整体收益影响也有所稀释。

（5）P2B＋O2O

P2B 是指 person-to-business，个人对（非金融机构）企业的一种贷款模式。O2O 即 Online To Offline（线上到线下/在线离线），是指将线下的商机与互联网结合，让互联网成为线下交易的前台。

由 P2P 衍变创新的 P2B＋O2O 模式，日渐为众多投资者带来丰厚的收益，成为国内主要的互联网金融投资模式之一。

值得关注的是，随着 P2B 网贷平台的不断升温，其具有门槛低、效率高、透明、手续简单、风险防范手段及安全升级等特征。

P2B 作为在个人和企业间搭建投资平台的融资模式，摒弃了普通互联网金融平台的投资理念，以稳定、高效的特点成为越来越多投资者的首选。P2B 平台以平等开放的理念展开运作，投资人通过将资金借给企业所有者用于企业经营，与企业共同享受企业发展中获得的经济效益。

P2B 模式是一种个人与企业之间的融资借贷模式，P2B 平台通过线下开发优质的中小企业客户，并引进实力相当的融资性担保机构对项目进行担保，在线上通过互联网平台寻找普通投资者，是一种安全、平等、高效、透明的互联网金融创新模式，是一种线上线下（O2O）相结合的全新概念，金苏茂就是 P2B＋O2O 模式。

该模式的运营者一般为线下实体经济的金融信息服务机构。以小贷公司为例，在提供线下贷款的过程中，发现线上模式可获得更好的资金来源和发展空间，于是开始向线上平台迁移。这类平台不用担心资产寻找和资产质量问题，更加强调理财体验和理财文化，形成资产生产和理财服务的"闭环"。

平台主要为一般投资者和中小企业搭建信息平台，平台在线下对企业进行调查，包括融资企业的基本信息、经营状况、管理团队、信用级别、销售渠道、财务状况、发展战略等，尽职调查之后只有满足风险控制要求才能放到线上。

由于 P2B 项目都是企业借贷，企业的违约成本比个人借贷要高得多，所以违约率相对较低，再加上目前各 P2B 平台对外承诺 100％本息担保，项目信息也基本在网上公开披露，因此风险相对可控。

金融平台的核心是安全。P2B 平台除了 P2P 平台已有的严格贷前、贷中、贷后审核风控体系之外，基于 P2B 模式自身特点，又有创新：合作金融机构准入审核，一般选择当地比较有实力、注册资金 1 亿元以上，合规运营 5 年以上，信誉记录良好的投、融资担保公司；引入对冲抵御风险，利用保险、再担保、资产包处置等技术手段，为用户的投资安全起到重要的保护作用；实行第三方资金托管。

相对于 P2P 平台的高坏账率和跑路事件频发，目前 P2B 平台保持较低的坏账率。P2B 的出现，很好地补充了 P2P 的不足，具有广阔的发展前景。

（6）众筹

众筹翻译自 crowdfunding 一词，即大众筹资或群众筹资，中国香港译作"群众集资"，中国台湾译作"群众募资"。由发起人、跟投人、平台构成，具有低门槛、多样性、依靠大众力量、注重创意的特征，是指一种向社会大众募资，以支持发起的个人或组织的行为，是用团购＋预购的形式,向社会大众募集项目资金的模式。众筹利用互联网和SNS(social networking services,社交网络服务)传播的特性,让小企业、艺术家或个人对公众展示他们的创意,争取大家的关注和支持,进而获得所需要的资金援助。

现代众筹是指通过互联网方式发布筹款项目并募集资金。相对于传统的融资方式,众筹更为开放,能否获得资金也不完全是由项目的商业价值决定的。只要是网友喜欢的项目,都可以通过众筹方式获得项目启动的第一笔资金,为更多小本经营或创作的人提供了无限可能。

众筹常见的类型主要有投资模式和购买模式。投资模式可分为债权众筹和股权众筹。在众筹活动中,众筹的发起人是资金需求者,是筹资者,而众筹的支持者提供资金,是出资者,是众筹项目的投资者。众筹的投资者是通过互联网和众筹平台进行投资,因而也是互联网理财的一种方式。

3. 基金公司直销类

其本质为货币基金,但经过包装成为互联网金融平台与基金公司合作而进行直销推广的理财产品。它与传统的基金公司直销理财产品本质上是同一款产品,因此在收益率上并无差异。不同的是,传统基金公司直销的理财产品虽然也承诺T＋0赎回,但资金须等到当天收市清算后方能到账,遇节假日需往后顺延。

而以汇添富基金的现金宝为例,不但可以提供升值闲置资金收益、快速取现、自动攒钱,4折购买基金等金融服务,还支持信用卡免费跨行还款,手机充值等生活服务。

4. 银行发行类

相比于其他类别的互联网理财产品,银行信誉是该类产品最大的保障优势。很多投资人更青睐在有金融机构作背景的平台投资,就是出于能够及时变现的考虑,这类平台以银行自身的产品为基础进行销售。经过不断的变革,除了在银行网点销售外,还能通过网上银行和手机银行等方式购买。但是银行发行的理财产品门槛较高,一般有1万元、5万元、10万元、50万元等多个等级。有保证收益理财产品和非保证收益理财产品两种不同的理财方式,根据客户获取收益方式确定。其中,保证收益的理财产品分为两类,一类是固定收益产品,一类是最低收益的浮动收益产品。非保证收益理财产品也分为两种,一种是保本的,一种是不保本的,两者都是浮动收益理财产品。

由此可见,从准入门槛、收益水平和流动性三方面来看,银行发行类的理财产品不如其他类型的互联网理财产品易于被投资者接受。

11.2.2 互联网理财产品介绍

1. 2019年第一季度互联网宝宝系规模十大货币基金

2019年第一季度互联网宝宝系规模十大货币基金见表11-1。

表 11-1　2019 年第一季度互联网宝宝系规模十大货币基金

合作基金	宝宝名称	系列	平台	2019年3月末规模/亿元	环比增速/%
天弘余额宝货币	余额宝	第三方支付	支付宝	10 352.12	8.61
建信现金添利货币A	速盈	银行系	建设银行	2 239.26	18.49
易方达易理财货币	快线宝	银行系	上海银行	1 826.57	7.79
工银货币	现金快线	银行系	工商银行	1 806.29	23.74
博时现金收益货币A	余额宝	第三方支付	支付宝	1 755.39	20.70
华安日日鑫货币A	余额宝	第三方支付	支付宝	1 597.94	17.30
鹏华添利宝货币	民生如意宝	银行系	民生银行	1 422.01	0.85
平安日增利货币	壹钱宝、活钱宝	银行系	平安银行	1 414.17	5.45
国泰利是宝货币	国泰利是宝	基金系	国泰基金	1 290.5	21.76
招商招钱宝货币	朝朝盈	银行系	招商银行	1 263.74	0.23

数据来源：融360大数据研究院。

2. 2019 年第一季度互联网宝宝系十大高增长货币基金

2019 年第一季度互联网宝宝系十大高增长货币基金见表 11-2。

表 11-2　2019 年第一季度互联网宝宝系十大高增长货币基金

合作基金	宝宝名称	系列	平台	规模/亿元	环比增速/%
国寿安保货币	余额宝	第三方支付	支付宝	37.32	3 523.30
长信利息收益货币A	余额宝	第三方支付	支付宝	175.01	1 979.50
长盛添利宝货币A	余额宝	第三方支付	支付宝	65.92	1 975.71
银河银富货币A	倍利宝	基金系	银河基金	36.74	256.51
交银现金宝货币A	交银超级现金宝	基金系	交银施罗德基金	72.69	166.26
招商招钱宝货币A	理财通余额+	第三方支付	腾讯	155.04	125.94
万家现金宝A	活期盈	代销系	和讯	69.91	91.43
华泰柏瑞货币A	余额宝	第三方支付	支付宝	3.21	91.07
富国富钱包货币	民生如意宝	银行系	民生银行	348.97	85.53
国金金腾通货币A	金腾通	代销系	佣金宝	153.33	65.44

数据来源：融360大数据研究院。

3. 2019 年 3 月十大高收益互联网宝宝

2019 年 3 月十大高收益互联网宝宝见表 11-3。

表 11-3 2019 年 3 月十大高收益互联网宝宝

合作基金	宝宝名称	系别	30 日年化收益率/%
博时合惠货币 B	润金宝 1 号	银行系	3.28
博时合惠货币 B	幸福添利	银行系	3.28
国金金腾通货币 A	金腾通	代销系	3.23
南方天天利货币 B	活期宝	代销系	3.20
国金众赢货币	微众银行活期+	银行系	3.19
建信天添益货币 A	开鑫盈	银行系	3.10
南方天天利货币 E	小活宝 A	代销系	3.10
诺安理财宝货币 B	添金宝	银行系	3.10
博时现金宝货币 B	博时现金宝	基金系	3.10
博时现金宝货币 A	凤凰宝	银行系	2.99

数据来源：融 360 大数据研究院。

 小贴士

防范非法集资，四看三思等一夜法

四看：一看融资合法性。除了看是否取得企业营业执照，还要看是否取得相关金融牌照或经金融管理部门批准。二看宣传内容。看宣传中是否含有或暗示"有担保、无风险、高收益、稳赚不赔"等内容。三看经营模式。有没有实体项目，项目真实性、资金的投向、获取利润的方式等。四看参与集资主体，是不是主要面向老年人等特定群体。

三思：一思自己是否真正了解该产品及市场行情。二思产品是否符合市场规律。三思自身经济实力是否具备抗风险能力。

等一夜：遇到相关投资集资类宣传，一定要避免头脑发热，先征求家人和朋友的意见，拖延一晚再决定。不要盲目相信造势宣传、熟人介绍、专家推荐，不要被高利诱惑盲目投资。

任务 11.3 互联网理财技巧

11.3.1 互联网理财应遵循的原则

互联网金融的发展一日千里，各种类型的投资理财信息铺天盖地而来，汗牛充栋，真假难辨。一些投资经验不足的投资者容易被吹得天花乱坠的投资广告所蒙骗，落入高息的陷阱。因而，投资者应时刻提高风险防范意识。在进行实际投资过程中，必须坚持一定的投资原则，主要有以下几方面。

（1）组合投资，分散风险的原则。组合投资是指投资者为了降低投资的风险，持有股票、债券、基金和保险等多种理财产品。一方面能获得多渠道的收益，另一方面通过对比筛选出最佳的理财渠道。具体到互联网理财或投资也是一样的道理。分散原则就是将投

资分散于不同地域、不同行业的 P2P 平台,回避在一个地区投资多平台,避免单一地区发生经济动荡时的连锁倒闭极端事件。多选择一些业务重点差异化的平台进行配置,避免单一行业或商业模式不成熟造成的冲击。不断寻找和挖掘有潜力的网站,做到在合理范围内分散风险,但不盲目追求分散。

(2) 安全投资,避免盲目跟风的原则。安全投资意思是说在投资的过程中首先要保证本金安全。本金保障仍然是首要考虑因素,自融坚决不碰。股神巴菲特炒股有三条铁律,他领悟到了真谛,所以炒股赢多亏少。他的至理名言不应被忘记:投资法则第一,尽量避免风险,保住本金;第二,尽量避免风险,保住本金;第三,坚决牢记第一、第二条。退一步讲,如果你连本金都亏光了,又拿什么来投资与获取收益?又如何能够分享今后来临的牛市盛宴?

其实,股市几乎每年都有机会,准确地把握才是关键。俗话说,留得青山在,不怕没柴烧。安全至上,即使错过本次机会,还会迎来下一次。而如果在股价处于高位时惨遭套牢,不仅备受煎熬,最后还有可能落得"割肉"出局的命运,并且,在下一次行情到来时,也可能存在"弹药"不足的尴尬,特别是对于中小投资者而言更是如此。互联网理财也是同样的道理。

(3) 优先原则。在安全边际内,选择收益相对较高的项目进行投资。

(4) 效率原则。尽量选择有自动投标的网站,加快资金周转,减少资金沉淀闲置时间,提高资金利用效率,增加投资收益。

(5) 保持收益性和流动性的良好结合。

11.3.2 互联网理财流程和相关费用

1. 互联网理财流程

不同的 P2P 网贷平台,投资流程会有一些细微的差别,但大同小异。总体来看,P2P 投资理财流程主要有以下几个环节。

(1) 选择 P2P 网贷投资平台

据网贷天眼数据显示,截至 2019 年 8 月国内 P2P 平台总数已经达到 6 578 家,但累计问题平台总数也达到 5 645 家。作为投资人面临的已经不仅仅是如何找到 P2P 网站的问题,而是如何甄别和筛选到放心、可投资的网站。对新投资人来说,选 P2P 平台的难度已经不亚于选股票。普通投资人以个人经验和能力是非常难以甄别 P2P 网站真假的,所以比较稳妥的办法是通过比较权威可靠的 P2P 网贷门户来获取网站信息。有经验的投资者最常使用的网站是"网贷天眼",即以关注 P2P 行业发展的垂直定位第三方门户,这里会有一个"网站导航"的栏目,列举了几百个已经在运营中的网贷平台,方便投资者寻找目标。当然,这种第三方门户的"网站导航"并不能保障列举的平台都是没有问题的,但至少作为专业门户,它们会对申请加入导航的网站进行一些基本的尽职调查。投资者还可以认真浏览分析网站中"平台曝光"中的信息,可以尝试通过对一些平台成立的背景进行分类,以求快速寻找到一些低风险的平台。常见的有某商业银行旗下的 P2P 平台、国资直接控股或参股的 P2P 平台和上市公司投资设立子公司或参股的方式进入 P2P 平台。

具体来说，可以从以下几个方面分析选择网贷平台。

① 优选实力平台。评判一个P2P网络投资理财平台是否可靠，首先，要看该平台有没有ICP(internet content provider，网络内容提供商)备案。ICP可以理解为向广大用户提供互联网信息业务和增值业务的电信运营商，是经国家主管部门批准的正式运营企业或部门。国家对经营性互联网信息服务实行许可制度；对非经营性互联网信息服务实行备案制度。未取得许可或者未履行备案手续的，不得从事互联网信息服务。其次，还要辨别股东背景，考察公司注册信息是否在网站内展示，包括资金、法定代表、注册地址等。网贷平台的注册资金应不少于500万元，且越高的注册资本能获得越高的风险抵御能力。这是因为很大一批做信用贷款的P2P网络投资理财平台，其安全保障措施中"风险准备金"构成的一个大头就是注册资金。而对于那些注册资本只有10万元的平台，就基本不用考虑了。尽量选择已经有VC(venture capital，风险投资或创业投资)投资或大型实力企业的正式的子公司平台，这些平台虽然一样可能面临经营风险挑战，但不容易发生跑路等恶性事件。

② 选择合作机构多的平台。如果平台有较多的合作机构，并且业务来源相对分散，这样单一机构业务出现问题时对整体影响会较小，因此投资者可查看各网站的合作机构列表，优先选择机构较多且多为知名实力机构的平台。

③ 资金一定要有第三方托管。如果没有资金托管，那么就涉嫌有资金池，在中国目前P2P形势下，远离资金池，靠拢第三方托管。资金池运作形式是中国银监会定义为P2P平台不能触碰的红线之一。一些平台虚假营销，有意混淆第三方支付通道与第三方支付托管，把第三方支付通道说成是第三方资金托管；一些平台还有线下充值。这样资金风险是明显的。

④ 选择合作业务量较分散的平台，即项目较分散的平台。

⑤ 可多选择几家P2P分散投资。即可多选择几家实力与收益均相当的平台，合理分散投资，降低风险。

⑥ 合规经营，风控做得好的平台。

⑦ 平台收益率不虚高。从以往那些绝大多数受骗的投资者来分析，他们受骗的主要原因就是，被那些平台拥有过高的收益率所迷惑。这些平台会告诉投资者，月纯收益高达20%以上，零风险，两个月就能够拿回自己的本息等。

⑧ 本金保障须严密。事实上，不同P2P网络投资理财平台所采用的不同保障方式也从一定程度上反映了平台的风控水平。目前大部分P2P网络投资理财平台的本金保障措施对于出借方是不另外收取费用，但是出借人在借出时，投资者还要注意带有"本金保障"字样的贷款项目。同时，还要看本金保障的范围，有的平台是只赔本金，有的赔付本息；有的对所有贷款项目都保障，有的只对部分贷款项目提供保障；有的采用"风险准备金垫付"，有的用房产抵押贷款，还有的是担保公司的连带责任担保。

⑨ 尽量规避单个借款人金额过大的平台。

(2) 注册

注册就是进入一个P2P网贷平台或网站首页填写有关信息进行注册。需要填写的信息一般为用户名、密码、确认密码、邮箱、真实姓名等。

需要注意的是,一般平台一个身份证只能注册一个P2P账号、一个手机号以及一个邮箱号。

为了确保资金安全,在正式注册账号时,一定要注意在每个网站的注册名和密码尽量不要重复,也不要使用直接QQ登录、微博登录或360登录这种通用账号的方式,而应单独注册,这样稳定性和安全性更好。另外,注意投资和提现用的安全密码与登录密码应设置为不一样。还有提现银行卡必须与注册时的用户姓名一致。

(3) 身份认证

所有的网贷平台在正式投资之前,都需要先进行身份认证,上传身份证扫描件。在这个环节,要注意将身份证扫描件打水印,注明"仅用于××网站身份认证",避免证件资料流失而被滥用。当页面自动跳转至用户的个人账户时,请根据页面上提示进行实名认证以及银行卡信息认证,实名认证要与开户名称一致。除此以外,还需认证邮箱、手机号码等个人信息。

如若手机换号了,一定要及时和客服联系。重点说的是有关实名认证的事情,实名认证很多人发现不是每个平台都要求的。

(4) 绑定银行卡并设置交易密码

应该提前设置好用于提现的银行卡信息,主要是开户银行,开户行名称(××分行××支行××分理处或营业部)和银行账号。一般来说,绑定的银行卡应已开通网银,且账户余额大于5元。

需要注意的是,所设置的交易密码最好不要和登录密码一样,以加强安全性。另外,绑定默认申请提现的银行卡,为了资金安全,一部分平台会设置成不能变更。

(5) 充值

充值方式主要有在线充值和线下充值,一般为在线充值。

待后台审核成功后,就可进行账户充值,账户充值成功后,就能进行投资理财操作。账户所显示的可用余额就是所充值金额,此时就能进行投资操作了。

有些平台充值是不收费的,有些则要收取一定的费用,在充值之前仔细阅读平台的相关消息。

(6) 投标即投资

选择一个借款人进行投标,这里需要关注平台是否属于本息保障的平台。如属于有保障的平台,投资人只需在未满可投标的中选择一个收益相对满意的即可。初次投资尽量选择期限短的标的进行投资,这样回款较快,能够用更短的时间周期增加对网站和网贷投资的体会和理解。

为了提高投资人的投资效率,目前大多数平台都提供了自动投标的功能。从节约时间成本的角度来讲,自动投标功能是每个投资者必须学会和使用的。投资者只需要设置好自己偏好的收益水平和投标周期等基本参数,就可在有适合标的出现时自动触发投出资金,投资者定期登录网站查看一下投资情况,略作投标策略调整即可。大多数网站的自动投标功能都是按照设置好开启的时间进行轮替排队的,但如果账户中没有资金则自动排队功能不会生效。针对这种情况,投资者可以先充值一个很小额度的资金,比如100元进行自动投标排队,待排队次序很靠前的时候,再充值需要投资的全部金额,以减少资金没有投出的闲置时间,减少收益损失。

在投标阶段,投资者要特别注意尽量避免将资金充值到平台后,因无标可投而导致资金闲置收益为零的情况出现。在一些火爆的网站,因无标可投资金闲置几天到一两周是很常见的。所以投资者切忌在不了解一个网站标量的情况下盲目充入大量资金,造成收益减少。

(7) 提现

提现是整个投资过程最为关键的环节,因为如果一个网站提现环节不能保障,一般即认为该网站已经出现运营问题或倒闭危机。因此,一个 P2P 平台在提现方面的体验,会对投资者产生非常大的影响。大多数网站承诺的提现到账周期是 3 个工作日内,实际执行的结果多为除节假日外 1 个工作日。投资者不必特别介意网站提现的速度。正常情况下,只要能做到 1~3 个工作日内处理提现都是合理的,没必要刻意追求最快。

(8) 再投资

当第一次投资到期收到回款后,如果没有提现的打算,即可以重复前面的投资步骤,继续寻找满意的标的进行再投资,以提高复利收益。

2. 互联网理财的相关费用

互联网理财涉及的费用,是指投资者在把资金充值到网站及完成投资提现回自己账户的全过程中,所有可能发生的相关费用,有下面几个项目。

(1) 充值费

充值费是指投资者投标前向网站账户充值所缴纳的费用,此费用一般是第三方支付的通道费。目前大多数平台承诺完全免收充值费,但也有少数比较强势的品牌按充值额收取 0.2%~0.3% 的充值费。如果高于 0.5%,则有乱收费嫌疑。

(2) 提现费

提现费是指投资者从网站账户提取现金到自己银行账户所缴纳的费用,根据提现金额不同,一般每笔为 2~5 元。

基于多种原因,许多网站会对提现设置诸多规定和限制。如很多免收充值费的网站规定,新充值资金未进行投标的,15 天内提现收取 0.5% 的提现手续费,还有网站规定只对投标回款的资金提现时才可免收提现手续费。鉴于这一点,新投资者在刚开始试投资一个平台时,不要大额度充值,可先小额度充值,体验满意以后再做大额充值,避免资金快速进出时缴纳大量充值费和提现费,增加成本,减少收益。

(3) 利息管理费

利息管理费是指当每笔投资投出以后,回款时网站按利息的一定比例收取的费用。大多数网站是按利息收入的 5%~10% 收取。也有网站在做促销活动时免收利息管理费或规定高级会员终身免收利息管理费。利息管理费的有无和高低会对投资者的长期收益水平产生影响,投资者必须加以重视,应计算各网站的名义利率扣除利息管理费后的实际利率水平进行投资选择。

(4) VIP 费

一些网贷平台实行会员制,设置了 VIP 规则。会员费一般为每年 0~180 元不等,超过 180 元以上的并不多见。投资者是否需要缴纳 VIP 费视网站的具体规定而定,但现在大多数主流 P2P 网站将 VIP 与逾期垫付挂钩,即只有会员才能享有网站的本金保障待遇。由于我国的 P2P 是在网站作出保障投资人的本金和收益承诺以后才得到快速发展的,另一方面,如果平台业务真实,经常性发生逾期或少量坏账都是正常的,平台垫付会经常发生。如果平台将 VIP 与本金保障计划挂钩,为了保证资金安全,投资者必须缴纳 VIP 费,成为会员,享受本金保障计划。事实上,从长期投资和大额投资角度来看,每年缴纳 100~200 元的 VIP 费,而享有本金安全保障还是划算的。

(5) 利息税

利息税是指因进行 P2P 投资获得利息,按我国《个人所得税法》规定应该缴纳的利息税。

11.3.3 互联网理财的风险防控

1. 互联网理财的风险

投资常识告诉我们,高的收益必然伴随着高的风险,收益和风险之间是相辅相成的关系。互联网理财比传统金融理财具有明显的收益优势,如银行定期存款的利率要比 P2P 行业低,但是银行的风险也低。互联网理财究竟有哪些风险,应该怎样防控这些风险,从而在投资理财中实现收益和风险的最优配比,这是每一个涉足互联网理财的投资人都必须明确的重大问题。总结分析我国近 13 年互联网理财的实践,风险主要有以下几个方面。

(1) P2P 网贷平台信用风险

P2P 网贷平台信用风险是指 P2P 网贷平台倒闭卷款跑路,造成 P2P 网贷投资者血本无归的风险。

P2P 网贷平台大致可以分为两大类,一类是骗子平台,另一类是纯信息中介的平台。这两大类平台有着本质的区别,P2P 网贷平台的信用风险主要是来自骗子平台。

骗子平台成立的目的很简单,就两个字:"骗钱"。骗钱的用途有所不同,有的是为了满足自己奢靡生活的欲望,比如百亿级的 P2P 平台某租宝,豪车、豪宅、挥霍消费可以作为这家 P2P 平台老板及关联人员的代名词;还有一部分人是为了满足自己做其他投资(股票、基金、期货等)的需求,通过 P2P 平台的渠道来融资,这部分人不怕"冒险",想要"搏一搏",殊不知这样做的风险有多大;也有一部分人有自己的实体企业,通过银行无法融到资金后,就打起了通过 P2P 平台的主意,融来的钱都流向了实体企业。

这几种情况实际上都是骗子行为,直白地说就是打着 P2P 的旗号,干的却不是 P2P 的事。有关统计显示,2013 年出现经营困难或跑路的平台达 75 家,损失资金 10 亿元。2014 年发生问题新平台数为 283 家,损失资金 15 亿元。2015 年停业及问题平台新增数 1 022 家,2016 年这类平台 1 433 家,2017 年 920 家,2018 年 1 281 家,2019 年 1 月至 8 月有 715 家,2018 年有 779 家是非良性退出。自 2013 年至 2019 年 8 月累计问题平台 5 645 家。全国停业及问题平台原因方面,平台失联占 56.69%,提现困难占 18.40%,暂停营业占 11.77%,警方介入占 5.12%,平台诈骗占 3.56%,平台清盘占 2.01%,跑路平台占 1.29%,平台展期占 0.72%,争议平台占 0.44%。第一网贷报告显示,截至 2019 年 8 月,全国正常运营平台933家。

可以说,P2P网贷投资的风险率非常高,而且随着行业竞争压力的加剧,风险率大概率会上升。可以预见,最终全行业能留下一二百家优秀的平台就不错了,也就是说倒闭率会达到90%。

(2) 借款人信用风险

P2P网贷平台的标的主要包括:①企业经营贷,也就是因为企业经营周转而产生的借款需求;②房贷,这类贷款是指借款人因为要买房而产生的借贷需求;③车贷,就是借款人在买车时产生的借款需求;④供应链金融,这一块一般应用于那些初创企业,其资金或者融资担保能力不足,需要借款;⑤个人消费贷,也就是个人因为消费需求产生的贷款,比如你想买一个iPhone X,但是一下子拿不出这么多钱,就可以凭借信用去借款。

不同种类的借款风险程度是不一样的,根据2018年P2P平台问题潮出现的情况,我们发现,风险最大的是企业经营贷,这一方面是因为这种贷款的额度比较大,另外,这里面隐藏的猫腻或者说作假的可能性比较高;而相对来说,车贷、房贷的风险相对小一些,一方面是因为其额度相对比较小,此外,有足额的抵押物,而且处理的时候也相对简单。

借款人的信用风险大致可以分为以下三类。

第一类是借款人骗贷所产生的信用风险。就是借款人弄虚作假,虚构项目骗取贷款后跑路消失。

第二类是由于借款人还款意愿不足产生的信用风险。在实际生活中,有一些人并不是没有还款能力,而是还款意愿不强,这跟很多因素有关系,比如个人的信用情况(直白点就是人品),还有的人是"见风使舵",看到行业大环境不好,看到别人不还款,自己也开始"学样",开始不还款,从而导致P2P平台的逾期率越来越高。

第三类是由于借款人还款能力不足而产生的信用风险。这种情况是借款人取得贷款后,由于各种原因无力归还贷款。借款人还款能力大小是其能否按时还款的重要因素,这个实际上跟P2P平台的风控能力有很大的联系:风控做得严,不会把钱出借给潜在的无偿还能力的借款人;风控做得差,对于借款人还款能力的把握不足,对平台就非常危险。

(3) 其他风险

其他风险主要是因为互联网理财都是在网上进行,网上的一些风险都有可能给P2P网贷投资者造成或大或小的经济损失。如网贷平台或投资者自己计算机或手机受到黑客攻击或被植入计算机病毒,遭遇电信诈骗,以及无故断网等。

2. 风险识别与防控

要投资就会有风险,互联网理财的风险是时刻存在的。投资者要想获得好的投资收益,首先就要做好风险防范,要有一定风险识别能力。

对于P2P频发"跑路"现象,跑路平台的问题并非突发征兆,P2P平台有些常见陷阱,以下几种P2P网贷平台极具风险,投资人不要碰。

(1) 有资金池的P2P网贷平台。真正的P2P不会有资金池。随着P2P走向公众视野,各种"跑路"负面新闻也时而出现,跑路的P2P都是伪P2P,他们是打着互联网金融的名义进行诈骗:"跑路的平台往往都有资金池,有资金池才可以卷款逃跑。"

(2)搜索引擎上搜不到有用信息的平台。如果连百度或者360等搜索巨头都搜不到任何关于平台的有用信息,证明平台根本达不到互联网运营的基本标准,投资者最好远离。

(3)公司地址实景地图查不到的平台。如果一个公司的地址在实景地图上查不到,就要引起投资人的注意。或者查到的地址很偏僻,同样要引起投资人的注意。

(4)网站信息制作粗糙。打开的链接"文不对题",描述泛泛而谈,大多是对P2P、网贷等相关名词的解释,没有实质性的运营方式、团队资质等介绍。营业执照存在伪造、经营范围严重不符合等问题。经营地址存在伪造问题,比如无法通过搜索引擎检索出来,或者办公地址不固定等,未设置客服电话或客服电话属于手机号等的私人电话。

(5)融资去向含糊不清和借款项目介绍不详尽的平台。借款项目信息、文件披露不全,要么证明平台运营及风控水平不足,要么证明平台有意隐瞒借款项目的细节,两种情况都在暗示安全隐患猛增。P2P平台不做大标难以盈利。大额的贷款项目确实能让投资者获得可观的收益,但同时也提高了投资的风险系数。如有网贷平台一味以高息揽存或只做大额的贷款项目,那投资人的眼睛就得擦亮了,利润越大风险相应也会增加。

(6)风险控制团队缺乏。运营团队最好有在银行、基金、信托行业担任中高层的工作经验,虽然不可以完全避免风险,但是能大大降低风险的可能性。

(7)负面消息过多的平台。如果线上线下搜索到的负面信息过多,则更要小心。对于集中出现的某条负面消息,宁可信其有,不可信其无。这是一条血淋淋的大红线,宁可错杀一千,不可放过一个。

(8)天标、秒标和短标过多的平台。一些平台喜欢发布"天标、秒标"。所谓"天标、秒标"是P2P平台为招揽人气发放的高收益、超短期限的借款标的。通常是平台虚构一笔借款,由投资者竞标并打款,平台在满标后很快就连本带息还款。天标、秒标多是这些平台虚构的借款,没有真正的借款人,通过小利吸引投资者资金进入,并加设提现限制,利用这些钱向老投资者支付利息和短期回报。

同时,如果一个平台90%以上的项目都是30天以内的标,就要引起注意。短标往往是非正规平台为吸引投资者所设计的陷阱,因为短标期收益快,往往能更吸引投资者注意。成熟平台从运营及利润角度出发,不会过多的发短标。

(9)切勿迷信广告和名人效应。有些P2P公司花大价钱请明星名人做广告,做宣传,就像2015年的E租宝,在央视狂砸钱做广告。最后,羊毛出在羊身上,那些做广告的钱,都是投资者的钱。

也不要相信表面上的资料,很多平台热衷包装公司的核心成员,一般都以海归学历做背景,然后介绍他的背景多么强悍,能力多么强,然而,越是吹得天花乱坠,越可能有问题!

另外,名不见传的或上不了评级的平台也不值得投资,因为没有信誉保证。但是,名气太响亮的平台,也要慎重,尤其是那种发展迅猛的,犹如雨后春笋一样冒出来的企业,更要警惕。

恶意平台造假的手法花样百出,仅靠以上几点来甄别高风险P2P投资理财平台是不够的。有些假项目看起来很真实,更要在投资过程中从多个角度、多个渠道去了解求证P2P投资理财平台和项目的真实性与风险性。无论恶意P2P平台及其虚构的项目多么花哨耀眼,选择最安全的投资理财平台和真实靠谱的投资项目才是最安全的。

实训项目

试用100元进行互联网理财。

思考练习

一、单项选择题

1. 下面不属于网络钓鱼行为的是（　　）。
   A. 网购信息泄露，财产损失
   B. 以银行升级为诱饵，欺骗客户点击金融之家进行系统升级
   C. 用户在假冒的网站上输入的信用卡号都进入了黑客的银行
   D. 黑客利用各种手段，可以将用户的访问引导到假冒的网站上

2. 许多黑客攻击都是利用软件缓冲区溢出的漏洞，对于这一威胁，最可靠的解决方案是（　　）。
   A. 安装入侵检测系统　　　　　　B. 安装防火墙
   C. 安装防病毒软件　　　　　　　D. 给系统安装最新的补丁

3. 下列关于计算机木马的说法错误的是（　　）。
   A. 尽量访问知名网站能减少感染木马的概率
   B. 杀毒软件对防止木马病毒泛滥具有重要作用
   C. Word文档也会感染木马
   D. 只要不访问互联网，就能避免受到木马侵害

4. 一个网络信息系统最重要的资源是（　　）。
   A. 数据库管理系统　　　　　　　B. 数据库
   C. 网络设备　　　　　　　　　　D. 计算机硬件

5. 在关于促进互联网金融健康发展指导意见中明确提出：P2P客户资金应由（　　）。
   A. 平台自己管理　　　　　　　　B. 第三方支付托管
   C. 银行存管　　　　　　　　　　D. 银行托管

6. 众筹的三要素不包括（　　）。
   A. 筹资人　　　　　　　　　　　B. 投资人
   C. 银行等金融机构　　　　　　　D. 社会保险

7. 以下不属于新金融特征的是（　　）。
   A. 新思维　　　B. 新生态　　　C. 新体现　　　D. 新对象

8. 《关于促进互联网金融健康发展的指导意见》，股权众筹融资主要是指通过互联网形式进行（　　）股权融资的活动。
   A. 公开大额　　B. 公开小额　　C. 有限小额　　D. 以上三者皆是

9. 中国P2P网贷行业未来监管的主管机构是（　　）。

A. 中国银监会　　B. 中国保监会　　C. 中国证监会　　D. 以上三者皆是

10. 不属于众筹分类的是（　　）。
　　A. 股权众筹　　B. 奖励众筹　　C. 混合众筹　　D. 债权众筹

11. 众筹（P2P）法律风险防控哪些红线不能碰？（　　）
　　A. 资金池红线　　　　　　　　B. 虚假项目
　　C. 自融红线不可碰　　　　　　D. 以上三者皆是

12. 互联网金融的业态，其中包含（　　）。
　　A. 众筹　　B. 网络借贷　　C. 第三方支付　　D. 以上三者皆是

13. "众安保险"的发起筹建者不包括（　　）。
　　A. 阿里巴巴　　B. 百度　　C. 腾讯　　D. 中国平安

14. "财付通"属于（　　）。
　　A. 腾讯　　B. 百度　　C. 微信　　D. 阿里巴巴

15. 互联网保险第三方网络平台模式代表网络平台和网站有：（　　）、易保网、慧择网等。
　　A. 泰康在线　　B. 中国平安　　C. 中国保险网　　D. 太保在线

16. 《中华人民共和国商业银行法》规定，非银行金融机构（　　）对社会公众进行集资。
　　A. 可以　　B. 不可以　　C. 不允许　　D. 视情况

17. 余额宝单笔最低转入金额为（　　）元。
　　A. 1　　B. 0.1　　C. 100　　D. 1 000

18. 狭义的网络金融不包括（　　）。
　　A. 网上银行　　　　　　　　B. 网上证券
　　C. 网上支付　　　　　　　　D. 金融信息服务业

19. 下列各项中，不能算作电子货币的特征是（　　）。
　　A. 形式多样　　　　　　　　B. 技术精密，防伪性能好
　　C. 自动化处理　　　　　　　D. 重要的保值工具

20. 网络招聘，网络旅游，网络金融，网上支付等网络经济活动可以归结为（　　）。
　　A. 网络互动　　　　　　　　B. 网络服务
　　C. 信息发布的平台　　　　　D. 互联网通信

21. P2P 模式主要是指由平台开发借款人，通过审核、协定借款利率和借款金额后，将借款信息发布在平台上，然后由投资人投标完成借款，平台收取服务费。其中P2P 的含义是（　　）。
　　A. peer to peer　　　　　　　B. person to person
　　C. people to people　　　　　D. pool to pool

二、多项选择题

1. 以下（　　）是关于浏览网页时存在的安全风险。
　　A. 数据劫持　　B. 网络钓鱼　　C. 隐私跟踪　　D. 网页挂马

2. 大数据的特征是（　　）。
　　A. 规模大　　B. 速度快　　C. 类型多　　D. 价值密度低

3. 拒绝服务攻击是黑客常用的攻击手段之一,以下属于拒绝服务攻击防范措施的是( )。
   A. 安装入侵检测系统,检测拒绝服务攻击行为
   B. 安装安全评估系统,先于入侵者进行模拟攻击,以便及早发现问题并解决
   C. 安装防火墙,禁止访问不该访问的服务端口,过滤不正常的畸形数据包
   D. 安装先进杀毒软件,抵御攻击行为

4. 金融理财发展和竞争的关键需要重点考虑( )要素。
   A. 客户的理财需求和目标   B. 理财产品的品质和成本
   C. 理财服务的效率和质量   D. 理财产品的高收益

5. 固定收益类理财产品包括( )。
   A. 债券型理财产品   B. 信托型理财产品
   C. 票据型理财产品   D. 契约型理财产品

6. 以下符合互联网金融内涵说法的是( )。
   A. 主要借助于互联网技术与移动通信技术
   B. 其目的是实现资金融通、网络支付和信息中介
   C. 是一种新兴金融模式和第三种融资模式
   D. 是一种由新型的金融服务和金融产品形成的虚拟金融模式

7. 下列各项中,属于网络银行功能的有( )。
   A. 信息发布   B. 客户的咨询和投诉
   C. 账户查询   D. 申请和挂失
   E. 创新业务的功能

8. P2P网贷在国外形成了三种比较成熟的模式,它们的代表性平台分别是( )。
   A. ExperiAn   B. ZopA   C. Lending Club   D. Prosper
   E. 宜信公司

9. 红岭创投业务模式特点包括( )。
   A. 投标采用一对多的模式   B. 利率市场化
   C. 多样化的贷款产品   D. 本金垫付
   E. 债务投资

10. 网络平台在借贷过程中发挥的作用,可以划分为( )模式。
    A. 线上线下结合型   B. 复合中介型
    C. 单纯中介型   D. 互动中介型
    E. 多元化中介型

11. 以下( )属于P2P平台。
    A. 陆金所   B. 红岭创投   C. 人人贷   D. 温州贷

12. P2P网络借贷的特点是( )。
    A. 直接透明   B. 不需要信用甄别
    C. 小而分散   D. 无成本
    E. 普惠金融

13. 国内的互联网金融模式包括( )。
    A. 阿里巴巴　　　B. 网上银行　　　C. 京东商城　　　D. 支付宝
    E. 现实商场

14. 电商互联网贷款模式的代表企业有( )。
    A. 阿里巴巴　　　B. 支付宝　　　C. 京东商城　　　D. 快捷支付
    E. 苏宁云商

15. 以下关于众筹模式的描述正确的是( )。
    A. 来源于众包思想
    B. 可让企业直达客户,减少中间渠道费用
    B. 提供了融资便利
    D. 用户参与产品定位和设计,提高产品在目标客户的适用性

16. 拍拍贷对借款人的信用审核机制引入社会化因素,其中包括( )。
    A. 工商局　　　　　　　　　　　B. 公安部
    C. 口碑网的圈子　　　　　　　　D. 新浪微博的圈子
    E. 亲朋好友的圈子

17. P2P平台常见的风险包括( )。
    A. 诈骗跑路　　　　　　　　　　B. 涉嫌非法集资
    C. 资金链断裂　　　　　　　　　D. 虚假夸大收益

18. 拍拍贷风险控制机制包括( )。
    A. 鼓励出借人进行分散投资
    B. 当用户出借的贷款逾期时,进行电话催收
    C. 等额本息,按月还款
    D. 由借款人提供质押物和反担保
    E. 对逾期超过30天的贷款人,披露逾期借款人的信息

19. 以下( )产品属于工行互联网金融产品。
    A. 工银e投资　　　　　　　　　B. 工银e缴费
    C. 网贷通　　　　　　　　　　　D. 逸贷

20. 互联网或从如下( )方面带来金融行业运行机制上的改变。
    A. 使KYC(know your customer)变得真正可行,进而实现基于风险识别的差异化定价
    B. 培育市场化的违约机制
    C. 培育市场化的征信机制
    D. 促进民间征信的发展

三、判断题

1. 网络空间是人类利用信息设施构造,实现信息交互,进而影响人类思想和行为的虚实结合的空间。( )

2. 计算机或者办公的内网进行物理隔离之后，他人无法窃取到计算机中的信息。（ ）
3. 互联网支付是实现资金融通和交易目的的重要手段，是互联网金融实现的基础。互联网支付技术在不断发展和创新。（ ）
4. 腾讯财付通与各大保险公司官方合作的保险平台——财付通保险超市，属于专业网络媒介模式。（ ）
5. 余额宝产品设计上突出为每一位支付宝客户的服务理念，余额宝转入资金门槛上仅需 0.1 元，是所需资金门槛较低的一只基金。（ ）
6. B2C 电子商务模式的互联网保险销售基本都是保险机构自建电子商务网站。（ ）
7. 电子货币的本质是价值信息工具，它已经不再是商品，但却代表着商品；已经不再具有价值，但却代表着价值。（ ）
8. 电子货币的突出问题是发行权和归属权不明的问题。（ ）
9. 2012 年 6 月 13 日，支付宝和天弘基金联手打造的首只互联网基金——天弘增利宝基金上线。（ ）
10. 红岭创投网络借贷的主要盈利模式是收取借款人的会员费。（ ）
11. 红岭创投是单纯中介型的 P2P 网络借贷模式。（ ）
12. 拍拍贷是复合中介型的 P2P 网络借贷模式。（ ）
13. 2005 年在英国成立的 ZopA 公司，为全球首个 P2P 网络贷款平台。（ ）
14. 是否认定为非法吸收公众存款的行为，核心问题在资金流转行为是否形成了新的存款、债务或股权关系，专业放贷人是否有先获取资金放贷再转让债权的行为，是否将向社会公众吸收的存款划归自有账户名下。（ ）
15. 宜信的贷款人和借款人没有订立直接的借款合同，而是贷款人和宜信签订借款合同，待宜信找到借款人后，由借款人和宜信签订债权转让协议，让贷款人将宜信对借款人的债权买走。（ ）
16. 为了防止 P2P 网贷平台和其从业人员擅自动用客户资金，整个交易过程应该实现清算与结算分离、资金流与信息流分离，从而保证平台不在任何时候因任何理由以任何方式接触客户资金。（ ）
17. Proper 平台以竞拍的模式促成交易，借款人创建借款条目并设定一定的借款利率，出借人通过不断降低利率进行竞拍，最后将竞拍成功的出借人打包成一个贷款项目交给借款人。（ ）

三、简答题

1. 股权众筹有哪些风险？
2. P2P 网贷的资金风险有哪些？
3. 简述宜信债权转让交易模式。
4. 简述 P2P 网贷平台的主要特点。
5. 简述 P2P 网贷投资有哪些费用。

参 考 文 献

[1] 闫定军. 中国古代理财文化[M]. 北京:中国财政经济出版社,2018.
[2] 罗伯特·T. 清崎,莎伦·L. 莱希特. 富爸爸穷爸爸[M]. 杨军,杨明,译. 北京:世界图书出版公司,2000.
[3] 罗伯特·T. 清崎,莎伦·L. 莱希特. 富爸爸投资指南[M]. 王丽洁,等译. 北京:世界图书出版公司,2001.
[4] 罗伯特·T. 清崎,莎伦·L. 莱希特. 富爸爸财务自由之路[M]. 龙秀,译. 北京:世界图书出版公司,2000.
[5] 唐浩明. 唐浩明评点曾国藩家书[M]. 上海:文汇出版公司,2018.
[6] 罗伯特·T. 清崎,莎伦·L. 莱希特. 富爸爸成功创业的十堂必修课[M]. 萧明,译. 海南:南海出版公司,2011.
[7] 朱柏庐. 朱子治家格言[M]. 桂林:广西师范大学出版社,2016.
[8] 肖壹. 互联网+从互联网金融到个人投资理财[M]. 北京:中国华侨出版社,2016.
[9] 中国就业培训技术指导中心. 理财规划师基础知识[M]. 5版. 北京:中国财政经济出版社,2013.
[10] 中国就业培训技术指导中心. 理财规划师工作要求[M]. 北京:中国财政经济出版社,2013.
[11] 中国就业培训技术指导中心. 理财规划师专业能力[M]. 北京:中国财政经济出版社,2013.
[12] 羿飞. 我的钱:互联网金融,如何理财?[M]. 南京:江苏凤凰文艺出版社,2015.
[13] 海天. 一本书玩转众筹[M]. 北京:清华大学出版社,2017.
[14] 罗伯特·T. 清崎,莎伦·L. 莱希特. 富爸爸财富大趋势[M]. 萧明,译. 海南:南海出版公司,2011.
[15] 罗伯特·T. 清崎,莎伦·L. 莱希特. 富爸爸穷爸爸实践篇[M]. 萧明,译. 海南:南海出版公司,2011.
[16] 杨小丽. 理财学院:互联网理财一本通[M]. 北京:中国铁道出版社,2017.
[17] 褚超. 互联网+投资理财:新手从入门到精通[M]. 北京:人民邮电出版社,2016.